WENIGER IST MEHR

# Weniger ist mehr

## Askese und Religion von der Antike bis zur Gegenwart

Herausgegeben von Andrea Bieler, Christine Gerber,
Silke Petersen und Angela Standhartinger

EVANGELISCHE VERLAGSANSTALT
Leipzig

**Bibliographische Information der Deutschen Nationalbibliothek**
Die Deutsche Nationalbibliothek verzeichnet diese Publikation in der Deutschen Nationalbibliographie; detaillierte bibliographische Daten sind im Internet über http://dnb.dnb.de abrufbar.


Printed in Germany · H 7942



Das Buch wurde auf alterungsbeständigem Papier gedruckt.

Cover: Zacharias Bähring, Leipzig
Coverfoto: © Silke Petersen, Hamburg
Satz: Dorothee Schönau, Wuppertal
Druck und Binden: Hubert & Co., Göttingen

ISBN 978-3-374-04169-5
www.eva-leipzig.de

# Inhalt

# Einleitung

»Überdruss am Überfluss«, so lautete die Überschrift des Leitartikels im SPIEGEL zu Beginn der Fastenzeit 2014. Markus Brauck und Dietmar Hawranek stellten dort eine Reihe von Lebensentwürfen vor, die »Mäßigung [...] als Ausweis eines irgendwie klügeren Lebensstiles« preisen.[1] Sie berichten von Menschen, die ihren Besitz auf hundert Dinge reduzieren oder freiwillig vom »Container-Diving«, d.h. von den in Supermärkten weggeworfenen Produkten leben, oder die sich ein Jahr lang auf reine Tauschökonomie verlassen – und sich dabei unendlich reich fühlen. Und natürlich werden auch ökonomische Theorien eines gerechteren Wirtschaftens angesichts weltweiter Armut und begrenzter Ressourcen diskutiert.

Das geflügelte Wort »Weniger ist mehr« begegnet derzeit geradezu inflationär in Buchtiteln der Managementtheorie, der didaktischen Methodenlehre, im Kontext von Kunstwerken oder auch der philosophischen Ethik, der Nachhaltigkeitsforschung sowie der kritischen Volkswirtschafts- und Gesellschaftslehre. Aber wovon »weniger« ist in welcher Weise »mehr«? Wie kann das »Weniger« erreicht werden, aus dem das »Mehr« entsteht? Wer sind Subjekte und Objekte des »Weniger« und des »Mehr«?

Mit der Frage, ob, und wenn ja, in welcher Weise, »weniger« »mehr« bedeuten kann, beschäftigen sich traditionell auch die asketischen Praktiken der Religionen. Die Fülle des Lebens im Angesicht begrenzter Ressourcen ist dabei ein grundlegendes Thema; gefragt wird nach einer Lebensqualität, die jenseits von Konsum und materiellem Wachstum entstehen kann. Wo Askese nur im negativen Sinne als selbstgewählter Verzicht, gar als Körperfeindschaft verstanden wird, ist das jedoch nicht sichtbar.

Nahrungsaufnahme und allgemein die Konsumption bestimmter Dinge, der Umgang mit Zeit und Arbeit sowie die Gestaltung des sexuellen Begehrens sind Themen, die theologische und philosophische Diskurse seit der Antike und bis in die Gegenwart bewegen. Dabei kann es das Ziel sein, Schmerz zu vermeiden, oder sich auf das nahende Ende der Welt vorzubereiten. Ebenso kann hinter religiösen asketischen Praktiken der Wunsch nach Autonomie und Freiheitsgewinn stehen oder der Versuch einer Angleichung an das Göttliche und die himmlische Welt bereits im Hier und Jetzt. Immer aber geht es bei religiöser Askese um die produktive Unterscheidung zwischen einem

---

[1] Michael Brauck und Dietmar Hawranek, Überdruss am Überfluss, in: DER SPIEGEL 14 (2014), 34–41; hier: 35.

Begehren, das die Fülle des Lebens sucht, und der Begierde, die die Beziehung zur Welt verdinglicht und sie zu einem Objekt grenzenloser Konsumption macht. Das »Weniger ist mehr« der religiös gelebten asketischen Traditionen berührt also gleichermaßen die Suche nach dem guten Leben wie auch die Gottesbeziehung.

Allerdings sind christliche asketische Traditionen vielfach mit Körperfeindschaft in Verbindung gebracht worden. Sie wurden gleichgesetzt mit Sexualitätsfeindlichkeit und Versuchen, sich des Körpers als Gefäß des sexuellen Begehrens, der Unreinheit, der Sünde oder böser Geister zu entledigen. Davon war, wie auch in den folgenden Beiträgen sichtbar werden wird, häufig vor allem der weibliche Körper und waren damit insbesondere Frauen betroffen. Insofern muss der Blick, den die folgenden Beiträge auf historische und gegenwärtige Phänomene religiöser Askese werfen, immer auch ein kritischer sein.

Das griechische Wort *askesis* heißt eigentlich »Übung«. Was wir heute unter Askese verstehen, benannten antike Griechinnen und Griechen mit dem Wort *enkrateia,* »Selbstbeherrschung«. Die Frage nach den komplexen Beziehungen zwischen »Übung« und »Selbstbeherrschung« soll im Folgenden konstruktive und kritische Potentiale ganz verschiedener asketischer Praktiken wiederentdecken lassen.

Die Beiträge dieses Bandes dokumentieren die Vorträge und Diskussionen einer gleichnamigen Tagung der Universität Hamburg, die von Christine Gerber und Silke Petersen im August 2014 auf der Ratzeburger Dominsel veranstaltet wurde. Es ging darum, die Vielfalt asketischer Praktiken seit der Antike wiederzuentdecken und einer konstruktiv-kritischen Prüfung hinsichtlich ihrer Gegenwartstauglichkeit zu unterziehen. Die Herausforderung bestand auch darin, unter dem modernen Stichwort »Nachhaltigkeit« traditionelle religiöse Themen in neuer Perspektive nach ihrer Aktualität zu befragen.

Die ersten drei Beiträge des vorliegenden Bandes widmen sich biblischen Texten und Themen. Zunächst beleuchtet Gerlinde Baumann das Phänomen der »Arbeit« aus alttestamentlicher Perspektive. Unter dem Titel: »Kein Leben ohne Arbeit – keine Arbeit ohne Ruhe. Die Sicht des Alten Testaments auf Arbeit und Nicht-Arbeit« wendet sie sich dem kulturkritischen Potential des alttestamentlichen Arbeitsverständnisses zu. Gerade im Hinblick auf Konsumismus oder Burn-Out gilt: Arbeit darf nicht zur rücksichtslosen Ausbeutung der Ressourcen von Mensch und Schöpfung führen, sondern muss um das Element der Askese von der Arbeit, also der Ruhe, erweitert werden.

Angelika Strotmann stellt sodann die Frage, inwiefern sich »Jesus als Asket« betrachten lässt. Im Zentrum der spezifisch jesuanischen »Askese« steht nicht die Sorge um das eigene Selbst, sondern die Ankündigung der endgültig sich durchsetzenden *basileia* Gottes, die in Jesu eigenem Handeln und in dem seiner Jüngerinnen und Jünger erfahrbar ist. Die jesuanische »Askese« steht daher im Dienst eines umfassenden Heils für alle und gegen jede Aufblähung des eigenen Selbst auf Kosten anderer. Sie ist eminent politisch und widerständig gegenüber einer Gesellschaft, die fortwährend Außenseiter und Randständige, Arme und Unterdrückte produziert und die Kluft zwischen denen drinnen und denen draußen vergrößert. Kennzeichen dieser eher untypischen »Askese« sind Besitz- und Statusverzicht, Heimat- und Familienverzicht (kaum Sexualaskese), Aggressionsverzicht, Nächsten- und Feindesliebe.

Unter dem Titel »Ehelos, ehefrei oder haben als hätte man nicht? Enthaltsamkeit als Lebenskonzept nach dem 1. Korintherbrief« untersucht Christine Gerber, aus welchen Gründen Paulus im siebten Kapitel des ersten Korintherbriefes die Ehelosigkeit favorisiert: Ihn leitet nicht Sexualitätsfeindlichkeit, sondern die Vorstellung, dass eine Ehe als Bindung an den Partner oder die Partnerin und an die Dinge der Welt den Menschen unfrei macht für das Wesentliche, die »Dinge des *Kyrios*/des Herrn«. Die Ehefreiheit zielt also nicht auf Selbstsorge, wie es für die Askese im stoischen Umfeld des Paulus gilt, sondern eröffnet eine kritische Haltung zur Welt und ihren Maßstäben. Hier liegen, auch wenn man die Einschätzung des Paulus zur ehelichen Bindung und Sexualität nicht teilt, Anknüpfungspunkte für einen modernen Diskurs.

Susanne Luther beschäftigt sich anschließend mit den asketischen Tendenzen in den apokryphen Apostelakten. Mit dem titelgebenden Zitat »Mit den Augen deiner Seele wirst du die Herrlichkeit Gottes erkennen ...« widmet sie sich den Formen radikaler Askese insbesondere in den Petrusakten. Der asketisch transformierte Körper dient dort als Medium der Erkenntnis der Herrlichkeit Gottes: Besitzverzicht, Nahrungs- und vor allem Sexualaskese werden als positive Instrumente zur Förderung des Glaubens und des Seelenheils betrachtet und das damit verbundene Leiden als Umkehrung der Wertmaßstäbe des antiken Kontextes narrativ inszeniert. Das führt auch zu erzählerischen Umsetzungen, die uns heute befremdlich erscheinen: So heilt der Apostel Petrus seine verkrüppelte Tochter zunächst, versetzt sie dann aber wieder in den Krankheitszustand zurück, um sie vor »Befleckung und Schändung« zu bewahren.

Auch die nächsten beiden Beiträge beschäftigen sich mit frühchristlichen Texten und den hinter ihnen stehenden Gruppierungen. Judith Hartenstein untersucht unter dem Titel »Erlösung und die Folgen: Askese in randständigen frühchristlichen Gruppen« einige apokryph gewordene Texte, die gemeinhin als »gnostisch« bezeichnet werden. In ihnen lässt sich eine spezifische Sicht von Askese erkennen: Ohne Askese ausführlich zu behandeln, ist diese doch Folge von bestimmten theologischen Vorstellungen. Erlösung wird hier als eine anthropologische Veränderung gedacht, als eine Rückkehr in einen ursprünglichen Schöpfungszustand ohne geschlechtliche Differenzierung. Dieser Zustand ist im Jetzt und Hier weitgehend erreicht, die Geschlechterdifferenz ist aufgehoben. Konsequenz ist ein asketischer Lebensstil (der nicht ausdrücklich gefordert wird, sich aber logisch ergibt), ein radikaler Bruch mit gesellschaftlichen Konventionen und eine starke und gleichberechtigte Beteiligung von Frauen. Diese Vorstellungen setzen kein »gnostisches« Weltbild voraus, nur eine Hochschätzung des Geistigen und eine gewisse Abwertung des Körpers und der materiellen Welt/Schöpfung. In sozialer Hinsicht handelt es sich um radikale, gesellschaftlich nicht integrierte Gruppen.

Anschließend widmet sich Silke Petersen jenem Begriff, der in der Forschung als weitestgehender Gegenbegriff zu »Askese« fungiert. Ihr Beitrag mit dem Titel: »Libertinismus? – Auf der Suche nach der Alternative« geht zunächst auf stereotype »Libertinismus«-Vorwürfe im Kontext der altkirchlichen Polemik ein, deren Glaubwürdigkeit zumeist zweifelhaft ist. Vor diesem Hintergrund erfolgt eine genauere Bestimmung von »Libertinismus« als häufig verwendetem Gegenbegriff zu »Askese« sowie eine Analyse jener zwei Kirchenväterpassagen, die – nach Etablierung bestimmter Kriterien – wohl tatsächlich eine sogenannte »libertinistische« Praxis und Theorie frühchristlicher Gruppierungen spiegeln. Dabei lässt sich zeigen, dass der »Libertinismus« ebenso wie die »Askese« als Protest im Gegenüber zu defizitären weltlichen Ordnungen begreifbar ist.

Ausgehend von Michel Foucaults Beobachtung, dass die von der antiken stoischen Philosophie praktizierte Askese als »Selbstsorge« eine »politische Praxis« darstellt, nimmt Angela Standhartinger sodann ein in Foucaults *Geschichte der Sexualität* übersehenes Phänomen in den Blick: die jüdische Askese. Das wichtigste Beispiel ist dabei die Beschreibung einer jüdischen asketisch lebenden Gruppe von Frauen und Männern, die der jüdische Religionsphilosoph Philo von Alexandrien in seiner Schrift über die Therapeutinnen und Therapeuten beschreibt. Standhartinger untersucht zunächst die Frage, was wir über die historischen Therapeutinnen rekonstruieren können. Sie zeigt, dass die Existenz der historischen Therapeutinnen plausibel ist, ihr eigenes Erleben und ihre Programmatik aber durch die starken Idealisierungen Philos verstellt bleiben. Im zweiten Schritt fragt sie daher, warum Philo von Alexandrien diese Gruppe überhaupt beschreibt. Sie arbeitet heraus, dass die Therapeutinnen und Therapeuten mit ihren einfachen Häusern, Kleidung, Kost und ihrem asketischen Symposium eine asketische Praxis verkörpern, die mit weniger Aufwand mehr an philosophischer Wahrheit und religiösem Erleben erreichen kann als andere Formen der antiken Kultur. Damit werbe Philo für das Judentum als die beste aller politischen Praktiken.

Den ersten Teil schließt Christiane Krause mit einem Blick auf Epikur ab, der in der Antike eigentlich für sein uneingeschränktes Luststreben bekannt ist. Krause zeigt, wie Epikur »Askese als philosophische Übung« versteht, die auf *ataraxia*, den Zustand der heiteren, gelassenen Seelenruhe zielt. Lust stellt sich für Epikur ein, wenn der Schmerz ganz abwesend ist. Daher ist es vernünftig, auf solche Lüste zu verzichten, die mehr Schmerzen als Lustgewinn zur Folge haben. Das »irdische Glück [besteht] gerade nicht im höchstmöglichen, sondern eben im bestmöglichen Gebrauch der materiellen, körperhaften Güter und Genüsse und vor allem der seelischen/geistigen Freuden.« Askese bedeutet für Epikur nicht generell Entsagung, sondern die Klugheit, auf das

»Ausagieren von Begierden, die überhaupt erst aufgrund von falschen Urteilen entstehen können«, zu verzichten.

Die nächsten beiden Beiträge beschäftigen sich mit monastischen Themen.

Ulrike Eichler diskutiert die Bedeutung der Askese im Leben und in der Regel der Klara von Assisi. Anhand biographischer Notizen und historischer Rekonstruktionen analysiert der Beitrag Klaras Verständnis radikaler Armut. Ein Leben ohne materiellen Besitz steht bei Klara, ebenso wie bei Franz von Assisi, im Zeichen der Nachfolge Jesu. Hiermit befindet sie sich im Widerspruch zu ihrer Zeit mit Päpsten wie Innozenz III. und dem größer werdenden Einfluss der Geldwirtschaft. Klara widersetzt sich auf vielfältige Weise päpstlichen Auflagen und dem damit verbundenen Einfluss von Geld und Macht in ihrem Leben. Durch Abstinenzpraktiken wie der radikalen Einschränkung von Nahrung erlangt sie eine innere Freiheit und Selbstbestimmung, die der Logik des Besitzes widerspricht und alleinig den Leben schaffenden Gott als Macht über die Person akzeptiert. Ihr asketisches Leben wird jedoch erst durch die selbstgewählte Gemeinschaft mit anderen Frauen möglich; es umfasst die Klausur als selbstgewählte Einschränkung der eigenen Bewegungsfreiheit. Dieser Verzicht ermöglicht paradoxerweise ein hohes Maß an sozialer und religiöser Wirksamkeit.

Barbara Müller und Mireille Kameni fragen nach »Monastischer Askese im digitalen Zeitalter«: Im Rahmen einer repräsentativen Untersuchung in benediktinischen Klöstern des deutschen Sprachraums wurde in vertiefenden Interviews das Verhältnis von Askese und Medienkonsum untersucht. Unter »Askese« wird von heutigen Benediktinerinnen und Benediktinern vor allem Übung und Mäßigung verstanden, erst in zweiter Linie Verzicht. In diesem Sinne bezeichnet Askese im heutigen benediktinischen Verständnis einen Prozess des Abwägens. Bezogen auf den Mediengebrauch ist es vor allem der Faktor der Zeit, der zu einer bewussten Selbstlimitierung im Umgang mit Medien führt.

Nina Heinsohns Beitrag »Verzicht als Nachahmung göttlichen (Schöpfungs-)Handelns? Zur religionsphilosophischen Brisanz von Simone Weils Konzept der dé-création« reflektiert das Thema des Verzichtes in Simone Weils religionsphilosophischem Werk. Ausgehend von einer kurzen Betrachtung von Simone Weils von Verzicht geprägtem Lebensstil erörtert der Beitrag das Konzept der dé-création. Im Schöpfungshandeln Gottes entdeckt die Philosophin einen Verzicht Gottes auf göttliche Allmacht. Der Mensch nimmt dabei Anteil an der dé-création durch die Imitation des göttlichen Verzichts in der Schöpfung: »Gott verzichtet – in einem Sinne – darauf, alles zu sein. [...] Wir müssen darauf verzichten, etwas zu sein. Und noch eine weitere gravierende Konsequenz zeitigt jener göttliche Verzicht: Es ist ein Verzicht auf Macht«. Durch den Verzicht »etwas zu sein« macht der Mensch Raum für sein Gegenüber. Dé-création als ein deutlich schöpferischer und den Nächsten zugewandter Akt nimmt auch die Erfahrung des Leidens, der Destruktion und der Passion in sich auf. Heinsohn arbeitet dabei sowohl den Zusammenhang von dé-création und Kreuzestheologie als auch die Vermittlung hin zu einem Verständnis von co-création heraus. Ein asketischer Lebensstil wird als symbolische Repräsentation von dé-création verstanden, der das Paradox von Schöpfungsfreude und Leid reflektiert.

Pearly Usha Walters Beitrag »Christliche Askese in Indien« geht der Bedeutung asketischer Traditionen in Indien und ihrem Einfluss auf die christliche Religion sowie auf die Strukturierung der Gesellschaft nach. Nach einer Einführung in die Bedeutung christlicher Askese und christlicher Sadhus in Indien werden die aus dem Hinduismus stammenden asketischen Körperpraxen vorgestellt. Die asketische Praxis begründet sich in der Reinhaltung des mit vielfachen kulturellen Bedeutungen belegten Körpers durch Einhaltung bestimmter Essens- und Körperpflegeregeln sowie Kleidungsvorschriften. Sie dient im Hinduismus dem Aufstieg in je weitere Stufen des spirituellen Weges, der in einem Rückzug aus allem Weltlichen gipfelt. Walter arbeitet die Zusammenhänge zwischen einer auf Abwertung des Körpers beruhenden Askesepraxis und dem Kastensystem Indiens heraus. Sie begründet, wie die asketischen Reinheitsregeln zu einer Reproduktion des Kastensystems beitragen und auch die christlichen Sadhus nicht von diesem System abweichen. Abschließend geht der Beitrag den Möglichkeiten einer an Gerechtigkeit ausgerichteten Praxis der Enthaltsamkeit und den konsumkritischen Potentialen asketischer Praxis nach.

Andrea Bieler betrachtet in ihrem Beitrag asketische Praktiken der Gegenwart. Mit Hilfe des Begriffs der »Körpertechniken« nähert sie sich dem Fasten als einem Phänomen, das sich nicht nur in religiösen Kreisen wieder zunehmender Beliebtheit erfreut. Dabei unterscheidet sie zuerst einmal zwischen Körpertechniken *coram Deo*, die auf eine Gottesbeziehung zielen, und solchen, die vorrangig individuelle Interessen wie z.B. eine gesunde Lebensweise, und solchen, die vorrangig ökonomiekritische Intentionen verfolgen. Sie zeigt auf, dass asketische Praxen der Moderne vermehrt multidimensionale Motivationen aufweisen, die in Variationen miteinander verknüpft werden. Nach einer Einführung in religionswissenschaftliche Theorien zu asketischen Alltagspraxen und ihren sozialen und religiösen Implikationen fragt der Beitrag nach den Dimensionen gegenwärtiger ritualisierter Praktiken des Verzichts. Dies erfolgt mittels einer Analyse der evangelischen Kampagne »7 Wochen Ohne«.

Elisabeth Hartlieb greift in ihrer abschließenden Reflexion noch einmal verschiedene Fragestellungen und Perspektiven auf, die die Autorinnen in ihren Beiträgen vorstellen, und vertieft diese in systematisch-theologischer und theoretischer Hinsicht. Sie diskutiert das Phänomen der Askese sowohl im Zusammenhang von individuellen Selbstoptimierungsbemühungen, als auch im globalen Kontext einer ökologisch begründeten Verzichtskultur. Hartlieb plädiert für ein evangelisches Verständnis von Askese als »unterbrechende Körperpraxis *coram Deo* (vor Gott)«. Diese könne als zeitgemäße Gestalt christlicher Glaubenspraxis verstanden werden, durch die zentrale Themen des christlichen Glaubens nicht nur in ihrer kognitiven, sondern auch in ihrer affektiven und somatischen Dimension ausgedrückt werden können.

Die in diesem Band versammelten Beiträge decken die Vielfalt religiösen Nachdenkens über Verlust und Gewinn des Verzichts auf. Die Mannigfaltigkeit der Kontroversen zeigt, dass sich (religiöse) Askese niemals einfach nur auf Genuss- und Weltverzicht reduzieren ließ und lässt. Bei aller notwendigen und berechtigten Kritik an konkreten Formen und Praktiken fordert religiös verstandene Askese zur kritischen Reflexion der Frage auf, wovon und für wen »Weniger« eigentlich ein »Mehr« ist. Diese kritische und selbstkritische Haltung ist vielleicht der größte Beitrag, den religiöse asketische Traditionen für die Diskurse der Gegenwart beizutragen haben.

Wir danken allen Beiträgerinnen dieses Bandes und allen, die die Tagung durch die Diskussion bereichert haben. Für die Übersetzung des Aufsatzes von Pearly Usha Walter danken wir Gerlinde Baumann. Für die Unterstützung beim Korrekturlesen sei Florence I. Häneke und Birte Bernhardt gedankt, für die Textgestaltung Dorothee Schönau.

Ein herzlicher Dank gilt auch dem Förderverein »Theologie am Tor zur Welt« des Fachbereichs Evangelische Theologie in Hamburg, der die Durchführung der Tagung durch eine großzügige Unterstützung ermöglicht hat, sowie schließlich der Evangelischen Verlagsanstalt Leipzig für die gute Zusammenarbeit.

Amorgos, Berkeley, Hamburg und Marburg im Juni 2015

Andrea Bieler, Christine Gerber, Silke Petersen und Angela Standhartinger

# Teil I
# Biblische und antike Diskurse

# Kein Leben ohne Arbeit – keine Arbeit ohne Ruhe

## Die Sicht des Alten Testaments auf Arbeit und Nicht-Arbeit

*Gerlinde Baumann*

## 1. Arbeit im Kontext von Askese – Anknüpfungen an aktuelle Diskurse

Sich im Kontext von Askese mit dem Thema »Arbeit« zu befassen, scheint zunächst ungewöhnlich zu sein. Askese bezeichnet meist das Streben nach Vollkommenheit durch freiwillige Verzichtsleistungen. Häufig bezieht sich Askese auf die Enthaltung von Sexualität, oft auch von Nahrung oder bestimmter Nahrung. Insofern ist Askese mit gewissen Einschränkungen verbunden; wer in irgendeiner Hinsicht asketisch lebt, versagt sich etwas, das »normalerweise« zum menschlichen Leben dazugehört. Wie hierzu der Gedanke der »Askese« von der Arbeit passt, wird im Folgenden zu zeigen sein.

Weniger Erstaunen dürfte das Thema der »Askese von der Arbeit« auslösen, wenn man sich die Schwerpunktsetzung von »Askese« im Rahmen dieses Bandes vor Augen führt: Das Motto »Weniger ist mehr« verbindet das Nachdenken über Askese mit Nachhaltigkeitsdiskursen und mit der Frage nach der Lebensqualität in Gegenwart und Zukunft. Damit sind das »gute« Maß und die »gute« Qualität von Arbeit im Leben der Einzelnen angesprochen. Diese Themen werden beim vielschichtigen Phänomen der Arbeit – das hier bewusst nicht weiter differenziert werden soll[1] – in weiteren Anknüpfungen an aktuelle Diskurse berührt:

Erstens ließe sich die Frage nach der gerechteren Verteilung von Arbeit vor dem Hintergrund von *Arbeitslosigkeit* stellen. Das Problem erscheint zurzeit in Deutschland nicht vorrangig zu sein, doch für den europäischen Süden, wo große Teile der jüngeren Generation von Erwerbstätigkeit ausgeschlossen sind, gilt das genaue Gegenteil. Mit Arbeit verbunden sind vor diesem Hintergrund die Aspekte der gesellschaftlichen Teilhabe und der individuellen Sinnstiftung. Auch deutet sich an, dass freiwilliger Verzicht auf Arbeit in Form von

---

[1] Verwiesen werden kann hierzu beispielsweise auf kulturhistorische Ausführungen, denen es vor allem um die Qualität der Arbeit geht (Marianne Gronemeyer, Wer arbeitet, sündigt ... Ein Plädoyer für gute Arbeit, Darmstadt 2012), oder auf einen historischen Überblick (Andrea Komlosy, Arbeit. Eine globalhistorische Perspektive. 13. bis 21. Jahrhundert, Wien 2014).

Askese mit völlig anderen Implikationen verbunden ist als erzwungener Verzicht auf Arbeit in Gestalt von Arbeitslosigkeit.

Zum Zweiten wird seit längerem unter dem Stichwort des *Konsumismus* Kritik geübt an der Überkonsumption/Verschwendung vor allem in westlichen Gesellschaften sowie an der künstlichen Weckung von Bedürfnissen durch die Werbung. Menschen kaufen demzufolge nicht deshalb vermehrt, weil sie bestimmte Dinge bräuchten, sondern weil sie von der Werbung dazu verführt werden und/oder weil sie mit dem Erwerb bestimmter Dinge die Erwartung verbinden, ihr Prestige steigern zu können.[2] Die Folge ist unter anderem die sinnlose Ressourcenausbeutung unserer begrenzten Erde. Mit Arbeit hat Konsumismus insofern zu tun, weil im Konsumismus eine mögliche Motivation zur Arbeit oder zu Mehrarbeit liegt: Der Mensch arbeitet nicht mehr, um zu leben, sondern um sich etwas oder etwas mehr leisten zu können.

Drittens schließlich hat die breite gesellschaftliche Präsenz sowohl der »Arbeitskrankheit« *Burnout,* als auch eines möglichen Gegenmittels in Gestalt einer guten *Work-Life-Balance* mit Arbeit und deren sinnvollem Maß zu tun. Die Rede von der *Work-Life-Balance* besitzt zwar die problematische Implikation, dass »Arbeit« dabei dem »Leben« gegenübergestellt erscheint, ihm also nicht genuin zugehöre. Im Kern geht es bei dem Plädoyer für eine gute *Work-Life-Balance* allerdings darum, ein Maß an Arbeit zu finden, das dem einzelnen Menschen zuträglich ist und in einer lebbaren Balance zu Zeiten und Tätigkeiten steht, die der Regeneration von der Arbeit oder anderen wünschenswerten Lebenszielen dienen. An diesem Punkt trifft sich denn auch eine gute *Work-Life-Balance* mit der Burnout-Prophylaxe. Wird heute häufig darüber geklagt, dass Arbeit zum Burnout führt, dann steht vor allem ein Übermaß an Arbeit im Fokus. Dies gilt insbesondere für selbständige Berufe, bei denen die Grenze zwischen Arbeit und Nicht-Arbeit bzw. Freizeit zusehends verschwimmt. Ebenso häufig stehen jedoch die Arbeitsbedingungen und die Arbeitsqualität in der Kritik, psychische und körperliche Belastungen durch die Arbeit oder das Arbeitsumfeld oder Mobbing durch Kollegen oder Kolleginnen.

## 2. Arbeit und Askese in der Sicht Max Webers

Wer heute darüber nachdenkt, dass die Notwendigkeit zu möglichst ausgiebigem Arbeiten keine anthropologische Grundkonstante ist, sondern historisch und kulturell geworden ist, und wer dieser Erscheinung womöglich auch kritisch gegenübersteht, kommt unweigerlich mit *Max Webers* Gedanken in Kontakt. Dazu soll nun etwas weiter ausgeholt werden. Bei Weber heißt es: »[D]er Mensch will ›von Natur‹ nicht Geld und mehr Geld verdienen, sondern einfach leben, so leben wie er zu leben gewohnt ist und soviel erwerben, wie dazu

2 Zum Thema Konsumismus und unterschiedlichen theologischen Anknüpfungen siehe Susan A. Ross/Diego Irarrázaval/Sarojini Nadar (Hrsg.), Christentum, Konsum und Markt, in: Concilium 50 (2014), Heft 4.

erforderlich ist.«[3] Diesen Gedanken, wonach es keinen naturgegebenen Erwerbstrieb des Menschen gibt,[4] entwickelt Weber im Kontext seines Klassikers »Die protestantische Ethik und der ›Geist‹ des Kapitalismus«. In diesem Werk und in vorausgegangenen Publikationen hat Weber neben und mit Ernst Troeltsch das Stichwort der »innerweltlichen Askese« geprägt. Diese fasst Webers Kernthese knapp zusammen, wonach vor allem puritanische Christen und Christinnen das, was sie reichlich oder zuviel erwirtschaften, nicht zum Konsum oder zum eigenen Vergnügen verwenden, sondern wieder investieren; dass sie ihre Arbeit und Berufstätigkeit in religiösen Zusammenhängen verstehen und im Horizont des Heils betrachten. Diese Beschreibung der inner-

---

[3] Weber erläutert seine Gedanken am Beispiel des Akkordlohns in der Landwirtschaft, durch den landwirtschaftliche Unternehmer versuchen, ihre Arbeiter zur Erntezeit zur maximalen Steigerung ihrer Arbeitsleistung zu motivieren: »[S]o hat man natürlich immer wieder versucht, durch Erhöhung der Akkordsätze die Arbeiter, denen so sich Gelegenheit bot, innerhalb einer kurzen Zeitspanne einen für sie außergewöhnlich hohen Verdienst zu machen, an der Steigerung ihrer Arbeitsleistung zu interessieren. Allein hier zeigten sich nun eigentümliche Schwierigkeiten: Die Heraufsetzung der Akkordlöhne bewirkte auffallend oft nicht etwa, dass mehr, sondern: dass weniger an Arbeitsleistung in der gleichen Zeitspanne erzielt wurde, weil die Arbeiter die Akkorderhöhung nicht mit Herauf- sondern mit Herabsetzung der Tagesleistung beantworteten. Der Mann, der z.B. bei 1 Mark für den Morgen Getreidemähen bisher 2 ½ Morgen täglich gemäht und so 2 ½ Mk. am Tag verdient hatte, mähte nach Erhöhung des Akkordsatzes für den Morgen um 25 Pfg. nicht wie gehofft wurde, angesichts der hohen Verdienstgelegenheit etwa 3 Morgen, um so 3,75 Mk. zu verdienen – wie dies sehr wohl möglich gewesen wäre – sondern nur noch 2 Morgen am Tag, weil er so ebenfalls 2 ½ Mk., wie bisher, verdiente und damit, nach biblischem Wort, ›ihm genügen‹ ließ. Der Mehrverdienst reizte ihn weniger als die Minderarbeit; er fragte nicht: wieviel kann ich am Tag verdienen, wenn ich das mögliche Maximum an Arbeit leiste, sondern: wieviel muss ich arbeiten, um denjenigen Betrag – 2 ½ Mk. – zu verdienen, den ich bisher einnahm und der meine *traditionellen* Bedürfnisse deckt? Dies ist eben ein Beispiel desjenigen Verhaltens, welches als ›Traditionalismus‹ bezeichnet werden soll: der Mensch will ›von Natur‹ nicht Geld und mehr Geld verdienen, sondern einfach leben, so leben wie er zu leben gewohnt ist und soviel erwerben, wie dazu erforderlich ist.« Max Weber, Die protestantische Ethik und der »Geist« des Kapitalismus, in: ders., Gesammelte Aufsätze zur Religionssoziologie, Band I, Tübingen 1920, 44.

[4] Dies führt – aktueller – auch Schluchter aus: »Dass in der Wirtschaftstheorie von einem menschlichen Erwerbstrieb ausgegangen wird, der sich in kapitalistischem Handeln äußert, hält Weber so lange für unverfänglich, wie man seine kulturelle Prägung mitdenkt. [...] [D]ie Anreize, die die Wirtschaftstheorie anpreist, um die Arbeitsproduktivität zu steigern, z.B. den Akkordlohn oder die Bildung von Reservearmeen, wirken unterschiedlich, je nachdem, wes Geistes Kind die Wirtschaftsgesinnung ist, der die Betroffenen anhängen. Dass diese Anreize so wirken, wie die Ökonomen es postulieren, dies ist keine ›Naturtatsache‹, wie Weber betont, sondern Folge eines lang andauernden Erziehungsprozesses.« Wolfgang Schluchter, »Wie Ideen in der Geschichte wirken«: Exemplarisches in der Studie über den asketischen Protestantismus, in: ders./Friedrich Wilhelm Graf (Hrsg.), Asketischer Protestantismus und der »Geist« des modernen Kapitalismus. Max Weber und Ernst Troeltsch, Tübingen 2005, 49–73, hier: 57; mit Zitat aus: Weber, Ethik, 44.

weltlichen Askese gewinnt Kontur im Gegenüber zur »außerweltlichen Askese«, die Weber beispielhaft beim mittelalterlichen Mönchtum erkennt. Diese Art der Askese will gerade nicht in die Welt hineinwirken, sondern sich aus ihr zurückziehen. Ganz anders die innerweltliche Askese; sie will in der und in die Welt wirken, je mehr, umso besser, und dabei das Tun des Menschen mit dem Heilsgedanken verknüpfen.

Weber ist mit dieser seiner Betrachtung prägend geworden für den heutigen Blick auf die Beziehung zwischen Protestantismus und Arbeit. Hier soll nun der Versuch unternommen werden, das – kurz umrissene – evangelische Verständnis der Arbeit durch die Einführung des Askesebegriffs mit den bereits genannten heutigen Diskursen in Verbindung zu bringen.

## 3. Der reformatorische Blick auf Askese und Arbeit

Reformatorisch wird Askese als Ausdruck von *superbia* oder *praesumptio* verstanden und abgelehnt.[5] Die evangelische Sicht wendet sich gegen eine Einstellung, der zufolge das monastische Leben verdienstvoller als andere Lebensweisen angesehen wird, zumal wenn es mit der Zugehörigkeit zu einem besonderen Stand verknüpft ist.

Reformatorisch und nachreformatorisch wird dieser Gedanke zunächst so gewendet, dass nicht dem besonderen »Stand« der Berufsasketen und -asketinnen (Mönchen und Nonnen) besondere christliche Anerkennung zukommt, sondern der Bewährung im christlichen Alltagsleben, zu dem auch das christliche Arbeitsleben zählt. Dabei ist die Arbeit in evangelischer Sicht dem Leben im Glauben klar zu-, aber auch untergeordnet.

Entsprechend ließe sich formulieren: In evangelischer Sicht ist eine wahre, positiv verstandene Askese, die der *superbia* wehrt, im Alltagsleben und entsprechend auch in der Verknüpfung mit der Arbeit verortet. Damit wäre die Basis für eine Verknüpfung von Arbeit und Askese in evangelischer Sicht gewonnen.

Auf heutige Verhältnisse bezogen ließe sich hieraus auch ein Element reformatorischer Kritik an einem Zuviel an Arbeit oder an einer Überhöhung der Arbeit ableiten: Wenn Arbeit zum Selbstzweck wird, zum herausragenden Lebensinhalt, oder wenn sie dem Leben ganz überwiegend seinen Sinn verleiht, wenn sie zum Statusgewinn dient und dergleichen mehr, dann hat man sich von einem christlichen, zumal evangelischen Arbeitsverständnis weit entfernt.

Im Horizont evangelischer Theologie wäre nun zu fragen, welches Verständnis von Arbeit aus der Bibel herzuleiten wäre. Auch an diesem Punkt ließe sich wiederum an Weber anknüpfen. Dieser fasst das alttestamentliche Verständnis von Erwerb und Arbeit so zusammen: »[E]in jeder bleibe bei seiner ›Nahrung‹ und lasse die Gottlosen nach Gewinn streben: das ist der Sinn

---

5 So Corinna Dahlgrün, Art. Ascetics, Asceticism. V. Christianity. B. Medieval Times and Reformation Era, in: EBR 2 (2009), 950–954, hier: 953.

aller der Stellen [des Alten Testaments], welche direkt von weltlicher Hantierung handeln.«[6]

Deckt sich dieser knappe Eindruck Webers mit einem etwas eingehenderen Blick auf die alttestamentlichen Texte?

# 4. ARBEIT IM ALTEN TESTAMENT

## 4.1 Überblick

Arbeit ist im Alten Testament an sich nichts Negatives, wie in der Forschung vielfach hervorgehoben wird.[7] Arbeit gehört zum Menschsein dazu – selbst im Idealzustand, dem Paradies: Die Menschen sollen den Garten Eden »bebauen und bewahren« (Gen 2,15). Die Verfluchung des Ackerbodens und die Vertreibung aus dem Paradies machen deutlich, dass Arbeit מלאכה (*m$^e$la'kah*) oder עבדה (*'abodah*) im realen, nicht-idealen Leben zur »Mühe« (hebr. עמל, *'amal*; עצבון *'issabon*) wird. Nachparadiesisch ist Arbeit notwendig, weil die Menschen sonst weder Nahrung noch Kleidung haben. Die Mühe steigert sich, wenn es sich um Fronarbeit handelt (מס *mas*, סבל *sebœl*, סבלה *siblah*). Diese verrichten zu müssen ist sogar ein Grund für Israel, aus Ägypten zu fliehen. Erst in spätalttestamentlichen, hellenistisch geprägten Schriften findet sich die Abwertung körperlicher Arbeit gegenüber intellektueller oder politischer Betätigung, wie sie aus der hellenistischen und römischen Gedankenwelt bekannt ist (Sir 38,24–39,11).[8] Die rabbinische Tradition hält dagegen an der prinzipiellen Hochschätzung auch der mühseligen Arbeit fest.[9]

## 4.2 Arbeit als Bestimmung des Menschen?

Die generell positive Einschätzung der Arbeit im Alten Testament führt allerdings nicht so weit, dass die Menschen allein zum Zweck der Arbeit geschaf-

---

[6] MAX WEBER, Die protestantische Ethik und der Geist des Kapitalismus, Erftstadt 2007, 70; dies ist ein Nachdruck der ursprünglichen Ausgabe des Werkes von 1904/1905 (im Unterschied zur überarbeiteten Fassung von 1920, s.o. Anm. 3).

[7] So beispielsweise: HORST DIETRICH PREUSS, Art. Arbeit. I. Altes Testament, in: TRE 3 (1978), 613–618; JÜRGEN EBACH, Arbeit und Ruhe. Eine utopische Erinnerung, in: DERS., Ursprung und Ziel. Erinnerte Zukunft und erhoffte Vergangenheit, Neukirchen-Vluyn 1986, 90–110; DERS., Art. Arbeit. II. Biblisch, in: RGG$^4$ 1 (1998), 678–680; FRANZ SEGBERS, Die Hausordnung der Tora, Luzern $^3$2002, v.a. 145–165; JÜRGEN EBACH, Menschsein *mit*, nicht *durch* Arbeit. Zum Thema »Arbeit« in der hebräischen Bibel, in: ThPQ 152 (2004), 275–283.

[8] SITTA VAN REDEN, Art. Arbeit, 2. Griechenland und Rom, in: DNP 1 (1996/1999), 964–969, hier: 967f.; nicht immer allerdings war die Einstellung im griechischen Bereich gegenüber der »Handarbeit« so negativ, wie etwa ein Blick in Hesiods »Werke und Tage« (8. Jh. v.Chr.) zeigt.

[9] So MOSHE GREENBERG u.a., Art. Labor, in: Encyclopaedia Judaica$^2$ 12 (2007), 408–411, v.a. 410f; dort (409f) Louis Isaac Rabinowitz zum Talmud: Bei den meisten Rabbinen findet sich die Kombination von Studium mit weltlicher Beschäftigung; nach Rabban Gamaliel heißt es in Avot 2,2: »hervorragend ist das Studium der Tora kombiniert mit einer weltlichen Beschäftigung, weil die in beiden notwendige Mühe die Sünde vergessen macht«; so auch Rabbi Meir in Avot 4,10 (410).

fen wären, dass also ihre Grundbestimmung die des Arbeitens sei. Das verdeutlicht Rainer Albertz in einem Vergleich alttestamentlicher und altorientalischer Schöpfungstexte.[10] Während im Atramḫasis-Epos die Menschen nur zum Zwecke des Arbeitens geschaffen werden,[11] kann von einer derartigen religiösen Überhöhung des Arbeitens im Alten Testament nicht die Rede sein.[12] Im Gegenteil – der Mensch wird, wie Jürgen Ebach betont, nicht durch das Arbeiten zum Menschen, sondern ist Mensch aufgrund der Gottebenbildlichkeit.[13] In dieser Richtung ließen sich auch arbeitskritische alttestamentliche Verse wie Ps 127,2 (sprichwörtlich: »den Seinen gibt's der Herr im Schlaf«) oder Prov 10,22 (Luther 1984: »der Segen des Herrn allein macht reich, und nichts tut eigene Mühe hinzu«) deuten.

### 4.3 Kein Leben ohne Arbeit

Doch diese Kritik geht nicht so weit, dass im Alten Testament ein Zustand des Nicht-Arbeitens als höchstes Ziel ausgemalt würde. Im Gegenteil: Ebach weist darauf hin, dass es im Alten Testament gerade *kein* Bild von einer paradiesischen Vergangenheit oder einer positiven utopischen Zukunft gibt, in dem die Vision eines arbeitsfreien Lebens entworfen würde: »Ein Leben ohne Arbeit kommt an keiner Stelle als Wunschziel in den Blick, umso mehr ein Leben, in dem die Arbeit nicht ins Leere geht, ohne Ausbeutung und ohne Mühsal ist.«[14] Selbst im Paradies wird gearbeitet – bebaut und bewahrt (Gen 2,15) –, und auch in der zukünftigen Heilszeit wird vielfältig gearbeitet (Jes 66,21–23).

### 4.4 Arbeit und Ruhe

Anders als in der griechischen Antike also bilden Ruhe oder Muße nicht einen ersehnten Dauerzustand, sondern stellt einen konstitutiven Teil der Arbeit und deren Abschluss dar.[15] Arbeit und Ruhe sind im Alten Testament gerade keine Entgegensetzungen, sondern gehören zusammen - in der Arbeitswoche, zu der der Sabbat dazugehört. Dass Ruhezeiten im menschlichen Leben ebenso wie die Notwendigkeit der Arbeit nicht verhandelbar sind, darauf deuten unterschiedliche theologische Begründungsstränge des Sabbatgebots hin:[16] Zum einen die schöpfungstheologische Fundierung, wonach (Ex 20,11) die

---

10 Rainer Albertz, Die Kulturarbeit im Atramḫasis im Vergleich zur biblischen Urgeschichte, in: ders. u.a. (Hrsg.), Werden und Wirken des Alten Testaments. Festschrift für Claus Westermann zum 70. Geburtstag, Göttingen/Neukirchen-Vluyn 1980, 38–57.

11 Albertz spricht davon, dass die Menschen in die bereits vor ihrer Erschaffung vorhandene und von den niederen Göttern ausgefüllte Funktion des Arbeitens eintreten (Kulturarbeit, 45).

12 Albertz, Kulturarbeit, 47.

13 Ebach, Menschsein, 277f.

14 Ebach, Menschsein, 279.

15 Ebach, Arbeit und Ruhe, 110 u.ö.; Ebach, Menschsein, 280.

16 Nach Bernhard Lang, Der arbeitende Mensch in der Bibel. Eine kulturgeschichtliche Skizze, in: Verena Postel (Hrsg.), Arbeit im Mittelalter. Vorstellungen und Wirklichkeiten, Berlin 2006, 35–56; hier: 42.

Menschen am Sabbat ruhen sollen, weil ihr höchstes Vorbild nach seiner Arbeit am siebten Tag auch geruht hat – Gott selbst (Gen 2,2f); eine befreiungstheologische Deutung bezieht sich daneben auf das Gedenken an das Exodusgeschehen (Dtn 5,12–15). Zum anderen findet sich eine eher ethische Begründung für die Arbeitsruhe im Bundesbuch in Ex 23,12: Am siebten Tag soll die Arbeit ruhen, damit die Arbeitstiere, der Sohn der Sklavin und der Fremde sich ausruhen und zu Atem kommen können.

### 4.5 Geheiligte Ruhezeit

Dass die Arbeit ruht, ist das herausragende Merkmal nicht nur des Sabbat, sondern aller Festzeiten im alten Israel; Arbeitsruhe ist zentral für die Festfreude, wie Corinna Körting festhält.[17] Auch entstehungsgeschichtlich ist dabei wohl der Ruhetag älter als die Deutung als ein bestimmtes religiöses Fest.[18] Die Arbeitsruhe am Sabbat und anderen Festtagen lässt sich als »Sakralisierung der Zeit« deuten,[19] der Sabbat selbst als »Heiligtum in der Zeit«.[20] Am Sabbat hat der Mensch Anteil an der göttlichen Ruhe,[21] und die Sabbatobservanz aller Menschen wird zum Merkmal der künftigen Heilszeit.[22] So wird aus dem Ruhe-Element in der Dyade »Arbeit und Ruhe« ein Heiliges.

## 5. Askese von der Arbeit: Gedankenfortschritte

Der hier vorgestellte Blick auf das Arbeitsverständnis des Alten Testaments hat Überraschendes zutage gefördert: Zunächst einmal ist Arbeit nichts Negatives, sondern kann auch dem Paradiesort oder der Heilszeit zugeschrieben werden. Doch diese positiv verstandene Arbeit – ohne Zwang und Mühsal – wird aufs Engste mit der Ruhe verbunden, wobei diese schließlich sogar als etwas Heiliges angesehen wird. Kurz gesagt: Arbeit ist gut, aber Ruhe gehört zu ihr und ist in Verbindung mit Arbeit sogar höher zu schätzen.

Dies lässt sich erstaunlich gut mit der zuvor entworfenen These vereinbaren, dass sich das evangelische Askeseverständnis mit seiner Wendung gegen die *superbia* auch auf die Askese von der Arbeit ausdehnen lässt: Arbeit ist an sich etwas Gutes, aber sie gewinnt ihr volles Sinnpotenzial christlich nicht aus sich selbst heraus, sondern aus der Verbindung mit der Ruhe, in der der Mensch (ebenfalls) dem göttlichen Vorbild folgt.

Dieser biblische Einspruch macht erhebliche Modifikationen im evangelischen Arbeitsverständnis nötig, wenn denn Max Webers These der innerweltlichen Askese zutreffend sein sollte. Arbeit wäre evangelisch von hier aus viel

---

17 Corinna Körting, Art. Fest (AT), in: www.wibilex.de 2007, Abschnitt 1.2, sowie dies., Art. Sabbat (AT), in: www.wibilex.de 2008, Abschnitt 1.

18 Körting, Sabbat, Abschnitt 2.

19 Körting, Fest, Abschnitt 1.2.

20 Körting, Sabbat, Abschnitt 4.

21 Körting, Sabbat, Abschnitt 4.

22 Körting, Sabbat, Abschnitt 5.

weniger erwerbs- und heilsbezogen und viel stärker in ihrem Gegenüber zur (auch göttlichen) Ruhe zu bestimmen.

Von hier aus ist es nur noch ein kleiner Schritt bis zu den eingangs skizzierten aktuellen Problemkreisen um Arbeit und Ruhe: Gerade im Hinblick auf Konsumismus oder Burnout kann das kulturkritische Potenzial des alttestamentlichen sowie des hier nur knapp skizzierten evangelischen Arbeitsverständnisses fruchtbar gemacht werden: Arbeit darf nicht zur rücksichtslosen Ausbeutung der Ressourcen in Gestalt von Mensch und Schöpfung führen, sondern muss zwangsläufig um das Element der Ruhe und damit der Askese von der Arbeit erweitert werden.

## Literatur


Albertz, Rainer, Die Kulturarbeit im Atramḫasis im Vergleich zur biblischen Urgeschichte, in: ders. u.a. (Hrsg.), Werden und Wirken des Alten Testaments. Festschrift für Claus Westermann zum 70. Geburtstag, Göttingen/Neukirchen-Vluyn 1980, 38–57.

Dahlgrün, Corinna, Art. Ascetics, Asceticism. V. Christianity. B. Medieval Times and Reformation Era, in: EBR 2 (2009), 950–954.

Ebach, Jürgen, Arbeit und Ruhe. Eine utopische Erinnerung, in: ders., Ursprung und Ziel. Erinnerte Zukunft und erhoffte Vergangenheit, Neukirchen-Vluyn 1986, 90–110.

– Art. Arbeit. II. Biblisch, in: RGG$^4$ 1 (1998), 678–680.

– Menschsein *mit*, nicht *durch* Arbeit. Zum Thema »Arbeit« in der hebräischen Bibel, in: ThPQ 152 (2004), 275–283.

Greenberg, Moshe u.a., Art. Labor, in: Encyclopaedia Judaica$^2$ 12 (2007), 408–411.

Gronemeyer, Marianne, Wer arbeitet, sündigt ... . Ein Plädoyer für gute Arbeit, Darmstadt 2012.

Komlosy, Andrea, Arbeit. Eine globalhistorische Perspektive. 13. bis 21. Jahrhundert, Wien 2014.

Körting, Corinna, Art. Fest (AT), in: www.wibilex.de 2007.

– Art. Sabbat (AT), in: www.wibilex.de 2008.

Lang, Bernhard, Der arbeitende Mensch in der Bibel. Eine kulturgeschichtliche Skizze, in: Verena Postel (Hrsg.), Arbeit im Mittelalter. Vorstellungen und Wirklichkeiten, Berlin 2006, 35–56.

Preuss, Horst Dietrich, Art. Arbeit. I. Altes Testament, in: TRE 3 (1978), 613–618.

Reden, Sitta van, Art. Arbeit, 2. Griechenland und Rom, in: DNP 1 (1996/1999), 964–969.

Ross, Susan A./Irarrázaval, Diego/Nadar, Sarojini (Hrsg.), Christentum, Konsum und Markt, in: Concilium 50 (2014), Heft 4.

Schluchter, Wolfgang, »Wie Ideen in der Geschichte wirken«: Exemplarisches in der Studie über den asketischen Protestantismus, in: ders./Friedrich Wilhelm Graf (Hrsg.), Asketischer Protestantismus und der »Geist« des modernen Kapitalismus. Max Weber und Ernst Troeltsch, Tübingen 2005, 49–73.

Segbers, Franz, Die Hausordnung der Tora, Luzern $^3$2002.

Weber, Max, Die protestantische Ethik und der »Geist« des Kapitalismus, in: ders., Gesammelte Aufsätze zur Religionssoziologie, Band I, Tübingen 1920.

– Die protestantische Ethik und der Geist des Kapitalismus, Erftstadt 2007.

# Jesus als Asket?

*Angelika Strotmann*

Würde man Christinnen und Christen in Westeuropa fragen, ob Jesus ein Asket war, würden die allermeisten vermutlich mit »Nein« antworten. Die Antworten innerhalb der historischen Jesusforschung fallen zwar differenzierter aus, laufen aber im Wesentlichen auf dasselbe hinaus: Jesus war kein Asket. Jesu Nichtaskese wird vor allem im Vergleich mit Johannes dem Täufer thematisiert,[1] dessen Lebensweise in den Evangelien durchgehend asketisch dargestellt wird und von dem sich die Jesu deutlich absetzt. Der Gegensatz beider Lebensweisen wird besonders klar in Lk 7,33f par Mt 11,18f formuliert: Johannes, der nicht isst (kein Brot) und nicht trinkt (keinen Wein), wird ebenso von dieser Generation abgelehnt wie der Menschensohn, der isst und trinkt, und daraufhin als »Fresser« und »Weintrinker«, als Freund der Steuerpächter und Sünderinnen und Sünder beschimpft wird. Jesu offene Mahlpraxis und zahlreiche weitere Perikopen zum Thema »Mahl« zeigen von Askese, selbst von asketischen Tendenzen, keine Spur.

Bei einem weiteren Blick auf die kanonischen Evangelien als Hauptquellen für die Rückfrage nach dem historischen Jesus[2] sind aber auch Gegen-

---

[1] Die nichtasketische Lebensweise Jesu wird unabhängig von dem jeweils vermuteten Verhältnis Jesu zum Täufer vertreten. Diejenigen, die von Jesus als Schüler des Johannes ausgehen, verbinden seine nichtasketische Lebensweise mit einem umstürzenden Ereignis – in der Regel mit der Vision des Satanssturzes (Lk 10,18), teilweise zusätzlich mit der Erfahrung seines Wundercharismas, vor allem in Bezug auf Dämonenbannungen –, das »zu einer anders akzentuierten Bewertung der vom Täufer verkündeten, unmittelbar bevorstehenden Endzeit und damit auch zu einer heilvolleren Botschaft« führte (Angelika Strotmann, Der historische Jesus: eine Einführung, Paderborn 2012, 96), die nur mit einer anderen, nichtasketischen Lebensweise umzusetzen war. In der Konsequenz bedeutete das eine Trennung vom Täufer. Der Wandel Jesu von einer asketischen zu einer nicht asketischen Lebensweise wird neben Strotmann, Jesus, 94–97, besonders überzeugend von Martin Ebner vertreten (Jesus von Nazaret in seiner Zeit. Sozialgeschichtliche Zugänge, Stuttgart $^{2}$2004, 100–108); vgl. weiter Ludger Schenke, Jesus und Johannes der Täufer, in: ders. u.a. (Hg.), Jesus von Nazaret – Spuren und Konturen, Stuttgart 2004, 94–105; Jens Schröter, Jesus von Nazaret. Jude aus Galiläa – Retter der Welt, Biblische Gestalten 15, Leipzig $^{2}$2009, 135–149. Eher skeptisch gegenüber der These von Jesus als Täuferschüler äußern sich Gerd Theissen/ Annette Merz, Der historische Jesus. Ein Lehrbuch, Göttingen 3. durchges. Aufl. 2001, um aber ebenfalls die asketische Lebensweise des Täufers und die nichtasketische Jesu zu betonen (194f).

[2] Zur Quellensituation und zur Beurteilung der Quellen vgl. Strotmann, Jesus, 35–48.

tendenzen zu erkennen, die die Behauptung von Jesu Nichtaskese in Frage stellen. Jesus hat mit seiner Familie gebrochen (Mk 3,20f.31–35), lebte ohne festen Wohnsitz, ohne Berufsausübung und ohne Besitz eine Wanderexistenz, er zog sich immer wieder zum Gebet zurück (vgl. Mk 1,35) und war möglicherweise nicht verheiratet (vgl. Mt 19,11f). Verstärkt wird alles dies dadurch, dass er einige seiner Schülerinnen und Schüler aufforderte Haus, Besitz und Familie, einschließlich Eltern, Kinder und Geschwister zu verlassen und ihm nachzufolgen.[3] Einzelnen von ihnen empfahl er vielleicht sogar die Ehelosigkeit (vgl. den Eunuchenspruch Mt 19,11f). Spätere asketische Strömungen im Christentum konnten dann gerade an diese Aspekte der Lebensweise Jesu und seiner Jüngerinnen und Jünger anknüpfen.[4]

## 1. Ein kurzer Überblick über verschiedene Versuche, Jesu Verhältnis zur Askese zu bestimmen

Die uneindeutigen Angaben in den kanonischen Evangelien zur asketischen Lebensweise Jesu spiegeln sich auch in der Askese-Forschung wider und führen im Unterschied zur historischen Jesusforschung in älteren Beiträgen zu einer eher ambivalenten Interpretation der Lebensweise Jesu. Auf der einen Seite wird Jesu Nichtaskese herausgestellt, auf der anderen Seite wird ihm unterschwellig oder offen doch eine mögliche asketische Haltung zugeschrieben.

So positioniert sich Hermann Strathmann im RAC-Artikel von 1950 zum Stichwort ›Askese‹ zwar klar gegen eine jesuanische Askese, gibt aber nicht zu erkennen, was einen religiös begründeten Radikalismus, aus dem sich »unter Umständen Folgerungen ergeben, die äußerlich betrachtet wie A. aussehen«,[5] von Askese unterscheidet.

---

[3] Vgl. neben den Nachfolgeworten in Mk 10,28–31 par; QLk 9,57–60 und der Aussendungsregel in Mk 6,6b–13/QLk 10,4–12 auch die verschiedenen Berufungserzählungen in den synoptischen Evangelien, angefangen von der Berufung der ersten Jünger (Mk 1,16–20 par), über die Berufung des Levi (Mk 2,14 par) bis hin zur missglückten Berufung eines reichen Jünglings in Mk 10,17–22 par. Dagegen gehörte wohl nicht, wie die lk Fassung des Nachfolgewortes Lk 18,29 suggeriert, die Aufforderung seine Ehefrau zu verlassen dazu. Vgl. im Einzelnen: Ebner, Jesus, 149–153.

[4] Vgl. z.B. Peter Nagel, Die Motivierung der Askese in der alten Kirche und der Ursprung des Mönchtums, Berlin 1966, 5–19; zusammenfassend in verschiedenen Lexikonartikeln zum Thema: z.B. Karl Suso Frank, Art. Askese IV. Frömmigkeitsgeschichtlich, in: LThK[3] 1 (1993), 1079; Ulrich Köpf, Art. Askese IV. Kirchengeschichtlich, in: RGG[4] 1 (1998), 835; David G. Hunter, Art. Ascetics, Asceticism V. Christianity, A. Greek and Latin Patristics and Orthodox Churches, in: EBR 2 (2009), 947f. Ausführlich geht Richard Valantasis, Art. Ascetics, Asceticism III. New Testament, in: EBR 2 (2009), 942–944, auf die neutestamentlichen Passagen ein, die die Grundlage für einen christlich-asketischen Lebensstil lieferten.

[5] Hermann Strathmann, Art. Askese II A-D (christlich), in: RAC 1 (1950), 759.

Größere Probleme bereitet Peter Nagel (1966) die Frage nach der Askese Jesu.[6] Auf der einen Seite versucht er durchgehend zu zeigen, dass die frühchristlichen asketischen Bewegungen nicht auf ihn bzw. nur fälschlicherweise auf ihn zurückgehen. Entsprechend sind Heimat- und Ehelosigkeit Jesu im Wirken für das Reich Gottes begründet, und schon deshalb nicht asketisch, weil Jesus die Ehe geheiligt habe und ein unbefangenes Verhältnis zu Frauen hatte.[7] Auf der anderen Seite ringt Nagel sich zumindest zu der Aussage durch, dass Jesus eine asketische Haltung zum Besitz hatte, und diese Haltung auch von seinen Jüngern forderte, sie aber nicht zu einem allgemeingültigen Gesetz erhoben habe.[8]

Noch ambivalenter argumentiert Bernhard Lohse (1969). Seine Aussage: »Eigentliche Askese ist Jesus selbst wie auch seiner Verkündigung fremd«,[9] kann im Umkehrschluss nur heißen, dass eine ›uneigentliche‹ Askese ihm nicht fremd war. Das bestätigen Lohses folgende Ausführungen, wonach »Jesus keineswegs eine entsagungsvolle Lebensweise als solche abgelehnt« hat, oder dass Jesus, was die Ehe betrifft, »nicht grundsätzlich der Askese das Wort geredet« hat, obwohl er selbst ehelos lebte. Ausführlich behandelt er dann eine »asketische Haltung Jesu«[10] am Beispiel von Mk 10,17–31 par, der missglückten Berufung eines reichen Jünglings, sowie am Beispiel des so genannten Eunuchenwortes in Mt 19,11f, das möglicherweise zur Ehelosigkeit um des Himmelreiches willen auffordert.[11] Für Lohse zeigen beide Perikopen zwar, dass Jesus nicht nur selbst besitzlos und ehelos lebte, sondern auch seine Jünger dazu aufforderte, nicht aber, dass Jesus beides quasi gesetzlich forderte.[12]

Lohses ambivalente Einstellung zu einer asketischen Lebensweise oder Haltung Jesu findet sich so ausgeprägt sonst nicht mehr in der Askeseforschung, trotzdem kennzeichnet auch in der Folgezeit einzelne Beiträge zum Thema eine gewisse Unbestimmtheit. So sieht Jean Gibromont (1979) Jesus durchaus in der Tradition des von ihm als Asket vorgestellten Täufers, selbst wenn er ihm nicht in allem folgt, vermeidet aber die Bezeichnung Asket oder asketische Lebensweise für ihn und spricht stattdessen von ›Entsagung‹:

> »Das entscheidende Vorbild für die späteren Asketen ist Jesu von allen irdischen Bindungen losgelöster Auftrag, bis hin zum Kreuz: Er verläßt seine Familie, lebt ehelos und arm, er fordert seine Jünger auf, ihm nachzufolgen (Mk 8,34 par). *Die Entsagung ist kein Selbstzweck, sie ist aber deswegen nicht weniger radikal* [Kursive nicht im Original]. Das sehr harte Wort über die Eunuchen, die sich im Hinblick

---

[6] NAGEL, Motivierung.

[7] NAGEL, Motivierung, 5f.

[8] NAGEL, Motivierung, 7.

[9] Ebd.

[10] LOHSE, Askese, 117.

[11] LOHSE, Askese, 117–120, mit dem Hinweis, dass diese beiden Perikopen schon sehr bald in der frühen Kirche asketisch verstanden wurden.

[12] LOHSE, Askese, 120, mit dem Hinweis, dass nach Jesu Kreuzigung die Jünger »freilich diese Forderung Jesu nicht mehr für verbindlich gehalten« haben (ebd. Anm. 1).

auf das Reich Gottes entmannt haben (Mt 19,12), stellt ein Paradox dar, das [...] dem Vorbild des Meisters seinen vollen Sinn gibt [...].«[13]

Keine Probleme, in Verbindung mit Jesus von Askese zu sprechen – oder zeigt der von ihm benutzte Begriff »Aszetik« doch einen gewissen Vorbehalt? – hat Kurt Niederwimmer (1998). Er hält im Unterschied zu den bisher behandelten Autoren in gewisser Weise Jesu gesamte Verkündigung für asketisch:

»Andererseits kann man die gesamte Verkündigung Jesu insofern unter den Gesichtspunkt der Aszetik stellen, als in ihr (angesichts der Nähe der Gottesherrschaft) zum unbedingten Gehorsam gegenüber den Forderungen Gottes aufgerufen wird. Die Gabe der Gottesherrschaft macht alle Gaben der Schöpfung indifferent und öffnet das Herz zur ungeteilten Gottesliebe (Mt 13,44ff.). Das ist der Quellgrund christl. A.«[14]

Unklar bleibt jedoch, warum Niederwimmer sich zwar zur Verkündigung, nicht aber zur Lebensweise Jesu äußert bzw. nur indirekt über die Berufung eines kleinen Kreises in seine »unmittelbare Nachfolge«, die mit Verzicht auf Besitz, Ehe, Heimat verbunden war.[15]

Die bisher vorgestellten Positionen äußern sich ausdrücklich zum historischen Jesus und diskutieren zum Teil die Historizität einzelner, für die christlichen Askesebewegungen wichtiger Stellen in den kanonischen Evangelien (z.B. Mt 19,12f; die Armutsaussagen im Lukasevangelium). Bei anderen Beiträgen in theologischen und religionswissenschaftlichen Lexika zum Thema ›Askese‹ ist der Rekurs auf den historischen Jesus dagegen entweder nicht klar zu bestimmen,[16] oder es ist eindeutig die Jesustradition und nicht der historische Jesus gemeint.[17]

Zusammenfassend ergeben sich folgende Beobachtungen:

– Eine reflektierte Auseinandersetzung mit dem Begriff ›Askese‹ im Umfeld der Frage nach Jesu Askese findet sich in der älteren Askeseforschung und in den zahlreichen Lexikonartikeln kaum. So bleibt völlig unklar, warum z.B. Peter Nagel und Bernhard Lohse Askese nur dann als solche bezeichnen, wenn sie quasi gesetzlich gefordert wird. Manchmal fehlt überhaupt eine Begriffsdefinition.

---

[13] Jean Gribomont, Art. Askese IV. Neues Testament und Alte Kirche, in: TRE 4 (1979), 205.

[14] Kurt Niederwimmer, Art. Askese III. Neues Testament, in: RGG$^4$ 2 (1998), 833.

[15] Niederwimmer, ebd., vermeidet für diese Lebensweise ebenso wie Gribomont die Begriffe ›asketisch‹ oder ›Askese‹ und betont stattdessen, dass es dabei nicht »um die dualistische Verwerfung der Welt« geht, »sondern um die ›radikale Freiheit des Herzens‹ (Rahner, 449)«.

[16] So der wenig reflektierte Beitrag von Paul Deselaers, Art. Askese III. Neues Testament, in: LThK$^3$ 1 (1993), 1078.

[17] Z.B. Reinhart Staats, Art. Askese, in: EKL 1 (1986), 288–291; Richard Valantasis, Art. Ascetics, in: EBR 2 (2009), 941–944.

- Wo von jesuanischer Askese gesprochen wird, wird häufig nicht klar unterschieden zwischen historischem Jesus, Jesustradition und Evangelien.[18]
- Das Auswahlkriterium für Texte und Themen zur Askese ist die asketische Rezeption der Evangelien: z.B. Ehelosigkeit, Eunuchenspruch, reicher Jüngling, Besitzverzicht, Heimatlosigkeit.[19] Dagegen kommen Statusverzicht, Gewaltverzicht oder Vergeltungsverzicht kaum oder nur am Rande vor.

Die beiden letzten Punkte sind möglicherweise der Tatsache geschuldet, dass die Autoren der Lexikonbeiträge wie der Monographien in der Regel keine Exegeten sind, sondern Fachleute für Alte Kirchengeschichte/Patristik bzw. Kirchengeschichte, die eben neben der Entwicklung der Askese im Frühen Christentum auch noch das Neue Testament mit betreuen.[20]

Und schließlich: die älteren Beiträge zur möglichen Askese bzw. Nichtaskese Jesu und der ihm Nachfolgenden stammen aus der Feder protestantischer Autoren. Die aufgezeigten Aporien dieser Positionen, insbesondere der Versuch, Jesu Verkündigung, Verhalten und Lebensweise als nichtasketisch zu definieren, wirken auf mich als katholische Theologin wie eine unreflektierte Abwehr gegenüber einer als normativ empfundenen, mönchisch-katholischen Askese, die protestantische Errungenschaften wie die Abschaffung des Zölibats, die Hochschätzung der Ehe etc. mit Rekurs auf eine asketische Jesustradition in Frage stellt.[21]

---

[18] Das ist bei den Überblickslexika wie dem EKL oder dem LThK noch nachvollziehbar, weniger für die Monographien von Peter Nagel oder Bernhard Lohse. Ansatzweise erfolgt diese Unterscheidung bei Valantasis, Ascetics (942: »Jesus himself is portrayed with ascetic traits in the gospels«), der sich nicht für den historischen Jesus interessiert. Einzig Kurt Niederwimmer, Askese und Mysterium. Über Ehe, Ehescheidung und Eheverzicht in den Anfängen des christlichen Glaubens, FRLANT 113, Göttingen 1975, beschäftigt sich ausführlich mit einer möglichen Sexualaskese beim historischen Jesus (z.B. 13–24 zum Ehescheidungsverbot wie überhaupt Kap. 1 zur eschatologischen Moralkritik Jesu).

[19] Besonders auffällig ist das bei den jüngsten Askeseaufsätzen in EKL und EBR.

[20] Ausnahmen sind der Neutestamentler Kurt Niederwimmer und Richard Valantasis, der sich auf der Grenze zwischen NT und Alter Kirchengeschichte bewegt.

[21] Am deutlichsten zeigt sich das bei Bernhard Lohse, Askese, der zweimal darauf hinweist, dass die Apostel nach Jesu Tod den Verzicht auf Ehe und Familie »als beendet angesehen und es als ihr gutes Recht betrachtet [haben], ihre Frauen bei sich zu haben.« (121; vgl. auch 120, Anm. 1); vgl. zur Askeseablehnung von protestantischer Seite auch Jan Bergmann, Art. Askese I. Einleitende und religionsgeschichtliche Bemerkungen, in: TRE 4 (1979), 196.

## 2. DAS PROBLEM EINER FÜR DIE RÜCKFRAGE NACH DEM HISTORISCHEN JESUS RELEVANTEN UND HILFREICHEN DEFINITION VON ASKESE

### 2.1 Überblick

Eine allgemein akzeptierte Definition des Begriffs ›Askese‹ gibt es nicht.[22] Fast immer wird jedoch der freiwillige Verzicht auf grundlegende menschliche Güter wie z.B. auf (bestimmte) Nahrung, Kleidung, Sexualität, Familie, Besitz als wesentliches Merkmal von Askese genannt.[23] Umstritten ist, ob schon temporärer Verzicht, z.B. aus kultischen Gründen oder Fasten als Vorbereitung auf ein großes Fest, Askese genannt werden soll, oder ob die gesamte Lebensführung von diesem Verzicht geprägt sein muss.[24] Umstritten sind ebenfalls die der Askese zugrunde liegenden Motive. Für viele gelten nur religiöse Motive - und, je nachdem, ob die nichtchristliche Antike einbezogen wird oder nicht, philosophische Motive, als adäquat. Noch 1998 schreibt Ulrich Köpf, dass man von Askese nur sprechen kann, »wo der Verzicht nicht aus funktionalen (z.B. diätetischen) Gründen, sondern aus rel. Motiven (›um des Himmelreichs willen‹ [Mt 19,12]; als Leidensnachfolge Christi) geleistet wird.«[25] Ob Köpf damit nur christliche Askese als Askese akzeptiert, ist aus seinem Beitrag nicht zu erkennen. Die Forschung tendiert jedoch mittlerweile dahin, auch nichtchristliche Religionen, insbesondere östlich/fernöstliche Religionen mit ihren vielfältigen asketischen Tendenzen einzubeziehen.

Nicht immer wird allerdings klar, was unter religiösen und/oder philosophischen Motiven verstanden wird. Sind sie identisch mit dem Ziel der asketischen Übungen bzw. des asketischen Verhaltens? Als Ziel von Askese auf der Grundlage eines bestimmten Verhaltens, das häufig mit Verzicht und Selbstdisziplin in Verbindung gebracht wird, wird z.B. genannt: »den Menschen aus einem Zustand des Ungenügens oder der Unreinheit bzw. Unheiligkeit zu

---

22 BERGMANN, Askese I, 196.

23 Darin sind sich ältere wie jüngere Beiträge einig: z.B. H. STRATHMANN, Art. Askese I (nichtchristlich), in: RAC 1 (1950), 749f; LOHSE, Askese, 15; BERGMANN, Askese I, 196; STAATS, Askese, 287; KÖPF, Askese IV, 834f; HUNTER, Ascetics, 947; Art. Asceticism, in: The Concise Oxford Dictionary of the Christian Church (2. rev. ed.) Onlineversion 2013; der Begriff ›renunciation‹ fehlt dagegen bei VALANTASIS, Ascetics, 941f.

24 Letzteres z.B. NAGEL, Askese, 1 Anm. 2 (sic! Man beachte die Definition von Askese in einer Fußnote); ebenfalls HANS-ULRICH WEIDEMANN, Engelsgleiche, Abstinente – und ein moderater Weintrinker. Asketische Sinnproduktion als literarische Technik im Lukasevangelium und im 1. Timotheusbrief, in: DERS. (Hrsg.), Asceticism and Exegesis in Early Christianity. The Reception of New Testament Texts in Ancient Ascetic Discourses, NTOA 101, Göttingen 2013, 24.

25 KÖPF, Askese IV, 834; vgl. auch: Asceticism, Oxford Dictionary: »(1) practices employed to combat vices and develop virtues and (2) the renunciation of various facets of customary social life and comfort or the adoption of painful conditions for religious reasons.« Religiöse und philosophische Motive sind für LOHSE, Askese, 15, Grundlage von Askese.

läutern, so daß er der Gottheit nahen kann oder seine höhere Bestimmung erfüllt«,[26] oder »to attain a higher spiritual state or a more thorough absorption in the sacred«.[27]

## 2.2 Die Diskussion um eine weite Askese-Definition

In jüngster Zeit mehren sich Stimmen, die diese relativ engen Ziele von Askese und die damit einhergehenden engeren Definitionen von Askese in Frage stellen und sehr weite Definitionen bevorzugen. Einer ihrer bekanntesten und einflussreichsten Vertreter ist Richard Valantasis, der sich u.a. von Max Weber, Michel Foucault und Geoffrey Harpham zu folgender Definition inspirieren ließ: »*Asceticism may be defined as performances within a dominant social environment intended to inaugurate a new subjectivity, different social relations, and an alternative symbolic universe*« [kursiv im Original].[28] Für meine Frage nach möglichen asketischen Zügen im Bild des historischen Jesus ist Stephen J. Pattersons Versuch interessant, auf der Grundlage dieser Definition den Wanderradikalismus der frühen Jesustradition in der Logienquelle und dem Thomasevangelium (EvThom) als asketisch zu erweisen.[29] Er stellt dabei den Aspekt der performance ins Zentrum, versteht gar das Typische des Wanderradikalismus als »*a series of performances, done for others to see*«.[30] Deren Ziel sei es, jene, die an ihnen partizipieren vom dominanten sozialen Ethos zu trennen und ein neues Netzwerk sozialer Beziehungen zu schaffen, »in which an alternative symbolic universe might be articulated«.[31] Seine These entfaltet er am Beispiel der Aussendungsrede in QLk 10,2–16 als Kern der Wanderradikalentradition sowie am Beispiel der Logien vom Verlassen/Hassen der Familie (QLk 14,26f) und vom Verlust/Vernichten des Lebens (QLk 17,33).[32] Während die sehr konkreten Anweisungen Jesu in der Aussendungsrede, von der marginalen Ausrüstung unterwegs über das Verhalten in den Häusern bis

---

[26] Lohse, Askese, 15. Ähnlich auch Staats, Askese, 287: »Verzicht [...] um eines übergeordneten Zieles willen.«

[27] Walter O. Kaelber, Art. Asceticism, in: EncRel$^2$ 1 (2005), 526.

[28] Richard Valantasis, Constructions of Power in Asceticism, in: JAAR 63 (1995), 797; diese Definition unterscheidet sich nach seinen eigenen Angaben (Anm. 4 ebd.) von derjenigen in seinem im selben Jahr erschienenen Aufsatz: A Theory of the Social Function of Asceticism, in: Vincent L. Wimbush/Richard Valantasis (Eds.), Asceticism, New York u.a. 1995, 548. Der größte Unterschied besteht meines Erachtens in der Hinzufügung von »within a dominant social environment«, zu deren Werten und Zielen die Asketen in deutlicher Opposition stehen. Valantasis geht damit auf Distanz zu seiner älteren Definition, die vom Kontext her eher allgemein kulturtheoretisch verstanden werden kann (z.B. Theory, 547: »asceticism functions as a system of cultural formation; it orients the person or group of people to the immediate cultural environment and to the unexpressed, but present, systems that underlie it.«).

[29] Stephen J. Patterson, Askesis and the Early Jesus Tradition, in: Vaage/Wimbush, Asceticism, 49–69.

[30] Patterson, Askesis, 61.

[31] Ebd.

[32] Patterson, Askesis, 61–65.

hin zum Verhalten bei Ablehnung etc., in ihrer Umsetzung gut als performances im obigen Sinn verstanden werden können und einen neuen Akzent setzen, führt die sehr knappe Interpretation der beiden Logien kaum weiter. Dass in QLk 14,26f par und EvThom 55 die Familienbande und -beziehungen transzendiert und die sich solcherart Verhaltenden in eine neue verwandtschaftliche Gruppe integriert werden, ist keine neue Erkenntnis. Dasselbe gilt für das äußerst knapp behandelte Logion vom Verlust und Gewinn des Lebens, das Patterson als eine Art Summe der frühen Logientradition für das Zurücklassen des bisherigen Lebens versteht.[33] Was die Inhalte beider Logien mit performances zu tun haben, bleibt offen.

Doch warum ist es hilfreich, das beschriebene Verhalten als Askese zu bezeichnen? Patterson gelingt es meiner Meinung nach nicht, diese Frage für die frühe Jesustradition zu beantworten. Unabhängig davon halte ich mit John S. Kloppenborg die Valantasis-Definition von Askese grundsätzlich für zu allgemein.[34] Nach Kloppenborg besteht die Gefahr einer so weiten Definition vor allem darin, dass tatsächliche Unterschiede zwischen asketischer Literatur und den kanonischen Evangelien nicht mehr in den Blick kommen. So vernachlässigt die weite Definition z.B. die besondere Rolle des menschlichen Körpers in der Askese, als eines Ortes, an dem Macht demonstriert wird:

> »Both the (interior) self-mastery and the demonstrative or performative aspects are essential to asceticism. It is the body itself that provides the particular ›surface‹ of performance, whether in a dramatic form, such as Symeon Stylites' act of touching his toes 1244 times [...] or in the more ›passive‹ form of Thecla's refusal to marry – and hence, her choice to appear in public space without the usual markers of marriage«.[35]

Mary Ann Tolbert, die ausschließlich das Markusevangelium untersucht, hält ebenfalls eine zu weite – wie auch eine zu enge – Definition von Askese für wenig hilfreich.[36] Sie führt stattdessen den Ansatz von Averil Cameron weiter, für die der frühchristliche asketische Diskurs durch bestimmte Schlüsselbegriffe und -konzepte identifizierbar ist und zwar sogar dort, wo der Text als Ganzes sich nicht direkt mit Askese beschäftigt.[37]

Ich werde im Folgenden die engere, an Camerons Kriterien von Askese angelehnte Definition von Tolbert übernehmen (vgl. 3.1). Sie erscheint mir für mein Vorhaben deshalb hilfreich, weil Camerons Kriterien so offen sind, dass sie sich auf den späteren Askesediskurs beziehen, ohne jedoch im Detail zu

33 Patterson, Askesis, 64f.

34 John S. Kloppenborg, Making Sense of Difference. Asceticism, Gospel Literature, and the Jesus Tradition, in: Vaage/Wimbush, Asceticism, 149–156.

35 Kloppenborg, Sense, 151f.

36 Mary Ann Tolbert, Asceticism and Mark's Gospel, in: Vaage/Wimbush, Asceticism, 30–32. Sie kritisiert insbesondere die ältere Definition von Valantasis, die in ihrer Konsequenz zu einer Entleerung und Unbrauchbarkeit des Begriffs führe. Die jüngere Definition scheint sie nicht zu kennen.

37 Tolbert, Asceticism, 34.

sehr festgelegt zu sein.[38] Am Ende meiner Untersuchung werde ich jedoch noch einmal Valantasis' Askesedefinition aufnehmen und einen Definitionsvorschlag jenseits der weiten und engen Definition versuchen.

## 3. Der historische Jesus und die Schlüsselthemen des frühchristlichen Askesediskurses

Nach Averil Cameron kann ein asketischer Diskurs im Kontext des frühen Christentums dort identifiziert werden, wo bestimmte Schlüsselbegriffe und -konzepte vorkommen, und zwar selbst da, wo der Text als Ganzer sich nicht direkt mit der Befürwortung von Askese beschäftigt.[39] Die Schlüsselthemen Verzicht (renunciation), Versuchung (temptation), Verleugnung (denial), spiritueller Fortschritt bzw. Aufstieg im spirituellen Leben (ascent in the spiritual life) und ein spezialisierter Gebrauch griechischer Begriffe wie *porneia* (Unzucht), *erōs*, *logismoi* (Überlegungen, Gedanken), *aktēmosynē* (Besitzlosigkeit) sind ziemlich gute Indikatoren für einen impliziten wie expliziten Askesediskurs,[40] die Cameron noch um die Dämonologie ergänzt. Dieses Begriffs- und Themeninventar erweitert Mary Ann Tolbert durch Themen wie Rückzug (*anachōrēsis*), Reinigung (von Geist und Seele) und Leiden.[41]

Die neutestamentlichen Quellen gehören eindeutig nicht zum asketischen Diskurs im eigentlichen Sinn. Keine Schrift befürwortet ausdrücklich ein Set asketischen Verhaltens. Es gibt aber Texte, die sich indirekt am Askesediskurs, wie Cameron ihn versteht, beteiligen, indem sie einzelne Themen dieses Diskurses aufgreifen bzw. als eine Art Vorstadium zu diesem Diskurs aufzufassen sind.[42] Dazu gehören u.a. die Paulusbriefe,[43] von den Evangelien besonders das Lukasevangelium[44] und möglicherweise unter den frühen Jesustraditionen nach Stephen Patterson die Logienquelle Q sowie das Thomasevange-

---

[38] Vgl. dagegen die Beschreibung asketischer Praktiken bei Anthony J. Saldarini, Asceticism and the Gospel of Matthew, in: Vaage/Wimbush, Asceticism, 11.

[39] Averil Cameron, Ascetic Closure and the End of Antiquity, in: Vincent L. Wimbush/Richard Valantasis (Eds.), Asceticism, New York u.a. 1995, 151f; zum Verständnis von »asketischem Diskurs« äußert sich Cameron, ebd., 150f.

[40] Nicht ganz klar geworden ist mir bei Cameron die Bedeutung von ›denial‹ und *logismoi*. Ist mit ›denial‹ auch oder wesentlich ›self-denial‹ gemeint? Und wie konnotiert sie die *logismoi*? Handelt es sich um eher positive oder eher negative Gedanken?

[41] Tolbert, Asceticism, 35. Das Thema Dämonologie ergänzt sie ebenfalls, obwohl es bei Cameron vorkommt.

[42] In dieser Einschätzung unterscheide ich mich deutlich von John S. Kloppenborg, der für eine Definition von Askese plädiert, die die kanonischen Evangelien ausschließt (Sense, 150).

[43] Vgl. dazu den Beitrag von Christine Gerber zur Enthaltsamkeit im 1Kor in diesem Band. Als askese-kritisch werden in der Regel die Pastoralbriefe eingeschätzt, wobei Weidemann, Engelsgleiche, 48–63, für 1 Tim eher von »Gegen-Askese« sprechen möchte (bes. 62f).

[44] Dazu Weidemann, Engelsgleiche, 25–48.

lium.[45] Im Folgenden wird daher zu fragen sein, ob diese asketischen Tendenzen auch schon für den historischen Jesus festzustellen sind, und wenn ja, in welcher Hinsicht.

### 3.1 Verzicht auf Nahrung, Kleidung, soziale Kontakte, Ehe und Sexualität

Das von Cameron als erstes genannte Schlüsselthema des frühchristlichen Askesediskurses, *Verzicht,* halte ich mit Hans-Ulrich Weidemann für zentral. Es handelt sich dabei um einen dauerhaften bzw. programmatischen und religiös begründeten Verzicht, der mit dem Körper verbunden ist.[46] Verzichtet werden kann auf Sexualität und Ehe, Reichtum und Besitz, Nahrung bzw. bestimmte Nahrungsmittel, Kleidung, eine feste Unterkunft, Schlaf, Körperpflege, soziale Kontakte etc.

In den beiden Hauptquellen der frühen Jesustradition, Mk und Q, wird der Verzicht auf Schlaf und Körperpflege nirgends thematisiert, auch über den Verzicht auf Kleidung bzw. auf bestimmte, wohl den eigenen Status betonende Kleidung erfahren wir nur wenig. Allenfalls wird in QLk 7,25 in Bezug auf den Täufer und in der Nichtsorgen-Perikope (QLk 12,22b–31) die Bedeutungslosigkeit der Kleiderfrage und der Sorge um die richtige Kleidung angesichts des Königreiches Gottes hervorgehoben. Gleiches gilt für die Sorge um das Essen. Dass damit weder der *Verzicht auf eine bestimmte Nahrung,* noch *Fasten* gemeint sein kann, zeigt neben der Charakterisierung Jesu in QLk 7,33 als »Fresser und Weintrinker, als Freund von Steuerpächtern und Sündern« vor allem seine Mahlpraxis samt den daraus erwachsenen Traditionen wie den Speisungserzählungen, seine Mahlgleichnisse und Mahlmetaphorik, die Seligpreisung der Hungernden, die Perikope über das Ährenraufen in Mk 2,23–28 bis hin zu den Erzählungen vom letzten Mahl Jesu mit seinen Jüngern und den Mählern des Auferstandenen. Fasten ist erst nachösterlich angesagt, nachdem der Bräutigam den Jüngerinnen und Jüngern entrissen worden ist (Mk 2,20). Nicht allein für den Evangelisten Markus ist Jesus »the living symbol of plenty, just as the kingdom of itself is the advent of the abundant harvest (4:8,20)«[47] sondern vermutlich auch für die Mehrzahl der ersten Adressatinnen und Adressaten seiner Reich-Gottes-Botschaft: die Bettelarmen, die am Existenzminimum Lebenden, die Kranken und Behinderten, die eher den Hunger kannten als das Sattsein.[48]

---

[45] Vgl. Patterson, Askesis.

[46] Weidemann, Engelsgleiche, 24; er folgt dabei Elizabeth A. Clark, die Verzicht bestimmt als »bodily discipline serving to strengt[h!]en the soul.« (Asceticism, Class, and Gender, in: Virginia Burrus [Ed.], A People's History of Christianity II. Late Ancient Christianity, Minneapolis MN, 2005, 30; zit. n. Weidemann, ebd.); ähnlich auch Tolbert, Asceticism, 39, u.a.

[47] Tolbert, Asceticism, 40.

[48] Vgl. zur sozialen und wirtschaftlichen Situation im Römischen Reich, insbesondere in Judäa und Galiläa: Wolfgang Stegemann, Jesus und seine Zeit, BE 10, Stuttgart 2010, 236–262; bes. 248–257.

Die reiche Mahltradition in Erzähl- und Redenstoff ist ohne die vielfältigen *sozialen Kontakte* Jesu und der Jesusbewegung nicht denkbar. Typisch für ihn ist die offene Tischgemeinschaft, die nicht nur die eigene Peer-Group einschließt mit Familie, Verwandten, Benachbarten, Anhängerinnen und Anhängern etc., sondern sogar Menschen, die – ob selbst verschuldet oder nicht – allgemein verachtet und ausgegrenzt waren, wie z.B. Steuerpächter und Sünderinnen und Sünder (vgl. QLk 7,34; Mk 2,15–17 par, u.ö.).[49] Die Mähler Jesu und in ihrer Folge die Mähler der frühen Jesusbewegung unterscheiden sich gerade durch die Integration von Menschen und Gruppen unterschiedlichster Herkunft von den nicht nur in antiken Gesellschaften üblichen Beschränkungen der Mahlteilnehmenden. Davon abgesehen ist Jesus in den Evangelien in der Regel von zahlreichen Menschen umgeben. Er setzt sich ihnen bewusst aus, indem er sie zum Teil gegen den Willen seiner Schülerinnen und Schüler nicht nur zu sich kommen bzw. an sich herankommen lässt (z.B. Kinder und ihre Eltern Mk 10,13–16; Kranke, Behinderte und deren Helfer), sondern sie auch selbst aufsucht. Die Verkündigung des unmittelbar bevorstehenden Königreiches Gottes an alle Kinder Israels wäre ohne ausgreifende soziale Kontakte überhaupt nicht umzusetzen gewesen.

Weniger klar sind die Einstellungen zu *Sexualität, Ehe und Fortpflanzung* in der Jesustradition. Hinweise auf einen positiv konnotierten Verzicht auf sie gibt es in zwei nicht voneinander abhängigen Quellen der Jesustradition, im Lukasevangelium und im Matthäusevangelium, wobei beide Hinweise jedoch dem Verdacht ausgesetzt sind, Schöpfungen des jeweiligen Evangelisten zu sein. Für das Lukasevangelium ist das mehr oder weniger Konsens, da der Evangelist seine Quellen in dieser Hinsicht durchgehend verändert und die Ehelosigkeit als Jüngerideal darstellt und den idealen Jünger damit als männlich kennzeichnet.[50] Am Auffälligsten ist diese Änderung in den Nachfolgeworten Lk 14,25f und 18,29f, in denen er gegenüber der jeweiligen Vorlage aus Q (vgl. Mt 10,37) und Mk 10,28–31 par Mt 19,27–30 die Ehefrau in die Reihe der zu hassenden und zu verlassenden Familienmitglieder einfügt.[51] Im Um-

---

[49] Im frühen Christentum setzt sich das z.B. in den paulinischen Gemeinden fort. Stellvertretend sei Gal 3,28 genannt, das für eine solche, soziale Grenzen aufhebende Vision von Gesellschaft steht. Vgl. auch die paulinischen Kommentare zu den Konflikten in den Gemeinden, die relativ oft einen Bezug zu diesem Hintergrund aufweisen (z.B. 1Kor 11: Frauen und Männer, arm und reich; Gal und 1Kor 8–10: Juden und Nichtjuden; Sklaven und Freie: passim, bes. Phlm).

[50] Vergleiche zum Folgenden besonders WEIDEMANN, Engelsgleiche, 25–38, der die lukanische Ehelosigkeits- bzw. Sexualitätsaskese sorgfältig analysiert.

[51] Weitere Änderungen in diesem Sinn betreffen z.B. die sogenannte ›Entheiratung‹ des Petrus und die gegenüber dem Markusevangelium völlig umgearbeitete Antwort Jesu auf die Sadduzäerfrage (Lk 20,34–36). Während Jesus in Mk 12,25 das Aufhören von Heiraten und Geheiratet werden erst für die Zeit nach der Auferstehung der Toten erwartet, sind die in der Gegenwart ehelos Lebenden für den lukanischen Jesus schon jetzt engelgleich und würdig der Auferstehung der Toten. Vgl. dazu ebenfalls WEIDEMANN, Engelsgleiche, 32–38.

kehrschluss bedeutet das, dass Jesus seinen Jüngerinnen und Jüngern keine Anweisung gab, auf Ehe und Sexualität zu verzichten und die Ehefrau zu verlassen. Im Gegenteil, die in den Nachfolgeworten des Markus- und Matthäusevangeliums fehlende Ehefrau zusammen mit unserer Kenntnis, dass nicht nur Petrus zusammen mit seiner Frau auf Missionsreisen ging und das Evangelium verkündete (vgl. 1Kor 9,5), sondern auch weitere Ehepaare missionierten (vgl. Röm 16,3.7; 1Kor 16,19), bestätigt die These von Martin Ebner, wonach Jesus wahrscheinlich bei Verheirateten beide Partner in seine Nachfolge rief und der Zwölferkreis als Repräsentation der zwölf Stämme Israels nicht aus zwölf Männern, sondern aus zwölf Paaren bestand.[52] Das stimmt damit überein, dass für Jesus das Paar und damit die Ehe von Beginn der Welt an göttlich legitimiert ist, und er die Scheidung als Verstoß gegen die Schöpfungsordnung (Mk 10,2–12 par) wertet.[53]

Wesentlich schwieriger zu beurteilen, und damit in der Forschung umstrittener, ist das Eunuchenlogion in Mt 19,11f. Das betrifft die Frage seiner Herkunft und seiner ursprünglichen Bedeutung ebenso wie seine Rolle im matthäischen Kontext,[54] in den es nicht wirklich gut passt.[55] Nicht wenige halten es wegen seiner schockierenden Aussage für jesuanisch[56] und interpretieren es als einen bestärkenden Reflex Jesu auf die vermutete Kritik an seiner zölibatären Lebensweise bzw. an der einiger seiner Jünger.[57] Auf diese Weise wird es zu einem wichtigen Indiz jesuanischer Ehelosigkeit. Doch ist

52 Ebner, Jesus, 149–153. Nach Ebner sind auf diese Weise auch die Worte von der Ehescheidung und das Wort vom begehrlichen Blick überzeugend zu erklären (151f).

53 Die besondere Rolle der Schöpfungsordnung für Jesu Ehevorstellung ist kein Widerspruch zu Ebners Erklärung der Worte von Ehescheidung und Begehrensverbot (s.o.), sondern eher eine weiterführende theologische Motivation; vgl. dazu auch Strotmann, Jesus, 152f.

54 Man vergleiche nur die anregende Interpretation von Marianne Blickenstaff, ›While the Bridegroom Is with Them‹. Marriage, Family, Gender and Violence in the Gospel of Matthew, JSNTS 292, London/New York 2005, 134–142, mit der Interpretation von Ulrich Luz, Das Evangelium nach Matthäus (Mt 18–25), EKK I/3, 1997, 106–111. Blickenstaff blendet den unmittelbar vorher gehenden Kontext, das Scheidungsverbot Jesu (Mt 19,3–9), völlig aus und legt stattdessen den Fokus auf das sogenannte Kinderevangelium, zu dem Mt 18,1–5 und die dem Eunuchenwort nachfolgende Perikope Mt 19,13–15 gehört. Der mt Eunuch für das Himmelreich zeugt nicht biologisch, sondern übernimmt die Rolle eines fürsorglichen Adoptivvaters in seiner fiktiven Familie und zugleich verhält er sich wie ein Kind. Dagegen interpretiert Luz die Perikope im mt Kontext als Kommentar zu Scheidungsverbot und Unzuchtsklausel, der zu einem ehelosen Leben nach Entlassung der unzüchtigen Ehefrau ermutigen will. Ähnlich Peter Fiedler, Das Matthäusevangelium, ThKNT 1, Stuttgart 2006, 312.

55 Zur Begründung vgl. z.B. Luz, Matthäus 3, 108–111, oder John P. Meier, A Marginal Jew. Rethinking the Historical Jesus, Bd. I: The Roots of the Problem and the Person, New York u.a. 1991, 343.

56 Ausführlich dazu William Loader, The New Testament on Sexuality, Grand Rapids, Mich./Cambridge 2012, 436–444.447–453. Ähnlich auch Meier, Jew I, 344.

57 So z.B. Meier, Jew I, 344; Loader, Testament, 443; Luz, Matthäus 3, 110.

diese Ehelosigkeit Jesu – die der Eunuchenmetapher besser entsprechend eigentlich als Eheunfähigkeit bezeichnet werden muss – dann auch gleichzusetzen mit Askese?[58] Meiner Meinung nach eher nicht, denn einerseits wird die Ehelosigkeit Jesu in der Jesustradition nirgends explizit thematisiert und kann daher immer nur aus einem argumentum e silentio geschlossen werden,[59] andererseits spricht der Eunuchenspruch selbst von der radikalen Eheunfähigkeit um des Himmelreiches willen als von etwas einmalig Gegebenem und nicht von einer immer wieder neu einzuübenden Entscheidung. Sie muss weder von allen Jesus Nachfolgenden nachvollzogen, ja noch nicht einmal verstanden werden: »und es gibt Eunuchen, die sich selbst zu Eunuchen machen um des Himmelreiches willen. Wer es fassen kann, fasse es« (Mt 19,12).[60]

### 3.2 Verlassen von Familie, Wohnort und Besitz

Das so genannte Nachfolgewort in Mk 10,29f par setzt voraus, dass die Jüngerinnen und Jünger Jesu ihre *Familie* (Schwestern und Brüder, Mutter und Vater, Kinder), ihren *Besitz* (Acker und evtl. Haus[61]) und damit ihr Zuhause verlassen haben, um Jesus nachzufolgen. Das zieht in einer agrarischen Gesellschaft, in der die Mehrheit der Bevölkerung in der Landwirtschaft oder in landwirtschaftsnahen Bereichen wie der Fischerei arbeitet, dann auch die Aufgabe des Berufes (Acker) nach sich bis hin zur Aufgabe einer durch einen kleinen Acker gewährleisteten Selbstversorgung. Auch wenn das Nachfolgewort im markinischen Kontext an die missglückte Berufung eines reichen jungen Mannes und die darauffolgende Jüngerinnen- und Jüngerbelehrung über Reichtum angehängt ist, thematisiert es selbst weniger den Verzicht auf Reichtum – Acker und Haus weisen eher auf bescheidene Verhältnisse – als das Verlassen der patriarchalen Familie und damit den Ausstieg aus dem sozialen Netz. Die Logienquelle formuliert das noch radikaler als Mk 10,28-30, wenn sie in QLk 14,26 gar den Hass des Jüngers/der Jüngerin gegen Vater und Mutter, Sohn und Tochter fordert und damit den Abbruch jeglichen Kontaktes der Jüngerinnen und Jünger mit ihren Familien.[62] Auf einer ähnlichen Ebene liegt die Aufforderung Jesu an einen Jünger-Kandidaten nicht mit der Nachfolge zu warten, bis der Vater gestorben ist (»lass die Toten ihre Toten

---

[58] So John P. Meier, A Marginal Jew. Rethinking the Historical Jesus, Bd. III: Companions and Competitors, New York u.a. 2001, 635: »The one truly ascetic practice of Jesus was his celibacy.«

[59] Und das ungeachtet der respektablen Versuche die Ehelosigkeit Jesu breit zu begründen, wie z.B. von Meier, Jew I, 332–345, oder Loader, Testament, 447–453.

[60] Ähnlich auch Loader, Testament, 449.

[61] Da ›Haus‹ an erster Stelle steht und ihm die Aufzählung der Familienmitglieder folgt, ist es fraglich, ob es als Gebäude und damit als Besitz verstanden werden soll. Eher legt es sich nahe, es als Haushalt und Lebensort der Familie und damit als Heimat der anschließend genannten Familienmitglieder anzusehen, wie auch der Person, die dieses Haus verlassen hat.

[62] Zur sozialen Semantik von ›lieben/*agapan*‹ und ›hassen/*misein*‹ in der Antike vgl. Stegemann, Jesus, 292; dort auch weitere Literatur.

begraben«, QLk 9,60). Die markinische Erzählung lässt in Bezug auf Jesus selbst noch den historischen Hintergrund dieser radikalen Trennung von der Familie durchscheinen. Nach Mk 3,21 lehnte die Familie Jesu seine Sendung und das damit verbundene unkonventionelle Verhalten nicht nur ab, sondern sie unternahm sogar den Versuch, ihn mit Gewalt an dieser Sendung zu hindern und ihn als gehorsamen Sohn in den Familienverband zurückzuführen (vgl. auch Mk 3,31–35; für das Dorfumfeld Mk 6,1–6a).[63] Konflikte in der Familie von Jesusanhängerinnen und Jüngern aus ähnlichen Gründen reflektieren auch Mk 13,12 und QLk 12,51.53.

Mit James D.G. Dunn[64] halte ich allerdings eine grundsätzliche Antithese und einen grundsätzlich notwendigen Bruch zwischen der Herkunftsfamilie und der *familia dei* als Familie der Jesus Nachfolgenden nicht für historisch wahrscheinlich.[65] Der Kontaktabbruch war nur notwendig, wenn die Familie die Nachfolge Jesu hintertrieb und zu verhindern suchte, dass die Jüngerinnen und Jünger Jesu zusammen mit ihm die Nähe der *basileia* Gottes verkündeten und diese Nähe in Exorzismen, Mählern mit outcasts und einem gesellschaftliche Hierarchien und Grenzen sprengenden Umgang untereinander und gegenüber anderen erfahrbar machten. Dass dieser Ausstieg mit Askese eher weniger zu tun hat, zeigt neben der hohen Wahrscheinlichkeit, dass Jesus Ehepaare berufen hat (s.o.), auch die Verheißung Jesu in Mk 10,29f, dass die ihm Nachfolgenden, die Familie, Haus und Acker verlassen haben, schon in diesem Äon Haus, Acker und alle Familienmitglieder außer dem Vater hundertfach zurück erhalten, sodass das Verlassen der patriarchalen Familie durch eine viel größere neue soziale Gruppe mit allen Funktionen und Beziehungen einer Familie kompensiert wird.

Wer Familie und Wohnort um des unmittelbar bevorstehenden Königreiches Gottes willen verlässt, verlässt auch seinen Besitz, der für die meisten Jüngerinnen und Jünger aus dem ländlichen Galiläa aus Haus und Acker und evtl. Arbeitsgerät, wie z.B. dem Fischerboot der beiden Brüder Andreas und Simon Petrus, bestanden haben dürfte. Ob das Verlassen dieser Lebensgrundlagen aber auch bedeutet, auf sie ganz zu verzichten, ist damit nicht gesagt. Auf Grund des konflikthaften Verhältnisses Jesu zu seiner Familie ist das für Jesus selbst anzunehmen, für seine Jüngerinnen und Jünger aber nicht unbe-

---

[63] Mk 3,21 (vgl. auch Joh 7,5) hat den christlichen Interpreten schon früh Probleme bereitet, da es der besonderen Rolle der Mutter und der Brüder Jesu im frühen Christentum, vor allem der von Jakobus als einer der Leiter der Jerusalemer Urgemeinde, deutlich widerspricht. Bei Mt und Lk fehlt diese Notiz bezeichnenderweise. Daher spricht einiges für die Authentizität von Mk 3,21.

[64] JAMES D.G. DUNN, Jesus Remembered, Grand Rapids/Cambridge (UK) 2003, 592–599.

[65] Vgl. nur das Haus des Petrus in Kafarnaum als möglichen Ausgangs- und Rückzugsort für Jesu Wirken in Galiläa (passim; so auch DUNN, Jesus, 317–319) und der Kontakt zur Schwiegermutter des Petrus (Mk 1,29–31 par Mt; anders Lk, der die Heilung der Schwiegermutter des Petrus vor seiner Berufung erzählt, um damit den Bruch mit seiner Familie zu motivieren).

dingt, wie das Beispiel des Petrus zeigt. Wenn sein Haus Stützpunkt Jesu in Kafarnaum war, hat er es zwar immer wieder verlassen, aber nicht auf es verzichtet. Allein aus Rücksicht auf ihre Familien haben sie mit Sicherheit nicht alles verkauft und den Armen gegeben, wie es die Verbindung der Nachfolgeworte mit der Perikope von der gescheiterten Berufung des reichen Jünglings (Mk 10,17–22) suggeriert. In dieser Erzählung, die mit großer Wahrscheinlichkeit einen historischen Kern hat,[66] fordert Jesus von dem jungen Mann eine radikale Trennung von seinem großen Vermögen (*ktēmata pollá*) – und was kann radikaler sein als dessen Verkauf? – weil dieses Vermögen ihn genau an dem hindert, was er sich wünscht, nämlich »ewiges Leben zu erben« (Mk 10,17) bzw. in die *basileia* Gottes zu kommen (vgl. Mk 10,23). Das Problem ist ein Reichtum, der den Reichen so vollkommen vereinnahmt, dass der Reichtum sein Gott wird, d.h. »that possessions begin to possess the possessor rather vice versa.«[67] (vgl. Mt 6,24 par Lk 16,13) Ein asketischer Kontext, auf den der im Neuen Testament nirgends vorkommende Begriff *aktēmosynē* (Besitzlosigkeit) hinweist, scheint hier (noch) keine Rolle zu spielen.

### 3.3 Weitere Schlüsselthemen frühchristlicher Askese in der frühen Jesustradition

Weitere, von Cameron und Tolbert genannte Schlüsselthemen frühchristlicher Askese kommen zwar in der Jesustradition vor, haben aber eine andere als asketische Bedeutung bzw. nur eine marginale Bedeutung.

Wesentlich zur Askese gehört der *Rückzug* (*anachōrēsis*) des Asketen aus dem normalen täglichen Leben in ein Leben der Einsamkeit und des Gebets, häufig in der Wüste. Auch von Jesus werden im Erzählstoff des Markusevangeliums Phasen eines solchen Rückzugs zum Gebet berichtet (1,35; 6,45f; 14,32–35). Hinzu kommen sein vierzigtägiger Aufenthalt in der Wüste nach seiner Taufe durch Johannes (Mk 1,12f) und sein Rückzug zusammen mit seinen Jüngern in Mk 3,7.[68] Dass Jesus sich zum Gebet oder zur Jüngerinnen- und Jüngerunterweisung zurückgezogen hat, ist sehr wahrscheinlich. Im Vergleich mit den frühchristlichen Asketen war dieser Rückzug jedoch immer nur temporär und kurz. Das Ziel der Sendung Jesu war das Gegenteil von Rückzug, nämlich die Verkündigung der Königsherrschaft Gottes an ganz Israel.

Mit dem Rückzug in die Wüste verbindet der christlich-antike Askesediskurs eine *Versuchung* (*peirazo*) durch den Teufel und seine Dämonen. Von einer Versuchung Jesu durch den Satan wird in Mk 1,12f und seiner Q-Variante, QLk 4,1–13, erzählt. Eine Versuchung durch Dämonen fehlt. Ansonsten suchen Menschen, insbesondere seine Gegner, Jesus in Versuchung zu führen. Auch wenn das griechische Verb »auf die Probe stellen, prüfen« bedeuten

---

[66] Zur Begründung Meier, Jew III, 515–517.

[67] Meier, Jew III, 518.

[68] Das Lexem kommt im NT nur als Verb vor (*anachōreō*). Während es im Markusevangelium einmal vorkommt, fehlt es in Q und im Lukasevangelium. Vergleichsweise oft benutzt es der Evangelist Matthäus (zehnmal).

kann, wird die deutlich negative Konnotation des Lexems in der Jesustradition durch die letzte Vaterunserbitte (QLk 11,4 par Mt 6,13) bestätigt, in der Formulierung aber gerade nicht auf den Teufel bezogen, sondern in fast anstößiger Weise auf Gott selbst: »und führe uns nicht in Versuchung.«

*Dämonen oder unreine Geister* spielen in der Jesustradition zwar eine wichtige Rolle, doch Jesus wird anders als viele Asketen weder durch sie verfolgt, noch ununterbrochen schikaniert, im Gegenteil: er erweist sich im Redenstoff (z.B. in der Beelzebulperikope in Mk 3,22–30) wie in den Erzählungen über seine Exorzismen gerade als Herr der Dämonen, der sie herausfordert, sie aus den Besessenen vertreibt und vernichtet. Jesu Ziel ist nicht der immer wieder von Neuem zu führende Kampf gegen die seinen Körper angreifenden Dämonen, sondern die Befreiung der Besessenen aus der Macht des Bösen.

Ein letztes Thema, das sowohl in der Jesustradition als auch im frühchristlichen Askesediskurs eine wichtige Rolle spielt, ist das von *Leiden und Selbst-Verleugnung*. Mary Ann Tolbert weist in Bezug auf das Leiden für das Markusevangelium jedoch auf einen deutlichen Unterschied zum Askesediskurs hin.[69] Der Asket leidet seelisch, weil er sich der sündigen Natur des Menschen und damit auch seiner eigenen bewusst ist. Um die Begierden seines Fleisches im Zaum zu halten, fügt er sich regelmäßig selbst Schmerzen und Leiden zu, z.B. durch Selbstgeißelung, Tragen von unbequemer Kleidung wie die eines härenen Hemdes, und Schlafentzug. Eine solche Art des physischen Leidens ist der Jesustradition völlig fremd. Nicht selbst zugefügte Schmerzen, sondern Ablehnung bis hin zur Verfolgung durch menschliche Gegner sind die Probleme der Jüngerinnen und Jünger im Markusevangelium, in der Logienquelle, im Matthäus- und im Johannesevangelium.

Im Kontext von mentaler bis physischer Ablehnung des Weges Jesu und seiner Botschaft stehen auch das *Logion vom Retten und Verlieren des eigenen Lebens* (Mk 8,34–37 u.ö.) und das *von Selbstverleugnung und Kreuzaufnahme.* Beide könnten auf Jesus selbst zurückgehen. Die Paradoxie vom Retten und Verlieren des Lebens ist dreimal in voneinander unabhängigen Quellen bezeugt, bei Mk (Mk 8,35 par Mt 16,25 par Lk 9,24), in Q (Lk 17,33 par Mt 10,39) und in Joh 12,25, und hat in allen Varianten nach John P. Meier dieselbe grundlegende Botschaft:[70] diejenigen, die an ihrem gegenwärtigen Leben als einem letzten Gut hängen, werden das wirklich endgültige Gut des wahren Lebens in der *basileia* Gottes verlieren; diejenigen dagegen, die den Verlust des gegenwärtigen Lebens riskieren, werden das wahre Leben in der *basileia* finden. Im Markusevangelium und seinen Seitenreferenten schließt dieses Logion unmittelbar an das Logion von Selbstverleugnung und Kreuztragen an (Mk 8,34; Mt 16,24; Lk 9,23), von dem es auch noch eine Q-Variante in Lk 14,27 par

69 Tolbert, Asceticism, 41f. Von dort stammen auch die im Folgenden aufgeführten Beispiele.

70 Meier, Jew III, 56–63, versucht mit eher mäßigem Erfolg den ursprünglichen Spruch zu rekonstruieren, da er letztlich nicht ausschließen möchte, dass alle drei Varianten auf Jesus selbst zurückgehen.

Mt 10,38 gibt, ohne die Aufforderung zur Selbstverleugnung: »Wer nicht sein Kreuz nimmt und mir nachfolgt, kann nicht mein Jünger sein.« Die jesuanische Herkunft dieses Logions erscheint vor allem auf Grund der Kreuzmetapher nicht ganz so einleuchtend wie die des Logions vom Gewinn und Verlust des Lebens.[71] Unabhängig davon stehen beide Jesusworte in Kontexten, die den Adressierten die Möglichkeit vor Augen führen, das eigene Leben in der Nachfolge Jesu tatsächlich gewaltsam zu verlieren. Ursprünglich wollten sie aber wohl einfach darauf aufmerksam machen, dass ein Leben, das ausschließlich auf das eigene Wohlergehen und auf die Durchsetzung eigener Interessen ausgerichtet ist, nicht dem nahe gekommenen Königreich Gottes entspricht. Für beide Deutungen ist die Annahme eines asketischen Kontextes nicht nötig, zumal wenn die Selbstverleugnung in der markinischen Variante der Kreuzesnachfolge ein erst nachösterlicher Zusatz sein sollte.

## 4. Das Fehlen zentraler Inhalte der Jesustradition im frühchristlichen Askesediskurs

Die behandelten Inhalte der frühen Jesustradition orientieren sich selbstredend an der vorgegebenen Askesedefinition, konkret an den von Cameron und Tolbert benannten Schlüsselthemen des frühchristlichen Askesediskurses. Sie entsprechen damit den auch in der Forschung immer wieder untersuchten und erwähnten neutestamentlichen Perikopen (vgl. oben Kap. 1), die wiederum Basis der spätantiken asketischen Rezeption waren. Es stellt sich jedoch die Frage, ob eine solche Einengung des Textmaterials der Jesustradition zu überzeugenden Ergebnissen führen kann, wenn grundlegende Aspekte des Wirkens und der Verkündigung Jesu nicht oder nur ansatzweise berücksichtigt werden.

Mehrfach erwähnt wurde schon die Verkündigung der nahegekommenen Königsherrschaft Gottes an ganz Israel, insbesondere an Arme, Kranke, Behinderte und an sogenannte Sünderinnen und Sünder. Hinzu kommt das Charisma Jesu als eines Heilers und Exorzisten, der dieses Charisma als Zeichen oder Realsymbol des schon in der Gegenwart und in seinem Handeln angebrochenen und erfahrbaren Heils interpretierte. Für diese Verkündigung brauchte er Unterstützung durch Menschen, die sich ihm anschlossen, und die bereit waren, wenn nötig Familie, Beruf, Besitz, Sicherheit hintan zu stellen. Der zumindest zeitweise Verzicht auf diese grundlegenden menschlichen Bedürfnisse war kein Wert an sich, sondern stand im Dienst der Reich-Gottes-Verkündigung. Das gilt letztlich auch für die mögliche Ehelosigkeit Jesu.

---

[71] Zur Diskussion vgl. Meier, Jew III, 64–67 inkl. Anmerkungen. Meier selbst hält mit Hinweis auf den Eunuchenspruch (Mt 19,12) und die Hyperbel vom Ausreißen des Auges und Abhauen der Hand (Mk 9,43–48 par) gerade die Metapher vom Kreuztragen wegen ihres schockierenden, anstößigen Charakters für jesuanisch.

Bisher noch kaum diskutiert ist das mit dem kommenden Königreich Gottes verbundene und geforderte Ethos, das nicht nur Kennzeichen des jesuanischen Handelns war, sondern auch Kennzeichen seiner Jüngerinnen und Jünger sein soll. Mich wundert daher besonders, dass selbst Vertreterinnen und Vertreter der weiten Askesedefinition die Verwirklichung dieses Ethos kaum mit dem Begriff ›Askese‹ in Verbindung bringen. Vielleicht hängt das damit zusammen, dass Valantasis' Askese-Definition im eigentlichen Sinn die Zusammenfassung einer soziologischen Theorie ist, die selbst da, wo er sie mit einer Reihe von Beispielen aus der Askesegeschichte unterfüttert, weniger inhaltlich als formal angelegt ist.[72] Auch Stephen Patterson bleibt in seiner Übertragung des Valantasis-Ansatzes auf die frühe Jesustradition in Q und EvThom im Wesentlichen diesem formalen Schema verhaftet (s.o. 2.1), mit einer Ausnahme: das Verlassen der Herkunftsfamilie demonstriert für ihn eine fundamentale Verbundenheit, die durch die gemeinsame Beziehung zu Gott vermittelt ist: »With God as their Father, human beings are all siblings«.[73]

Was also fehlt? Hinweise darauf, wie eine solche fundamentale Verbundenheit gelebt werden kann. In der Jesustradition sind das u.a. das Nächstenliebegebot, Vergeltungsverzicht und Feindesliebe (QLk 6,27–36), Vergebungsbereitschaft (vgl. QLk 17,3f) und Verurteilungsverzicht (QLk 6,37f.41), Geltungs- und Statusverzicht, die vor allem im Positionswechselmotiv (vgl. z.B. Mk 10,41–45) zum Ausdruck kommen, besondere Zuwendung zu den Marginalisierten der Gesellschaft etc. Für all dieses Verhalten braucht es auch Askese, allerdings nicht nur eine Askese im Sinne von Selbstverleugnung, Selbstdisziplin und Selbstbeherrschung, sondern vor allem eine im Sinne der ursprünglichen Bedeutung des Begriffs, als Einübung in ein Verhalten, das Gottes Barmherzigkeit, Gerechtigkeit und Liebe nachahmt, und im Kontext einer Gemeinschaft, die die Einübung in dieses Verhalten aktiv unterstützt. Askese wäre dann weniger der Verzicht auf ein bestimmtes Verhalten oder der Verzicht auf ein bestimmtes Gut, ein bestimmtes Bedürfnis, sondern die Bedingung der Möglichkeit, um das dem Ethos der Gottesherrschaft entsprechende Verhalten umsetzen zu können.

## 5. Fazit

Der Aufsatz versucht zu zeigen, dass Jesus kein Asket im Sinne des frühchristlichen Askesediskurses war. Auch wenn einzelne Verhaltensweisen und grundlegende Entscheidungen Jesu eine Nähe zu Schlüsselthemen dieses Diskurses suggerieren, von seiner vermutlichen Ehelosigkeit über das Verlassen der Herkunftsfamilie bis hin zur Bedeutung von Dämonen und unreinen Geistern für sein Wirken, sind sie doch nicht asketisch im genannten Sinn

---

[72] Das gilt auch für seinen nicht ganz so theoretisch angelegten Aufsatz: Valantasis, Constructions.

[73] Patterson, Askesis, 64.

motiviert. Das gilt auch für das geforderte Verhalten seiner Jüngerinnen und Jünger bei der Verkündigung der nahegekommenen *basileia* Gottes. Dieses Verhalten gilt nicht pauschal für alle und immer und überall, sondern orientiert sich an den konkreten Jüngerinnen und Jünger und ihren Problemen (z.B. reicher Jüngling ↔ Simon Petrus) und an den konkreten Situationen, vor allem aber am Ziel eines bestimmten Handelns oder Auftrags (vgl. die Ausrüstungsregeln in der Aussendungsrede), an Glaubwürdigkeit und Authentizität der Botinnen und Boten. Letztlich sind Verkündigung, Wirken und Verhalten Jesu wie seiner Jüngerinnen und Jünger allein der *basileia* Gottes verpflichtet, einer Wirklichkeit, die jede menschliche Rechts- und Sozialordnung transformiert und als großes Fest imaginiert wird. Das Ethos dieser Gemeinschaft orientiert sich am Verhalten Gottes selbst (vgl. QLk 6,36 par Mt 5,48). Wenn überhaupt in Bezug auf den historischen Jesus und die frühe Jesusbewegung sinnvoll von Askese gesprochen werden kann, dann als Einüben in dieses Ethos der *basileia* Gottes.

## Literatur


Anonymus, Art. Asceticism, in: The Concise Oxford Dictionary of the Christian Church (2. rev. ed.) Onlineversion 2013.

Bergmann, Jan, Art. Askese I. Einleitende religionsgeschichtliche Bemerkungen, in: TRE 4 (1979), 195–198.

Blickenstaff, Marianne, ›While the Bridegroom Is with Them‹. Marriage, Family, Gender and Violence in the Gospel of Matthew, JSNTS 292, London/New York 2005.

Cameron, Averil, Ascetic Closure and the End of Antiquity, in: Vincent L. Wimbush/Richard Valantasis (Eds.), Asceticism, New York u.a. 1995, 147–161.

Deselaers, Paul, Art. Askese III. Neues Testament, in: LThK$^3$ 1 (1993), 1078.

Dunn, James D. G., Jesus Remembered, Grand Rapids/Cambridge (UK) 2003.

Ebner, Martin, Jesus von Nazaret in seiner Zeit. Sozialgeschichtliche Zugänge, SBS 196, Stuttgart $^2$2004.

Frank, Karl Suso, Art. Askese IV. Frömmigkeitsgeschichtlich, in: LThK$^3$ 1 (1993), 1079f.

Gribomont, Jean, Art. Askese IV. Neues Testament und Alte Kirche, in: TRE 4 (1979), 204–225.

Hoffmann, Paul/Heil, Christoph (Hrsg.), Die Spruchquelle Q. Studienausgabe Griechisch und Deutsch, Darmstadt/Leuven 2002.

Hunter, David G., Art. Ascetics, Asceticism V. Christianity, A. Greek and Latin Patristics and Orthodox Churches, in: EBR 2 (2009), 947–951.

Kaelber, Walter O., Art. Asceticism, in: EncRel$^2$ 1 (2005), 526–530.

Kloppenborg, John S., Making Sense of Difference. Asceticism, Gospel Literature, and the Jesus Tradition, in: Leif E. Vaage/Vincent Wimbush (Eds.), Asceticism and the New Testament, New York u.a. 1999, 149–156.

Köpf, Ulrich, Art. Askese IV. Kirchengeschichtlich, in: RGG$^4$ 1 (1998), 834–837.

Lohse, Bernhard, Askese und Mönchtum in der Antike und in der alten Kirche, München 1969.

Luz, Ulrich, Das Evangelium nach Matthäus (Mt 18–25), EKK I/3, 1997.

Meier, John P., A Marginal Jew. Rethinking the Historical Jesus, Bd. I: The Roots of the Problem and the Person, New York u.a. 1991.

– A Marginal Jew. Rethinking the Historical Jesus, Bd. III: Companions and Competitors, New York u.a. 2001.

Nagel, Peter, Die Motivierung der Askese in der alten Kirche und der Ursprung des Mönchtums, Berlin 1966.

Niederwimmer, Kurt, Askese und Mysterium. Über Ehe, Ehescheidung und Eheverzicht in den Anfängen des christlichen Glaubens, Göttingen 1975.

– Art. Askese III. Neues Testament, in: RGG[4] 1 (1998), 832–834.

Patterson, Stephen J., Askesis and the Early Jesus Tradition, in: Leif E. Vaage/Vincent L. Wimbush, (Eds.), Asceticism and the New Testament, New York u.a. 1999, 49–69.

Saldarini, Anthony J., Asceticism and the Gospel of Matthew, in: Leif E. Vaage/Vincent L. Wimbush (Eds.), Asceticism and the New Testament, New York u.a. 1999, 11–27.

Schenke, Ludger, Jesus und Johannes der Täufer, in: ders. u.a., Jesus von Nazaret – Spuren und Konturen, Stuttgart 2004, 84–105.

Schröter, Jens, Jesus von Nazaret. Jude aus Galiläa – Retter der Welt, Biblische Gestalten 15, Leipzig [2]2009.

Staats, Reinhart, Art. Askese, in: EKL 1 (1986), 287–292.

Stegemann, Wolfgang, Jesus und seine Zeit, BE 10, Stuttgart 2010.

Strathmann, Hermann, Art. Askese II A-D (christlich), in: RAC 1 (1950), 758–763.

Strotmann, Angelika, Der historische Jesus: eine Einführung, Paderborn 2012.

Theissen, Gerd/Merz, Annette, Der historische Jesus. Ein Lehrbuch, Göttingen 3. durchges. Aufl. 2001.

Tolbert, Mary Ann, Asceticism and Mark's Gospel, in: Leif E. Vaage/Vincent L. Wimbush (Eds.), Asceticism and the New Testament, New York u.a. 1999, 29–48.

Valantasis, Richard, Art. Ascetics, Asceticism. III. New Testament, in: EBR 2 (2009), 941–944.

– Constructions of Power in Asceticism, in: JAAR 63 (1995), 775–821.

– A Theory of the Social Function of Asceticism, in: Vincent L. Wimbush/Richard Valantasis (Eds.), Asceticism, New York u.a. 1995, 544–552.

Weidemann, Hans-Ulrich, Engelsgleiche, Abstinente – und ein moderater Weintrinker. Asketische Sinnproduktion als literarische Technik im Lukasevangelium und im 1. Timotheusbrief, in: ders. (Hrsg.), Asceticism and Exegesis in Early Christianity. The Reception of New Testament Texts in Ancient Ascetic Discourses, NTOA 101, Göttingen 2013, 21–68.

# Ehelos, ehefrei oder haben als hätte man nicht?

## Enthaltsamkeit als Lebenskonzept nach dem 1. Korintherbrief[1]

*Christine Gerber*

»Es ist es gut für einen Menschen, keine Frau zu berühren« (1Kor 7,1), so schreibt Paulus an die Gemeinde in Korinth, und auch wenn es viele Versuche gibt, das zu relativieren, müssen wir m.E. nüchtern zweierlei konstatieren: Paulus schreibt erstens androzentrisch. Er redet vom »Menschen« (ἄνθρωπος/ *anthrōpos*) und meint hier doch nur den Mann. Männer als den »Normalfall« des Menschen zu setzen, ist auch damals üblich.[2] Insofern ist es eher bemerkenswert, dass Paulus in der anschließenden Entfaltung immer wieder paritätisch beide Geschlechter anspricht. Und zweitens: Paulus hält nicht viel von Ehe und Sex, etwa als Schöpfungsgabe Gottes, sondern er favorisiert ein Leben ohne Ehe, und das heißt offenbar für ihn auch: ohne zwischenmenschliche Sexualität.[3] Dies wird aus den sich anschließenden Ausführungen in 1Kor 7 deutlich, und daraus ergibt sich die Fragestellung für diesen Band: Wie konzi-

---

[1] Der folgende Beitrag unternimmt den Versuch zu rekonstruieren, wie Paulus in 1Kor 7 Askese in Bezug auf Ehe und Sexualität entwirft und begründet. Die immense Literatur zu Thema und Text, dessen Auslegung umstritten ist, kann hier nicht annähernd gewürdigt werden. Für Exegese und weiterführende Literatur vgl. Wolfgang Schrage, Der erste Brief an die Korinther, EKK VII/2, 1995, 48–211; Andreas Lindemann, Der Erste Korintherbrief, HNT 1, Tübingen 2000, 154–185; Dieter Zeller, Der erste Brief an die Korinther, KEK 5, Göttingen 2010, 234–278, sowie William Loader, The New Testament on Sexuality. Attitudes towards Sexuality in Judaism and Christianity in the Hellenistic Greco-Roman Era, Michigan/Cambridge 2012, 182–222.453–467. – Ich danke Tanja Forderer (Hamburg) herzlich für die inhaltliche wie technische Unterstützung bei der Fertigstellung des Beitrags.

[2] Wenn ἄνθρωπος lexikalisch auch die Bedeutung »Mann« zugeschrieben wird (vgl. BAA s.v. 2 b.), so ist auch dies zunächst Indiz eines umfassenden Androzentrismus. Vgl. zum Begriff Ina Praetorius, Art. Androzentrismus, in: WFT [2]2002, 17–19.

[3] »Sexualität« ist hier alltagssprachlich verstanden. Zur Problematik des Begriffs vgl. Karl Braun, Art. Sexualität V. Kulturwissenschaftlich, in: RGG[4] Bd. 7, 2004, 1253–1255. Paulus selbst hat wie die Antike keinen Begriff von Sexualität, und die Rekonstruktion des von ihm vorausgesetzten Verständnisses ist dementsprechend komplex. Vgl. dazu insgesamt Holger Tiedemann, Die Erfahrung des Fleisches. Paulus und die Last der Lust, Stuttgart 1998. Mit ihm kann man festhalten, dass mit Ehe und Begehren in 1Kor 7 unstrittige Aspekte der Sexualität im Sinne eines alltagssprachlichen Verständnisses thematisiert werden (a.a.O., 15).

piert Paulus diese Form der Askese,[4] die Enthaltung von Ehe und von Sexualität, und warum favorisiert er sie?

Paulus argumentiert hier eigenständig mit seiner Einsicht und Erfahrung, nicht wie in der Frage der Ehescheidung mit dem Wort des Kyrios Jesus (1Kor 7,10f.) oder wie sonst oft mit der Schrift, und er nimmt auch keinen expliziten Bezug auf ähnliche stoische oder kynische Bewertungen.[5] Allerdings setzt er in seiner Argumentation vieles voraus, ohne es zu explizieren oder genauer zu begründen. Denn er schreibt einer Gemeinde, die ihn kennt und die er kennt. Wie genau Paulus in 1Kor 7 Ehe und Sexualität bewertet, ist deshalb in der Auslegungsgeschichte bis in die jüngsten Kommentare umstritten.[6] Oft ist den Interpretationen anzumerken, dass die eigene Lebensform

---

[4] Der Begriff Askese fällt bei Paulus wie im NT allerdings nicht, sondern nur ἐγκράτεια (*enkrateia*; Gal 5,23: Selbstbeherrschung/Enthaltsamkeit) und das Verb ἐγκρατεύομαι (*enkrateuomai;* 1Kor 7,9; 9,25: sich enthalten).

[5] Er argumentiert auch nicht mit der Schöpfungsgeschichte (Gen 2,24) wie in Kap. 6. In der Auslegung ist umstritten, welche geistes- oder religionsgeschichtlichen Kontexte die Ausführungen prägen. Die widersprüchlichen Bewertungen erklären sich einerseits daraus, dass die Position des Paulus in 1Kor wie auch die Anfrage aus Korinth, auf die er reagiert, unterschiedlich rekonstruiert werden, andererseits daraus, dass für verschiedene Aspekte dieses Textes unterschiedliche Traditionszusammenhänge angeführt werden können. Nach Will Deming, Paul on Marriage and Celibacy. The Hellenistic Background of 1 Corinthians, MSSNTS 83, Cambridge 1995, sei sowohl die Haltung in Korinth, auf die Paulus reagiert, wie die des Paulus (mittelbar) beeinflusst von der stoisch-kynischen Debatte um die Ehe, da es dort sowohl Eheskepsis (wie 7,1b) wie die paritätische Rede von den Ehepartnern (wie 7,2–4) gebe. Andere weisen mit Recht auf die Differenzen dazu hin, weil sie die Aussagekontexte und Bewertungen in den Vordergrund rücken: So bewerte der Stoiker Musonius die Ehe ganz anders als Paulus (so Roy Bowen Ward, Musonius and Paul on Marriage, in: NTS 36 [1990], 281–289). Und der Bevorzugung der Ehelosigkeit in der kynischen Tradition (Belege zusammengestellt bei Loveday Alexander, »Better to Marry than to Burn«: St. Paul and the Greek Novel, in: Ronald F. Hock u.a. [Hrsg.], Ancient Fiction and Early Christian Narrative, SBL Symposium Series Bd. 6, Atlanta 1998, 235–256; hier 240–242) liegt anders als der Argumentation des Paulus oft Misogynie zugrunde. Alexander entfaltet deshalb die These, dass Paulus in der Würdigung der Ehebeziehung und Bewertung der Sexualität sowie ehelichen Treue eher dem »romantischen« Ideal hellenistischer Liebesromane nahe kommt (s. a.a.O., 250ff). Hier kann diese Frage nicht ausdiskutiert werden. Dennoch sei angemerkt, dass unbenommen solcher Verwandtschaften und evtl. kulturellen Prägungen aus der hier angedeuteten Analyse folgt, dass die persönliche Erfahrung des Paulus, die er als charismatisch deutet, d.h. als Gabe Gottes, und die Interpretation der Gegenwart im Lichte des Endes grundlegend für die explizierten Argumente sind, nicht zeitgenössische philosophische oder literarische Traditionen.

[6] Zur Auslegungsgeschichte vgl. die Ausführungen bei Schrage zu den Partien, zu 7,1–7 s. bes. Schrage, 1Kor II, 74–88. In der Auslegung wird oft die Position des Paulus interpretiert als Korrektur einer nur hypothetisch aus dem 1Kor zu postulierenden enthusiastischen Position in Korinth, die besonders asketisch sei (vgl. etwa Loader, Sexuality, 462–466; s. weiter unten bei Anm. 42), so dass sich die Position des Paulus moderat ausnimmt. Die vorliegende Analyse verzichtet auf solche nicht begründbaren Rückschlüsse.

oder die jeweilige kirchliche Tradition, manchmal gerade die Kritik an ihr, Mutter der Exegese ist: So finden die einen im Text nur eine Kritik an bestimmten Formen des Libertinismus,[7] andere an ausbeuterischen Formen der Sexualität;[8] manche entnehmen dem Text beste Argumente für ein zölibatäres Leben, während die Ehe nur *remedium concupiscentiae,* Heilmittel für die unumgängliche Sexualität sei.[9] Wieder andere sehen hingegen gerade die Ehe verteidigt.[10]

Der folgende Essay will in erster Linie die Argumentation und Wertungen des Paulus rekonstruieren, die seinem Plädoyer für einen Verzicht auf Sexualität und Ehe zugrunde liegen. Die innere Logik zeigt sich, so eine These des Essays, wenn man den Verzicht auf Ehe und den Verzicht auf Sexualität nicht in eins setzt, wie es die Auslegungen sonst tun. Ziel dieser Exegese soll (und kann) aber nicht die umfassende Interpretation des Textes sein, sondern entsprechend der in diesem Band verfolgten Frage der Blick zurück auf uns: Inwiefern kann die Argumentation des Paulus in unserer heute ganz anders entworfenen Welt noch bedenkenswert sein?

## 1. 1Kor 7 im Rahmen des Briefes[11]

Der 1Kor ist für uns ein besonders interessanter Text, da Paulus auf diverse Fragen des Gemeindelebens eingeht. Er schrieb den Brief wohl im Jahre 54 oder 55 n.Chr. aus Ephesus, etwa drei Jahre, nachdem er die Gemeinde in der bedeutenden, von Rom dominierten Handelsstadt im Norden der Peleponnes, mitbegründet hatte, um auf Nachrichten und Anfragen aus der Gemeinde zu antworten. Fragen der Sexualethik sind offenbar für die Gläubigen in der multikulturellen Stadt mit den zwei Häfen von besonderem Interesse. Schon in 1Kor 5f. behandelt Paulus solche: Ob man zu Prostituierten gehen darf (6,12-20: nein!) und ob die Gemeinde es tolerieren darf, dass ein Glied mit der Frau oder Konkubine seines Vaters zusammen lebt (Kap. 5: nein!). Für die Gemeinde, die wohl vor allem aus nichtjüdischen Glaubenden bestand, stellte sich die Frage, wie sich ihr Alltag, ihr Sexualleben, ihre Partnerschaften ändern müssen, um dem neuen Glauben an den einen Gott und Jesus als seinen Messias zu entsprechen.

---

7 Das ist die Tendenz von SCHRAGE, 1Kor II, 51ff. Er betont, dass Paulus nur auf Anfragen der Gemeinde reagiere und nicht prinzipiell über die Ehe urteile. Zu solchen Versuchen, Paulus eine positive Sicht auf die Ehe zu unterstellen, vgl. TIEDEMANN, Erfahrung, 137–142.

8 So SCHOTTROFF, die in πορνεία (*porneia*) in 1Kor 7,2 speziell »menschenverachtende Sexualität [...] als gesellschaftliche Praxis« inkriminiert sieht. Vgl. LUISE SCHOTTROFF, Der erste Brief an die Gemeinde in Korinth, ThKNT Bd. 7, Stuttgart 2013, 115ff., Zitat 115.

9 Vgl. ZELLER, 1Kor, 234ff.

10 So etwa ALEXANDER, Better to Marry, bes. 242, wobei sie wie viele Auslegungen voraussetzt, dass in Korinth sexuelle Beziehungen, ob innerhalb oder außerhalb der Ehe, grundsätzlich in Frage gestellt wurden.

11 Zu den Einleitungsfragen zum 1Kor vgl. ZELLER, 1Kor, 29–48.

In 1Kor 7 geht der Brief auf Fragen zu Lebensformen ein, zunächst auf Ehe und Scheidung (7,10–16), und – nach einem Exkurs über Beschneidung und Sklaverei (7,17–24) – ab V. 25 auf die Frage, ob Ehelose heiraten sollen. Auch wenn die Themen von Ehe und Ehelosigkeit verschränkt sind, hat das Kapitel eine deutliche Zweiteilung, da zunächst das Thema der Ehe dominiert, bevor in V. 25 das der Ehelosigkeit in den Mittelpunkt rückt.[12]

## 2. Wegen der Unzucht: Feste Beziehungen V. 1–6

Paulus beginnt mit der Antwort auf die bereits zitierte Anfrage aus Korinth: »Was aber das betrifft, wovon ihr mir geschrieben habt: Es ist gut für den Menschen, keine Frau zu berühren« (V. 1). Angesprochen ist mit dieser Formulierung (*γυναικὸς ἅπτεσθαι/gynaikos haptesthai*) die sexuelle Begegnung.[13] Pointiert formuliert lautet die These: Keinen Sex zu haben ist besser. Und das ist, wie wir im Folgenden lesen werden, auch die Meinung des Paulus.[14]

Zunächst wird ein Spezialfall durchbuchstabiert: Sollen Paare, die zusammenleben, auf Sexualverkehr verzichten? Gemeint sind selbstverständlich heterosexuelle Paare; andere kann sich Paulus nicht vorstellen.[15] Wir sprechen gemeinhin von »Ehepaaren«. Paulus spricht aber, wie das NT sonst, nicht von »Ehe«, sondern in V. 2 von solchen, die »eine eigene Frau bzw. einen eigenen Mann haben« (*τὴν ἑαυτοῦ γυναῖκα/tēn heautou gynaika* bzw. *τὸν ἴδιον ἄνδρα ἔχειν/ton idion andra echein*).

Darin könnte sich spiegeln, dass in diesen Zeiten nur römischen Bürgern und Bürgerinnen erlaubt war, eine rechtsförmige Ehe als Ort der Geburt legitimer Kinder zu schließen.[16] Auch die Mehrzahl der Menschen ohne römisches Bürgerrecht lebte sicher in festen Beziehungen, aber ob diese regelhaft durch Privatverträge oder Rituale performativ inszeniert wurden, wissen wir nicht.[17]

---

[12] Zur zweiteiligen Gliederung des Kapitels s. a.a.O., 234f.; die enigmatischen Verse 7,36–40 sind hier übergangen, da sie für unsere Fragestellung nicht erheblich sind.

[13] Die Formulierung nimmt Septuaginta-Sprachgebrauch auf, vgl. Schrage, 1Kor II, 59 zur Stelle. Vgl. auch Loader, Sexuality, 186f.

[14] Ob V. 1 ein Zitat aus Korinth wiedergibt oder Paulus hier bereits seine eigene Auffassung als These voranstellt (zur Diskussion s. Zeller, 1Kor, 237, betont etwa bei Schrage, 1Kor II, 53f.), ist für das Verständnis unerheblich, da Paulus offensichtlich in der Sache zustimmt und es ihm darum geht, notwendige Differenzierungen einzuziehen.

[15] Vgl. Röm 1,26 f. Zur Frage ausführlich Tiedemann, Erfahrung, 233ff.

[16] Vgl. Schottroff, 1Kor, 114f.; Alexander, Better to Marry, 245f. und zu den kaiserzeitlichen Ehegesetzen Aliyah El Mansy, Exogame Ehen. Die traditionsgeschichtlichen Kontexte der paulinischen Position, Diss. Marburg 2015.

[17] Vgl. Susan Treggiari, Roman Marriage. Iusti Coniuges from the Time of Cicero to the Time of Ulpian, Oxford 1991, 49–54.160–180. Nach Treggiari gibt es lediglich Zeugnisse zu Hochzeiten der oberen Gesellschaftsschichten, und darunter nur wenige Verträge über eingegangene Ehen. Sie geht jedoch davon aus, dass auch Partner einer rechtlich nicht gültigen Ehe sich in irgendeiner Form beschenkten. Nach Karen K.

Wenn wir im Folgenden der Einfachheit halber von Ehepaaren reden, sollte uns klar sein, dass es hier nicht um rituell geschlossene Ehen mit kirchlicher Hochzeit und Trauschein etc. geht, sondern um Usus-Ehen, die durch Beisammensein entstehen und nach römischer Praxis durch Trennung auch relativ leicht wieder beendet werden können. Paulus wird allerdings betonen, dass eine Ehe möglichst lebenslang sein soll (s. 7,10.39).

Solchen Ehepaaren schreibt Paulus: »Der Mann leiste der Frau das Schuldige, ebenso aber auch die Frau dem Mann« (V. 3). Gemeint ist mit dem »Schuldigen« (ἡ ὀφειλή/*hē opheilē*) wiederum Sexualverkehr. Und zur Begründung führt er an: »Die Frau verfügt nicht über ihren eigenen Leib, sondern der Mann; ebenso aber verfügt auch der Mann nicht über seinen eigenen Leib, sondern die Frau« (V. 4). Auffallend, ja vorbildlich paritätisch spricht Paulus, allerdings in Konzepten von Pflicht und Verfügungsgewalt, die wir mit der modernen Idee von einer Liebesbeziehung und »einvernehmlichem Sex« sicher nicht verbinden. Die Argumentation des Paulus wird aber auf dieser Linie bleiben: Von »Liebe« ist im ganzen Kapitel nicht die Rede, nur von gegenseitiger Verpflichtung und später auch von Aufmerksamkeit (s. 7,32–34).

Bleiben wir aber zunächst bei V. 1–7, weil sie uns zeigen, wie Paulus Sexualität konzipiert. In V. 5 rät er: »Entzieht euch einander nicht, es sei denn nach Übereinkunft eine Zeit lang, damit ihr euch dem Gebet widmet und dann wieder zusammen seid, damit der Satan euch nicht versuche wegen eurer Maßlosigkeit«. Gebet und Sex können für Paulus also nicht gleichzeitig sein.[18] Die dauerhafte Enthaltung von Sexualität sei aber keine Lösung, denn die Adressatinnen und Adressaten litten unter »Maßlosigkeit« (ἀκρασία/*akrasia*), dem Gegenteil von ἐγκράτεια (*enkrateia*), »Selbstbeherrschung«.[19] Diese fehlende Selbstkontrolle biete dem Satan einen Angriffspunkt zur Versuchung. Wenn aber der Satan auf dem Plan steht, dann ist die Gottesbeziehung selbst bedroht. Nicht Untreue gegenüber dem Partner, sondern die Übertretung des Willens Gottes und damit letztlich die Gefährdung des Glaubens und Heils deutet Paulus als Gefahr an.

In V. 2 hatte er die Problematik bereits unter dem Stichwort πορνεία (*porneia*) angesprochen: »Wegen Unzucht aller Art[20] habe jeder seine eigene Frau, und jede habe ihren eigenen Mann.« *Porneia* bezeichnet jede Form von »illegi-

---

HERSCH (The Roman Wedding. Ritual and Meaning in Antiquity, Cambridge 2010, 28–33) richteten bisweilen Besitzer für ihre Sklaven und Sklavinnen Hochzeiten aus.

[18] Zum möglichen Heiligkeitsverständnis, das dem zugrunde liegt, vgl. LOADER, Sexuality, 454–456.

[19] ἀκρασία (*akrasia*) bezeichnet als Gegenteil von ἐγκράτεια (*enkrateia;* s. WALTER GRUNDMANN, Art. ἐγκράτεια κτλ., in: ThWNT Bd. 2, 1935, 338–340) die Unbeherrschtheit, nicht nur in sexuellen Dingen; vgl. auch SCHRAGE, 1Kor II, 69f. SCHRAGE betont mit Recht, dass Paulus mit ἀκρασία nicht den Geschlechtstrieb als solchen bezeichnet, sondern die mangelnde Selbstbeherrschung.

[20] Der Plural bezeichnet nach BDR § $142_1$ die konkreten Erscheinungsformen (vgl. BAA, 1389 s.v. zur Stelle: »zielt auf die geschlechtlichen Aktivitäten«); Übersetzung hier nach ZELLER, 1Kor, 236.

timem Sexualverkehr«.[21] Was jeweils als illegitim gilt, ist allerdings kulturabhängig und wird auch zu Zeiten des Paulus unterschiedlich bestimmt. Für den römischen Bürger etwa beginnt das Problem erst dann, wenn er Sex mit einer freien Frau hat, die mit jemand anderem verheiratet ist. Für Paulus fallen nach Kap. 5 Inzest – offenbar verstanden auf der Linie des Alten Testaments – und nach Kap. 6 auch der Besuch von Prostituierten unter die *porneia.*[22] In seiner Aufforderung »Flieht die *porneia*« (6,18) und in V. 2 wird erkennbar, dass er sie als eine negative Macht versteht.[23] Sie tangiert als Sünde das Gottesverhältnis selbst, richtet sich aber auch gegen den eigenen Leib (6,18).[24]

In der Argumentation in V. 2–7 wird also folgende Auffassung erkennbar: Die meisten Menschen sind tendenziell unbeherrscht (*akrasia*), und damit sich ihr Sexualtrieb nicht in gottwidriger Weise auslebt, bedarf es der festen Lebenspartnerschaft. Diese gibt der Sexualität einen legitimen Ort, ja hier schuldet man sich sogar wechselseitig Geschlechtsverkehr. Bemerkenswert ist, dass Paulus Sexualität in der Ehe nicht abzweckt auf die Fortpflanzung, eine Idee, die in dieser Zeit verbreitet war.[25] Nicht sexuelles Verlangen an sich, sondern die Schwierigkeit, es zu beherrschen, ist das Problem.

Es gibt aber durchaus die Fähigkeit zur Selbstbeherrschung. Darauf verweist Paulus mit dem – der *akrasia* entgegengesetzten – Stichwort ἐγκρατεύεσθαι (*enkrateuesthai*), das in V. 9 begegnet. Die in der ganzen Antike hoch geschätzte *ἐγκράτεια (enkrateia)*[26] beschreibt die Fähigkeit zur Beherrschung der eigenen Wünsche (vor allem nach Sex und Speise und Trank), oder wie Paulus in V. 37 sagt: die Macht über den eigenen Willen.[27] Paulus kennt diese Fähigkeit zur Enthaltung, nämlich von sich selbst.

## 3. Manche haben das Charisma zum Leben ohne Sexualität: V. 7–9

»Ich wünsche aber, dass alle Menschen wie ich sind; doch jeder Mensch hat seine eigene Gnadengabe von Gott, der eine so, die andere so. Ich sage aber den Unverheirateten und den Witwen: Es ist gut für sie, wenn sie bleiben wie

---

21 Vgl. zum Konzept Tiedemann, Erfahrung, 193–201.

22 Die jüdische Prägung zeigt sich in der Auffassung von Inzest in 1Kor 5 und der Ablehnung von Homosexualität in Röm 1,26f. Allerdings bietet Paulus auch spezifisch christologische Begründungen (1Kor 6,12–20; 7,10) sowie in 1Kor 7 Reflexe seiner eigenen Erfahrung und Zeitwahrnehmung (vgl. insgesamt Tiedemann, Erfahrung, 305ff.).

23 Mit Tiedemann, Erfahrung, 194.

24 Vgl. die Parallelisierung von Götzendienst und πορνεία in Lasterkatalogen wie Gal 5,19 und die christologische Argumentation in 1Kor 6,12–20.

25 Vgl. Schottroff, 1Kor, 119.

26 Vgl. Henry Chadwick, Art. ἐγκράτεια, in: RAC Bd. 5, 1962, 343–365.

27 Vgl. Tiedemann, Erfahrung, 112f., bes. ad 7,37: »Nicht der Wille ist das Entscheidungszentrum, er ist vielmehr im Idealfall zu unterwerfen. Ihm ist eine Energie eigen, die eines Regulativs bedarf. Es bedarf eines ›Willens über den Willen‹, um das asketische Ideal zu verwirklichen«.

ich« (V. 8). Paulus selbst lebt also ohne Ehepartnerin (s. 1Kor 9,5) und auch ohne Sexualität, und er findet das am besten. Wer nicht aktuell verheiratet ist – die noch nicht oder nicht mehr Verheirateten,[28] namentlich auch die verwitweten Frauen[29] – solle auch nicht heiraten. Das Ideal ist also weder die Unberührtheit der »*virgo intacta*« noch einfach der Verzicht auf Sexualität, sondern unverheiratet zu sein.

Wie bei anderen Gelegenheiten empfiehlt Paulus sich selbst als Vorbild.[30] So zu sein wie er, wäre seinem Wunsch nach die Lösung für »alle Menschen«. Aber, so sagt er einschränkend, es ist ein Charisma von Gott (V. 7b). Was er damit meint, erläutert er nicht. Wir müssen es aus dem Kontext und aus 1Kor 12 erschließen, wo Paulus über Charismen (*χάρισματα/charismata*) in der Gemeinde schreibt, allerdings ohne Bezugnahme auf Sexualität. Ein *charisma* ist ein »Geschenk«, eine Geistesgabe von Gott, die den Menschen zu Außerordentlichem befähigt, wie Prophetie, Weisheitsworte und die Gabe zu heilen (1Kor 12,4–11). Charismen sind individuell und daher unterschiedlich verteilt. So betont es V. 7b: »Doch jeder Mensch hat eine eigene Gnadengabe von Gott, der eine so, die andere so«.[31] Da die Ehe der »Normalfall« ist, zumal unter Nichtglaubenden, kann sie nicht als Charisma gelten. Dann kann aber in V. 7b auch nicht gemeint sein, dass die Ehefreiheit an sich ein Charisma ist,[32] sondern das, was in der Logik des Paulus die Voraussetzung für die Ehefreiheit ist: die Selbstbeherrschung und damit Fähigkeit zu einem Leben ohne sexuelle Beziehung.[33]

Die Fähigkeit, auf Sexualität zu verzichten, wird hier also – und das ist bemerkenswert im Vergleich mit anderen Konzepten von Askese wie der »Seelengymnastik« bei Philo oder in der Stoa[34] – als eine Gabe Gottes an Einzelne begriffen, nicht als durch besondere Anstrengung und Training zu er-

---

[28] Zu *ἄγαμος* vgl. SCHRAGE, 1Kor II, 93f.: *ἄγαμος/agamos* bezeichnet die noch nicht und nicht mehr Verheirateten, hier Männer und Frauen, *παρθένος/parthenos* spezifisch die noch nie Verheirateten.

[29] Vermutlich werden diese hier genannt (evtl. auch stellvertretend für Witwer und Witwen), weil für Frauen die Verwitwung eine ökonomische Notlage bedeuten konnte (mit SCHRAGE, a.a.O., 94).

[30] Vgl. bes. 1Kor 4,16; 11,1.

[31] Vgl. bes. 1Kor 12,4.30. Und es ist daran zu erinnern, dass Paulus in Kap. 14 gegen die rein selbstbezügliche Verwendung von Zungenrede, einem der Charismen, polemisiert.

[32] So aber z.B. ZELLER, 1Kor, 240, und mit Einschränkungen auch SCHRAGE, 1Kor II, 72f. und auch LOADER, Sexuality, 197. In diesen Auslegungen wird nicht unterschieden zwischen Ehelosigkeit und Leben ohne Sexualität.

[33] Dass es im frühen Christentum eine Präferenz für das als Gabe Gottes verstandene Zölibat gab, darauf weist auch Mt 19,10–12; vgl. LOADER, ebd. Dort wird allerdings zwischen Verzicht auf Ehe und Sexualbeziehung nicht getrennt.

[34] Vgl. so CHRISTOF RAPP, Seelengymnastik. Geleitwort zum Kontext der Verzichtsaskese in der antiken Philospohie, in: WERNER RÖCKE/JULIA WEITBRECHT (Hrsg.), Askese und Identität in Spätantike, Mittelalter und Früher Neuzeit, Berlin u.a. 2010, 9–16.

reichendes Ziel,[35] wie auch in diesem Zusammenhang (wie überhaupt im NT) das Stichwort »Askese« (»Übung«) nicht fällt.

V. 9 argumentiert nun pragmatisch: »Wenn sie sich aber nicht enthalten können, so sollen sie heiraten, denn es ist besser, zu heiraten als zu brennen«. Das Bild vom »Brennen« (*πυροῦσθαι/pyrousthai*) entstammt der damals verbreiteten Metaphorik von Feuer für erotisches Begehren[36] und ist ja auch heute nicht nur dem deutschen Schlager geläufig. Hier bezeichnet es die Alternative zum Heiraten, charakterisiert also das ungestillte Verlangen nach sexuellem Kontakt mit den bereits in V. 2 und V. 5 angedeuteten Gefahren der Versuchung zur Unzucht. Darum ist »heiraten besser als zu brennen« (7,9). Für Paulus gilt offenbar: *tertium non datur*; Sex außerhalb der Ehe ist für ihn keine Alternative.

Damit verstehen wir nun die Hierarchie der Werte, die der Argumentation des Paulus zugrunde liegen: »In Paul's value system, avoiding sexual immorality has higher priority than espousing celibacy, which in turn, has higher priority than marriage.«[37]

Die Argumentation des Paulus unterscheidet also sexuelle Aktivität und Ehe und impliziert folgende Verhältnisbestimmung:

(1) Zwischen Ehe und sexueller Aktivität besteht idealerweise ein fester Zusammenhang: Sexuelle Aktivität gibt es legitim in der Ehe, und Ehepartner sollten offen sein dafür.

(2) Daraus folgt: Wer sich von sexuellen Handlungen überhaupt enthalten will, sollte nicht verheiratet sein, und umgekehrt: Wer nicht verheiratet ist, soll sich von sexuellen Handlungen enthalten.

(3) Die Fähigkeit zur sexuellen Enthaltsamkeit ist allerdings ein Charisma. Das impliziert, dass der Mensch darüber nicht verfügt, es nicht einüben kann.

(4) Das erstrebenswerte Gut ist aber nicht dieses Charisma selbst, sondern, wie V. 8 und die folgenden Ausführungen zeigen, ledig zu bleiben wie Paulus, also »Ehefreiheit«.[38] Diese ist aber nur möglich denen, die auf eine sexuelle Beziehung verzichten können.

## 4. Eine jede bleibe in ihrer Berufung: V. 17–24

Nachdem Paulus über die Beständigkeit der geschlossenen Ehen gesprochen hat (7,10–16) und bevor er auf die Unverheirateten eingeht (V. 25ff.), spricht

---

[35] Vgl. auch Gal 5,23, wo ἐγκράτεια als Frucht des Geistes genannt wird, und andererseits 1Kor 9,25, wo Paulus von der ἐγκράτεια zum Erreichen eines sportlichen Ziels spricht.

[36] Vgl. Zeller, 1Kor, 242f. mit Anm. 59, sowie Udo Schnelle u.a. (Hrsg.), Neuer Wettstein. Texte zum Neuen Testament aus Griechentum und Hellenismus, Bd. II/1, Berlin u.a. 1996, 291–293.

[37] Loader, Sexuality, 188.

[38] Den treffenden Begriff »Ehefreiheit« (vgl. 7,39!) übernehme ich von Luzia Sutter Rehmann, »Und ihr werdet ohne Sorge sein ...«. Gedanken zum Phänomen der Ehefreiheit im frühen Christentum, in: Dorothee Sölle (Hrsg.), Für Gerechtigkeit streiten. Theologie im Alltag einer bedrohten Welt, Gütersloh 1994.

er in V. 17–24 die Frage von Beschneidung und Sklaverei an, und zwar unter einem Motto, das er gleich dreimal wiederholt, aber differenziert auslegt: Jeder Mensch bleibe in der Berufung (κλῆσις/*klēsis*), in die er berufen wurde (V. 17.20.24).[39] Vor Gott nämlich sind die Beschneidung und der Status irrelevant. So sagt er in V. 19 prononciert: »Die Beschneidung ist nichts, und die Vorhaut ist nichts, sondern das Halten der Gebote Gottes.« Und vor Gott ist es auch irrelevant, ob jemand Sklavin ist oder nicht, denn alle sind von Christus befreit und zugleich ihm verpflichtet. Allerdings könne auch eine Freilassung für die Berufung genutzt werden (V. 21–24).[40] Paulus behandelt in diesem Abschnitt also drei Alternativen, die den Menschen körperlich wie im Lebensalltag und seinen Beziehungen grundsätzlich bestimmen: Beschneidung oder Vorhaut, Freiheit oder Sklaverei, Verheiratet-Sein oder Unverheiratet-Sein.

In dieser Zusammenstellung wird noch deutlicher, dass es auch bei der Ehe um einen sozialen Status, nicht um ein biologisches Konzept von Unberührtheit geht. Es ist schon lange aufgefallen, dass diese drei Ebenen, ethnisch-religiöse Zugehörigkeit, Status und Geschlechterrolle, auch in Gal 3,28 angesprochen werden, zumal, wenn mit der Formel »da ist nicht mehr Männliches und Weibliches« (Gal 3,28c) nicht auf biologische Geschlechter, sondern auf ihre soziale Rolle in der Ehe angezielt ist.[41] Es ist daher eine plausible These, dass es in Korinth eine Gruppe von Frauen gab, die sich auf diese Taufformel bezogen und selbstbewusst einforderten, dass die Geschlechterdifferenzen in der neuen Schöpfung nicht mehr gelten.[42] Der 1Kor reagiere wiederholt auf

---

[39] Vgl. zu κλῆσις SCHOTTROFF, 1Kor, 133ff. Die Aufforderung ist mehrsinnig, bedeutet sie doch zunächst, dem Ruf Gottes zu folgen, aber dann sekundär auch, im Alltag diesem Ruf entsprechend zu leben. Für Paulus ist, anders als in den Erzählungen von Jüngerberufungen (vgl. Mk 1,16–20par), wichtig, dass die soziale Situation, in der der Ruf jemanden erreicht, nicht verändert werden müsse (aber könne, vgl. 7,21, s. nächste Anm.).

[40] Zur Frage, wie 7,21b zu verstehen ist, vgl. ZELLER, 1Kor, 252–255. Die Deutung, dass Paulus hier dazu auffordert, für den Fall der Freilassung diese umso besser zu nutzen, ist m.E. sowohl syntaktisch wie sozialgeschichtlich wesentlich plausibler und entspricht auch der flexiblen Argumentation im Blick auf die Unverheirateten (gegen ZELLER, a.a.O., 254f.). Die Aufforderung zielt dann darauf, auch im Falle der Freilassung diese für die Berufung Gottes zu nutzen.

[41] Vgl. bereits klassisch ELISABETH SCHÜSSLER FIORENZA, Zu ihrem Gedächtnis. Eine feministisch-theologische Rekonstruktion der christlichen Ursprünge, München u.a. 1988, 262–272 (zur Deutung von Gal 3,28c). 274 (zu 1Kor 7). Nach JUDITH M. GUNDRY-VOLF, Male and Female in Creation and New Creation: Interpretations of Gal 3,28c in 1 Cor 7, in: THOMAS E. SCHMIDT/MOISÉS SILVA (Hrsg.), To Tell the Mystery, JSNT.S Bd. 100, Sheffield 1994, 95–121, ist uns in 1Kor 7 schon die erste Kontroverse über das richtige Verständnis der in Gal 3,28 überlieferten vorpaulinischen Tradition überliefert, da Paulus die Auslegung der Korintherinnen zu korrigieren suche.

[42] Besonders ANTOINETTE CLARK WIRE, The Corinthian Women Prophets. A Reconstruction through Paul's Rhetoric, Minneapolis 1990, hat diese These plausibilisiert, indem sie aus der Argumentation des Paulus im gesamten Brief auf die Situation in Korinth zurückschließt.

diese »Women Prophets«, die sich ihrer Geistgabe besonders bewusst waren und für sich eine neue, emanzipierte Lebensform ohne Ehe proklamierten. Denn Frauen profitierten vom Single-Dasein wesentlich mehr als Männer, insofern dies ihnen mehr Selbstbestimmung gab und sie befreite von der Sorge für Kinder und vor den Gefahren der Schwangerschaft und Geburt.[43] Freilich waren sie womöglich auch auf die Solidarität der Gemeinde angewiesen, um ehefrei leben zu können.[44]

Auch wenn diese Annahme mangels anderer Quellen nur eine Vermutung bleibt, macht sie deutlich, dass die Alternative verheiratet - ehefrei »gegendert« werden muss. Während Paulus im Blick auf die Frage der sexuellen Aktivität Männer und Frauen parallelisiert, hatte Ehe bzw. Ehefreiheit für den Lebensalltag von Männern und Frauen eine unterschiedliche Auswirkung.

Im Ensemble der drei Grundalternativen des Lebens fällt allerdings die Ehe doch aus dem Rahmen. Denn anders als bei der ethnischen Gegenüberstellung von Beschneidung und Unbeschnittenheit, die nach der Herkunft aus dem Judentum oder der nichtjüdischen Welt unterscheidet, sowie der Gegenüberstellung der Status »versklavt – frei« ist ein Wechsel zwischen »verheiratet« und »ehefrei« möglich und sogar mehrfach reversibel. Zu heiraten gehörte in der Umwelt des NT zum »normalen« Lebenslauf, und Ehemänner wie -frauen konnten sich auch wieder scheiden lassen. Freilich stand die Ehe weder Sklaven oder Soldaten offen, noch konnten Frauen ganz frei selbst entscheiden, da sie nach römischem Recht unter der Vormundschaft des *pater familias*, des Haushaltsvorstands, standen.[45] Letzteres berücksichtigt Paulus vermutlich, wenn er in 7,27 nur Männer adressiert, aber auch, wenn er in 7,39f. Witwen Wahlfreiheit konzediert.

Aber da es im Blick auf die Ehe tatsächlich die Wahl gibt, muss Paulus diese Frage differenzierter diskutieren als die nach Beschneidung oder dem Sklavenstand. Zwar sagt er auch hier, dass man den Status nicht ändern soll: »Bist du an eine Frau gebunden, so suche nicht Lösung; bist du frei von einer Frau, so suche keine Frau!« (V. 27). Aber in den folgenden Ausführungen wird deutlich: Ob man verheiratet ist oder nicht, ist nicht einerlei.

## 5. Wegen der gegenwärtigen Not: V. 25–31

Unter der Überschrift περὶ τῶν παρθένων (*peri tōn parthenōn*) setzt Paulus in V. 25 neu an. ἡ παρθένος *(hē parthenos)* bezeichnet zur Zeit des Paulus eine Frau, die sexuell noch nicht aktiv war (vgl. 2Kor 11,2), aber auch, und zwar ursprünglicher, eine junge Frau, die noch nicht verheiratet war, hinsichtlich ihres Status.[46] In der Regel wird der generisch indifferente Genitiv Plural περὶ

---

43 Vgl. dazu a.a.O., 72ff.90f.

44 Diesen möglichen Zusammenhang stellt Schottroff, 1Kor, 113, heraus.

45 Vgl. Treggiari, Roman Marriage, 16–36.43–54.125–160.170–176.

46 Zur Bedeutung vgl. Gerhard Delling, Art. παρθένος, in: ThWNT Bd. 5, 1954, 825f.

*τῶν παρθένων* in V. 25 daher übersetzt »über die Jungfrauen«. Die alleinige Bezugnahme auf Frauen passt aber nicht zum Folgenden, da Paulus hier vor allem Männer anspricht und in V. 25b auf sich selbst im Blick auf seine von Gott ermöglichte ehefreie Lebensweise anspielt.[47] Besser ist die Aussage also allgemein als Aussage über »Jungfräulichkeit«, die noch nicht verheiratete Männer wie Frauen subsumiert, zu verstehen.[48]

Für diese hat Paulus einen Ratschlag: »Ich meine nun, dass dies [sc. Unverheiratet-Sein] gut ist wegen der gegenwärtigen Not, weil es gut ist für einen Menschen, so zu sein.« Hier kommt eine neue Begründungsstruktur zum Tragen: Die »Not« (*ἀνάγκη/anagke*) der gegenwärtigen Zeit (V. 26) und die »Bedrängnis (*θλῖψις/thlipsis*) für das Fleisch« (V. 28), d.h. für das äußere Leben derer, die heiraten. Zwar sündigen sie nicht, »aber solche [sc. die heiraten] werden Bedrängnis für das Fleisch haben; ich aber möchte euch schonen« (V. 28b).[49] Paulus spielt offenbar auf die physische wie soziale Bedrängnis an, die Christusgläubige seitens ihrer Umwelt aufgrund ihres Glaubens erfuhren. Diese Leiden werden im Neuen Testament immer wieder gedeutet als notwendige »Wehen« vor der Wiederkunft Christi.[50]

Nun könnte man meinen, wenn Not und Bedrängnis zunehmen, ist es gut, verheiratet zu sein, um sich gegenseitig zu stützen. So denkt Paulus aber offenbar nicht. Vielmehr argumentiert er, dass diese Bindungen und Verpflichtungen

---

[47] 7,25b entspricht m.E. dem Hinweis 7,7f. und meint damit spezifisch seine Vertrauenswürdigkeit aufgrund seiner Berufung zum ehefreien Leben (in den Kommentaren nicht erwogen, aber auch von LOADER, Sexuality, 207). So verweist auch *ἠλεημένος* (*eleemenos*) in 2Kor 4,1 auf Paulus' Begnadung durch Gott. V. 25 ist dann so zu paraphrasieren: »Was die Jungfräulichkeit angeht, habe ich kein Gebot des Herrn; ich gebe aber einen Rat als einer, dem das Erbarmen vom Herrn zuteilwurde, ehefrei leben zu können, und der daher in dieser Frage vertrauenswürdig ist«. V. 26b gibt dann eine Begründung mit Rekurs auf 7,1.

[48] *παρθένος* ist auch ein Adjektiv (s. LSJM, 1339). Der generisch indifferente Genitiv Plural kann dann auch maskulin oder neutrisch aufgelöst werden (vergleichbar den *περί* [*peri*]-Wendungen in 8,1; 12,1 mit pluralischen Adjektiven zur globalen Themenangabe). So gibt es auch einige wenige Belege für eine Verwendung von *παρθένος* (*parthenos*) für Männer (vgl. ZELLER, 1Kor, 258f. Anm. 159). Dass hier vor allem von einem Status, nicht von einer Personengruppe die Rede ist, legen auch das darauf bezogene Neutrum *τοῦτο* V. 26a und *τὸ οὕτως εἶναι* (*to houtos einai*) in V. 26b nahe. Damit ist auch der semantisch ungedeckte Versuch obsolet, *παρθένοι* als »verlobte Frauen« zu deuten, um so die (vermeintliche) Spannung zwischen der auf Frauen bezogenen Einleitung und der folgenden Adresse an Männer aufzulösen (so z.B. SCHRAGE, 1Kor II, 156).

[49] Die Aussage, dass »solche« Bedrängnis erfahren werden (V. 28b), muss sich auf die nach der Erlaubnis von V. 28a Verheirateten beziehen; das Präsens *ἐγὼ δὲ ὑμῖν φείδομαι* (*ego de hymin pheidomai*) ist (mit ZELLER, 1Kor, 261) konativ im Sinne von: »Lieber wäre es mir, ihr heiratetet nicht, weil ich euch gern schonen würde.« Die Annahme, dass die Schonung in der Konzession zur Heirat besteht, ist nicht schlüssig, denn der Text weist mit nichts darauf hin.

[50] Für die Vorstellung, dass der Heilszeit notwendig Drangsale vorausgehen, vgl. Mk 13,19par und die bei a.a.O., 260 Anm. 171, genannten apokalyptischen Texte.

beschweren. Warum aber ist Ehefreiheit in der Endzeit besser als Eheleben? Vielleicht ist ein Grund, dass man sich in der Endzeit die Mühen des Familienlebens sparen kann. Denn wenn das Ende so nahe ist, bedarf es keiner Sorge für eine kommende Generation mehr, keiner Kinder mehr, die das eigene Alter sichern werden. Das ist plausibel, insofern es die in der Zurückhaltung gegenüber der Ehe liegende Missachtung des Vermehrungsgebotes (Gen 1,28) erklärt. Aber im Text selbst ist keine Rede von Kindern, von Generationenfolgen, von Sorgen um das eigene Alter, sondern nur von der Zweierbeziehung selbst.[51]

Paulus interpretiert die Ehe weiterhin auf der Linie der ersten Verse, in denen er sie in Kategorien von Ansprüchen und Verpflichtung beschrieb, als eine Form der »Freiheitsberaubung«. So heißt es in V. 27 in Bezug auf den Mann: »Bist du an eine Frau gebunden, so suche nicht Lösung; bist du frei von einer Frau, so suche keine Frau!« Und V. 39 sagt in Bezug auf Frauen: »Eine Frau ist gebunden, solange ihr Mann lebt; wenn aber der Mann entschlafen ist, so ist sie frei, sich zu verheiraten, an wen sie will, nur im Herrn. Glückseliger ist sie aber, wenn sie so bleibt, nach meiner Meinung; ich denke aber, dass auch ich Gottes Geist habe.« Die Ehe bedeutet also eine Bindung,[52] die unfrei macht und somit das Leben in der Bedrängnis der Endzeit erschwert.

Wenn das so ist, dann kann man eingedenk des Scheidungsverbotes aus V. 10–11 eigentlich die Verheirateten nur bedauern. Doch auch für diese hat Paulus einen Vorschlag, der rhetorisch fein strukturiert, aber deutungsoffen ist: »Dies aber sage ich, Geschwister: Die Zeit ist zusammengerafft« (V. 29a). Die Kürze der noch bleibenden Zeit dieser Welt sollte Folgen für die Gestaltung der Gegenwart haben, wie Paulus – einmal mehr nur in Bezug auf Männer – formuliert: »Hinfort: Dass die, die Frauen haben, seien, wie die nicht (Frauen) Habenden, und die Weinenden wie nicht Weinende, und die sich Freuenden wie nicht sich Freuende, und die Kaufenden wie nicht Besitzende, und die die Welt Nutzenden wie nicht Benutzende; denn das Gehabe[53] dieser Welt vergeht« (V. 29b–31).

Wie aber kann man »eine Frau haben wie solche, die keine haben«? Die Auflistung gibt uns Hinweise, auf welcher Wirklichkeitsebene wir das »Haben, als hätte man nicht« verstehen können: Weinen und Freude, Kaufen und »die Welt Gebrauchen« sind alltägliche Gefühlsäußerungen und Tätigkeiten, und so

---

51 Vgl. kritisch zu dieser Erklärung auch Schottroff, 1Kor, 119, mit anderen Gründen. Sie weist darauf hin, dass das Interesse an Nachwuchserzeugung ein Spezifikum der Elite ist. Außerdem kritisiert sie das hier unterstellte Konzept von Naherwartung als falsche Eintragung einer linearen Zeitvorstellung (vgl. vor allem a.a.O., 22–24).

52 Das in V. 27 und 39 verwendete Verb δέειν bedeutet auch »fesseln« und sollte nicht zu romantisch gehört werden, wird das Verb doch auch für die Fesselung von Gefangenen verwendet.

53 Die Übersetzung von σχῆμα/schema (äußere Erscheinung, Haltung) mit Zeller, 1Kor, 262.

ist offenbar auch die Ehe einzuschätzen. V. 31 ordnet all das dem *Kosmos* zu, der Welt, deren äußerliche Gestalt vergänglich ist.

Wie aber soll das im Alltag gelebt werden? Dass man verheiratet ist, ohne Sex zu haben, kann nach V. 1–7 nicht gemeint sein. Der Text lässt dies »in der Schwebe«;[54] er lässt einen großen Interpretationsspielraum für die je eigene Alltagspraxis.

Wer freilich in Korinth vertraut war mit dem stoischen Ideal des (männlichen) Weisen, der seine Autarkie auch in Beziehungen wahrt – beliebtes Vorbild ist Sokrates –, der konnte sich den Text von hier aus erschließen: Denn nach diesem Ideal war es wichtig, in seinen notwendigen Beziehungen zu Frau oder Kindern bei aller Liebe, die mit der Frau auch körperlich geteilt wurde, eine gewisse Indifferenz zu wahren. Da diese sterblich sind, sollte man sich stets dieser Vergänglichkeit bewusst sein.[55] Auch der Ratschlag von Paulus könnte so verstanden werden, dass man eine Indifferenz in den gelebten Beziehungen walten lassen sollte.[56]

Anders als für den stoischen Weisen liegt allerdings für die Christusgläubigen das Problem nicht darin, dass die emotionale Bindung an Sterbliche den Menschen verwundbar macht und die ideale Apathie bedroht, sondern darin, dass die wirklich wichtigen Dinge aus dem Blick geraten. Das nämlich zeigen die nächsten Verse.

## 6. DASS IHR OHNE SORGE SEID: V. 32–35

Die Ehebeziehung gehört zu dieser Welt, zu diesem *Kosmos*, und dieser steht Gott, wiewohl seine Schöpfung, fern (vgl. 1,20f.). Die Hinwendung zu Gott bzw. dem *Kyrios* Christus einerseits, zum Partner bzw. der Partnerin in dieser Welt andererseits schließen sich daher aus. Das wird deutlich in 7,32-34, einer wie 7,2–4 fast paritätischen Formulierung: »Ich will aber, dass ihr ohne Sorge seid. Der Unverheiratete sorgt sich um die Dinge des *Kyrios*, wie er dem *Kyrios* gefalle; der Verheiratete aber sorgt sich um die Dinge der Welt, wie er der Frau gefalle, und er ist geteilt. Die unverheiratete Frau wie auch die Jungfrau sorgt sich um die Dinge des *Kyrios*, damit sie heilig sei an Leib und Geist; die Verheiratete aber sorgt sich um die Dinge der Welt, wie sie dem Mann gefalle.«

---

[54] Mit ZELLER, a.a.O., 262.

[55] Instruktiv sind die von ZELLER, a.a.O., 263 genannten Texte aus Epiktets Dissertationen. Dort wird Sokrates zum Vorbild in seinem Verhalten zu Frau und Kindern. »Sieh einen, der Frau und Kinder hat, aber als fremde« (Diss IV 159, zitiert nach ZELLER, ebd.).

[56] Inwieweit Paulus hier dem stoisch-kynischen Ideal des Weisen entspricht, der sich in diesen Dingen, die ihm nicht zur Wahl stehen, fügt, aber seine Autarkie bewahrt, ist umstritten (zur Diskussion s. ZELLER, a.a.O., 263f.). Anders ist in jedem Falle die die Haltung begründende apokalyptische Qualifizierung der Gegenwart; vgl. dazu die Parallelen bei DEMING, Paul, 177ff., der gleichwohl dennoch auch einen stoischen Hintergrund postuliert.

Wer verheiratet ist, ist in Sorge, seinem Mann bzw. seiner Frau zu gefallen[57] – es scheint, als spräche Paulus von unserer Gegenwart, in der ganze Industrien von Fitness über Kosmetik bis zur Kleidung davon leben, dass man dem, der anderen gefallen und »likes« sammeln muss.[58]

Wiewohl Paulus das hier negativ bewertet, ist doch bemerkenswert, dass er die Partnerschaft mit wechselseitiger Aufmerksamkeit verbindet, nicht in erster Linie mit den Lasten der Familienarbeit.[59] Und auch wenn seine Problematisierung der »Vereinbarkeit von Ehe und Glaubensleben« nicht wirklich triftig ist (was bald schon Eph 5,22–33 zu verdeutlichen suchte),[60] ist es erhellend, was Paulus hier gegenüberstellt. Die Alternative zur Sorge der Partnerin zuliebe ist nicht das sorglose Leben[61] und auch nicht die Sorge um sich selbst, die in der stoischen Askesekonzeption so zentral ist,[62] sondern die Sorge um die Dinge des *Kyrios*, des »Herrn«. Die Bezeichnung Jesu als κύριος (*kyrios*), die in den Paulusbriefen besonders auf den Auferweckten und Erhöhten referiert,[63] nimmt die alltagssprachliche Bezeichnung des Sklavenbesitzers als *kyrios* auf. So erinnert die Formulierung in V. 32-34 an den sprichwörtlichen Sklaven, der nicht Diener zweier Herren sein kann (s. Mt 6,24): »er ist geteilt« (7,34a).[64] Der vorbildliche Sklave aber soll seinem Besitzer gehorchen und ihm zu »gefallen« suchen.[65]

---

57 Die verbreitete Vorstellung, dass Ehe und Familie mit Sorgen einhergehen, wie es die in Schnelle u.a. (Hrsg.), Neuer Wettstein, 301–303, zitierten Quellen dokumentieren, bildet das nicht vor, denn bei Paulus geht es bei der Sorge um den Wunsch, zu gefallen!

58 Wie treffend die Beschreibung des Paulus noch heute ist, zeigt mir »mein« Gala-Horoskop für weibliche Wassermänner vom August 2014, das mir während der Abfassung des Artikels (ungekauft!) in die Hände fiel: »Verschmust und anhänglich, die Hand Ihres Partners ständig zärtlich umschließend: Die freiheitsliebenden Paradiesvögel sind nicht mehr wiederzuerkennen! Der Kosmos lässt Sie verstehen, wie wichtig Ihnen Ihr Partner ist und dass Ihre Beziehung der einzige Ort ist, an dem Sie so sein können, wie Sie wirklich sind. Das wissen Sie zu schätzen«.

59 Vgl. auch Alexander, Better to Marry, 239f., die deutlich macht, dass dieser »couple-centered focus of Paul's picture of marriage« vom stoischen Ideal des zölibatären Kynikers abweicht.

60 Wenn Eph 5,22–33 die Ehe als Abbild der Christusbeziehung hinstellt, zeigt er, dass Ehebeziehung und Christusbeziehung nicht konkurrieren; vgl. dazu Christine Gerber, Die alte Braut und Christi Leib. Zum ekklesiologischen Entwurf des Epheserbriefes, in: NTS 59 (2013), 192–221.

61 Es fällt auf, dass Paulus einen gewissen Selbstwiderspruch in Kauf nimmt: »Ich will, dass ihr ohne Sorge seid«, sagt er in Worten, die an das programmatische »Sorget-Nicht« der Bergpredigt erinnern. Dann aber unterstellt er auch den Nicht-Verheirateten Sorge, nämlich die Sorge darum, »dem Herrn zu gefallen«.

62 Vgl. zu dieser Konzeption Rapp, Seelengymnastik, 10f.

63 Vgl. bes. Phil 2,11; s. David du Toit, Christologische Hoheitstitel, in: Friedrich Wilhelm Horn (Hrsg.), Paulus Handbuch, Tübingen 2013, 294–299; hier 296–298.

64 Auch wenn das nur in Bezug auf den verheirateten Mann gesagt wird, soll es gewiss auch für die verheiratete Frau gemeint sein (mit Loader, Sexuality, 211).

65 So wird auch in einzelnen neutestamentlichen Formulierungen davon gesprochen, dass der Sklave gefällt, s. Eph 6,5; Tit 2,9 und (metaphorisch) Gal 1,10. Zum Sklaven-

Wenn Paulus als Alternative aufmacht, »dem *Kyrios*« oder seinem Ehepartner zu gefallen, dann ist also klar, was richtig bzw. wichtiger ist: Wie gehorsame Sklavinnen und Sklaven gilt es, ihrem »Herrn« zu gefallen. Und so schließt Paulus diesen Gedankengang auch ab: Er schreibe dies zum Nutzen der Gemeindeglieder, »nicht um euch eine Schlinge überzuwerfen, sondern damit ihr ehrbar und beständig beim Herrn bleibt ohne Ablenkung« (7,35).

Schon in 7,5 hatte Paulus vorausgesetzt, dass Sex und Gebete nicht gleichzeitig zu vollziehen sind. Hier aber formuliert er viel allgemeiner. Die Ausrichtung, die Sorge, wie man »dem *Kyrios* gefalle«, muss also grundsätzlicher verstanden sein. Wie sie zu realisieren ist, zeigen uns m.E. am besten die Paränesen der Paulusbriefe. Diese rücken die Sorge um die Mitmenschen und das Leben der Gemeinschaft in den Mittelpunkt. Die Sorge, dem »Herrn zu gefallen«, Gott würdig zu wandeln, schließt also die Sorge um die Gemeinschaft, das Liebesgebot, gerade ein.[66]

Bemerkenswert ist aber auch die Geschlechterdifferenz in der Formulierung 7,32–34. Wo es von den unverheirateten Männern heißt, sie würden sich darum sorgen, dem *Kyrios* zu gefallen, heißt es von den unverheirateten Frauen und Jungfrauen, sie sorgten sich um die Dinge des *Kyrios*, »damit sie seien heilig sowohl am Leib wie am Geist« (V. 34). »Heilig« ist für Paulus ein Prädikat aller Glaubenden (vgl. bereits 1,2); er überträgt damit die kultische Vorstellung der Heiligkeit auf das Leben der Glaubenden.[67] Heiliges ist ausgesondert aus dem Profanen, es ist rein, kultfähig, also so beschaffen, dass es vor Gott bestehen kann. Das gilt für die Glaubenden als ganze, denn sie sind »geheiligt« (s. 1,2; 6,11). Prononciert kann Paulus den Gläubigen in Korinth zurufen: »Euer Leib ist ein Tempel des Heiligen Geistes in euch.« (6,19) Heiligkeit ist also für Paulus nicht etwas, was den Leib nicht beträfe, auch nicht etwas, das die Glaubenden sich noch erarbeiten müssten.[68] Es ist freilich etwas, das sie einbüßen könnten.

Wenn also die Frauen ohne Mann sich nicht darum kümmern müssen, ihrem Mann zu gefallen, sondern sich um die Dinge des Herrn sorgen, so ist es nicht so zu verstehen, dass sie sich auf diese Weise die Heiligkeit durch den Verzicht auf Sexualität erst erringen.[69] Ihre Heiligkeit ist für unverheiratete Frauen nur leichter zu wahren.

---

gehorsam vgl. JENNIFER A. GLANCY, Slavery in Early Christianity, Oxford 2006, 115–118.138.

[66] Vgl. in diesem Sinne besonders 1Kor 13,1–14,1; Gal 5,22f.; 1Thess, 4,1–12; vgl. das persönliche Beispiel des Paulus in 2Kor 11,28f. Dass sich dies auch in der ehelichen Hinwendung zum Ehepartner oder in der Familie realisieren könnte (vgl. so etwa nach der Haustafel Kol 3,18–4,1), kommt Paulus aber offenbar nicht in den Sinn.

[67] Vgl. MAREN BOHLEN, Sanctorum communio. Die Christen als »Heilige« bei Paulus, BZNW 183, Berlin u.a. 2011, 220f.: Mit der Rede von Heiligkeit beschreibe Paulus nicht eine Qualität, sondern einen (verlierbaren) Status der Glaubenden vor Gott.

[68] Sie können ihre Heiligkeit nach 7,14 sogar weitergeben innerhalb der Ehe!

[69] Mit dem ἵνα ᾖ/*hina e* kann als Ziel auch das Festhalten oder Sichtbarwerden des bereits Bestehenden beschrieben werden, vgl. so auch 1Kor 15,28; 2Kor 4,7; Phil 1,10. –

Es mag sein, dass Paulus hier das Selbstverständnis von Frauen in Korinth abbildet, der zölibatären »Women Prophets«.[70] Es mag auch sein, dass diese Frauen wie V. 34 die »in der Antike gängigen Vorstellungen vom sakralen Wert jungfräulicher Unversehrtheit« teilen[71] und als solche als »special channels for the divine«, also als besondere Prophetinnen gesehen wurden.[72] Doch Paulus selbst würdigt hier nicht allein »Jungfrauen«, sondern auch die »unverheirateten Frauen«; offenbar, da sie eigens genannt werden, eine eigene Gruppe. Und das zeigt wiederum: Nicht »Jungfräulichkeit« als solche, sondern die Ehefreiheit (und Familienfreiheit) ist das, was den Frauen ermöglicht, ihre spirituellen Gaben besonders zur Wirksamkeit zu bringen.

## 7. RÜCKBLICK: WENIGER BINDUNG IST MEHR FREIHEIT FÜR ANDERE

Wenn diese Rekonstruktion der Argumentation zutrifft, ist die Position des Paulus nun deutlich: Nicht-Verheiratet-Sein ist besser als Verheiratet-Sein. Das hat Folgen für die Sexualität, denn da Sex für Paulus zur Ehe gehört, folgt daraus auch: Auf Sex verzichten zu können, ist besser, weil das die Freiheit von der Ehe ermöglicht.

Die Eheaskese zielt also nicht auf die Vermeidung von Sex, sondern auf die Freiheit von den »Fesseln« der Ehe, von der Verfügung, die der Ehepartner über den Leib hat, und von der Sorge darum, der Ehepartnerin bzw. dem Ehepartner zu gefallen. Eine solche Freiheit steht aber nur den nicht Verheirateten zu, und sie gelingt nur einem Menschen, dem die Gabe der Enthaltung gegeben ist. Wer brennt, wer mit seiner sexuellen Unmäßigkeit nicht zurechtkommt, der oder die ist besser verheiratet, denn die Ausflucht in irgendeine Form ungesetzlicher Sexualität gefährdet auch die Gottesbeziehung.

Viele von den Werten und Axiomen, mit denen Paulus seine Welt deutet, können heute keine Plausibilität mehr beanspruchen, zuallererst die alleinige Zuordnung von legitimer Sexualität zur dauerhaften heterosexuellen Beziehung, die Beschreibung der Paarbeziehung in Kategorien von Recht, Pflicht und »Fesselung« und die Erwartung, die Parusie stehe unmittelbar bevor.

Und doch gibt es in der Argumentation des Paulus für unser Fragen nach dem Sinn von Askese durchaus Bedenkenswertes, wie ich abschließend ausführen möchte. Nicht das Askeseideal selbst, die besondere Hochschätzung

---

Gegen ZELLER, 1Kor, 265, der hier Paulus Inkonsistenz vorwirft, ist m.E. gerade die Aussage 6,19 zum Ausgangspunkt der Deutung zu nehmen. Es könnte auch sein, dass Paulus die Aussage, dass die Jungfrau dem *Kyrios* gefallen wolle, meidet, weil sie anzüglich klingen könnte (so LINDEMANN, 1KOR, 181).

[70] Vgl. CLARK WIRE, Corinthian Women Prophets, 93ff.

[71] So ZELLER, 1Kor, 265; vgl. zu diesem Konzept seinen Exkurs, a.a.O., 267–271.

[72] Vgl. CLARK WIRE, Corinthian Women Prophets, 95: Die Frauen hätten sich als »special channels for the divine due to their simplicity and their isolation from male influence and control« verstanden.

der Freiheit von Partnerschaft und damit Sexualität, überzeugt, doch die der Argumentation zugrunde liegende Bedeutsamkeit, die der Gestaltung des Alltagslebens zugemessen wird. Sichtbar wird mit der Wahlmöglichkeit auch die Verantwortung jedes einzelnen Menschen dafür, mit welcher Sorge er seine Zeit verbringt. Denn auch wenn man die Sorge darum, der Welt, der Partnerin bzw. dem Partner zu gefallen, einerseits und die Sorge, »dem Herrn zu gefallen«, andererseits nicht wie Paulus als einander ausschließende Lebensformen sehen will, so stimmt es doch: Sorge bindet Zeit und Aufmerksamkeit. Und dass die Zeit knapp ist, ist eine Erfahrung, die wohl viele – wie ich selbst – auch ohne Erwartung des nahen Endes dieser Welt teilen. Paulus macht darauf aufmerksam, dass die »geraffte« und darum kostbare Zeit mehr Aufmerksamkeit fordert: Mehr Aufmerksamkeit dafür, unter welcher Sorge unsere Zeit vergeht.

Bedenkenswert ist weiter, dass die ideale Ehefreiheit für Paulus nicht Sozialaskese bedeutet, sondern vielmehr die Freiheit für die Sorgen um die Dinge des *Kyrios*. Die Alternative zur Sorge, in der Welt zu gefallen, ist nicht Sorge um sich selbst, nicht die Verwendung aller Energie auf die gepflegte Apathie, auch nicht Autonomie, sondern Sorge um »die Dinge des *Kyrios*«, und dazu zählen gerade auch die Schöpfung Gottes und seine Menschen.

Zuwendung zur Welt im Sinne Gottes fordert aber zugleich Distanz zur Sorge um die Dinge der Welt. Wie ist hier zu unterscheiden? Ich zitiere noch einmal Paulus: »Hinfort: Dass die, die [...] die Welt nutzen, sind wie nicht Benutzende; denn das äußere Gehabe dieser Welt vergeht« (7,31). Schon jetzt ist die »Weisheit der Welt« als Torheit entlarvt durch die Botschaft, dass der auferweckte Gekreuzigte der Messias ist (1,18–25). Weniger Sorge um die Werte dieser Welt bedeutet mehr Freiheit für die Sorge darum, dass die Welt wird, wie sie Gottes Weisheit entspricht.

## Literatur

ALEXANDER, LOVEDAY, »Better to Marry than to Burn«. St. Paul and the Greek Novel, in: RONALD F. HOCK u.a. (Hrsg.), Ancient Fiction and Early Christian Narrative, SBL Symposium Series Bd. 6, Atlanta 1998, 235–256.

BOHLEN, MAREN, Sanctorum communio. Die Christen als »Heilige« bei Paulus, BZNW 183, Berlin/New York 2011.

BRAUN, KARL, Art. Sexualität V. Kulturwissenschaftlich, in: RGG[4] Bd. 7, Tübingen 2004, 1253–1255.

CHADWICK, HENRY, Art. ἐγκράτεια, in: RAC Bd. 5, Stuttgart 1962, 343–365.

CLARK WIRE, Antoinette, The Corinthian Women Prophets. A Reconstruction through Paul's Rhetoric, Minneapolis 1990.

DELLING, GERHARD, Art. παρθένος, in: ThWNT Bd. 5, Stuttgart 1954, 824–835.

DEMING, WILL, Paul on Marriage and Celibacy. The Hellenistic Background of 1 Corinthians 7, MSSNTS Bd. 83, Cambridge 1995.

Du Toit, David, Christologische Hoheitstitel, in: Friedrich Wilhelm Horn (Hrsg.), Paulus Handbuch, Tübingen 2013, 294–299.

El Mansy, Aliyah, Exogame Ehen. Die traditionsgeschichtlichen Kontexte der paulinischen Position, Diss. Marburg 2015.

Gerber, Christine, Die alte Braut und Christi Leib: zum ekklesiologischen Entwurf des Epheserbriefes, in: NTS 59 (2013), 192–221.

Glancy, Jennifer A., Slavery in Early Christianity, Oxford 2006.

Gundry-Volf, Judith M., Male and Female in Creation and New Creation: Interpretations of Gal 3,28c in 1 Cor 7, in: Thomas E. Schmidt/Moisés Silva (Hrsg.), To Tell the Mystery, JSNT.S Bd. 100, Sheffield 1994, 95–121.

Grundmann, Walter, Art. ἐγκράτεια κτλ., in: ThWNT Bd. 2, Stuttgart 1935, 338–340.

Hersch, Karen K., The Roman Wedding. Ritual and Meaning in Antiquity, Cambridge 2010.

Lindemann, Andreas, Der Erste Korintherbrief, HNT Bd. 1, Tübingen 2000.

Liddell, George Henry/Scott, Robert/Jones, Henry Stuart, A Greek-English Lexicon, Oxford 91996.

Loader, William R.G., The New Testament on Sexuality. Attitudes towards Sexuality in Judaism and Christianity in the Hellenistic Greco-Roman Era, Michigan/Cambridge 2012.

Praetorius, Ina, Art. Androzentrismus, in: WFT, Gütersloh 22002, 17–19.

Rapp, Christof, Seelengymnastik. Geleitwort zum Kontext der Verzichtsaskese in der antiken Philosophie, in: Werner Röcke/Julia Weitbrecht (Hrsg.), Askese und Identität in Spätantike, Mittelalter und Früher Neuzeit, Berlin u.a., 2010, 9–16.

Schnelle, Udo u.a. (Hrsg.), Neuer Wettstein. Texte zum Neuen Testament aus Griechentum und Hellenismus, Bd. II/1, Berlin u.a. 1996.

Schottroff, Luise, Der erste Brief an die Gemeinde in Korinth, ThKNT Bd. 7, Stuttgart 2013.

Schrage, Wolfgang, Der erste Brief an die Korinther, EKK VII/1–VII/4, 1991–2001.

Schüssler Fiorenza, Elisabeth, Zu ihrem Gedächtnis. Eine feministisch-theologische Rekonstruktion der christlichen Ursprünge. Aus dem Amerikanischen übers. von Christine Schaumberger, München u.a. 1988 (Orig.: In Memory of Her, 1983).

Sutter Rehmann, Luzia, »Und ihr werdet ohne Sorge sein ...«. Gedanken zum Phänomen der Ehefreiheit im frühen Christentum, in: Dorothee Sölle (Hrsg.), Für Gerechtigkeit streiten. Theologie im Alltag einer bedrohten Welt, Gütersloh 1994, 88–95.

Tiedemann, Holger, Die Erfahrung des Fleisches. Paulus und die Last der Lust, Stuttgart 1998.

Treggiari, Susan, Roman Marriage. Iusti Coniuges from the Time of Cicero to the Time of Ulpian, Oxford 1991.

Ward, Roy Bowen, Musonius and Paul on Marriage, in: NTS 36 (1990), 281–289.

Zeller, Dieter, Der erste Brief an die Korinther, KEK Bd. 5, Göttingen 2010.

# »Mit den Augen der Seele wirst du die Herrlichkeit Gottes erkennen ...«

## Doxologische Aspekte rigoroser Askese in den *Acta Petri*

*Susanne Luther*

Denn ich bin überzeugt, dass die Leiden der jetzigen Zeit nichts bedeuten gegenüber der Herrlichkeit, die an uns offenbar werden soll. (Röm 8,18)

Asketische Tendenzen spiegeln sich bereits in den neutestamentlichen Schriften in vielfältiger Form, zugleich wird asketischen Forderungen im Neuen Testament auch negative Bewertung zuteil.[1] In der nachneutestamentlichen Literatur lassen sich deutlich die Kontroversen im frühchristlichen Diskurs hinsichtlich der Intensität asketischer Praktiken ersehen und Warnungen vor zu rigoroser Askese sowie vor deren verfehlten Intentionen werden laut.[2] Insbesondere die apokryphen Apostelakten präsentieren Askese als zentralen Aspekt frühchristlicher Lehre und Ethik, asketische Praktiken stehen in hohem Ansehen und können sogar als notwendige Voraussetzung für die Teilhabe an der eschatologischen Errettung erachtet werden.[3] Wenn auch die frühen Apostelakten nicht pauschal als asketische oder enkratitische Lehre vermittelnde Schriften betrachtet werden dürfen,[4] so zeichnet sich in diesen

---

1 Vgl. dazu v.a. Leif E. Vaage/Vincent L. Wimbush (Eds.), Asceticism and the New Testament, New York/London 1999; Hans-Ulrich Weidemann (Ed.), Asceticism and Exegesis in Early Christianity. The Reception of New Testament Texts in Ancient Ascetic Discourses, NTOA/StUNT 101, Göttingen 2013; Elizabeth A. Clark, Reading Renunciation: Asceticism and Scripture in Early Christianity, Princeton 1999. Zur Übernahme asketischer Praktiken aus dem antiken Kontext vgl. Vincent L. Wimbush (Ed.), Ascetic Behavior in Greco-Roman Antiquity: A Sourcebook, Minneapolis 1990.

2 Vgl. dazu Jill C. Gorman, Sexual Defence by Proxy: Interpreting Women's Fasting in the Acts of Xanthippe and Polyxena, in: Amy-Jill Levine (Ed.), A Feminist Companion to the New Testament Apocrypha, Cleveland 2006, 206–215; hier: 213f. Zur frühchristlichen Kritik z.B. in 1Tim 4,3; 1Clem 38,2; IgnPol 5,2 vgl. Yves Tissot, L' Encratisme des Actes de Thomas, in: ANRW II.25 (1988), 4415–4430; hier: 4417, und Rebecca Krawiec, Asceticism, in: Susan Ashbrook Harvey/David G. Hunter (Eds.), The Oxford Handbook of Early Christian Studies, Oxford 2008, 764–785; hier: 768–771.

3 Zur Askese in den frühen Apostelakten vgl. Yves Tissot, Encratism and Apocryphal Acts, in: Andrew Gregory/Christopher Tuckett (Eds.), Oxford Handbook of Early Christian Apocrypha (im Druck) und Krawiec, Asceticism, 769.

4 Vgl. dazu Tissot, Encratism and Apocryphal Acts; dagegen z.B. Giulia Sfameni Gasparro, Asceticism and Anthropology: *Enkrateia* and »Double Creation« in Early

Texten doch ein ausdifferenziertes Bild der frühchristlichen Ausprägungen asketischer Lehre und Praxis ab, das sowohl moderate als auch exzessive Formen von Askese beschreibt.

Die Wahrnehmung des modernen Lesers, der modernen Leserin, im Blick auf die Formen exzessiver Askese, die Schmerz, Leid, sogar den Tod hinnehmen, um Reinheit, Keuschheit und die Distanz zur Welt zu bewahren, bedarf im Licht des ethischen und literarischen Anspruchs der apokryphen Apostelakten einer Neujustierung – wie sie in den Petrusakten auch Jesus einfordert: »Und der Herr selbst hat gesagt: ›Wenn ihr nicht das Rechte macht wie das Linke und das Linke wie das Rechte, und das Obere wie das Untere und das Hintere wie das Vordere, so seid ihr nicht ins Himmelreich eingetreten‹« (ActPetr 38).[5] Die Petrusakten, die im Folgenden im Zentrum der Aufmerksamkeit stehen sollen, entwerfen aus frühchristlicher Perspektive eine Welt, in der veränderte Prämissen zu neuen Normen und Werten und zu einer Neubestimmung des Verständnisses von gutem Leben führen.[6] Die direkt auf Jesus zurückgeführte umwertende Neuinterpretation rigoroser asketischer Lehre und Praxis soll im Folgenden am Beispiel der in den *Acta Petri* vermittelten Aspekte frühchristlicher Askese nachgezeichnet werden. Meine These lautet: Die Petrusakten entwerfen im Rahmen des frühchristlichen Diskurses um asketische Lebensformen eine Theologie der Askese, die dieser doxologische und missionarisch-werbende Funktionen zuschreibt. Die narrative Darlegung in den Petrusakten stellt eine dramatische Inszenierung dieser theologischen Position dar.[7]

## 1. DIE PETRUSAKTEN – TEXT UND ÜBERLIEFERUNG

Die früheste Bezeugung des Textes der Petrusakten findet sich bei Euseb (*h.e.* 3,3,2) in einer Zusammenstellung von Schriften über den Apostel, die als unkanonisch abgelehnt werden. Clemens von Alexandria, Hippolyt, Origenes, Commodian, die Didaskalia u.a. zeugen von der Kenntnis mündlicher, eventuell

---

Christianity, in: VINCENT L. WIMBUSH/RICHARD VALANTASIS (Eds.), Asceticism, New York/Oxford 1995, 127–146.

5 *Et dominus ipse dixit: ›Si non feceritis dextram tamquam sinistram et sinistram ut dextram, et quae sunt ‹susum› tamquam deorsum et quae retro su‹nt› tamquam ab ante, non intrauit in regna caelorum‹*; der Text der Actus Vercellenses wird hier und im Folgenden zitiert nach RICHARD A. LIPSIUS (Hrsg.), Acta Apostolorum Apocrypha, Bd. 1, Darmstadt 1959.

6 Vgl. PAUL GERMOND, A Rhetoric of Gender in Early Christianity: Sex and Salvation in the Acts of Thomas, in: STANLEY E. PORTER/THOMAS H. OLBRICHT (Eds.), Rhetoric, Scripture and Theology. Essays from the 1994 Pretoria Conference, JSNT.SS 131, Sheffield 1996, 350–368; hier: 358.

7 Vgl. dazu auch KORINNA ZAMFIR, Asceticism and Otherworlds in the Acts of Paul and Thecla, in: TOBIAS NICKLAS u.a. (Eds.), Other Worlds and Their Relation to This World. Early Jewish and Ancient Christian Traditions, JSJ.S 143, Leiden/Boston 2010, 281–303.

auch schriftlicher Traditionen über den Apostel,[8] weitere Anhaltspunkte für die Datierung kann z.B. das Verhältnis zu den Johannes- und Paulusakten liefern.[9] Im Allgemeinen wird die Entstehung der griechischen Petrusakten am Ende des zweiten Jahrhunderts n.Chr.,[10] spätestens um 250 n.Chr. angesetzt,[11] während die Übersetzung ins Lateinische wahrscheinlich in die zweite Hälfte des vierten Jahrhunderts datiert.[12] Der Hauptteil des Textes der Petrusakten ist in lateinischer Übersetzung in den sog. *Actus Vercellenses* überliefert, einer Handschrift aus dem 6./7. Jh., die von der Abreise des Paulus aus Rom, dem daraufhin erfolgten Abfall der Gemeindeglieder vom Glauben durch den Einfluss des Simon Magus sowie von der Restitution der Gemeinde und dem Konflikt zwischen Petrus und Simon berichtet und mit dem Martyrium des Petrus endet.[13] Parallelen zu einigen Passagen aus den *Actus Vercellenses* finden sich in der griechischen Vita des Bischofs Abercius von Hierapolis aus dem vierten Jahrhundert.[14] Das Martyrium des Petrus, das früh als eigenständiger Text kursierte, ist zudem in drei griechischen Handschriften überliefert und liegt in einer erweiterten Fassung von Linus, wahrscheinlich aus dem vierten Jahrhundert, vor.[15] Zwei weitere Fragmente werden zu den Petrusakten gezählt[16] und in deren erstem, verloren gegangenen Teil verortet: Der koptische Papyrus Berolinensis 8502 enthält eine Erzählung von der Tochter des Petrus, der Brief des Ps.-Titus birgt die Erzählung von der Tochter eines Gärtners. Der

---

8 Vgl. Wilhelm Schneemelcher, Petrusakten, in: ders., Neutestamentliche Apokryphen, Bd. 2: Apostolisches, Apokalypsen und Verwandtes, Tübingen $^{6}$1997, 243–289; hier: 244–250; vgl. auch Hans-Josef Klauck, Apokryphe Apostelakten. Eine Einführung, Stuttgart 2005, 94.

9 Vgl. Pieter J. Lalleman, The Relation between the Acts of John and the Acts of Peter, in: Jan N. Bremmer (Ed.), The Apocryphal Acts of Peter. Magic, Miracles and Gnosticism, Leuven 1998, 161–168, und Willy Rordorf, The Relation between the Acts of Peter and the Acts of Paul: State of the Question, in: a.a.O., 178–191.

10 Vgl. Jan N. Bremmer, Aspects of the *Acts of Peter*: Women, Magic, Place and Date, in: ders., Apocryphal Acts of Peter, 1–20, bes. 16–19.

11 Vgl. Carl Schmidt, Zur Datierung der alten Petrusakten, in: ZNW 29 (1930), 150–155; vgl. auch Klauck, Apokryphe Apostelakten, 95f.

12 Bremmer, Aspects of the *Acts of Peter*, 19.

13 Vgl. Anton Hilhorst, The Text of the *Actus Vercellenses*, in: Bremmer, Apocryphal Acts of Peter, 148–160.

14 Vgl. Gérard Poupon, Les »Actes de Pierre« et leur remaniement, in: ANRW II.25.6 (1988), 4363–4383, der die lat. Fassung für eine in Nordafrika im 3. Jh. entstandene interpolierte Fassung des ursprünglich griechischen Textes hält. Dagegen liest Matthew C. Baldwin, Whose *Acts of Peter*? Text and Historical Context of the *Actus Vercellenses*, WUNT II/1996, Tübingen 2005, den lat. Text als einen im späten 4. Jh. entstandenen eigenständigen Neuentwurf.

15 Vgl. Schneemelcher, Petrusakten, 250.

16 So mit Christine M. Thomas, The Acts of Peter, Gospel Literature, and the Ancient Novel: Rewriting the Past, Oxford/New York 2003; vgl. dagegen Andrea L. Molinari, »I Never Knew the Man«: The Coptic Act of Peter (Papyrus Berolinensis 8502.4), Its Independence from the Acts of Peter, Genre and Legendary Origins (BCNH.E 5), Québec 2000.

Entstehungsort der Petrusakten ist umstritten, am wahrscheinlichsten ist Kleinasien oder Syrien anzunehmen.[17]

## 2. DIE BEZUGNAHME AUF DEN DISKURS ZUR ASKESE IN DEN *Acta Petri*

Zu den Erscheinungsformen asketischer Praxis zählen z.B. »dieting, vegetarianism, fasting, sexual abstinence, sexual control, sexual continence, virginity, physical retreat from society, general dissipation of the body, wearing of rough clothing, flagellation, political quietism, prayer, night vigils, martyrdom, and abstinence from bathing«.[18] Auch in den Erzählungen der Petrusakten beschreibt Askese[19] eine durch Verzicht gekennzeichnete Lebensform, die in Nahrungs- und Sexualaskese, im Verzicht auf die Erfüllung körperlicher Bedürfnisse wie z.B. Schlaf, Besitz, menschliche Gemeinschaft oder Selbstbestimmung in Erscheinung tritt.[20] Die Bezugnahme auf Askese, insbesondere auf positive Aspekte der Askese wie z.B. Erfahrungen der Gottesnähe in Visionen und Auditionen, Heiligkeit der Lebensform und Identitätskonstruktion, nimmt jedoch eine randständige Position ein. Der Fokus richtet sich in den Petrusakten nicht auf die Askese *per se*, sondern auf deren theologische Wertung. Daher ist für die Identifikation des breitgefächerten Diskurses zu frühchristlicher Askese die deskriptive Definition von Averil Cameron hilfreich:

> »An ascetic discourse, in early Christian terms, can also evidently be identified where certain key terms and concepts are present, even when the text as a whole may not be concerned with advocating asceticism directly. Thus, the complex of ideas clustering round the themes of renunciation, temptation, denial, spiritual progress or ascent in the spiritual life, and the specialized use of Greek terms such as *porneia, erōs, logismoi, aktēmosynē* would be a fair indicator«.[21]

---

17 Vgl. BREMMER, Aspects of the *Acts of Peter*, bes. 14–16.

18 NEAL KELSEY, The Body as Desert in The Life of Saint Anthony, in: Semeia 57 (1992), 131–151; hier: 146. Vgl. dazu auch BRUCE J. MALINA, Pain, Power, and Personhood: Ascetic Behavior in the Ancient Mediterranean, in: WIMBUSH/VALANTASIS, Asceticism, 162–177.

19 Zur grundsätzlichen Problematik einer Definition von Askese vgl. KRAWIEC, Asceticism, bes. 767; CLARK, Reading Renunciation, 14–17. Zur Forschung im Bereich der Askese in den apokryphen Apostelakten vgl. GILLES QUISPEL, The Study of Encratism: A Historical Survey, in: UGO BIANCHI (Ed.), La Tradizione dell' Enkrateia. Motivazioni Ontologiche e Protologiche, Rom 1985, 35–81.

20 Vgl. dazu HENRIETTE HARICH-SCHWARZBAUER, Art. Askese, griechisch-römisch, in: $RGG^4$ 1 (1998), 830f., 831 zum Wandel des Askesebegriffs im 1. Jh. v.Chr. mit einer verstärkten Wahrnehmung des Verzichtsaspekts. Vgl. auch ULRICH KÖPF, Art. Askese, kirchengeschichtlich, in: a.a.O., 834–837.

21 AVERIL CAMERON, Ascetic Closure and the End of Antiquity, in: WIMBUSH/VALANTASIS, Asceticism, 147–161; hier: 151.

Askese ist im antiken Verständnis von *ἄσκησις/askēsis*, der Einübung einer Lebensform der Sorge um die Seele, gekennzeichnet von dem Bemühen, »das von der jeweiligen philosophischen Schule als gut oder glücklich eingeschätzte Leben zu erlangen«.[22] Dieses Verständnis von Askese zeichnet sich auch in den Petrusakten ab: Selbst die Implikationen rigoroser asketischer Lehre und Praxis, die in den Erzählungen der Petrusakten in dramatischen Bildern vor Augen gestellt werden, spiegeln die Einübung einer an ethisch-asketischen Normen orientierten Lebensform, die letztlich die eschatologische Errettung gewährleistet. Auch rigorose Askese erlangt unter dieser Perspektive eine positive Umwertung.

Dem Körper kommt dabei große Bedeutung zu »because of its centrality to ascetic practice and its obvious pertinence to human identity and society«.[23] Dies impliziert, dass asketische Lebensformen nicht durch Abwertung der materiellen Schöpfung, v.a. des Körpers, motiviert sind, sondern auf Transformation zielen. Der asketisch transformierte Körper dient in den Petrusakten als Medium der Erkenntnis der Herrlichkeit Gottes. In dieser Hinsicht kann auch die häufig zitierte Definition von R. Valantasis – »Asceticism may be defined as performances within a dominant social environment intended to inaugurate a new subjectivity, different social relations, and an alternative symbolic universe«[24] – in Bezug auf die Konstruktion von Macht in der narrativen Darlegung asketischer Praktiken in den Petrusakten und in der darin erfolgenden konsequenten Umwertung der traditionellen Weltwahrnehmung dienlich sein.[25]

## 3. FORMEN DER ASKESE IN DEN *Acta Petri*

Die apokryphen Apostelakten benennen ein breites Spektrum an Dingen, denen der Mensch zu entsagen hat, um Errettung zu erlangen.[26] Asketische

---

[22] Vgl. CHRISTOF RAPP, Seelengymnastik: Geleitwort zum Kontext der Verzichtsaskese in der antiken Philosophie, in: WERNER RÖCKE/JULIA WEITBRECHT (Hrsg.), Askese und Identität in Spätantike, Mittelalter und Früher Neuzeit, Transformationen der Antike 14, Berlin/New York 2010, 9–16; hier: 12. Vgl. auch CHRISTOPH HORN, Art. Ascesis/Asceticism, in: HUBERT CANCIK/HELMUT SCHNEIDER (Eds.), Brill's New Pauly Encyclopaedia of the Ancient World, Leiden 2003, 2/94.

[23] So KRAWIEC, Asceticism, 775. Vgl. ELIZABETH CASTELLI, Mortifying the Body, Curing the Soul: Beyond Ascetic Dualism in the Life of St. Syncletica, in: differences: A Journal of Feminist Cultural Studies 4 (1992), 134–153; bes. 134–136.

[24] RICHARD VALANTASIS, Constructions of Power in Asceticism, in: Journal of the American Academy of Religion 63/4 (1995), 775–821; hier: 797.

[25] Vgl. GERMOND, Rhetoric of Gender, 355–357.

[26] Vgl. EUGENE V. GALLAGHER, Conversion and Salvation in the Apocryphal Acts of the Apostles, in: EVERETT FERGUSON (Ed.), Forms of Devotion. Conversion, Worship, Spirituality, and Asceticism, New York/London 1999, 1–17; bes. 21, der die Konversionserzählungen der apokryphen Apostelakten in den Kontext der Transformation und ethischen Neuorientierung stellt.

Tendenzen zeigen sich vor allem in der Predigt der Apostel über Luxus-, Nahrungs- und Sexualaskese sowie in den narrativen Passagen, die die Umsetzung dieser Lehre sowie ihre Folgen beschreiben. Die Petrusakten sind – z.B. im Gegenüber zu den Paulus- und Theklaakten, den Andreas- oder Thomasakten – offenkundig nicht die nächstliegende Schrift, um die Thematik der Askese in den apokryphen Apostelakten zu verhandeln. Der zentrale Inhalt des erhaltenen Teils der Petrusakten ist der Kampf des Petrus mit Simon Magus. Doch wird in den Erzählungen, die den Wettkampf rahmen, der frühchristliche Diskurs um asketische Lehre und Praxis vorausgesetzt[27] und im Rahmen einer von den narrativen Texten getragenen Argumentation einer spezifischen theologischen Begründung zugeführt. Diese ist im Folgenden nachzuzeichnen.

### 3.1 Verzicht auf Besitz und Entsagung der Welt

Während in den apokryphen Apostelakten häufig im Zusammenhang mit Konversionen die Ethik des Besitzverzichts vermittelt wird,[28] lassen die Petrusakten keine direkte Bezugnahme zwischen der Forderung nach Askese und der Abgabe des Besitzes erkennen. In ActPetr 17 wird von einer reichen Frau mit Namen Eubola erzählt, deren Besitz gestohlen wurde. Als Petrus sie »mit zerrissenem Kleid und aufgelöstem Haar trauernd dasitzen«[29] sieht, nimmt er die Situation als Gelegenheit, den Verzicht auf Luxus zu predigen: »durch mich sagt zu dir der Herr: ›Alles, was du verloren hast, wirst du finden.‹ Und nachdem du es wiederbekommen haben wirst, sorge dafür, daß du (den Weg) finden mögest, dieser gegenwärtigen Welt abzuschwören und ewigen Trost finden zu können«.[30] Als sie ihr Eigentum durch göttliches Eingreifen in Form einer von Petrus erfahrenen Vision und der folgenden Ergreifung der Diebe wiedererhält, »schenkte [sie] es zum Dienst an den Armen; sie glaubte an den Herrn Jesus Christus und wurde (im Glauben) gestärkt, verachtete und sagte dieser Welt ab, gab (Almosen) an Witwen und Waisen, kleidete die Armen, und nach längerer Zeit erlangte sie die ewige Ruhe«.[31] Der Fokus liegt hier nicht auf dem Aspekt des Verzichts, sondern fordert Almosen für die Armen und Bedürftigen.[32] Ähnliches wird in ActPetr 8 von Marcellus berichtet: Er gibt den Armen und Witwen, beherbergt Pilger und Arme in seinem Haus. Er selbst spricht von einem »großen Vermögen« (*tanta substantia*), das er für den

---

27 Vgl. RICHARD VALANTASIS, The Question of Early Christian Identity: Three Strategies Exploring a Third *Genos*, in: LEVINE, Feminist Companion, 60–76; hier: 68f.

28 Vgl. z.B. die Predigt des Paulus bei der Bekehrung der Artemilla in ActPlTh (PH p. 1–5).

29 Zitiert nach SCHNEEMELCHER, Petrusakten, 272.

30 Zitiert nach SCHNEEMELCHER, Petrusakten, 272f.

31 Zitiert nach SCHNEEMELCHER, Petrusakten, 274.

32 JUDITH PERKINS, The Suffering Self: Pain and Narrative Representation in the Early Christian Era, London 1995, 136, betont in diesem Zusammenhang die Bedeutung des Patronats in der antiken Gesellschaft und zugleich den asketischen Verzicht bzw. die Vorenthaltung der Ehre gegenüber dem Patron.

Dienst im Glauben gegeben hat, jedoch wird nicht erwähnt, dass er dadurch verarmte oder besitzlos wurde. Nach dem Martyrium des Petrus ist er es, der seinen Reichtum dazu nutzt, große Mengen an Salböl für dessen Begräbnis bereitzustellen (ActPetr 40). Auch der Apostel selbst wird nicht als Vorbild in Bezug auf Besitzverzicht dargestellt:[33] Er scheint ein eigenes Haus zu besitzen (Kopt. Pap. Berol. 8502) und nimmt Bezahlung an – sowohl von Geheilten und deren Angehörigen (ActPetr 29) als auch in Reaktion auf seine Predigt, z.B. von einer Frau namens Chryse, deren Lebenswandel nicht mit den ethischen Idealen der Petrusakten übereinstimmt und trotz des Einspruchs einiger der anwesenden Brüder (ActPetr 30). Auch den Acker, den seine Tochter erbt, akzeptiert er und verkauft ihn gewinnbringend weiter (Kopt. Pap. Berol. 8502). Dies geschieht immer mit dem Ziel der finanziellen Unterstützung der Bedürftigen in der Gemeinde; auch erhalten die im Haus des Marcellus versammelnden Witwen »um des Dienstes Willen« je ein Goldstück (ActPetr 19).[34] Besitz- und Luxusverzicht wird in den Petrusakten nicht explizit als Voraussetzung für die eschatologische Errettung benannt, eine allgemeine Tendenz der Abkehr von der Welt hingegen wird vorausgesetzt (ActPetr 17; 27).

### 3.2 Verzicht auf Nahrung und andere körperliche Bedürfnisse

Wie in der Antike dem (gemeinsamen) Mahl im religiösen und sozialen Bereich eine zentrale Stellung zukam, war auch der Verzicht auf diese Gemeinschaft in der Nahrungsaskese von großer Bedeutung.[35] In den Apostelakten wird dieser Aspekt aufgegriffen, dem Fasten wird häufig eine konkrete Intention beigegeben.[36] In diesem Kontext wird die asketische Praxis auch in die Petrusakten eingetragen: Der Apostel fastet z.B. um sein Gebet zu verstärken (ActPetr 1,1) oder um Trauer auszudrücken (ActPetr 2,5). Auch (Nacht-)Wachen können zur Verstärkung des Gebets bzw. der Fürbitte eingesetzt werden (ActPetr 4; 22). Fasten bewirkt besondere Gottesnähe und steht daher in Zu-

---

[33] Vgl. dagegen z.B. Thomas in ActThom 20, 87f., 117, der in seinem Verhalten und seiner Predigt das Ideal des Besitzverzichts verkörpert.

[34] *Accipient autem ministerii nomine singulos aureos;* Übersetzung nach Schneemelcher, Petrusakten, 274. Die ActPetr bieten häufig Verweise auf Gold, so z.B. auch die Goldstücke als Eintrittsgeld, als das Volk kommt, um den Wettstreit zwischen Petrus und Simon zu sehen (ActPetr 23), vgl. dazu Perkins, Suffering Self, 138.

[35] Vgl. dazu Veronika E. Grimm, From Feasting to Fasting, the Evolution of a Sin. Attitudes to Food in Late Antiquity, London/New York 1996, bes. Kap. 1–4 zum Neuen Testament und seinem kulturgeschichtlichen Kontext; zudem Teresa M. Shaw, The Burden of the Flesh: Fasting and Sexuality in Early Christianity, Minneapolis 1998.

[36] In ActThom 20 wird z.B. die asketische Haltung des Apostels beschrieben, der unausgesetzt fastet und betet; in den Akten der Xanthippe und Polyxena soll das 40 Tage andauernde Fasten der Xanthippe, das Nahrungsverweigerung mit Gebet und Rückzug verknüpft, die Bewahrung der Polyxena vor sexuellen Übergriffen erwirken (§ 41). Da Polyxena zwar unversehrt zurückkehrt, Xanthippe jedoch im Fortgang der Erzählung den Tod findet, ist dem Text eine eindeutige Bewertung des exzessiven stellvertretenden Fastens nicht zu entnehmen; vgl. dazu Gorman, Sexual Defence by Proxy, 212f.

sammenhang mit Visionen oder Offenbarungen – in ActPetr 1,1 wird vom Erfolg des Fastens berichtet: »Und Paulus fastete drei Tage lang und erbat vom Herrn das, was für ihn geeignet sei, und hatte daraufhin eine Erscheinung, in der der Herr zu ihm sprach: ›Paulus stehe auf und sei den Menschen in Spanien ein Arzt‹«.[37] Fasten ist folglich als Ausdruck der Ernsthaftigkeit und als Unterstützung des Gebets zu betrachten. Die Nahrungsverweigerung ist im Kontext der Petrusakten bekannt und wird praktiziert, jedoch wird ihr kein Wert an und für sich zugeschrieben. In der Predigt des Paulus zu Beginn der Petrusakten werden dem Apostel explizit die Worte in den Mund gelegt, Jesus habe das Fasten abgeschafft (ActPetr 1).

### 3.3 Sexuelle Enthaltsamkeit

Die Lehre von der Enthaltsamkeit (ἐγκράτεια/*enkrateia*) wird in den apokryphen Apostelakten eng an die Predigt vom Evangelium und von der Auferstehung gebunden,[38] d.h. die Auferstehungshoffnung steht in direktem Zusammenhang mit der asketischen Lebensform.[39] Dies bedeutet, dass »sexual activity, even in the institutionalized, legitimate form of Christian marriage, was seen as a serious obstacle to the achievement of salvation to which God had destined his creatures«.[40] Während Besitz- und Nahrungsaskese in den Petrusakten nur randständige Bedeutung zukommt, nimmt die Sexualaskese eine zentrale Stellung ein. In ActPlTh 5 vermittelt Paulus in seiner Predigt asketische Lehre in Form von Seligpreisungen:

> »Selig sind, die reines Herzens sind, denn sie werden Gott schauen. Selig sind, die ihr Fleisch rein bewahrt haben, denn sie werden ein Tempel Gottes werden. Selig sind die Enthaltsamen, denn Gott wird zu ihnen reden. Selig sind, die dieser Welt entsagt haben, denn sie werden Gott wohlgefallen. Selig sind, die Frauen haben als hätten sie nicht, denn sie werden Gott beerben. [...] Selig sind die Leiber der Jungfrauen, denn sie werden Gott wohlgefallen, und sie werden den Lohn ihrer Keuschheit nicht verlieren«.[41]

---

[37] Zitiert nach SCHNEEMELCHER, Petrusakten, 259.

[38] Vgl. SFAMENI GASPARRO, Asceticism, 133. Vgl. auch BERNHARD LANG, No Sex in Heaven: The Logic of Procreation, Death and Eternal Life in Judaeo-Christian Tradition, in: Alter Orient und Altes Testament 215 (1985), 237–253. Vgl. hierzu auch MARKUS LAU, Enthaltsamkeit und Auferstehung. Narrative Auseinandersetzungen in der Paulusschule, in: MARTIN EBNER (Hrsg.), Aus Liebe zu Paulus? Die Akte Thekla neu aufgerollt, SBS 206, Stuttgart 2005, 80–90.

[39] Vgl. HENRY CHADWICK, Art. Enkrateia, in: RAC 5 (1962), 343–365; bes. 355.

[40] SFAMENI GASPARRO, Asceticism, 139. Vgl. dazu auch ROSA SÖDER, Die apokryphen Apostelgeschichten und die romanhafte Literatur der Antike, Darmstadt 1969, 116–119, die dieses Motiv als charakteristisch für die apokryphen Apostelakten erkennt (vgl. a.a.O., 119–148).

[41] Zitiert nach SCHNEEMELCHER, Petrusakten, 216f. Vgl. JEREMY W. BARRIER, Asceticism in the *Acts of Paul and Thecla*'s Beatitudes. The Coptic Heidelberg Papyrus as an Exegetical Text Case, in: WEIDEMANN, Asceticism and Exegesis, 163–185; bes. 163–166 zu Parallelen zur neutestamentlich-asketischen Tradition in den Seligpreisungen.

Durch die Figur des Paulus wird die Lehre von der Enthaltsamkeit, die in den Paulus- und Theklaakten prominent vertreten wird, in die Petrusakten eingetragen. In der programmatischen Rede des Paulus zu Beginn des erhaltenen Textes der Petrusakten findet sich die Ermahnung: »ihr Knechte Gottes, wappnet euch, ein jeder an seinem inwendigen Menschen, mit Frieden, Gleichmut, Milde, Glaube, Liebe, Erkenntnis, Weisheit, Bruderliebe, Gastfreundschaft, Barmherzigkeit, Enthaltsamkeit (*abstinentia*), Keuschheit (*castitas*), Güte, Gerechtigkeit! Dann werdet ihr in Ewigkeit den Erstgeborenen der gesamten Schöpfung zu eurem Führer haben und Tugend in Frieden mit unserm Herrn« (ActPetr 2).[42] Analog dazu wird im Martyrium des Petrus die Keuschheit als zentraler Aspekt seiner Lehre bestimmt (*uerbum de castitate*, § 34), die viele Frauen dazu bewegt, sich von ihren Männern zu trennen (ActPetr 33). Die beiden Passagen, die programmatisch die Lehre der Enthaltsamkeit vorstellen, rahmen die eigentliche Handlung der Petrusakten, den Wettstreit zwischen Petrus und Simon Magus. Die narrativen Passagen setzen diese Lehre in der Beschreibung des konkreten Ethos der Erzählfiguren um. Neben der generellen Verurteilung außerehelicher Sexualität am Beispiel der Rufina (ActPetr 2),[43] lässt sich der Diskurs über sexuelle Enthaltsamkeit z.B. in den diversen, in den Petrusakten referierten Reaktionen auf die Predigt der Keuschheit ablesen.

Eine Möglichkeit der Sexualaskese besteht im Rückzug eines der Ehepartner aus der Ehe oder, sofern die Ehe als soziale Struktur erhalten bleibt, im enthaltsamen Zusammenleben.[44] Diese Form ist auch für den Apostel Petrus selbst anzunehmen, denn er ist verheiratet und hat eine Tochter (Kopt. Pap. Berol. 8502).[45] ActPetr 33 berichtet von Agrippina, Nikaria, Euphemia und Doris, den Konkubinen des Präfekten Agrippa, sowie ActPetr 34 von der schönen Xantippe, der Frau des Albinus, eines Freundes des Kaisers, die sich auf die Predigt des Petrus hin ihren Männern versagen. Die Sammelnotiz in ActPetr 34 weiß auch von Männern, die sich von der Predigt des Apostels beeinflussen lassen: »Aber auch viele andere Frauen wurden von der Predigt über die Keuschheit ergriffen und trennten sich von ihren Männern, und (manche) Männer trennten ihre Lager von den eigenen Frauen, weil sie rein

---

42 Zitiert nach Schneemelcher, Petrusakten, 260.

43 Vgl. Jean-Marc Prieur, L'Éthique conjugale des Chrétiens des premiers Siècles et ses Justifications, in: Revue d'Histoire et de Philosophie Religieuses 82 (2002), 267–282; hier: 269.

44 Insbesondere in den Thomasakten wird die Enthaltsamkeit in der Ehe, die den »schmutzigen Verkehr« (*ῥυπαρὰ κοινωνία/rypara koinōnia*, ActThom 12) beendet und die eheliche Gemeinschaft durch eine »unvergängliche und wahrhaftige« Ehe mit Christus überführt (vgl. ActThom 10–16; 124), prominent diskutiert, vgl. dazu Tissot, L'Encratisme, 4427–4429. Häufig nimmt die Sprache des Diskurses Vokabular aus dem Bereich der Sexualität, Fortpflanzung und Geburt auf und appliziert dies auf die asketische Ethik, vgl. Caroline T. Schroeder, The Erotic Asceticism of the Passion of Andrew: The Apocryphal Acts of Andrew, the Greek Novel and Platonic Philosophy, in: Levine, Feminist Companion, 47–59.

45 Vgl. Klauck, Apokryphe Apostelakten, 118.

und unberührt Gott dienen wollten«.[46] Während die Reaktion von Männern auf die Predigt der Enthaltsamkeit vor allem in Sammelnotizen Niederschlag findet,[47] portraitieren die Erzählungen einzelner Konversionen in den apokryphen Apostelakten zumeist Frauen, die das ethische Ideal der Sexualaskese praktizieren.[48] Die Einzelerzählungen weisen häufig eine ähnliche Struktur auf und betonen die bewusste Entscheidung zu sexueller Enthaltsamkeit aufgrund der Predigt des Apostels und deren praktische Folgen,[49] z.B. die verständnislose Reaktion der Ehepartner und der Umwelt.[50] In der Stadt Rom führt der Erfolg der Predigt des Petrus von der Keuschheit zu einem großen Aufruhr (*tumultus*, ActPetr 34) und der Apostel soll dafür getötet werden. Das Ideal von sexueller Enthaltsamkeit und Reinheit gibt zugleich einer Beschreibung von sexueller Aktivität mit Metaphern aus dem Bereich des Tierreichs statt: Albinus wird in seiner Reaktion auf Xantippes Enthaltsamkeit als »wild wie ein Tier« (*besteus furiabatur*, ActPetr 34) beschrieben.[51]

Eine weitere in den Petrusakten propagierte Form der Enthaltsamkeit besteht darin, grundsätzlich unverheiratet zu bleiben. In den Erzählungen von der Tochter des Petrus und der des Gärtners bieten die Petrusakten zwei zentrale Frauenfiguren, die die ethische Forderung der Sexualaskese über die eigene Gesundheit und ihr Selbstbestimmungsrecht stellen. Von der Menge wird Petrus, der viele Kranke heilt, vorgehalten: »Warum hast Du deiner jungfräulichen, schön aufgewachsenen Tochter, die an den Namen Gottes geglaubt hat, nicht geholfen? Denn siehe, ihre eine Seite ist ganz gelähmt, und sie liegt

---

46 *Multae autem conplures et aliae honestae feminae, audientes uerbum de castitate, recedebant a uiris suis, et uiri a mulieribus, propter quod uellent caste et mundae deo seruire*; Übersetzung nach SCHNEEMELCHER, Petrusakten, 286.

47 Doch auch die Apostel selbst werden zur Sexualaskese angehalten: Von Johannes wird berichtet, dass er selbst mehrfach von Gott am Heiraten gehindert wurde (ActJoh 113).

48 Vgl. dazu z.B. VIRGINIA BURRUS, Chastity as Autonomy. Women in the Stories of the Apocryphal Acts, New York 1987 (vgl. auch den Aufsatz unter dem gleichen Titel sowie die Diskussion in: Semeia 38 [1986], 101–117), die die Texte daher als historische Dokumente liest, die auf mündliche, von Frauen tradierte Erzählungen zurückgehen; zur Diskussion feministischer Ansätze zu den apokryphen Apostelakten vgl. PETER W. DUNN, Women's Liberation, The Acts of Paul, and Other Apocryphal Acts of the Apostles. A Review of Some Recent Interpreters, in: Apocrypha 4 (1993), 245–261.

49 Zur Wahrnehmung dieser Erzählungen im Kontext der hellenistischen Romanliteratur vgl. SÖDER, Die apokryphen Apostelgeschichten; vgl. auch DAVID KONSTAN, Suche und Verwandlung. Transformation von Erzählmustern in den hellenistischen Romanen und den apokryphen Apostelakten, in: RÖCKE/WEITBRECHT, Askese und Identität, 251–268.

50 Vgl. VIRGINIA BURRUS/KAREN J. TORJESEN, The Story of Mygdonia and Tertia from the Acts of Thomas, in: WIMBUSH, Ascetic Behavior, 370–386, 372. In ActThom 114 wird z.B. auch von Folgen für die Bekehrte berichtet: Mygdonia schneidet ihr Haar ab und zerreißt ihre Kleidung, um ihren Körper weniger attraktiv zu machen.

51 Vgl. JANET E. SPITTLER, Animals in the Apocryphal Acts of the Apostles. The Wild Kingdom of Early Christian Literature, WUNT 2/247, Tübingen 2008, 43–49.

verkrüppelt dort im Winkel. Man sieht die von dir Geheilten; um deine eigene Tochter hast du dich nicht gekümmert«.[52] Petrus reagiert darauf, indem er seine Tochter heilt und der begeisterten Menge dadurch die Macht Gottes beweisen kann. Doch daraufhin spricht er zu ihr: »Gehe an deinen Platz, setze dich und sei von neuem in deiner Krankheit, denn dieses ist dir und mir nützlich«.[53] Der Apostel erklärt den verstörten Beistehenden sein Handeln durch den Bericht einer Vision, die er am Tage der Geburt seiner Tochter hatte. Gott kündigte ihm an, dass die Schönheit seiner Tochter eine Versuchung für viele Männer darstellen würde. Der Text der Erzählung aus dem Koptischen Papyrus Berolinensis 8502 ist nicht vollständig erhalten, lässt jedoch erkennen, dass das Mädchen in der Folge von einem reichen Mann namens Ptolemäus umworben und wahrscheinlich entführt wurde. Aufgrund einer Textlücke setzt die erhaltene Erzählung erst wieder ein, als die Diener des Ptolemäus das Mädchen zurück in ihr Elternhaus bringen, da eine Seite ihres Körpers gelähmt ist. Augustin verweist auf diese Erzählung und berichtet, dass die Tochter durch die Gebete ihres Vaters gelähmt wurde.[54] Petrus kommentiert das Auffinden seiner Tochter auf der Türschwelle folgendermaßen: »Wir trugen es [das Mädchen, S.L.] fort, indem wir den Herrn priesen, der seine Dienerin vor Befleckung und Schändung und ... bewahrt hat. Dies ist der Grund dafür, daß das Mädchen in diesem Zustand (sich befindet) bis zum heutigen Tag«.[55] Im Erzählkontext der Petrusakten dient die Lähmung der Tochter des Petrus jedoch nicht nur als Schutz und zur Förderung der sexuellen Enthaltsamkeit der Betroffenen, sondern sie führt letztlich auch dazu, dass die Anwesenden auf Gottes Machttat hin reagieren: Ptolemäus bekehrt sich und unterstützt die Christen finanziell bis zu seinem Tod.[56]

In ActPetr 2 wird eine analoge Erzählung präsentiert: Rufina, die des Ehebruchs für schuldig befunden wird, möchte an der Eucharistiefeier teilnehmen. Durch Gottes Eingreifen wird sie auf der linken Seite ihres Körpers von Kopf bis Fuß gelähmt, was bei den Rufinas Paralyse beobachtenden Umstehenden dazu führt, dass sie ihre Sünden bereuen und ihr Leben verändern,

---

[52] Zitiert nach Schneemelcher, Petrusakten, 256.

[53] Zitiert nach Schneemelcher, Petrusakten, 256.

[54] *Petri filiam paralyticam factam precibus patris*, Augustinus, Contra Adimantum 17 (zitiert nach CSEL 25, 170).

[55] Zitiert nach Schneemelcher, Petrusakten, 257.

[56] Der Text, der von einem Gebet des Vaters berichtet, welches das Kind vor der Schande der Entehrung durch Vergewaltigung bewahrt, schien im antiken Kontext unproblematisch, da in der Antike Erzählungen von physischer Gewalt gegen Frauen sowie von selbst- oder fremdbeigebrachtem Tod aufgrund einer derartigen Gewalthandlung weit verbreitet waren, vgl. dazu Cornelia B. Horn, Suffering Children, Parental Authority and the Quest for Liberation?: A Tale of Three Girls in the Acts of Paul (and Thecla), the Act(s) of Peter, the Acts of Nerseus and Achilleus and the Epistle of Pseudo-Titus, in: Levine, Feminist Companion, 118–145; hier. 134. Horn liest die Erzählung als ein Beispiel von Unterdrückung und Gewalt gegen den Körper einer jungen Frau unter religiös-ethischem Vorzeichen, a.a.O., 130–137.

damit ihnen nicht Ähnliches geschehe.[57] Eine Heilung der Rufina wird nicht erwähnt. Durch die Verdoppelung der Erzählhandlung um die Tochter des Petrus und um Rufina wird eine Verstärkung der Forderung nach Sexualaskese selbst auf Kosten der Gesundheit und des Wohlergehens erwirkt.[58]

Eine weitere Erzählung in diesem Kontext handelt von der Tochter eines Gärtners: »Ein Gärtner hatte ein Mädchen, das Jungfrau war. Das war auch seine einzige Tochter, und deshalb bat er Petrus, für sie ein Gebet zu verrichten. Nachdem er gebetet hatte, sagte er dem Vater, der Herr würde ihr schenken, was für ihre Seele angebracht sein sollte. Das Mädchen fiel alsbald tot um«.[59] Dies wird im Rahmen der Erzählung als »himmlische Gnade« und »gottgefälliger Gewinn« gewertet, doch der Gärtner bittet Petrus um die Auferweckung der Toten. Als der Apostel dies gewährt, folgt prompt das zu erwartende Unglück: Das Mädchen wird verführt und verlässt den Vater, um einem dubiosen Mann zu folgen.[60]

Aus den Erzählungen um diese drei Frauenfiguren geht deutlich hervor, dass Krankheit bzw. Tod nicht negativ gewertet werden, sondern vielmehr einem Leben in Unkeuschheit vorzuziehen sind. Krankheit und Tod dienen dazu, die sexuelle Versuchung zu mindern und sind den Betroffenen selbst wie auch dem betroffenen sozialen Umfeld in Hinsicht auf das eschatologische Heil gewinnbringend. Auch extreme Formen der Askese wie die Enthaltsamkeit von Gesundheit stellen nach den Petrusakten valide Formen ethischer Praxis dar.[61] Der Körper wird zum zentralen Instrument der Askese: Der von asketischer Praxis gezeichnete Körper stellt die Transzendierung und Metamorphose der Betroffenen bildhaft vor Augen, er wird zum Symbol für die frühchristliche Identität, die Enthaltsamkeit in das Zentrum ihrer ethischen Lehre stellt.[62] Daher gilt: »These Christian narratives show that Christians did not reject the body; rather they had invested it with new significance«.[63] Das irdische Leben im Körper dient dem Erwerb des eschatologischen Heils. Zu-

---

57 Zitiert nach SCHNEEMELCHER, Petrusakten, 257.

58 Vgl. dazu CHRISTINE M. THOMAS, Revivifying Resurrection Accounts: Techniques of Composition and Rewriting in the Acts of Peter cc. 25–28, in: BREMMER, Apocryphal Acts of Peter, 65–83; hier: 79f.

59 Zitiert nach SCHNEEMELCHER, Petrusakten, 258.

60 HORN, Suffering Children, 143–145, liest die Erzählung als Befreiung aus der Familienstruktur: »the Gardener's Daughter does not allow herself to be completely instrumentalized, either by an apostle or by her father. Unlike Peter's daughter whom the Coptic fragment repeatedly identifies as one who believes in God but who does not question what happens to her, the gardener's young daughter either gives up on the Christian faith as she may have become seduced by new teachings or she may have been moved by her quite traumatic experience to take greater responsibility for which faith she wanted to follow«, a.a.O., 144.

61 Vgl. zur Wahrnehmung ›natürlicher‹ und ›unnatürlicher‹ asketischer Praxis z.B. KALLISTOS WARE, The Way of the Ascetics: Negative or Affirmative?, in: WIMBUSH/VALANTASIS (Eds.), Asceticism, 3–15; hier: 9.

62 Vgl. VALANTASIS, Early Christian Identity, 68f.

63 PERKINS, Suffering Self, 142.

gleich kommt es durch die Entstellung der paralysierten Frauen in ihrer Krankheit zu einer Neudefinition der Genderrollen, denn der kranke Körper entspricht nicht mehr dem weiblichen Körper, er ist nicht mehr attraktiv und dadurch vor sexuellen Übergriffen geschützt.[64] Diese Entweiblichung des Körpers der zentralen Frauengestalten, der Tochter des Petrus und der Rufina, kann als eine bildhafte Umsetzung der Identifikation mit Christus beschrieben werden,[65] der als »in der Zeit erscheinend und (doch) in Ewigkeit gänzlich unsichtbar« bezeichnet wird und sich in der Unsichtbar- und Unhörbarkeit der Kranken abzeichnet (ActPetr 20; 37).[66] Die Erzählung macht dies dadurch deutlich, dass die Hauptfiguren in den Erzählungen weder selbst zu Wort kommen noch als aktiv Handelnde auftreten und zum Ende der Erzählungen dadurch unsichtbar (gemacht) werden, dass sie übergangen und ihr weiteres Schicksal verschwiegen wird.[67]

## 4. Indirekte Leserlenkung in den Petrusakten

In erzählenden Texten können explizite und implizite Strategien eingesetzt werden, um die Rezeption des Textes zu lenken. Die Petrusakten lassen sowohl in der Darlegung des Plots als auch in der Figurenrede Aspekte impliziter Leserlenkung erkennen, durch die dem Leser die den Texten unterliegenden theologischen Positionen vermittelt werden sollen.[68] Das heißt, der Text gibt dem Leser vor, wie die Erzählung rezipiert werden kann, er bietet ihm »Augen« an, durch die er den Text »sehen« soll. Die Erzählungen der Tochter des Petrus und der Rufina können als Ausgangspunkt für ein Verständnis der in den Petrusakten vertretenen asketischen Praxis und ihrer theologischen Begründung herangezogen werden. In diesen narrativen Einzelepisoden wird die programmatische Predigt von der Enthaltsamkeit aufgegriffen und in einer Art und Weise gesteigert, die bei den textinternen Umstehenden – wie auch bei vielen textexternen Rezipienten und besonders Rezipientinnen – Unver-

64 Vgl. dazu auch Germond, Rhetoric of Gender, 361–367.

65 Vgl. Röm 13,13f.; vgl. auch Rosamond C. Rodman, Who's on Third? Reading Acts of Andrew as a Rhetoric of Resistance, in: Semeia 79 (1997), 27–43; hier: 40–42.

66 Zitiert nach Schneemelcher, Petrusakten, 275. Vgl. Magda Misset-van de Weg, ›For the Lord always takes Care of His own‹. The Purpose of the Wondrous Works and Deeds in the Acts of Peter, in: Bremmer, Apocryphal Acts of Peter, 97–110, 103: »As there seems to be no other interest in or function ascribed to the daughters themselves besides what they mean in terms of their female body or as an object of male desire, the conclusion must be that the *APt* expounds the view that it is most expedient for the souls of virgins, and even more so for men, that they be no-bodies«.

67 Im Gegenüber zu anderen apokryphen Apostelakten präsentieren die ActPetr die Übernahme asketischen Lebensstils nicht als Befreiung aus den Zwängen des patriarchalen Gesellschaftssystems, vgl. dazu aber Dunn, Women's Liberation, 245–261.

68 Vgl. dazu Robert M. Fowler, Let the Reader Understand. Reader-Response Criticism and the Gospel of Mark, Minneapolis 1991, 127–154.

ständnis auslöst. Deshalb muss der Fokus im Besonderen auf den textinternen Rezeptionsvorgaben liegen.

### 4.1 Leserlenkung durch die Figuren

In der zentralen Erzählung der Petrusakten, dem Wettkampf zwischen Petrus und Simon Magus, wird die Autorität und Verlässlichkeit der Figur des Petrus durch seine erfolgreichen Machttaten etabliert. Der Apostel wird dadurch zu einer Figur, der die Leserlenkung übertragen werden kann. In der Erzählung von der Tochter des Petrus (Kopt. Pap. Berol. 8502) berichtet der Apostel den Umstehenden von der Reaktion des Ptolemäus auf die Erkrankung der Tochter des Petrus: Wie die textinternen Adressaten und Adressatinnen dieser Rede des Apostels nimmt Ptolemäus zunächst nur die negativen Aspekte der Situation wahr, bis er, durch eine Audition veranlasst, Petrus aufsucht und im Zuge seiner Konversion die Erkrankung der Tochter des Petrus nicht nur mit den »Augen des Fleisches«, sondern auch mit den »Augen der Seele« betrachten lernt und darin die Herrlichkeit Gottes erkennen kann. Denn die »Augen des Fleisches« sehen Äußerlichkeiten wie Grausamkeit, Leid, Krankheit und Hässlichkeit, die »Augen der Seele« aber nehmen die Herrlichkeit Gottes in der paralysierten Tochter des Petrus wahr. Die »Augen der Seele« bzw. die »inneren Augen« (ActPetr 21)[69] stehen in den Petrusakten für die mit der Konversion verbundene Erkenntnis (ActPetr 37), die die Herrlichkeit Gottes in seinem Eingreifen – auch im Sinne der Lähmung oder der Todesstrafe – offenbar werden lässt. Die Erzählung selbst gibt folglich in der Figurenrede eine Leseanleitung für diese Passage vor, die ein schwer verständliches Handeln an der Tochter des Petrus interpretiert und unter einer neuen Perspektive verständlich zu machen sucht.

Um in Leiden und Tod Gutes und die Herrlichkeit Gottes erkennen zu können, ist eine Umkehr aller konventionellen Werte notwendig – Petrus beschreibt dies zunächst anhand seiner eigenen Erfahrung bei der Verklärung und der daraus folgenden Erkenntnis Gottes (ActPetr 20; 38). Wie das Leben und Leiden der Menschen, das die Petrusakten in dramatischen Bildern nachzeichnen, so wird auch das Leben und Leiden Christi, dem »Leiden fremd waren und der jetzt gleichsam wie wir gezüchtigt ist«, als zugleich »schön, aber unter uns niedrig und häßlich«, beschrieben (ActPetr 20).[70] Dies führt dazu, dass die exzessive Askese, die in den Erzählungen der Petrusakten zunächst als körper- und sogar lebensfeindlich erscheint, unter gegenteiliger Perspektive betrachtet von der Herrlichkeit Gottes zeugt.

Im Kontext seines Martyriums beschreibt Petrus die Konversion als »human acceptance of and union with the suffering Christ«.[71] Die Predigt des Petrus richtet den Fokus auf Enthaltsamkeit (ActPetr 34) und asketische Lebensform,

---

69 *Interiores oculi*, so mit Schneemelcher nach der Ausgabe von CUTHBERT H. TURNER, The Latin Acts of Peter, in: JThSt 32 (1931), 119–133.

70 Zitiert nach SCHNEEMELCHER, Petrusakten, 275.

71 So PERKINS, Suffering Self, 131.

die auf eine Identifikation mit dem Leiden Christi zielen.[72] Leiden wird unter eschatologischer Perspektive als gewinnbringend erachtet,[73] die konventionell als negativ wahrgenommenen Aspekte asketischer Lebenspraxis – insbesondere übersteigerte Formen asketischer Praxis wie sie die Erzählungen der Petrusakten präsentieren – werden ins Gegenteil verkehrt: In Analogie dazu, dass Petrus kopfüber gekreuzigt wird, lehrt er auch mit Berufung auf Jesus, dass alles verkehrt werden muss, denn das Nichtschöne ist als schön zu betrachten und das Schlechte als Gutes, denn »der Herr selbst hat gesagt: ›Wenn ihr nicht das Rechte macht wie das Linke und das Linke wie das Rechte, und das Obere wie das Untere und das Hintere wie das Vordere, so seid ihr nicht ins Himmelreich eingetreten‹« (ActPetr 38).[74] In seiner letzten Predigt bestätigt der Apostel mithin nochmals in programmatischer Form die zuvor bereits ergangene Leseanleitung für die Erzählung über rigorose Askese.[75]

## 4.2 Leserlenkung durch den Plot

Das Paradox, das sich in der positiven Bewertung des Leidens erweist, wird in der Darlegung des Plots der Erzählung untermauert. Das Martyrium des Petrus ist der Fokuspunkt der Erzählung der Petrusakten: Der Apostel erleidet das Martyrium aufgrund seiner Predigt, dem »Wort von der Keuschheit« (*uerbum de castitate* bzw. λόγος τῆς ἁγνείας/*logos tēs hagneias*; ActPetr 34). Im Gegenüber zur Darstellung des Todes Jesu in den kanonischen Schriften wurde in den apokryphen Apostelakten im Zusammenhang mit dem Tod der Apostel ein »lack of suffering« festgestellt: »In these descriptions of the apostles' deaths we find no trace of suffering. The apostle accepts the sentence of death (which

[72] Vgl. zur Bedeutung von Leiden und Martyrium in den Apokryphen Apostelakten Françoise Morard, Souffrance et Martyre dans les Actes Apocryphes des Apôtres, in: François Bovon u.a. (Eds.), Les Actes Apocryphes des Apôtres, Genf 1981, 95–108.

[73] Vgl. Perkins, Suffering Self, 125.

[74] S. oben Anm. 5. Vgl. dazu Perkins, Suffering Self, 131.141 u.ö. Zur Umwertung religiöser, kultureller und ethischer Werte in den ActPetr vgl. János Bolyki, ›Head Downwards‹: The Cross of Peter in the Lights of the Apocryphal Acts, of the New Testament and of the Society-transforming Claim of Early Christianity, in: Bremmer, Apocryphal Acts of Peter, 111–122; bes. 119–121.

[75] Die Tatsache, dass Frauen als (passive) Hauptfiguren in den Beispielerzählungen um die körperliche Enthaltsamkeit herangezogen werden, während Männer die zentralen Aktanten in den Passagen um die Erkenntnis mit den »Augen der Seele« fungieren, soll hier nicht weiter ausgewertet werden; vgl. zu dem Aspekt der Verbindung von Körperlichkeit mit Weiblichkeit sowie von Verstand mit Männlichkeit Judith Hartenstein, Encratism, Asceticism and the Construction of Gender and Sexual Identity: Gospels, in: Gregory/Tuckett (Eds.), Oxford Handbook (im Druck), und Silke Petersen, »Selig sind, die dieser Welt entsagt haben ...«. Askese, Körperfeindlichkeit und die Aufhebung der Geschlechterdifferenz, in: BiKi 60 (2005), 102–107; hier: 104. Es ist jedoch auffällig, dass die weiblichen Hauptfiguren der Leserin und dem Leser vorwiegend als positive Beispiele präsentiert werden, die die in den Petrusakten vertretenen ethischen Ideale akzeptieren und ungeachtet der möglichen negativen Folgen entschlossen umsetzen.

he has more or less provoked) almost triumphantly. He goes willingly to the place of execution, holds long speeches, admonishes his disciples, and prays to God. When he is finished with everything he dies peacefully«.[76] Auch in den Petrusakten wird nicht erwähnt, dass der Apostel bei seiner Kreuzigung Leid erdulden muss. Ebensowenig wird das Leiden der beiden Frauenfiguren benannt, die aufgrund der Forderung nach Enthaltsamkeit ihre Gesundheit und gesellschaftliche Anerkennung opfern. Durch das ausdrückliche Beschweigen des Leidens, das jedoch von den textinternen Beobachtern, die mit Betroffenheit (ActPetr 2) oder Weinen (Kopt. Pap. Berol. 8502; ActPetr 36) reagieren, wahrgenommen wird, lenkt der Text die Rezeption der Erzählung: Nicht eine Theologie des Leidens wird hier propagiert – denn viele Kranke werden geheilt (Kopt. Pap. Berol. 8502) –, sondern eine Ethik der Identifizierung mit Christus, die Leiden hinnimmt und darin die Herrlichkeit Gottes sehen lehrt.[77] Daher sind die Einzelfiguren auch wenig relevant, sie verschwinden aus der Erzählung indem ihr weiteres Schicksal ebenso verschwiegen wird wie ihr Leiden – von Relevanz sind sie nicht als individuelle Figuren, sondern als Beispiele für das Leben gemäß der rechten (asketischen) Normen. Die narrativen Passagen der apokryphen Apostelakten vermitteln rigorose asketische Ethik mit Hilfe einer ›Konstruktion konkreter asketischer Erzählfiguren‹,[78] die den Leserinnen und Lesern als Rollenmodelle zur Nachahmung unter ethischer Perspektive präsentiert werden.[79] Die Erzählungen von der Tochter des Petrus sowie von Rufina können als Beispielerzählungen gelesen werden, die einen Ersatz für das – in den anderen frühen Apostelakten für Neukonvertierte häufig propagierte, in den Petrusakten für Konvertiten jedoch nicht erwähnte – Martyrium bieten.[80]

---

[76] Vgl. MONIKA PESTHY, Cross and Death in the Apocryphal Acts of the Apostles, in: BREMMER, Apocryphal Acts of Peter, 123–133; bes. 124–126, die beobachtet, dass dem Martyrium der Apostel in den apokryphen Apostelakten der Aspekt des Leidens fehlt (Zitat von S. 125).

[77] Eventuell ist dies im Sinne einer präsentischen Deutung von Röm 8,18 zu lesen.

[78] HANS-ULRICH WEIDEMANN, Engelsgleiche, Abstinente – und ein moderater Weintrinker. Asketische Sinnproduktion als literarische Technik im Lukasevangelium und im 1. Timotheusbrief, in: DERS., Asceticism and Exegesis, 21–68; hier: 63.

[79] Vgl. hierzu auch JULIA WEITBRECHT, Keuschheit, Ehe und Eheflucht in legendarischen Texten: *Vita Malchi, Alexius, Gute Frau*, in: RÖCKE/WEITBRECHT (Hrsg.), Askese und Identität, 131–154, die von den Erzählungen als »narrative[r] Erprobung christlicher Identitätsentwürfe und [der] Etablierung neuer Lebensformen« spricht (a.a.O., 135). Dies trifft m.E. auch die Funktion der apokryphen Apostelakten.

[80] Tissot wertet die beiden Erzählungen von den Töchtern als nicht repräsentativ für die Darstellung asketischer Tendenzen in den ActPetr, vgl. YVES TISSOT, Encratisme et Actes Apocryphes, in: FRANÇOIS BOVON (Ed.), Les Actes Apocryphes des Apôtres. Christianisme et monde païen, Genf 1981, 109–119; hier: 115–119.

## 5. Die Bedeutung der Askese in den Petrusakten

Die Perspektive der nachneutestamentlichen Literatur auf Askese als Lebensstil spiegelt in ganz besonderer Weise das Motto »Weniger ist mehr« – gutes Leben ist nicht gleichzusetzen mit einem Leben in Wohlstand, Gesundheit und gesellschaftlicher Anerkennung. Gutes Leben zeichnet sich vielmehr dadurch aus, dass es die aus Jesu Lehre rezipierten ethischen Normen und Ideale widerspiegelt. In den Erzählungen der Petrusakten zeigt sich eine dezidierte Neubestimmung von Lebensqualität – das Ideal des den Glauben bezeugenden Lebens, das in den apokryphen Apostelakten häufig im Martyrium endet, wird in den Petrusakten umgewertet: Nicht der Tod wird als erstrebenswert präsentiert, sondern im Leben der Gläubigen soll die christliche Ethik gelebt und der Glaube bezeugt werden. Die Prämisse »weniger ist mehr« ist hier ganz konkret auf die Lebenssituation hin zu deuten – ein weniger ehrenvolles, gesundes und wohlhabendes Leben wird als Ideal propagiert. Die üblicherweise negativ konnotierten Aspekte der Askese werden in den Petrusakten ins Positive verkehrt bzw. positiv gewertet und nicht als Verzicht verstanden: Besitzverzicht, Nahrungs- und Sexualaskese werden jeweils als positives Instrument zur Förderung des Glaubens und des Seelenheils betrachtet. Askese wird nicht im negativen Sinne als auferlegter oder selbstgewählter Verzicht präsentiert, sondern vielmehr als ideale, anzustrebende Lebensform, die zur Errettung führt. In den Petrusakten wird der frühchristliche Diskurs zur Askese vorausgesetzt und narrativ ins Bild gesetzt, stellt aber nicht die zentrale Thematik der Erzählung dar. Vielmehr fokussieren die Petrusakten auf eine theologische Begründung der Askese, die das mit der asketischen Lebensform verbundene Leiden durch eine Umkehrung der Wertmaßstäbe des antiken Kontextes wahrnimmt. Im gekreuzigten Petrus und in seiner paralysierten Tochter, d.h. in zwei Erzählfiguren, die Askese bis in die letzte Konsequenz verkörpern, wird für die Petrusakten die Herrlichkeit Gottes offenbar. Demzufolge wird der Askese eine *doxologische Funktion* eingeschrieben – jedoch wird selbst die Doxologie in der Umkehrung aller Dinge rezipiert. Petrus kündigt am Kreuz an: »so danke ich dir, nicht mit diesen Lippen, die angenagelt sind, auch nicht mit der Zunge, durch die Wahrheit und Lüge hervorgeht, auch nicht mit diesem Worte, das von der Kunst irdischer Natur hervorgebracht wird, sondern mit jener Stimme danke ich dir, o König, die durch Schweigen vernommen wird, die nicht im Offenbaren gehört wird, die nicht durch die Organe des Körpers hervorgeht, [...], sondern mit dieser (Stimme), Jesus Christus, danke ich dir: Mit dem Schweigen der Stimme, der der Geist in mir, der dich liebt und mit dir spricht und dich sieht, begegnet« (ActPetr 39).[81] Asketische Ethik wie sie in den Petrusakten vermittelt wird, steht in den Erzählungen in engem Zusammenhang mit neuen Konversionen und ist daher als *positives, werbendes Kennzeichen* der frühchristlichen Identität zu verstehen.

---

[81] Zitiert nach Schneemelcher, Petrusakten, 288.

# LITERATUR


BALDWIN, MATTHEW C., Whose *Acts of Peter*? Text and Historical Context of the *Actus Vercellenses*, WUNT II/1996, Tübingen 2005.

BARRIER, JEREMY W., Asceticism in the *Acts of Paul and Thecla*'s Beatitudes. The Coptic Heidelberg Papyrus as an Exegetical Text Case, in: HANS-ULRICH WEIDEMANN (Ed.), Asceticism and Exegesis in Early Christianity. The Reception of New Testament Texts in Ancient Ascetic Discourses, NTOA/StUNT 101, Göttingen 2013, 163–185.

BOLYKI, JÁNOS, ›Head Downwards‹: The Cross of Peter in the Lights of the Apocryphal Acts, of the New Testament and of the Society-transforming Claim of Early Christianity, in: JAN N. BREMMER (Ed.), The Apocryphal Acts of Peter. Magic, Miracles and Gnosticism, Leuven 1998, 111–122.

BREMMER, JAN N., Aspects of the *Acts of Peter*: Women, Magic, Place and Date, in: DERS. (Ed.), The Apocryphal Acts of Peter. Magic, Miracles and Gnosticism, Leuven 1998, 1-20.

BURRUS, VIRGINIA, Chastity as Autonomy. Women in the Stories of the Apocryphal Acts, New York 1987.

– /TORJESEN, KAREN J., The Story of Mygdonia and Tertia from the Acts of Thomas, in: VINCENT L. WIMBUSH (Ed.), Ascetic Behavior in Greco-Roman Antiquity: A Sourcebook, Minneapolis 1990, 370–386.

CAMERON, AVERIL, Ascetic Closure and the End of Antiquity, in: VINCENT L. WIMBUSH/ RICHARD VALANTASIS (Eds.), Asceticism, New York/Oxford 1995, 147–161.

CASTELLI, ELIZABETH, Mortifying the Body, Curing the Soul: Beyond Ascetic Dualism in the Life of St. Syncletica, in: differences: A Journal of Feminist Cultural Studies 4 (1992), 134–153.

CHADWICK, HENRY, Art. Enkrateia, in: RAC 5 (1962), 343–365.

CLARK, ELIZABETH A., Asceticism, Class, and Gender, in: Virginia Burrus (Ed.), A People's History of Christianity II. Late Ancient Christianity, Minneapolis 2005, 27–45.

– Reading Renunciation: Asceticism and Scripture in Early Christianity, Princeton 1999.

DUNN, PETER W., Women's Liberation, The Acts of Paul, and Other Apocryphal Acts of the Apostles. A Review of Some Recent Interpreters, in: Apocrypha 4 (1993), 245–261.

FOWLER, ROBERT M., Let the Reader Understand. Reader-Response Criticism and the Gospel of Mark, Minneapolis 1991, 127–154.

GALLAGHER, EUGENE V., Conversion and Salvation in the Apocryphal Acts of the Apostles, in: EVERETT FERGUSON (Ed.), Forms of Devotion. Conversion, Worship, Spirituality, and Asceticism, New York/London 1999, 1–17.

GERMOND, PAUL, A Rhetoric of Gender in Early Christianity: Sex and Salvation in the Acts of Thomas, in: STANLEY E. PORTER/THOMAS H. OLBRICHT (Eds.), Rhetoric, Scripture and Theology. Essays from the 1994 Pretoria Conference, JSNT.SS 131, Sheffield 1996, 350–368.

GORMAN, JILL C., Sexual Defence by Proxy: Interpreting Women's Fasting in the Acts of Xanthippe and Polyxena, in: AMY-JILL LEVINE (Ed.), A Feminist Companion to the New Testament Apocrypha, Cleveland 2006, 206–215.

GRIMM, VERONIKA E., From Feasting to Fasting, the Evolution of a Sin. Attitudes to Food in Late Antiquity, London/New York 1996.

HARICH-SCHWARZBAUER, HENRIETTE, Art. Askese, griechisch-römisch, in: RGG$^4$ 1 (1998), 830f.

Hartenstein, Judith, Encratism, Asceticism and the Construction of Gender and Sexual Identity: Gospels, in: Andrew Gregory/Christopher Tuckett (Eds.), Oxford Handbook of Early Christian Apocrypha (im Druck).

Hilhorst, Anton, The Text of the *Actus Vercellenses*, in: Jan N. Bremmer (Ed.), The Apocryphal Acts of Peter. Magic, Miracles and Gnosticism, Leuven 1998, 148–160.

Horn, Christoph, Art. Ascesis/Asceticism, in: Hubert Cancik/Helmut Schneider (Eds.), Brill's New Pauly Encyclopaedia of the Ancient World, Leiden 2003, 2/94.

Horn, Cornelia B., Suffering Children, Parental Authority and the Quest for Liberation?: A Tale of Three Girls in the Acts of Paul (and Thecla), the Act(s) of Peter, the Acts of Nerseus and Achilleus and the Epistle of Pseudo-Titus, in: Amy-Jill Levine (Ed.), A Feminist Companion to the New Testament Apocrypha, Cleveland 2006, 118–145.

Kelsey, Neal, The Body as Desert in The Life of Saint Anthony, in: Semeia 57 (1992), 131–151.

Klauck, Hans-Josef, Apokryphe Apostelakten. Eine Einführung, Stuttgart 2005.

Konstan, David, Suche und Verwandlung. Transformation von Erzählmustern in den hellenistischen Romanen und den apokryphen Apostelakten, in: Werner Röcke/Julia Weitbrecht (Hrsg.), Askese und Identität in Spätantike, Mittelalter und Früher Neuzeit, Transformationen der Antike 14, Berlin/New York 2010, 251–268.

Köpf, Ulrich, Art. Askese, kirchengeschichtlich, in: $RGG^4$ 1 (1998), 834–837.

Krawiec, Rebecca, Asceticism, in: Susan Ashbrook Harvey/David G. Hunter (Eds.), The Oxford Handbook of Early Christian Studies, Oxford 2008, 764–785.

Lalleman, Pieter J., The Relation between the Acts of John and the Acts of Peter, in: Jan N. Bremmer (Ed.), The Apocryphal Acts of Peter. Magic, Miracles and Gnosticism, Leuven 1998, 161–168.

Lang, Bernhard, No Sex in Heaven: The Logic of Procreation, Death and Eternal Life in Judaeo-Christian Tradition, in: Alter Orient und Altes Testament 215 (1985), 237–253.

Lau, Markus, Enthaltsamkeit und Auferstehung. Narrative Auseinandersetzungen in der Paulusschule, in: Martin Ebner (Hrsg.), Aus Liebe zu Paulus? Die Akte Thekla neu aufgerollt, SBS 206, Stuttgart 2005, 80–90.

Lipsius, Richard A. (Hrsg.), Acta Apostolorum Apocrypha, Bd. 1, Darmstadt 1959.

Malina, Bruce J., Pain, Power, and Personhood: Ascetic Behavior in the Ancient Mediterranean, in: Vincent L. Wimbush/Richard Valantasis (Eds.), Asceticism, New York/Oxford 1995, 162–177.

Misset-van de Weg, Magda, ›For the Lord always takes Care of His own‹. The Purpose of the Wondrous Works and Deeds in the Acts of Peter, in: Jan N. Bremmer (Ed.), The Apocryphal Acts of Peter. Magic, Miracles and Gnosticism, Leuven 1998, 97–110.

Molinari, Andrea L., »I Never Knew the Man«: The Coptic Act of Peter (Papyrus Berolinensis 8502.4), Its Independence from the Acts of Peter, Genre and Legendary Origins, BCNH.E 5, Québec 2000.

Morard, Françoise, Souffrance et Martyre dans les Actes Apocryphes des Apôtres, in: François Bovon u.a. (Eds.), Les Actes Apocryphes des Apôtres, Genf 1981, 95–108.

Perkins, Judith, The Suffering Self: Pain and Narrative Representation in the Early Christian Era, London 1995.

Pesthy, Monika, Cross and Death in the Apocryphal Acts of the Apostles, in: Jan N. Bremmer (Ed.), The Apocryphal Acts of Peter. Magic, Miracles and Gnosticism, Leuven 1998, 123–133.

PETERSEN, SILKE, »Selig sind, die dieser Welt entsagt haben ...«. Askese, Körperfeindlichkeit und die Aufhebung der Geschlechterdifferenz, in: BiKi 60 (2005), 102–107.

POUPON, GÉRARD, Les »Actes de Pierre« et leur remaniement, in: ANRW II.25.6 (1988), 4363–4383.

PRIEUR, JEAN-MARC, L'Éthique conjugale des Chrétiens des premiers Siècles et ses Justifications, in: Revue d'Histoire et de Philosophie Religieuses 82 (2002), 267–282.

QUISPEL, GILLES, The Study of Encratism: A Historical Survey, in: UGO BIANCHI (Ed.), La Tradizione dell' Enkrateia. Motivazioni Ontologiche e Protologiche, Rom 1985, 35-81.

RAPP, CHRISTOF, Seelengymnastik: Geleitwort zum Kontext der Verzichtsaskese in der antiken Philosophie, in: WERNER RÖCKE/JULIA WEITBRECHT (Hrsg.), Askese und Identität in Spätantike, Mittelalter und Früher Neuzeit, Transformationen der Antike 14, Berlin/New York 2010, 9–16.

RODMAN, ROSAMOND C., Who's on Third? Reading Acts of Andrew as a Rhetoric of Resistance, in: Semeia 79 (1997), 27–43.

RORDORF, WILLY, The Relation between the Acts of Peter and the Acts of Paul: State of the Question, in: JAN N. BREMMER (Ed.), The Apocryphal Acts of Peter. Magic, Miracles and Gnosticism, Leuven 1998, 178–191.

SCHMIDT, CARL, Zur Datierung der alten Petrusakten, in: ZNW 29 (1930), 150–155.

SCHNEEMELCHER, WILHELM, Petrusakten, in: DERS., Neutestamentliche Apokryphen, Bd. 2: Apostolisches, Apokalypsen und Verwandtes, Tübingen [6]1997, 243–289.

SCHROEDER, CAROLINE T., The Erotic Asceticism of the Passion of Andrew: The Apocryphal Acts of Andrew, the Greek Novel and Platonic Philosophy, in: AMY-JILL LEVINE (Ed.), A Feminist Companion to the New Testament Apocrypha, Cleveland 2006, 47–59.

SFAMENI GASPARRO, GIULIA, Asceticism and Anthropology: *Enkrateia* and »Double Creation« in Early Christianity, in: VINCENT L. WIMBUSH/RICHARD VALANTASIS (Ed.), Asceticism, New York/Oxford 1995, 127–146.

SHAW, TERESA M., The Burden of the Flesh: Fasting and Sexuality in Early Christianity, Minneapolis 1998.

SÖDER, ROSA, Die apokryphen Apostelgeschichten und die romanhafte Literatur der Antike, Darmstadt 1969.

SPITTLER, JANET E., Animals in the Apocryphal Acts of the Apostles. The Wild Kingdom of Early Christian Literature, WUNT 2/247, Tübingen 2008.

THOMAS, CHRISTINE M., Revivifying Resurrection Accounts: Techniques of Composition and Rewriting in the Acts of Peter cc. 25–28, in: JAN N. BREMMER (Ed.), The Apocryphal Acts of Peter. Magic, Miracles and Gnosticism, Leuven 1998, 65–83.

– The Acts of Peter, Gospel Literature, and the Ancient Novel: Rewriting the Past, Oxford/New York 2003.

TISSOT, YVES, Encratism and Apocryphal Acts, in: ANDREW GREGORY/CHRISTOPHER TUCKETT (Eds.), Oxford Handbook of Early Christian Apocrypha (im Druck).

TISSOT, YVES, Encratisme et Actes Apocryphes, in: François Bovon (Ed.), Les Actes Apocryphes des Apôtres. Christianisme et monde païen, Genf 1981, 109–119.

– L' Encratisme des Actes de Thomas, in: ANRW II.25 (1988), 4415–4430.

TURNER, CUTHBERT H., The Latin Acts of Peter, in: JThSt 32 (1931), 119–133.

VAAGE, LEIF E./WIMBUSH, VINCENT L. (Eds.), Asceticism and the New Testament, New York/ London 1999.

Valantasis, Richard, Constructions of Power in Asceticism, in: Journal of the American Academy of Religion 63/4 (1995), 775–821.

– The Question of Early Christian Identity: Three Strategies Exploring a Third *Genos*, in: Amy-Jill Levine (Ed.), A Feminist Companion to the New Testament Apocrypha, Cleveland 2006, 60–76.

Ware, Kallistos, The Way of the Ascetics: Negative or Affirmative?, in: Vincent L. Wimbush/Richard Valantasis (Eds.), Asceticism, New York/Oxford 1995, 3–15.

Weidemann, Hans-Ulrich, Engelsgleiche, Abstinente – und ein moderater Weintrinker. Asketische Sinnproduktion als literarische Technik im Lukasevangelium und im 1. Timotheusbrief, in: ders. (Ed.), Asceticism and Exegesis in Early Christianity. The Reception of New Testament Texts in Ancient Ascetic Discourses, NTOA/StUNT 101, Göttingen 2013, 21–68.

– (Ed.), Asceticism and Exegesis in Early Christianity. The Reception of New Testament Texts in Ancient Ascetic Discourses, NTOA/StUNT 101, Göttingen 2013.

Weitbrecht, Julia, Keuschheit, Ehe und Eheflucht in legendarischen Texten: *Vita Malchi, Alexius, Gute Frau*, in: Werner Röcke/Julia Weitbrecht (Hrsg.), Askese und Identität in Spätantike, Mittelalter und Früher Neuzeit, Transformationen der Antike 14, Berlin/New York 2010, 131–154.

Wimbush, Vincent L. (Ed.), Ascetic Behavior in Greco-Roman Antiquity: A Sourcebook, Minneapolis 1990.

Zamfir, Korinna, Asceticism and Otherworlds in the Acts of Paul and Thecla, in: Tobias Nicklas u.a. (Eds.), Other Worlds and Their Relation to This World. Early Jewish and Ancient Christian Traditions, JSJ.S 143, Leiden/Boston 2010, 281–303.

# Erlösung und die Folgen

## Askese in randständigen frühchristlichen Gruppen[1]

*Judith Hartenstein*

## 1. Einführung

Für eine Neutestamentlerin mit einem Forschungsschwerpunkt auf apokryphen Evangelien vor allem aus dem zweiten Jahrhundert ist Askese eigentlich kein naheliegendes Thema. Erst vom vierten Jahrhundert an gibt es eine Vielzahl an Texten von Kirchenvätern und aus dem entstehenden Mönchtum (Wüstenväter und -mütter) zur Theorie und Praxis der christlichen Askese und sie nimmt feste und klare Formen an.[2] In der Frühzeit und in apokrypher Literatur wird das Thema vor allem in Apostelakten behandelt. Trotzdem sind auch die Evangelien interessant, nicht zuletzt weil es in der Forschung eine Debatte darum gibt. Insbesondere bei Schriften, die als »gnostisch« gelten, wird häufig angenommen, dass sie (sexuelle) Askese einfordern bzw. die Leser und Leserinnen asketisch leben. Zum Teil steckt dahinter die Vorstellung, dass ein »gnostisches« Weltbild mit einer negativen Sicht der Welt und des Körpers mehr oder weniger zwangsläufig zu einem asketischen Lebensstil führen muss – oder zu einem libertinistischen.[3] Die Debatte der letzten Jahre um die Problematik des Begriffs »Gnosis« hat aber dazu geführt, das damit bezeichnete Phänomen auf allen Ebenen zu differenzieren und auch die selbstverständlichen Annahmen bezüglich einer asketischen Lebenspraxis zu hinterfragen. Viele apokryphe Evangelien bieten wirklich nur minimale Anhaltspunkte für eine solche Sicht! Aber sind sie deshalb nicht asketisch? Ich will meine Ideen zu einigen apokryphen Evangelien vorstellen, die den Befund erklären können.

Vorab aber einige Bemerkungen zum Begriff und seinem Kontext: Ich verstehe unter »Askese« die Kontrolle von oder den bewussten Verzicht auf bestimmte körperliche Bedürfnisse, besonders häufig in Bezug auf Nahrungs-

---

[1] Ich danke Angelica Dinger für ihre Mitwirkung an der Ausgestaltung dieses Beitrags.

[2] Vgl. die Monographien von Susanna Elm, ›Virgins of God‹. The Making of Asceticism in Late Antiquity. Oxford 1994 und Teresa M. Shaw, The Burden of the Flesh. Fasting and Sexuality in Early Christianity, Minneapolis 1998, mit ihrer Schwerpunktsetzung. Peter Brown, The Body and Society. Men, Women and Sexual Renunciation in Early Christianity, New York 1988, geht dagegen ausführlich auf die frühere Zeit ein.

[3] Vgl. den Beitrag von Silke Petersen in diesem Band.

aufnahme und Sexualität. Dies ist eine moderne Verwendung des Begriffs, in seiner ursprünglichen griechischen Verwendung steckt der Gedanke der Übung, des Trainings. Askese hat so eine bestimmte Funktion. Askese ist ein kultur- und religionsübergreifendes Phänomen, es ist nicht spezifisch christlich, und das entstehende Christentum hebt sich mit seiner in Teilen asketischen Praxis nicht grundsätzlich von seiner spätantiken Umgebung ab.[4]

In verschiedenen philosophischen Strömungen der Zeit hat Askese im Sinne einer Kontrolle über Begierden einen hohen Wert. Da die wichtigsten Werte geistig sind, und Unabhängigkeit von äußeren (materiellen) Umständen erstrebenswert ist, gehört Askese zu einem philosophischen (besonders, aber nicht nur stoischen) Leben dazu. Askese ist ein Training für den Körper und mitunter auch für die Seele, das die grundlegenden Überzeugungen in die Praxis umsetzt.[5] Dabei scheint gerade das zweite Jahrhundert die Zeit zu sein, in der sich eine gemäßigte Form von Askese durchsetzt, die der gesellschaftlichen Ordnung zuträglich ist, auch in Abgrenzung von radikaleren Asketen, die diese Ordnung gefährden und durch ihre persönliche Autorität suspekt sind.[6] Wichtige dieser gemäßigt asketischen Philosophen sind z.B. Musonius Rufus oder Epiktet. Sie fordern in Bezug auf Sexualität keine radikale Enthaltsamkeit, sondern halten eine Ehe, in der Sexualität – nicht getrieben von Begierde, sondern als Akt des Willens mit dem Ziel der Kinderzeugung – gelebt wird, für angemessen für die männlichen Philosophen. Eine ganz ähnliche Position vertritt z.B. auch der Kirchenvater Clemens von Alexandrien in Auseinandersetzung mit radikaleren asketischen Gruppen. Er sieht seine Position als einen Mittelweg zwischen zu strenger Askese auf der einen und zu viel Libertinismus oder Ausschweifung auf der anderen Seite. Eine Kontrolle von Begierden ist aus seiner Sicht wichtig, aber eine positive Sicht der Schöpfung setzt ihr Grenzen, einen völligen Verzicht auf sexuelle Betätigung und Fortpflanzung hält er für unangemessen. Bei heidnischen Philosophen spielt die gesellschaftliche Verpflichtung zu Ehe und Kinderzeugung eine analoge Rolle. Dies scheint eine typische Position von gebildeten, gesellschaftlich etablierten Männern der Zeit zu sein.[7]

Für Frauen stellt sich das Thema Askese komplexer dar: Bei Aufforderungen zur sexuellen Askese, die an Männer gerichtet sind, steht die Warnung vor konkreten Frauen oder dem Verkehr mit der Weiblichkeit im Zentrum. Gleichzeitig werden die Begriffe männlich und weiblich auch metaphorisch

---

4 Vgl. CHRISTOPH HORN, Art. Askese, in: DNP Bd. 2, 1997, 86f.; JAN BERGMAN/JEAN GRIBOMONT/MANFRED SEITZ u.a., Art. Askese, in: TRE 4, (1979) 195–259; hier: 195–197, 207–212.

5 Vgl. JOHN M. DILLON, Rejecting the Body, Refining the Body. Some Remarks on the Development of Platonist Asceticism, in: VINCENT L. WIMBUSH/RICHARD VALANTASIS (Eds.), Asceticism, Oxford 1995, 80–87; hier: 80.

6 Vgl. JAMES A. FRANCIS, Subversive Virtue. Asceticism and Authority in the Second-Century Pagan World, University Park 1995, 181–183.

7 Vgl. FRANCIS, a.a.O., 11–19.

verwendet und stehen für »geistig« versus »materiell« bzw. »körperlich« oder andere Beschreibungen der beiden hierarchisch aufeinander bezogenen Pole.[8] Die Zuwendung zu geistigen Werten kann deshalb grundsätzlich als Abkehr vom Weiblichen beschrieben werden. »Flieh die Weiblichkeit!« ist doppeldeutig: Es kann das Sich-Fernhalten von realen Frauen meinen, aber auch die Abkehr von den eigenen weiblichen Anteilen, eine Entwicklung hin zum Geistigen.[9]

Diese Doppeldeutigkeit des Phänomens »Weiblichkeit« stellt realen Frauen, die asketisch leben wollen, eine schwierige Aufgabe. Im antiken Kontext können sie ihre eigene Weiblichkeit jedoch hinter sich lassen und zum männlich-geistigen Sein aufsteigen. Etliche apokryphe Schriften thematisieren diese Frage ausdrücklich, was dafür spricht, dass Frauen nennenswert beteiligt waren. Gravierender sind allerdings die sozialen Konsequenzen von Askese, da Familie und Kinder einen großen Anteil am üblichen weiblichen Leben ausmachen, während Männer neben ihrer Rolle in der Familie viele weitere Rollen ausfüllen.[10]

Askese bezieht sich auf den Körper, kann diesen aber sehr unterschiedlich werten: Eine Kontrolle und Einschränkung von körperlichen Bedürfnissen kann in einer grundsätzlichen Abwertung und Verachtung des Körpers begründet sein, sie kann aber auch auf einer positiveren Sicht beruhen, nach der der Körper durch die entsprechende Übung gerade zu einem würdigen Gefäß der Seele wird. Beide Sichtweisen gehen schon auf Plato zurück.[11] Voraussetzung ist immer eine (hierarchische) Überordnung der geistigen Anteile des Menschen über die körperlichen, kein spezifisches (negatives) Verständnis des Körpers. Dieser Punkt ist wichtig für die christlichen Schriften, deren Sicht des Körpers klar variiert. Eine Abwertung des Körpers, wie sie vor allem in sogenannten »gnostischen« Schriften zu finden ist, ist weder die Voraussetzung für Askese noch führt sie zwingend zu ihr. Daher ist die Analyse der jeweiligen Begründungsstruktur wichtig.

Schon diese kurzen Bemerkungen machen deutlich, wie vielschichtig das Phänomen Askese ist: So gibt es Abstufungen in der Radikalität – ein Interesse an der Kontrolle von Begierden muss nicht zu völliger sexueller Enthaltsamkeit und damit dem Verzicht auf Kinder führen, zumindest nicht für Männer. Ob diese Möglichkeit für Frauen gleichermaßen bestand, scheint mir allerdings zweifelhaft. Die Möglichkeiten und Auswirkungen sind für Frauen

---

8 Dabei ist weiblich-männlich nicht komplementär gedacht wie heute meistens, sondern als eine Abstufung mit klar unterschiedlicher Wertigkeit.

9 Vgl. Frederik Wisse, Flee Femininity. Antifemininity in Gnostic Texts and the Question of Social Milieu, in: Karen L. King (Ed.), Images of the Feminine in Gnosticism, Studies in Antiquity and Christianity, Philadelphia 1988, 297–307; hier: 300f. am Beispiel des Zostrianus.

10 Vgl. Antoinette C. Wire, The Social Function of Women's Asceticism in the Roman East, in: Karen L. King (Ed.), Images of the Feminine in Gnosticism, Studies in Antiquity and Christianity, Philadelphia 1988, 308–323; hier: 309.

11 Vgl. Dillon, Rejecting the Body, 80–82.

und Männer jedenfalls nicht gleich. Zudem bietet radikale Askese sozialen Sprengstoff und stellt gesellschaftliche Ordnungen in Frage. Schließlich kann der theoretische Hintergrund zu asketischer Praxis variieren, sowohl in den anthropologischen Voraussetzungen als auch im Zweck, der mit einer asketischen Praxis erreicht werden soll.

Leider bieten gerade die Evangelien keinen unmittelbaren Einblick in ihre (asketische) Lebenspraxis. Sie kann nur indirekt erschlossen werden. Im Folgenden möchte ich trotz dieser Schwierigkeiten die These begründen, dass sich in mehreren apokryphen Evangelien ein bestimmtes Muster erkennen lässt. Eine radikale Askese ordnet sich dabei in einen größeren theologischen Zusammenhang ein, ist aber nicht das Hauptthema – was auch erklärt, warum nur wenige Aussagen dazu zu finden sind. Von zentraler Bedeutung ist, dass Erlösung als eine anthropologische Veränderung gedacht wird, als eine Rückkehr in einen ursprünglichen Schöpfungszustand ohne geschlechtliche Differenzierung.[12] Dieser Zustand ist mehr oder weniger schon erreicht. Die Geschlechterdifferenz ist aufgehoben. Dies führt zu einer starken Beteiligung von Frauen und zum Verzicht auf Fortpflanzung. In sozialer Hinsicht handelt es sich um radikale, gesellschaftlich nicht integrierte Gruppen. Ein solches Konzept erkenne ich im Thomasevangelium, im von Clemens von Alexandrien zitierten Ägypterevangelium, in der Sophia Jesu Christi, eventuell auch im Dialog des Erlösers. Eine Auseinandersetzung mit einem ähnlichen Konzept schon in der Gemeinde in Korinth zeigt sich m.E. im 1Kor. Ein »gnostisches« Weltbild ist dabei keine Voraussetzung.

Dass die Vorstellung von der Aufhebung der Geschlechterdifferenz logisch mit einer starken Rolle von Frauen zusammengehört, dass also das Eine das Andere bedingt und deshalb gerade Jüngerinnen über die »Zerstörung der Werke der Weiblichkeit« reden, ist schon länger bekannt.[13] Aber ich denke, dass Askese zu diesem Konzept dazugehört, und zwar als Folgerung aus den theologischen Vorstellungen, nicht als ein Mittel zu einem bestimmten Zweck. Wenn Menschen der Meinung sind, dass sie einen ursprünglichen Schöpfungszustand (ein geistiges Sein ohne geschlechtliche Differenzierung) schon erreicht haben, dann hört die Fortpflanzung auf und Sexualität erübrigt sich einfach. Spezielle Aufforderungen sind dabei nicht nötig, denn die Askese ist kein Schritt auf dem Weg zur Erlösung (etwa als Überwindung der tierischen Natur im Menschen oder als Reinhalten des Körpers im Blick auf die Auferstehung), sondern sie folgt aus ihr.

---

[12] Alternativ kann dies auch als schon erfolgte Auferstehung beschrieben werden.

[13] Vgl. SILKE PETERSEN, »Zerstört die Werke der Weiblichkeit!« Maria Magdalena, Salome und andere Jüngerinnen Jesu in christlich-gnostischen Schriften, NHMS 48, Leiden/Boston u.a. 1999, 307f.

## 2. Ägypterevangelium, Thomasevangelium, Sophia Jesu Christi

Zunächst zum Ägypterevangelium (EvÄg), denn bei dieser Schrift ist ein Gebrauch in einer streng asketischen Gruppe schon im zweiten Jahrhundert belegt. Clemens von Alexandrien setzt sich im Kontext seiner Kritik an radikal asketischer Praxis mit dem Ägypterevangelium und seiner Deutung auseinander und zitiert dabei aus ihm. Die verschiedenen Ebenen – das EvÄg selbst, die asketische Deutung und die Meinung des Clemens – sind nicht immer leicht zu trennen.[14] Die Zitate bei Clemens stammen wohl aus einem Gespräch zwischen Jesus und Salome, in dem es um das »Zerstören der Werke der Weiblichkeit« geht, das Jesus beabsichtigt.

Zwei dieser Stücke sollen hier einen Eindruck von den Schwierigkeiten der Interpretation des Textes vermitteln:

> »Diejenigen, die sich der Schöpfung Gottes mittels der wohlklingenden Enthaltsamkeit (ἐγκράτεια) widersetzen, zitieren auch die an Salome gesprochenen Worte, die wir früher erwähnt haben. Sie stehen aber, wie ich denke, im Evangelium nach den Ägyptern. Sie sagen nämlich, dass der Heiland selbst sprach: ›Ich bin gekommen, die Werke des Weiblichen zu zerstören‹. ›Des Weiblichen‹, das heißt: der Begierde; ›die Werke‹, das heißt aber: Werden und Vergehen.«[15]

Clemens bestreitet im Folgenden, dass diese Ankündigung schon eingetroffen sei, jedenfalls im engeren Sinne, und bietet dann eine umfassendere Deutung.

> »Deshalb sagt nun Cassianus: ›Als Salome fragte, wann man das, was sie erfragt hatte, erkennen werde, sprach der Herr: ›Wenn ihr das Gewand der Scham mit Füßen treten werdet und wenn die zwei eins werden und das Männliche mit dem Weiblichen und weder männlich noch weiblich (sein wird).‹ Erstens nun haben wir diesen Ausspruch nicht in den uns überlieferten vier Evangelien, sondern in dem (Evangelium) nach den Ägyptern. Weiter aber scheint er (Cassianus) mir nicht zu wissen, dass mit dem männlichen Trieb der Zorn und mit dem weiblichen die Begierde angedeutet ist; wenn aber diese wirksam geworden sind, dann folgt Reue und Scham.«[16]

Das »Zerstören der Werke der Weiblichkeit« aus dem ersten Zitat scheint sich auf das Durchbrechen der Abfolge von Werden und Vergehen zu beziehen. Der Tod hat Macht, solange Frauen gebären. Überwunden wird dieser Zustand durch eine Verbindung der geschlechtlichen Zweiheit zu einer Einheit ohne Geschlechterdifferenz (zweites Zitat). Vermutlich sieht die asketische Interpretation diese Ankündigung als schon eingetroffen an und versteht die Worte

---

14 Vgl. Christoph Markschies, Das Evangelium nach den Ägyptern, in: ders./Jens Schröter (Hrsg.), Antike christliche Apokryphen in deutscher Übersetzung. Bd.1: Evangelien und Verwandtes, Tübingen 2012, 661–682; hier: 667.

15 Clemens, Strom III 63,1f. (Markschies, Evangelium nach den Ägyptern, 667).

16 Clemens, Strom III 92,2–93,1 (Markschies, Evangelium nach den Ägyptern, 671).

im Sinne einer völligen sexuellen Enthaltsamkeit. Clemens dagegen bestreitet dies und deutet das »Zerstören der Werke der Weiblichkeit« nicht als Aufforderung zur Enthaltsamkeit und zum Verzicht auf Kinder, sondern sieht durch die Termini »männlich« und »weiblich« umfassend Begierden und Untugenden angesprochen, die im christlichen Leben überwunden sind. Er kommt dadurch zu einer gemäßigten Askese mit Kontrolle von Begierden, aber ohne Verzicht auf Fortpflanzung (diese ist vielmehr eine Rechtfertigung für eheliche Sexualität). Die Schöpfung ist für Clemens gut! An einer anderen Stelle zitiert er eine valentianische Interpretation der ersten Stelle, die ebenfalls umfassender (mythologisch), nicht nur sexuell ist.[17] Aber ein Verständnis der »Werke der Weiblichkeit« als Sexualität und Fortpflanzung scheint mir doch im Text des EvÄg angelegt zu sein. Ein grundlegend veränderter menschlicher Zustand hat dann strenge Enthaltsamkeit als Konsequenz – und führt dazu, dass Salome als Jüngerin Jesu beteiligt sein kann.

Im Hintergrund der Vorstellungen über die Werke des Weiblichen, in der Gebären als Ursache für Vergehen und Tod erscheint und die Aufhebung der Geschlechterdifferenz zu einer umfassenden Einheit zu finden ist, steht vermutlich eine Schöpfung in Etappen, wie sie z.B. Philo von Alexandrien entwickelt hat. Der ursprüngliche Mensch ist nach Gen 1 ein geistiges, nicht geschlechtlich differenziertes, unsterbliches Wesen. Erst in einem weiteren Schritt (nach Gen 2, evtl. schon 1,27c) wird dieses Wesen körperlich und geschlechtlich und sterblich, der Zustand, in dem wir bis heute leben.[18] In der Sicht einiger christlicher Gruppen ist nun durch Jesu Wirken eine Rückkehr in den Ursprungszustand möglich – und sogar schon erreicht. In einer solchen geistigen, nicht differenzierten Existenz hat sich sexuelle Anziehungskraft erübrigt, und Askese ist die logische Folge. Deshalb sind keine ausdrücklichen Aufforderungen nötig. Es ist auch deutlich, dass der Körper eine geringere Bedeutung hat: Das neue Sein ist eine geistige Existenz, eine besondere Würdigkeit des Körpers ist kein Thema.

Im Thomasevangelium (EvThom) finden sich viele parallele Gedanken: Auch hier geht es um die Rückkehr zu einer ursprünglichen Einheit mit Aufhebung der Geschlechterdifferenz (EvThom 22).[19] Auch wenn die genaue Deu-

---

17 Vgl. Clemens, ExTheod 67,2–4.

18 Vgl. Philo, Op 134f.151 und dazu die Erklärung bei BERNARD HEININGER, Jenseits von männlich und weiblich. Das Thomasevangelium im frühchristlichen Diskurs der Geschlechter. Zugleich ein Beitrag zur Geschichte der Jesustradition, in: DERS., Die Inkulturation des Christentums. Aufsätze und Studien zum Neuen Testament und seiner Umwelt, WUNT 255, Tübingen 2010, (357–395), 386–388.

19 EvThom 22: »(4) Jesus sprach zu ihnen: ›Wenn ihr die zwei zu einem macht und wenn ihr das Innere wie das Äußere macht und das Äußere wie das Innere und das Obere wie das Untere, (5) und zwar damit ihr das Männliche und das Weibliche zu einem Einzigen macht, auf dass das Männliche nicht männlich und das Weibliche nicht weiblich sein wird (6) wenn ihr Augen macht anstelle eines Auges und eine Hand anstelle einer Hand und einen Fuß anstelle eines Fußes, eine Gestalt anstelle einer

tung umstritten ist, geht es jedenfalls um das Wiedererlangen eines ursprünglichen gottnahen Zustands. Ausdrücklich abgelehnt wird im EvThom Reproduktion (vgl. EvThom 79).[20] Körperlichkeit wird in einer Reihe von Logien abgewertet; die eigentlichen Werte sind eindeutig geistig, die materielle Welt ist für die, die sie erkennen, ein Leichnam. Nirgends wird jedoch ausdrücklich zum asketischen Leben aufgefordert. In Bezug auf Nahrung wird das Fasten sogar ausdrücklich abgelehnt. Es ist deshalb strittig, ob EvThom Askese fordert oder nicht.[21] Verschiedene Indizien – neben der Hochschätzung des Geistigen auch Familienfeindlichkeit – sprechen allerdings dafür, hinzu kommt noch, dass sich zwei spätere und klar asketische Schriften ausdrücklich auf das EvThom beziehen (LibThom und ActThom). Zumindest ist das EvThom wie das EvÄg in asketischen Kreisen gelesen worden. Askese ist aber nicht Ziel, sondern Auswirkung der hier vertretenen Theologie.

Die Bedeutung dieser Theologie für die Rolle von Frauen im EvThom wird in 114 thematisiert:

> »(1) Simon Petrus sprach zu ihnen: ›Maria soll von uns weggehen, denn die Frauen sind des Lebens nicht wert.‹ (2) Jesus sagte: ›Siehe, ich werde sie ziehen, auf dass ich sie männlich mache, damit auch sie ein lebendiger, euch gleichender, männlicher Geist werde. (3) (Ich sage euch aber): Jede Frau, wenn sie sich männlich macht, wird eingehen in das Königreich der Himmel.‹«[22]

Hier wird anders als in EvThom 22 nicht von einer Aufhebung von beiden Geschlechtern gesprochen, sondern es geht am Beispiel von Maria um die Aufhebung von Weiblichkeit. Maria wird zu einem männlich-geistigen Wesen. Die Formulierung ist aus heutiger Sicht gewöhnungsbedürftig, im antiken Kontext aber gut verständlich. Männlich und weiblich sind eben nicht nur biologische Geschlechter, sondern auch metaphorische Beschreibungen, die in einem hierarchischen Verhältnis zueinander stehen. Männlich wird mit geistig assoziiert wie weiblich mit materiell. Maria erreicht einen neuen Zustand, den einer geschlechtslosen (deshalb männlichen) Geistigkeit. Das ist eine Form von Leben, die nicht mehr vom Tod bedroht ist. Und dies ist auch für andere

---

Gestalt, (7) dann werdet ihr eingehen in [das Königreich].‹« Übersetzung: Uwe-Karsten Plisch, Das Thomasevangelium. Originaltext mit Kommentar, Stuttgart 2007, 90.

[20] EvThom 79: »(1) Eine Frau in der Menge sprach zu ihm: ›Heil dem Leib, der dich getragen hat, und den Brüsten, die dich ernährt haben.‹ (2) Er sprach zu [ihr]: ›Heil denen, die das Wort des Vaters gehört haben (und) es wahrhaft beachtet haben. (3) Denn es wird Tage geben, (an denen) ihr sagen werdet: ›Heil dem Leib, der nicht empfangen hat, und den Brüsten, die keine Milch gegeben haben.‹« Übersetzung: Plisch, Thomasevangelium, 199.

[21] Vgl. zur Diskussion Risto Uro, Is Thomas an Encratite Gospel?, in: ders. (Ed.), Thomas at the Crossroads. Essays on the Gospel of Thomas, SNTW, Edinburgh 1998, 140–162.

[22] EvThom 114. Übersetzung: Plisch, Thomasevangelium, 260f.

Frauen möglich, deshalb können sie nicht als Geschlecht ausgeschlossen werden.[23]

Dieser Spruch enthält keine Aufforderung zur Askese, aber er beschreibt einen Zustand, der m.E. nicht mit gelebter Sexualität (und Familie) vereinbar ist. Es geht hier nicht um die Kontrolle von Begierden, um ein auf irgendeine Weise besserer Mensch zu werden, sondern um eine grundlegende Veränderung des Menschseins, die zwangsläufig zu einer Veränderung des Lebens führt, speziell für Frauen. Ich denke nicht, dass Frauen sich auf diesen Status von Maria berufen und gleichzeitig Familie und Kinder haben konnten. Aber auch für Männer ist die Verbindung mit Familienleben wohl schwierig, insbesondere durch den nicht sesshaften Lebenswandel. Sexualität ohne Kinder ist m.E. im Gesamtkontext aber nicht möglich, denn wenn bei Clemens oder heidnischen Philosophen trotz der Hochschätzung von geistigen Werten Sexualität einbezogen wird, dann zum Zweck der Zeugung von Nachkommen.

Im EvThom lässt sich relativ gut die soziale Praxis, auf die es zielt, erkennen. Seine Position lässt sich als Wanderradikalismus beschreiben – mit diesem Begriff wird in der Forschung eigentlich der Lebensstil Jesu und der Gruppe um ihn bezeichnet, der in der Darstellung der kanonischen Evangelien aber schon deutlich abgeschwächt ist. Anders als diese richtet sich das EvThom nicht an sesshafte Gemeinden, sondern an Einzelne, die sich um der Botschaft willen von allen gesellschaftlichen (und auch religiösen) Bindungen gelöst haben und wohl missionierend umherziehen. Familie, Besitz, Berufstätigkeit, auch religiöse Bräuche werden im EvThom abgelehnt. Es ist ein Evangelium für gesellschaftliche Außenseiter, die keine Kompromisse mit der vorfindlichen Welt eingehen (auch wenn es denkbar ist, dass das EvThom in einem spirituellen Sinne verstanden wurde, ohne die sozial radikalen Konsequenzen).

In der Sophia Jesu Christi (SJC) belehrt Jesus nach seiner Auferstehung die Jüngerinnen und Jünger über den obersten Gott und die Entwicklung von himmlischen Welten. Dazu gehört auch ein knapper Bezug auf den »gnostischen« Mythos vom Fall der Sophia und die Schöpfung als Folge dieses Falls. Der Schwerpunkt liegt aber auf der Schilderung des himmlischen Lichtreichs, das irdische Leben spielt kaum eine Rolle. In der Anrede an die Jüngerinnen und Jünger finden sich allerdings zwei abwertende Bemerkungen über Sexualität mit asketischen Implikationen:

> »Euch aber ist es erlaubt zu wissen. Und denen, die des Wissens würdig sind, wird es gegeben werden: Denen, die nicht hervorgebracht wurden aus dem Samen des schmutzigen Treibens, sondern in dem Ersten, der gesandt wurde, denn dieser ist unsterblich inmitten von sterblichen Menschen.«[24]

---

[23] Vgl. PETERSEN, Zerstört die Werke, 314f.; dagegen HEININGER, Jenseits von männlich und weiblich, 361.

[24] SJC, NHC III 93,16–24. Übersetzung: JUDITH HARTENSTEIN, Eugnostos (NHC III,3; V,1) und die Weisheit Jesu Christi (NHC III,4; BG 3), in: HANS-MARTIN SCHENKE/URSULA U. KAISER/HANS-GEBHARD BETHGE (Hrsg.), Nag Hammadi Deutsch, NHC I–XIII, Codex Berolinensis 1 und 4, Codex Tchacos 3 und 4, Berlin/Boston [3]2013, 240–287, hier: 247.

Am Ende der Belehrungen Jesu wird dieser Gedanke in einem weiteren Text wieder aufgenommen und mit einer Aufforderung verbunden:

> »Ihr aber wurdet gesandt durch den Sohn, der gesandt wurde, damit ihr erleuchtet werdet und euch losreißt vom Vergessen der Mächte und damit das schmutzige Treiben, das aus dem furchtbaren Feuer ist, das aus ihrer fleischlichen (Schöpfung) kam, durch euch nicht mehr erscheine. Tretet auf ihre Vorsehung!«[25]

Sexualität wird hier deutlich negativ gesehen. Den Jüngerinnen und Jüngern wird eine Existenz jenseits dieser irdischen Gegebenheiten zugesprochen und sie werden auch dazu aufgefordert, sich nicht weiter an sexueller Fortpflanzung zu beteiligen. Dies ist eine Einladung zum asketischen Leben. Weitere Aufforderungen dieser Art finden sich im Fortgang der Schrift allerdings nicht. Möglicherweise ist Askese so selbstverständlich, dass sie nicht weiter thematisiert werden muss. Entscheidend ist ohnehin nicht das menschliche Verhalten, sondern das Kommen und die Belehrungen Jesu, die Heil und Erlösung bewirken. In einer knappen Bemerkung wird dies mit Bezug auf die Schöpfung als eine Überwindung der Zweiheit und Rückkehr zu einer ursprünglichen Einheit beschrieben.[26] Die SJC passt also gut zu den in EvÄg und EvThom ausführlicher dargelegten Vorstellungen. Auch in der SJC fällt die Beteiligung von Frauen auf: Die Belehrungen Jesu gelten ausdrücklich einer Gruppe aus zwölf Jüngern und sieben Jüngerinnen.

## 3. FOLGERUNGEN

Ich habe versucht, aus diesen Schriften – einige weitere könnten noch ergänzt werden –, ein theologisches Konzept zu entnehmen, in dem die Rückkehr in einen ursprünglichen Schöpfungszustand im Zentrum steht. Durch diese Rückkehr ist der Ausstieg aus dem Werden und Vergehen sowie aus dem Tod und der Körperlichkeit samt Geschlechtsdifferenz möglich. Dies setzt eine präsentische Eschatologie – die Angesprochenen sind schon in diesem neuen Zustand – und eine Geringschätzung des Körpers und der Welt bzw. der Schöpfung voraus. Zu den Konsequenzen gehören ein asketischer Lebensstil, der nicht ausdrücklich gefordert wird, sich aber logisch ergibt, sowie ein radikaler Bruch mit gesellschaftlichen Konventionen und eine starke und gleichberechtigte Beteiligung von Frauen. Nicht nötig ist dabei ein spezifisch »gnostisches« Weltbild, es ist nur in der SJC eindeutig vorhanden. Die Frage, wie der Mensch bzw. der Körper entstanden ist, also die mythologischen Einzelheiten, sind nicht entscheidend. Die Hochschätzung des Geistigen genügt. In jedem Fall gehört diese Form von Askese in ein Modell christlicher Identität, das wesentlich durch Abgrenzung von der Welt und der Gesellschaft bestimmt ist.

---

25 SJC, NHC III 108,4–16. Übersetzung: HARTENSTEIN, Weisheit Jesu Christi, 271.

26 SJC, BG 122,5–123,1.

Dieses Muster ist vermutlich deutlich älter als das zweite Jahrhundert: Der 1Kor zeigt m.E., dass Paulus sich mit ähnlichen Vorstellungen in der Gemeinde in Korinth auseinandersetzt. In Korinth gab es einen nennenswerten Teil der Gemeinde, der streng asketisch leben wollte, wahrscheinlich darunter viele Frauen.[27] Klar ist auch, dass einige Frauen die Idee einer Aufhebung von Geschlechtergegensätzen (Gal 3,27f.) stärker in die Praxis umgesetzt haben, als es Paulus lieb war, und dabei eine starke, lehrende Rolle übernommen haben.[28] In Auseinandersetzung mit ihnen argumentiert Paulus in 1Kor 11 schöpfungstheologisch. Dies verweist auf theologische Differenzen gerade in dieser Frage. Auch das Problem der gesellschaftlichen Anstößigkeit steht im Raum (vgl. 1Kor 11,2–16). Und schließlich lässt sich anhand von 1Kor 15 vermuten, dass in Korinth eine präsentische Eschatologie, eine schon erfolgte »Auferstehung« vertreten wurde. Dabei spielt die Überwindung des »lehmigen Menschen« aus Gen 2,9 sogar in Paulus' Argumentation eine Rolle (1Kor 15,45-49), so dass man hier eine gemeinsame Diskussionsbasis mit der korinthischen Gemeinde vermuten kann. Es ist nicht klar, ob diese Ideen alle von der gleichen Gruppe in Korinth vertreten wurden, aber das ist gerade angesichts des Befundes in den apokryphen Evangelien gut denkbar. Es sind alle Elemente enthalten, die sich auch in späteren Schriften finden.

Dass sich solche Vorstellungen in paulinischen Gemeinden möglicherweise länger gehalten haben, zeigen die Pastoralbriefe, die sich genau mit diesen Punkten auseinandersetzen und die Gegenposition vertreten. Sie lehnen Askese ab (1Tim 4,3–5) und fordern insbesondere Frauen ausdrücklich zum Heiraten und Kinderbekommen auf (1Tim 2,14f; 5,9–14). Gleichzeitig wird Frauen das Lehren verboten (1Tim 2,11–13, mit Bezug auf die Schöpfungsordnung!) – und es werden Vorstellungen abgelehnt, nach denen die Auferstehung schon geschehen sei (2Tim 2,18). Es finden sich hier also wieder dieselben Elemente, nur mit anderem Vorzeichen. In den Pastoralbriefen steht dies im Zusammenhang mit dem Versuch der gesellschaftlichen Integration.[29] Auch in den christlichen Gemeinden sollen die Tugenden der Mehrheitsgesellschaft gelten; die christlichen Gemeinden grenzen sich nicht von ihrer Umwelt ab, sondern bilden einen positiven und verlässlichen Teil des römischen Staates. Das ist ein Hauptanliegen dieser Briefe. Der Körper wird als Teil der guten Schöpfung positiv gewertet.

Die Pastoralbriefe stehen klar in der Entwicklungslinie, die zur Mehrheitsmeinung in der entstehenden Kirche wird. Es gibt aber auch aus ganz anderer Ecke eine durchaus ähnliche Tendenz: Die »gnostische« Gruppe der

---

[27] Vgl. WIRE, Social Function, 313f. zu 1Kor 7.

[28] Vgl. HELMUT MERKLEIN, Im Spannungsfeld von Protologie und Eschatologie. Zur kurzen Geschichte der aktiven Beteiligung von Frauen in paulinischen Gemeinden, in: DERS./MARTIN EVANG/MICHAEL WOLTER (Hrsg.), Eschatologie und Schöpfung, FS für Erich Gräßer zum siebzigsten Geburtstag, BZNW 89, Berlin/New York 1997, 231–259; hier: 235.243f.

[29] Vgl. MERKLEIN, a.a.O., 255–257.

Valentinianer weicht insbesondere in der Gotteslehre und in der Sicht der Schöpfung, die nicht auf den obersten Gott zurückgeht, deutlich von der späteren Mehrheitsmeinung ab. Innerhalb des Christentums stehen sie wohl eher am Rand. Gesellschaftlich sind sie aber vielleicht besser integriert als viele andere Teile, sie schätzen z.B. philosophische Bildung und valentianische Lehrer sind mit ihren Schriften am philosophischen Diskurs der Zeit beteiligt. Auch in Bezug auf Askese vertreten sie, trotz einer negativen Sicht des Körpers als Werk von feindlichen Archonten, jedenfalls keine Extremposition. Sexualität zu leben ist erlaubt und Fortpflanzung möglicherweise sogar ein Ziel, auch wenn eine Beherrschung von Begierden wichtig ist und die zentralen Werte geistig sind.[30] Bei ihnen finden sich weitaus weniger Frauen in starken, leitenden Rollen – das gilt zumindest für das Philippusevangelium (EvPhil).[31]

Eine ähnliche Sicht bietet das ebenfalls »gnostische« (aber eher sethianische) Apokryphon des Johannes (AJ), das im Wesentlichen aus einer Auslegung der Schöpfungsgeschichten in Gen 1–3 besteht. Die körperliche Schöpfung ist hier ein Versuch, den ursprünglich seelisch-geistigen Menschen an die Materie zu fesseln. Sexualität dient der Versklavung; die Begierde entfernt Adam von seinen himmlischen Ursprüngen. Trotzdem wird die Erschaffung der Frau und die Differenzierung der Geschlechter hier positiv gesehen.[32] Die Schrift weist auch keine Indizien für eine radikal asketische Haltung auf, sie vertritt wohl eher die moderate Kontrolle von Begierden. Dazu gibt es weder Hinweise auf neue Frauenrollen und ihre gleichwertige Beteiligung noch Aussagen dagegen.

Sowohl in den Pastoralbriefen als auch in manchen »gnostischen« Schriften spielt die gesellschaftliche Integration eine große Rolle und trägt m.E. dazu bei, Askese einzudämmen. Eine ganz andere Linie findet sich in den apokryphen Apostelakten, die teilweise radikal asketisch sind, aber dies ganz anders begründen:[33] Radikale Enthaltsamkeit ist eine Voraussetzung für die zukünftige Erlösung (in den Theklaakten erscheint das Reinhalten des Körpers als nötig für die Auferstehung) und wird auch ganz praktisch (etwa durch

---

30 Vgl. als Beispiel das Motiv des »Brautgemachs« und die Brautmetaphorik im EvPhil (EvPhil 67f.70.81f. u.a.). Vgl. dazu Ruben Zimmermann, Geschlechtermetaphorik und Gottesverhältnis. Traditionsgeschichte und Theologie eines Bildfelds in Urchristentum und antiker Umwelt, WUNT 2, 122, Tübingen 2001, 586; Jorunn J. Buckley, Female Fault and Fulfillment in Gnosticism, Studies in Religion, Chapel Hill 1986, 120f.; Minna Heimola, Christian Identity in the Gospel of Philip, SESJ 102, Helsinki 2011, 283f.

31 Die Frage der Rolle von Frauen in gnostischen Gruppen ist problematisch, weil Attraktivität für Frauen ein beliebter Topos der Kirchenväterpolemik ist. Deshalb hier der Verweis auf das EvPhil, nicht auf Kirchenväter.

32 Vgl. BG 55 (Michael Waldstein/Frederik Wisse [Eds.], The Apocryphon of John. Synopsis of Nag Hammadi Codices II,1; III,1; and IV,1; with BG 8502,2, NHMS 33, Leiden 1995, 120–122).

33 Vgl. besonders zur Sicht der Petrusakten den Beitrag von Susanne Luther in diesem Band.

die Mühe beim Aufziehen von Kindern in ActThom) begründet. Askese wird vehement gefordert, aber trotzdem theologisch z.T. wenig oder fast gar nicht begründet. Gesellschaftlich werden zumindest Konflikte deutlich, aber Erlösung ist noch nicht erlangt.

Es ist verführerisch zu überlegen, ob bestimmte Entwicklungslinien und damit Verschiebungen von einer zur anderen Position zu erkennen sind. Allerdings ist dies zeitlich problematisch und kaum schlüssig herzuleiten. Vermutlich ist eher mit einem Neben- und Ineinander von verschiedenen Vorstellungen zu rechnen. Gleiche oder ähnliche asketische Praktiken können auf ganz unterschiedlichen theologischen Überlegungen und Begründungszusammenhängen basieren. Vieles ist möglich, eben auch, dass Enthaltsamkeit eine eher beiläufige, kaum eigens thematisierte Konsequenz der Theologie ist. Gerade für Frauen und ihre gleichberechtigte Teilhabe scheint dies sehr relevant zu sein! Der gesellschaftlich anerkannte Mittelweg der gemäßigten Askese mit Familienleben scheint ihnen nicht offen zu stehen.

Was mich aus heutiger Sicht wirklich überzeugt, ist, dass Askese nicht Mittel zum Zweck sein muss, sondern sich als Konsequenz der eigenen Ideen einfach ergibt: Ich lebe jetzt schon so, wie ich leben will, in einem idealen Zustand – ich versuche nicht, durch meinen Verzicht mich oder die Welt zu retten. Dann muss auch nicht ständig darüber geredet werden, und Askese erscheint nicht in erster Linie als einschränkende Forderung. Das lässt sich möglicherweise auf moderne politische Debatten übertragen! Problematisch scheint mir das Konzept der Hierarchie geistig-körperlich in den antiken Schriften zu sein, ich sehe mich lieber als eine Einheit aus Körper und Geist in einer guten Schöpfung. Aber diese Sicht entspricht nicht durchgehend meiner Lebensrealität als Wissenschaftlerin, in der die geistigen Werte oft deutlich Vorrang vor den körperlichen Bedürfnissen haben. In diesem Punkt können die fremden Texte dazu anregen, die eigenen Vorstellungen zu hinterfragen, gerade weil sie zum Widerspruch reizen. Anders als im frühen Christentum sollte heute eine Gleichberechtigung von Frauen nicht nur aufgrund einer geistig-himmlischen Orientierung, sondern auch in Verbindung mit einer positiven Sicht von Körper und Welt möglich sein.

## LITERATUR

BERGMAN, JAN/GRIBOMONT, JEAN SEITZ, MANFRED u.a., Art. Askese, in: TRE 4 (1979), 195–259.

BROWN, PETER, The Body and Society. Men, Women and Sexual Renunciation in Early Christianity, New York 1988 (deutsche Übersetzung: Die Keuschheit der Engel. Sexuelle Entsagung, Askese und Körperlichkeit am Anfang des Christentums, München 1991).

BUCKLEY, JORUNN J., Female Fault and Fulfilment in Gnosticism, Studies in Religion, Chapel Hill 1986.

DILLON, JOHN M., Rejecting the Body, Refining the Body. Some Remarks on the Development of Platonist Asceticism, in: VINCENT L. WIMBUSH/RICHARD VALANTASIS (Eds.), Asceticism, Oxford 1995, 80–87.

Elm, Susanna, ›Virgins of God‹. The Making of Asceticism in Late Antiquity. Oxford 1994.

Francis, James A., Subversive Virtue. Asceticism and Authority in the Second-Century Pagan World, University Park 1995.

Hartenstein, Judith, Eugnostos (NHC III,3; V,1) und die Weisheit Jesu Christi (NHC III,4; BG 3), in: Hans-Martin Schenke/Ursula U. Kaiser/Hans-Gebhard Bethge (Hrsg.), Nag Hammadi Deutsch, NHC I–XIII, Codex Berolinensis 1 und 4, Codex Tchacos 3 und 4, Berlin/Boston [3]2013, 240–287.

Heimola, Minna, Christian Identity in the Gospel of Philip, SESJ 102, Helsinki 2011.

Heininger, Bernhard, Jenseits von männlich und weiblich. Das Thomasevangelium im frühchristlichen Diskurs der Geschlechter. Zugleich ein Beitrag zur Geschichte der Jesustradition, in: ders., Die Inkulturation des Christentums. Aufsätze und Studien zum Neuen Testament und seiner Umwelt, WUNT 255, Tübingen 2010, 357–395.

Horn, Christoph, Art. Askese, in: DNP 2, 1997, 86f.

Markschies, Christoph, Das Evangelium nach den Ägyptern, in: ders./Jens Schröter (Hrsg.), Antike christliche Apokryphen in deutscher Übersetzung, Bd. 1: Evangelien und Verwandtes, Tübingen 2012, 661–682.

Merklein, Helmut, Im Spannungsfeld von Protologie und Eschatologie. Zur kurzen Geschichte der aktiven Beteiligung von Frauen in paulinischen Gemeinden, in: ders./Martin Evang/Michael Wolter (Hrsg.), Eschatologie und Schöpfung, FS für Erich Gräßer zum siebzigsten Geburtstag. BZNW 89, Berlin/New York 1997, 231–259.

Petersen, Silke, »Zerstört die Werke der Weiblichkeit!« Maria Magdalena, Salome und andere Jüngerinnen Jesu in christlich-gnostischen Schriften, NHMS 48, Leiden/Boston u.a. 1999.

Plisch, Uwe-Karsten, Das Thomasevangelium. Originaltext mit Kommentar, Stuttgart 2007.

Shaw, Teresa M., The Burden of the Flesh. Fasting and Sexuality in Early Christianity, Minneapolis 1998.

Uro, Risto, Is Thomas an Encratite Gospel?, in: ders. (Ed.), Thomas at the Crossroads. Essays on the Gospel of Thomas, SNTW, Edinburgh 1998, 140–162.

Waldstein, Michael/Wisse, Frederik (Eds.), The Apocryphon of John. Synopsis of Nag Hammadi Codices II,1; III,1; and IV,1; with BG 8502,2, NHMS 33, Leiden 1995.

Wire, Antoinette C., The Social Function of Women's Asceticism in the Roman East, in: Karen L. King (Ed.), Images of the Feminine in Gnosticism, Studies in Antiquity and Christianity, Philadelphia 1988, 308–323.

Wisse, Frederik, Flee Femininity. Antifemininity in Gnostic Texts and the Question of Social Milieu, in: Karen L. King (Ed.), Images of the Feminine in Gnosticism, Studies in Antiquity and Christianity, Philadelphia 1988, 297–307.

Zimmermann, Ruben, Geschlechtermetaphorik und Gottesverhältnis. Traditionsgeschichte und Theologie eines Bildfelds in Urchristentum und antiker Umwelt, WUNT 2, 122, Tübingen 2001.

# ›Libertinismus‹? – Auf der Suche nach der Alternative

*Silke Petersen*

»An Festtagen kommen sie zum Gelage zusammen, mit all ihren Kindern, Schwestern und Müttern, Menschen beiderlei Geschlechts und jeglichen Alters. Dann, nach vielen Gängen, wenn die Gesellschaft erhitzt ist und in der Trunkenheit die Glut unreiner Begierde erwacht, wird ein Hund, der an den Leuchter gebunden ist, durch vorgeworfene Bissen, die außerhalb des Bereiches fallen, in dem ihn die Leine festhält, zu heftigen Sprüngen angereizt. Ist so das Licht, das alles an den Tag bringen könnte, umgestoßen und ausgelöscht, dann stürzen sie sich, schamlos im Schutz der Dunkelheit, in unerhörter Gier in die Umschlingungen, wie der Zufall es bringt.«[1]

Diese Geschichte gibt es in diversen Varianten in der antiken polemischen oder auch apologetischen Literatur. In der Version des frühchristlichen Apologeten Minucius Felix, die ich eben zitiert habe, ist sie ein Vorwurf gegen *christliche* Gruppen, der im Verlaufe des folgenden Dialogs widerlegt wird. Ähnliches können wir auch bei anderen frühchristlichen Apologeten lesen, etwa bei Athenagoras und Tertullian.[2]

Es handelt sich hier also nicht um einen konkreten Vorwurf, den nichtchristliche, pagane Schriftsteller gegen Christen und Christinnen erhoben hätten. Vielmehr wandert dieses ›Gerücht‹ sozusagen als ›falscher Vorwurf‹ durch die frühchristliche Literatur, um dann jeweils umso wirkungsvoller widerlegt zu werden.

Dennoch ist die Geschichte nicht einfach eine christliche Erfindung zum Zweck ihrer Widerlegung, denn dieselben Anschuldigungen finden sich gegen Christinnen und Christen gerichtet bei den Platonikern Porphyrios und Celsos[3] sowie bei christlichen Schriftstellern wie Justin,[4] Irenäus,[5] Clemens von Alexandrien[6] und Epiphanius von Salamis,[7] die sie gegen – ihrer Ansicht nach – häretische Gruppierungen wenden. Verbunden mit der ›Leuchterlegende‹, wie ich sie nennen möchte, ist dabei mehrfach der Vorwurf kannibalisti-

---

[1] Minucius Felix, Octavius 9,6f (Übers. Bernhard Kytzler [Hrsg.], Minucius Felix, Octavius. Lateinisch und deutsch, München 1965, 73).

[2] Athenagoras, Apologie 3.35; Tertullian, Apologie 7,1f.

[3] Porphyrios Frag. 69; Origenes, Gegen Celsos VI, 27 und VI, 40.

[4] Justin, Apologie I,26.

[5] Irenäus, Haer I,6,3.

[6] Clemens, Strom III, 10,1f.

[7] Epiphanius, Pan 26,4,1–5,1.

schen Verhaltens. In der Variante bei Minucius Felix geht es dabei um ein Aufnahmeritual:

> »Um die ahnungslosen Initianden zu täuschen, bedeckt man ein Kind mit Teig und legt es dem vor, der in ihre Mysterien eingeweiht wird. Der Neophyt läßt sich, durch die Teighülle getäuscht, zu Stichen verleiten, bei denen er nichts Arges vermutet, und tötet so das Kind mit Wunden, die dem Auge verborgen bleiben. Das Blut dieses Kindes – welch furchtbarer Frevel! – lecken sie gierig auf und reißen sich noch um die zerstückelten Glieder. Das also ist das Opfer, mit dem sie sich verbrüdern, durch ihre Mitwisserschaft an diesem Verbrechen verbürgen sie sich gegenseitig Stillschweigen.«[8]

In späteren Zeiten, insbesondere in Mittelalter und früher Neuzeit, verlagert sich dieser Teil der Geschichte in die antijüdische Polemik der Ritualmordlegende, oft verbunden mit dem Vorwurf der Hostienschändung. In der durch solche Vorwürfe angeheizten Pogromstimmung sind im Laufe der Jahrhunderte Tausende von Juden und Jüdinnen umgebracht worden.

Die historische Glaubwürdigkeit der ›Leuchterlegende‹ und der mit ihr verbundenen Anschuldigungen ist ganz offensichtlich gering. Wir haben es hier mit einer polemischen Wanderlegende zu tun, die je nach Bedarf gegen die jeweils anderen oder als anders wahrgenommenen Gruppen gerichtet wird. Schon die stereotypen Vorwürfe lassen bezweifeln, dass es sich um eine zuverlässige Beschreibung der Praxis einer konkreten Gruppe handelt. Worum geht es aber dann?

Andrew McGowan analysiert in einem Aufsatz mit dem Titel »Eating People«[9] die Kannibalismus-Anklagen gegen christliche Gruppierungen im zweiten Jahrhundert und kommt zu dem Schluss, dass es sich nicht einfach um ein Missverständnis der Eucharistie von Seiten derer handelt, die angesichts des christlichen Rituals den Eindruck gewonnen hätten, dass es um tatsächlichen Verzehr von Fleisch und Blut gehe. Vielmehr wehre sich in diesem Diskurs die sich von ›Andersartigem‹ bedroht fühlende Gesellschaft, deren ›Gesellschaftskörper‹ symbolisch ›angefressen‹ wird – und die deshalb eben dies devianten Gruppen zum Vorwurf macht. Die Verschiebung auf häretische und später jüdische Gruppierungen kann diese Einschätzung unterstützen: Sind es doch jeweils eben solche Gruppen, die im Allgemeinen als Bedrohung der Mehrheitsgesellschaft wahrgenommen werden, denen man diese Praktiken vorwirft. – Was McGowan und andere[10] in diesem Zusammenhang analysieren, ist also ein Diskursphänomen und nicht eine tatsächliche Praxis.

Darauf aufbauend scheinen mir zwei weiterführende Fragen in Bezug auf die ›Leuchterlegende‹ und andere kolportierte ›libertinistische‹ Praktiken von Interesse:

---

[8] Minucius Felix, Octavius 9,5 (Übers. KYTZLER, Minucius Felix, 71–73).

[9] ANDREW MCGOWAN, Eating People. Accusations of Cannibalism against Christians in the Second Century, in: Journal of Early Christian Studies 2 (1994), 413–442.

[10] Vgl. u.a. JENNIFER WRIGHT KNUST, Abandoned to Lust. Sexual Slander and Ancient Christianity, New York 2006.

1.) Wenn diese Geschichte durch stereotype Vorwürfe und wechselnde Zielpersonen ihre Fiktionalität erweist, was könnten dann umgekehrt die Kriterien dafür sein, bei bestimmten Gruppen vielleicht doch so genannte ›libertinistische‹ Praktiken zu finden und nicht nur fiktionale Anschuldigungen? Anders gefragt: Was macht ›Libertinismus‹-Vorwürfe glaubwürdig?

2.) Worüber reden wir eigentlich, wenn wir bestimmte Verhaltensweisen als ›libertinistisch‹ qualifizieren? Was ist der ethische Maßstab, nach dem *ein* Verhalten als akzeptabel und ein anderes als gesellschaftlich untragbar scheint? Und ist es derselbe für die antike Gesellschaft, die neuzeitliche Forschung seit dem 19. Jahrhundert – und für uns?

Ich wende mich im Folgenden zuerst vorläufig dem zweiten Fragekomplex zu, und betrachte dann in Anknüpfung an die erste Frage zwei antike Gruppierungen, bei denen mir die ›Libertinismus‹-Vorwürfe nicht lediglich fiktional zu sein scheinen, um darauf basierend die Ethik so genannter ›libertinistischer‹ Gruppierungen zu reflektieren und sie in ein Verhältnis zur ›Askese‹ zu setzen.

Zunächst also zur zweiten Frage, der nach der Definition: ›Libertinismus‹ wird in der Forschung üblicherweise als der am weitesten gehende Gegenbegriff zu ›Askese‹ verwendet. Bei der Frage danach nähern wir uns dem Thema ›Askese‹ also von der Gegenseite, um es von dort aus besser zu begreifen. (Ob es sich tatsächlich um die Gegenseite handelt, muss sich allerdings noch erweisen.) Anders als zur ›Askese‹ gibt es zum ›Libertinismus‹ keine einschlägigen Artikel in theologischen Lexika. Das einzige der von mir konsultierten Lexika mit einem Eintrag unter diesem Stichwort ist die RAC. Dieser Eintrag definiert jedoch nichts, sondern besteht lediglich aus Verweisen, und zwar auf folgende Stichworte: ›Askese‹, ›Barbelo-Gnostiker‹, ›Ehebruch‹, ›Enkrateia‹, ›Ethik‹, ›Gefräßigkeit‹, ›Geschlechtsverkehr‹, ›Gnosis II‹ und ›Güterlehre‹.[11]

Neben den inhaltlich zu erwartenden Querverbindungen fallen die beiden Verweise auf ›Gnostisches‹ auf – dies entspricht der klassischen ›Gnosis‹-Darstellung, in ihrer schönsten Form bei Hans Jonas zu finden. Jonas beschreibt das gnostische Selbstgefühl als ein revolutionäres und konstatiert,

> »in Gestalt des Libertinismus erweist sich die vollkommenste Auflösung der überlieferten Bindungen menschlichen Verhaltens und der Exzeß eines Freiheitsgefühls, das sich die Zuchtlosigkeit als Selbstbeweis, ja als Verdienst und Tat anrechnet«.[12]

Jonas referiert im Folgenden aus den Polemiken des Irenäus, wobei er jedoch zugeben muss, dass ebenso wie der Libertinismus auch die Askese als Konse-

---

[11] RAC 23, 2010, 100 (anonymer Verweis). Der Duden definiert: »ausschweifende Lebensführung, Haltung; Zügellosigkeit«. Vgl. die pejorativen Definitionen bei JAMES E. GOEHRING, Libertine or Liberated: Women in the So-called Libertine Gnostic Communities, in: KAREN L. KING (Ed.), Images of the Feminine in Gnosticism, SAC, Philadelphia 1988, 329–344; hier: 330 A4.

[12] HANS JONAS, Gnosis und spätantiker Geist. Erster Teil. Die mythologische Gnosis. Mit einer Einleitung zur Geschichte und Methodologie der Forschung, Göttingen [4]1964, 236.

quenz einer antinomistischen oder antikosmischen Haltung auftreten kann. Der Gipfel des Libertinismus ist nach Jonas bei Karpokrates und den sog. ›Kainiten‹ erreicht. Was Irenäus von diesen wiedergebe, sei »dazu angetan, einen Schauder vor soviel bewußtem, absichtsvollen Frevelmut hervorzurufen.«[13] Und Jonas fährt fort:

> »Eine solche Wirkung dürfte übrigens nicht nur dem entsetzten Referenten, sondern dem gnostischen Autor selbst, wenn wir seine ketzerische Haltung richtig verstehen, nicht unlieb gewesen sein: das Ärgernis ist seit jeher der Stolz des Rebellen. Ob freilich solchen Gedanken-Ausschweifungen auch das wirkliche Leben der Gnostiker nachkam, darf – mit Irenäus selbst – füglich bezweifelt werden: nach dieser Weise zu tanzen, war doch wohl schwieriger, als sich anhörte«.[14]

Jonas' Darstellung ›gnostischer‹ Ethik als zweigeteilt in einen asketischen und einen libertinistischen Zweig, die beide als Konsequenz weltablehnender Haltung entstanden seien, ist typisch für Gnosisbücher und Artikel in Lexika (und zwar oft inklusive der Zweifel bzgl. der tatsächlichen Praxis).[15] Das Problem dieser Theorie ist jedoch, dass sie in ihren Grundzügen die Polemik der Kirchenväter fortschreibt sowie deren Rubrizierungssystem übernimmt (vgl. etwa die beiderseitige Abgrenzung bei Clemens von Alexandrien gegen zuviel Askese einerseits und Libertinismus andererseits).[16] Die Korrelation mit den inzwischen bekannt gewordenen ›gnostischen‹ Originalquellen ist hingegen problematisch, da sich diese den genannten Rubrizierungen durchgehend verweigern. Bezeichnend scheint vor allem, dass keine einzige der wiedergefundenen Originalschriften eine ›libertinistische‹ Haltung propagiert.[17] Im Hinblick auf die in Nag Hammadi gefundenen Schriften könnte dies mit einer eventuellen Herkunft aus den nahe gelegenen pachomischen Klöstern zusammenhängen, die allerdings nicht sicher zu etablieren ist.[18] Denn unter der Annahme, dass es sich hier um aussortierte Bestände einer Klosterbibliothek

---

13 Jonas, Gnosis, 237.

14 Jonas, Gnosis, 237f.

15 Vgl. z.B. Kurt Rudolph, Die Gnosis. Wesen und Geschichte einer spätantiken Religion, Göttingen ²1980, 262–277; weitere und eine Kritik dieser Einteilung bei Michael A. Williams, Rethinking »Gnosticism«. An Argument for Dismantling a Dubious Category, Princeton 1999, 139f.292f.

16 Vgl. dazu den Aufsatz von Judith Hartenstein in diesem Band sowie zum generellen Problem Karen L. King, What is Gnosticism?, Cambridge: MA/London: England 2003.

17 Vgl. dazu King, Gnosticism, 13: »That no treatises supporting libertinism have been found may of course be simply a matter of chance; it is nonetheless telling.« Vgl. a.a.O., 124f.

18 Eine Verbindung mit pachomischen Klöstern wird häufiger angenommen, vgl. King, Gnosticism, 149; 278 A16 (Literatur); Karl-Wolfgang Tröger, Moral in der Gnosis, in: Peter Nagel (Hrsg.), Studien zum Menschenbild in Gnosis und Manichäismus, Wissenschaftliche Beiträge der Martin-Luther-Universität Halle-Wittenberg 39, Halle (Saale) 1979, 95–106; hier: 100. Gegen diese Verbindung sprechen sich neuerdings aus: Nicola Denzey Lewis/Justine Ariel Blount, Rethinking the Origins of the Nag Hammadi Codices, in: JBL 133 (2014), 399–419.

handelt, wäre eine nicht-libertinistische Haltung kein typisches Merkmal aller solcher Schriften, sondern ein Selektionsmerkmal für die Sammlung und zeitweilige Aufbewahrung in einer Klosterbibliothek – und insofern wenig aussagekräftig. Wie auch immer dies einzuschätzen ist: Die Konsequenz ist, dass wir für die Frage nach dem ›Libertinismus‹ antiker Gruppierungen in Abwesenheit von Originalquellen auf polemische Gegenschriften angewiesen sind.

Solche Polemiken sind in den antihäretischen Ausführungen der Kirchenväter und deren Nachschriften reichlich vorhanden. Schon oben hatte ich auf die ›Leuchterlegende‹ und ihre mangelnde Glaubwürdigkeit hingewiesen. Das Glaubwürdigkeitsdefizit speist sich in diesem Falle aus dem stereotypen Charakter der Vorwürfe, dem ständigen Wechsel der angeklagten Gruppierungen, dem Mangel an Originalquellen oder längeren Zitaten aus ebendiesen sowie der Abwesenheit einer theologischen Argumentation, die die ausgeübten Praktiken begründen würde. Verkehrt man die Liste dieser Fehlanzeigen in ihr Gegenteil, so wären Kriterien für das Auffinden echter libertinistischer Gruppierungen etwa wie folgt zu fassen: Wir suchen nach *nicht* stereotypen, sondern originellen Vorwürfen bzw. Verhaltensweisen, die *nicht* beliebig unterschiedlichen Gruppen nachgesagt werden. Wir suchen darüber hinaus, in Abwesenheit libertinistisch ausgerichteter Originalquellen unter den Nag-Hammadi-Codices und verwandten Texten, wenigstens nach längeren Zitaten aus nicht im Original erhaltenen Werken bei den Kirchenvätern, in denen eine theologische oder philosophische Begründung der ausgeübten Praktiken erkennbar ist. Ideal wäre darüber hinaus eine unabhängige Bezeugung in einer anderen Quelle.

Verfährt man nach diesen Vorgaben, so bleiben von den gesammelten Schmähungen der Kirchenväter m.E. lediglich zwei Passagen übrig, die es sich näher anzusehen lohnt, je eine bei Clemens von Alexandrien und bei Epiphanius von Salamis.[19] Ich widme mich zunächst der Passage bei Clemens im dritten Buch der Stromata.

---

[19] Zur Dekonstruktion diverser anderer Anschuldigungen vgl. Williams, Gnosticism, 163–184. Williams hält sogar auch die Epiphanius-Passage für fiktional, zu meiner divergierenden Einschätzung s.u. Nach Jonas, Gnosis, 234, gehört der Libertinismus »ins Zentrum gnostischen Umschwungs«. Dagegen betonen z.B. Frederik Wisse, Die Sextus-Sprüche und das Problem der gnostischen Ethik, in: Alexander Böhlig/Frederik Wisse (Hrsg.), Zum Hellenismus in den Schriften von Nag Hammadi, GOF 6,2, Wiesbaden 1975, 55–86; Tröger, Moral, 95–106, den asketischen Charakter der gnostischen Originaltexte und äußern Skepsis gegenüber den Darstellungen der Kirchenväter. Eine differenzierte Einschätzung vertreten z.B. Bentley Layton, The Gnostic Scriptures. A New Translation with Annotations and Introductions, London 1995, 200; Hans-Josef Klauck, Die religiöse Umwelt des Urchristentums 2. Herrscher- und Kaiserkult, Philosophie, Gnosis, Stuttgart u.a. 1996, 195; Antti Marjanen, The Woman Jesus Loved. Mary Magdalene in the Nag Hammadi Library and Related Documents, NHMS 40, Leiden u.a. 1996, 189–202. Mit Goehring, Libertine, 332, ist dabei auch zu bedenken, dass die Kirchenväter in einigen Fällen metaphorisch-sexuelle Aussagen in den »gnostischen« Schriften als Beschreibungen konkreter Praktiken fehlinterpretiert haben

Clemens macht gleich zu Beginn seines Berichtes deutlich, worin er das Problem sieht, wenn er mit folgendem Satz beginnt: »Die Anhänger des Karpokrates und des Epiphanes aber fordern, daß die Weiber allen gemeinsam seien«[20] und daraufhin konstatiert, dass er dies für die größte Blasphemie hält. Bei Clemens folgt eine biographische Kurzvorstellung des Epiphanes als Sohn von Karpokrates und einer Mutter namens Alexandreia, die schon aufgrund dieser Namen in der Forschung Verdacht erregt hat.[21] Zudem lässt sich das, was Clemens im Folgenden aus der Schrift des Epiphanes zitiert, nur unvollständig mit den anderweitigen Nachrichten über die Gruppierung der so genannten ›Karpokratianer‹ in Übereinstimmung bringen.[22] Ich werde hier nicht darauf eingehen, sondern mich dem Argumentationsgang in der Schrift des Epiphanes Περὶ δικαιοσύνης/*Peri dikaiosunēs* (Über die Gerechtigkeit) widmen, aus der Clemens längere Passagen zitiert. Es heißt dort:

> »Die Gerechtigkeit Gottes ist eine Art von Gemeinschaft auf Grund von Gleichheit. Gleich ist ja allenthalben der Himmel ausgebreitet und umfaßt im Kreise die ganze Erde, und die Nacht zeigt in gleicher Weise alle Sterne, und die Sonne, die den Tag heraufführt und die Mutter alles Lichtes ist, hat Gott von oben her über alle auf Erden, die sehen können, in gleicher Weise ausgegossen, und diese sehen sie alle gemeinsam. Denn er macht keinen Unterschied zwischen reich und arm, Volk und Herrscher, Törichten und Verständigen, Weib und Mann, Freien und Sklaven. Aber auch die unvernünftigen Wesen behandelt er nicht anders, sondern ebenso; er läßt für alle Lebewesen das Sonnenlicht sich in gleicher Weise von oben ergießen; so setzt er für Gute und Schlechte seine Gerechtigkeit fest, damit keiner mehr haben oder seinem Nächsten etwas wegnehmen kann, so daß er etwa von dem Licht doppelt so viel als der andere haben könnte«.[23]

Das Gleichheitspostulat betrifft nach Epiphanes auch die Nahrung, die die Sonne in gleicher Weise für alle hervorsprießen lässt und allen, auch den Tieren, zur Verfügung stellt.[24] Dasselbe gilt auch für die Fortpflanzung, auch hier sind

---

dürften. Für weitere Literatur zu dieser Frage vgl. GOEHRING, Libertine, 339, A42.43; MARJANEN, Woman, 190 A5.

[20] Strom III,5,1 (griechischer Text: OTTO STÄHLIN [Hrsg.], Clemens Alexandrinus, Zweiter Band. Stromata Buch I–VI, GCS 52, in dritter Auflage neu hrsg. von LUDWIG FRÜCHTEL, Berlin 1960, 197. Ich zitiere hier und im Folgenden aus der Übersetzung: OTTO STÄHLIN, Clemens von Alexandria, Teppiche. Wissenschaftliche Darlegungen entsprechend der wahren Philosophie [Stromateis], Buch I–III, BKV II,17, München 1936; hier 259).

[21] Karpokrates/Harpokrates ist eine ägyptische Göttergestalt und Alexandria/Alexandreia eine ägyptische Stadt. Zum Problem und der karpokratianischen Bewegung vgl. u.a. vgl. HEINZ KRAFT, Gab es einen Gnostiker Karpokrates?, in: ThZ 8 (1952), 434–443; WINRICH A. LÖHR, Karpokratianisches, in: VigChr 49 (1995), 23–48.

[22] Vgl. WILLIAMS, Gnosticism, 167–169 (zu Irenäus, Haer I, 25) und 184–187 (zu Clemens, Strom III, 5). Die Gemeinsamkeiten der beiden Berichte beschränken sich vorwiegend auf anti-›libertinistische‹ Stereotypen und den Rückgriff auf Platonisches, der jedoch jeweils unterschiedlich ansetzt.

[23] Strom III, 6,2 (STÄHLIN, BKV 2,17, 260).

[24] Vgl. Strom III, 6,3f (STÄHLIN, BKV 2,17, 260).

die menschlichen Gesetze sekundär: »Da aber die Gesetze«, sagt er [Epiphanes], »die Unwissenheit der Menschen nicht strafen konnten, lehrten sie dieselbe erst, daß sie widergesetzlich handeln. Indem nämlich die Gesetze Einzelbesitz vorsahen, zerschnitten sie die durch das göttliche Gesetz geregelte Gleichheit und zerstören sie.« – Clemens merkt an: »Dabei verstand er das Wort des Apostels nicht, der sagte: ›Durch das Gesetz erkannte ich die Sünde‹«.[25] Nach Clemens meint Epiphanes,

> »die Begriffe Mein und Dein seien erst durch die Gesetze in die Welt gekommen, so daß man nicht mehr in Gemeinsamkeit die Erde und den Besitz sich zunutze macht und auch nicht die Ehe. Denn zum gemeinsamen Besitz hatte Gott für alle die Weinstöcke gemacht, die sich ja auch gegen Sperlinge und Diebe nicht wehren, und ebenso auch das Getreide und die anderen Früchte. Indem man aber die Gemeinsamkeit und die Gleichheit gesetzwidrig aufhob, schuf man den Dieb der Haustiere und der Früchte«.[26]

Es ist deutlich, dass Epiphanes in seiner Schrift Privateigentum aller Art ablehnt, und meint, dass erst die menschlichen Gesetze Gesetzesüberschreitungen erzeugen. Das göttliche Gesetz – ebenso mit dem Terminus *νόμος/Nomos* bezeichnet –, sieht etwas anderes vor, nämlich radikale Gleichheit. Bei näherer Betrachtung der Ehefrage ist die Gleichheit allerdings tatsächlich asymmetrisch, wie aus der Fortsetzung deutlich wird:

> »Da also Gott für den Menschen alles zum Gemeingut gemacht und das Weib mit dem Mann ohne Unterschied zusammengeführt und in gleicher Weise alle Lebewesen vereinigt hatte, erwies er die Gerechtigkeit als eine Gemeinschaft auf Grund von Gleichheit. Diejenigen aber, die auf solche Weise geboren worden waren, verleugneten die Verbindung, die ihre Geburt herbeigeführt hatte, und sagen: Wer eine Frau heimgeführt hat, soll sie behalten, während doch alle sie mitbesitzen könnten, wie es die übrigen Lebewesen zeigen. (Nachdem er dies wörtlich gesagt hat, fährt er wieder in gleicher Weise wörtlich so fort:) Denn er hat bei den männlichen Wesen die Begierde stark und unwiderstehlich gemacht, auf daß die Gattung bestehen bleibe, und kein Gesetz und keine Sitte und nichts anderes in der Welt kann sie austilgen; denn sie ist Gottes Wille.«[27]

Clemens unternimmt anschließend den Versuch, diese Position mit Hilfe von Bibelzitaten zu widerlegen, dann fährt er mit der Schrift des Epiphanes fort:

> »Infolgedessen muß man den Satz ›Du sollst nicht begehren!‹ so auffassen, als habe der Gesetzgeber ein lächerliches Wort gesprochen und dazu noch lächerlicher hinzugefügt: ›deines Nächsten Gut!‹ Denn er selbst, der die Begierde gab als die Kraft, die die Gattung erhält, befiehlt, diese zu beseitigen, während er sie doch bei keinem Lebewesen beseitigt. Mit dem Zusatz ›das Weib deines Nächsten‹, womit er den gemeinsamen Besitz mit Gewalt in Einzelbesitz verwandelt, hat er aber etwas noch Lächerlicheres gesagt.«[28]

---

25 Röm 7,7.

26 Strom III, 7,2–4 (Stählin, BKV 2,17, 261f.).

27 Strom III, 8,1-3 (Stählin, BKV 2,17, 262).

28 Strom III, 9,3 (Stählin, BKV 2,17, 263).

Inzwischen sollte deutlich geworden sein, dass die sexuelle Grenzüberschreitung dieser Gruppe darin bestand, auch die Frauen, wie alles andere, nicht als Privateigentum anzusehen. Vorausgesetzt ist, dass sie in der antiken Sexualethik als ebensolches eingestuft wurden. Da wir diese Perspektive nicht teilen, scheint die Diskussion vom heutigen Standpunkt aus abwegig. Problematisch ist, wieder aus heutiger Perspektive, dass das sexuelle Selbstbestimmungsrecht der Frauen in keiner Weise thematisiert wird.

Wirft man noch einen Blick in die Fortsetzung bei Clemens, so folgt eine Variante der ›Leuchterlegende‹, die in keinem erkennbaren Zusammenhang mit den Zitaten aus der Schrift des Epiphanes steht. Die assoziative Verbindung ist anscheinend das sexuelle ›Durcheinander‹, das Clemens missbilligt.[29] Clemens wirft Epiphanes also nicht die Asymmetrie der Geschlechter vor; beide teilen den selbstverständlich androzentrischen Blick auf die Welt. Er hält ihm vielmehr den Verstoß gegen (auch biblische) Gesetze und Normen vor, und meint, er habe nicht nur Paulus, sondern auch Platon missverstanden, »der im ›Staat‹ verlangt, daß die Frauen Gemeingut sein sollen,[30] und damit meint, daß zwar die Unverheirateten für die, die um sie werben wollen, gemeinsam seien, so wie auch das Theater für alle, die zuschauen wollen, gemeinsam ist, daß dagegen jede einzelne nur dem gehöre, der sie zuerst für sich gewonnen hat, und daß die Verheiratete kein Gemeingut mehr sei«.[31] Hier interpretiert eher Clemens als Epiphanes Platons Programm in seinem Sinne um. Deutlich ist jedenfalls, dass wir es bei Epiphanes, möchte man seine Ideen denn einordnen, mit einem Platoniker zu tun haben – auch Clemens bemerkt an früherer Stelle, Epiphanes sei »bei seinem Vater in der allgemeinen Bildung und in der platonischen Philosophie unterrichtet worden«.[32] Hinzu kommt noch eine etwas spezielle Adaption des paulinischen Gesetzesverständnisses – als ›gnostisch‹ in irgendeiner sinnvollen Verwendung dieses problematischen Terminus kann man die Ideen des Epiphanes nicht bezeichnen.[33]

[29] Zusammengehalten wird der Text auch durch die zuvor etablierte Verbindung zwischen Epiphanes und Karpokrates, die möglicherweise aber auch nur auf dieser Assoziation beruht bzw. sie vorbereitet. Zum Schluss des Abschnittes zitiert Clemens noch eine kurze Passage aus einer Schrift mit dem Titel »Magika«: »Die Magier halten es für erlaubt, daß man sich mit Müttern und Töchtern und Schwestern vermählt und daß die Weiber gemeinsam seien, und zwar nicht gewaltsam und heimlich, sondern indem beide Teile dem zustimmen, [hier dachte ich zunächst: endlich wird die Zustimmung der Frauen thematisiert –, aber dann geht es weiter:] wenn der eine die Frau des andern heiraten will.« Gemeint ist also, beide Männer müssen dem zustimmen, was über die Frau ausgehandelt wird.

[30] Platon, Staat V p. 457d. Hier geht es tatsächlich darum, dass Frauen gemeinsam sind, und auch die Kinder nicht einem bestimmten Mann zuzuordnen sind – also hört die Gemeinsamkeit im platonischen Modell nicht mit dem Beginn der Ehe auf; anders z.B. Epiktet, Arr. Diss. II, 4,8–10.

[31] Strom III, 10,2 (Stählin, BKV 2,17, 263).

[32] Strom III, 5,3 (Stählin, BKV 2,17, 260).

[33] So auch Williams, Gnosticism, 184–187, nach dessen Einschätzung hier das einzige glaubwürdige Zeugnis für ›Libertinismus‹ vorliegt, das aber gerade nicht ›gnos-

Damit unterstützt dieser Text auch nicht die allgemein angenommene Verbindung von ›Gnosis‹ und ›Libertinismus‹. Er zeigt vielmehr eine theologisch begründete Ablehnung des Privateigentums auf allen Ebenen, was auch die (antike) Ehevorstellung einbezieht. Man könnte auch sagen: *In Bezug auf Privateigentum aller Art ist das Programm des Epiphanes asketisch.* Die Konsequenz eines ›freizügigeren‹ Lebenswandels, den Clemens missbilligt, wäre somit eine Folge einer anderen Art von Verzicht, die in bestimmten Bereichen auch Nicht-Verzicht mit sich bringt. Bevor ich diesen Zusammenhang näher betrachte, möchte ich zunächst noch einen Blick auf den zweiten Text werfen, der immer wieder im Kontext des Libertinismus diskutiert wird. Er findet sich im *Panarion* des Epiphanius von Salamis; wir springen jetzt also vom Ende des zweiten Jahrhunderts in die zweite Hälfte des vierten.

Der Bericht des Epiphanius enthält einige Unglaubwürdigkeiten: Er zählt zu viele Gruppennamen auf, ohne sie inhaltlich klar zu differenzieren,[34] kolportiert eine weitere Version der ›Leuchterlegende‹, diesmal erweitert durch das gemeinsame Verspeisen abgetriebener Embryonen statt in Teig gehüllter Kinder, und berichtet in widersprüchlicher Weise von einer eigenen Begegnung in seiner Jugend mit Frauen der Gruppe, die ihn zu verführen versucht hätten.[35] Das ganze Kapitel ist aber m.E. dennoch nicht nur als eine Fiktion des Epiphanius zu lesen,[36] da er sich auch auf konkrete Schriften bezieht und

---

tisch‹ ist, sondern auf griechischer Philosophie basiert. Zudem führt Clemens im Kontext nicht eine Auseinandersetzung mit gnostischen Gruppen, sondern eine allgemeine, vgl. die Fortsetzung, wo es um antike Philosophen geht; sowie Williams, a.a.O., 187f.

[34] Epiphanius zählt sowohl zu Beginn (Pan 25,2,1) wie auch später in seinem Referat (26,1,3; 26,3,6f) diverse Gruppen mit unterschiedlichen Namen auf. Dies ist wohl auch dem Interesse des Epiphanius zuzuschreiben, möglichst viele einander widersprechende Einzelgruppen zu diffamieren (vgl. dazu 25,2,1 und 5,1). Die konfusen Gruppenzuordnungen setzen sich in der modernen Forschung fort, vgl. zum Klassifizierungsproblem Tuomas Rasimus, Paradise Reconsidered in Gnostic Mythmaking. Rethinking Sethianism in Light of the Ophite Evidence, NHMS 69, Leiden u.a. 2009, 54f.62.150f., der für Pan 26 eine Mischung barbeloitischer und ophitischer Vorstellungen annimmt.

[35] Vgl. Pan 26,17,4–9. Besonders diese Passage enthält Unstimmigkeiten, vgl. dazu Virginia Burrus, The Heretical Woman as Symbol in Alexander, Athanasius, Epiphanius, and Jerome, in: HThR 84 (1991), 229–248; hier: 241–248; Williams, Gnosticism, 179–184; Silke Petersen, »Jede Häresie ist eine wertlose Frau« (Epiphanius von Salamis). Zur Konstruktion der Geschlechterdifferenz im Religionsstreit, in: Ute E. Eisen u.a. (Hrsg.), Doing Gender - Doing Religion, WUNT 302, Tübingen 2013, 99-126; hier: 115-120.

[36] So Williams, Gnosticism, 179–184, der jedoch den im Folgenden zitierten Text komplett übergeht. Anders Stephen Gero, With Walter Bauer on the Tigris: Encratite Orthodoxy and Libertine Heresy in Syro-Mesopotamian Christianity, in: Charles Hedrick/Robert Hodgson (Eds.), Nag Hammadi, Gnosticism, and Early Christianity, Peabody: MA 1986, 287–307, der den Bericht des Epiphanius ernst nimmt und die Nach- und Vorgeschichte der bei Epiphanius auftretenden so genannten »Borboritai« bzw. für deren Vorgeschichte der »Nikolaitai« rekonstruiert. Allerdings veranschlagt Gero m.E. den Quellenwert der Polemiken gegen die so bezeichneten Gruppen zu hoch,

aus diesen zitiert oder referiert, oder zumindest ihre Titel nennt. In einigen Punkten gibt es hierbei auch Berührungen mit den in Nag Hammadi gefundenen Texten.[37] Zudem passen einige der von Epiphanius geschilderten Verhaltensweisen inhaltlich zu den von ihm zitierten Passagen und referierten Grundideen. Insgesamt scheint es um eine Haltung zu gehen, die sich als ›fortpflanzungsfeindlicher Libertinismus‹ charakterisieren lässt. Der folgende Text zeigt einige dieser Aspekte:

> »Und sie haben viele Bücher: Gewisse ›Fragen der Maria‹ veröffentlichen sie, andere aber legen viele Bücher über den genannten Jaldabaoth und auf den Namen des Seth vor. ›Apokalypsen des Adam‹ nennen sie andere, und sie scheuen sich nicht, weitere Evangelien auf den Namen der Jünger und Jüngerinnen zusammenzuschreiben, und von unserem Erlöser und Herrn Jesus Christus schämen sie sich nicht zu sagen, dass er selbst diese Obszönität offenbart habe. In den sogenannten ›Großen Fragen der Maria‹ nämlich (sie haben aber auch ›Kleine‹ erfunden), behaupten sie, dass er ihr eine Offenbarung gab, indem er sie auf den Berg mitnahm, betete, aus seiner Seite eine Frau hervorbrachte und anfing, sich mit ihr zu vereinigen, und dann sein Weggeflossenes nahm, um zu zeigen, dass ›es nötig ist, so zu handeln, damit wir leben‹. Und als Maria fassungslos war und zu Boden fiel, habe er sie wieder aufgerichtet und zu ihr gesagt: ›Warum zweifelst du, Kleingläubige?‹«[38]

Epiphanius erwähnt im Kontext dieses Referats verschiedene Praktiken der Gruppe: Er wirft ihnen vor, üppige Mahlzeiten zu feiern und anschließend in betrunkenem Zustand außereheliche Sexualität zu praktizieren, wobei sie das Sperma mit ihren Händen auffingen. Mit dem so gewonnenen Sperma sowie mit Menstruationsblut sollen sie ein Abendmahl gefeiert haben, bei dem sie das Sperma zum σῶμα τοῦ Χριστοῦ/*Soma tou Christou* (Leib Christi) und das Blut zum αἷμα τοῦ Χριστοῦ/*Haima tou Christou* (Blut Christi) erklärten.[39] Epiphanius

---

da zwar die Bezeichnungen verwendet werden, die Anschuldigungen allerdings stereotyp sind und vielfach von Epiphanius abhängig sein dürften. Auch ist die Kontinuität zwischen »Nikolaitai« und »Borboritai« wenig überzeugend und schon die frühen Berichte der Kirchenväter über die so genannten »Nikolaiten« sind widersprüchlich und mindestens zum Teil aus Offb 2,6-15 assoziativ herausgesponnen; vgl. Clemens, Strom III, 25.6-26,3; Irenäus, Haer I, 26,3; Euseb, h.e. III,29, dazu Meike Willing, Eusebius als Häreseograph, PTS 63, Berlin/New York 2008; 128–133; Hermut Löhr, Die »Lehre der Nikolaiten«. Exegetische und theologische Bemerkungen zu einer neutestamentlichen »Häresie«, in: Athina Lexutt/Vicco von Bülow (Hrsg.), Kaum zu glauben. Von der Häresie und dem Umgang mit ihr, Arbeiten zur Theologiegeschichte 5, Rheinbach 1998, 34–55; hier bes. 52–54.

[37] Deutlich ist also, dass Epiphanius Kenntnis einer Reihe von Schriften hatte, die in der Gruppe rezipiert wurden. Zu den diversen Verbindungen mit den Texten aus Nag Hammadi vgl. z.B. die Anmerkungen bei Frank Williams (Übers.), Epiphanius Constantiniensis, The Panarion of Epiphanius of Salamis, Book I (Sects 1–46), NHS 35, Leiden u.a. 1987, 82–94.

[38] Epiphanius, Pan 26, 8,1-3 (griechischer Text: Karl Holl [Hrsg.], Epiphanius I. Ancoratus und Panarion haer. 1-33, GCS 25, Leipzig 1915, 284; englische Übersetzung bei Williams, Epiphanius I; die deutschen Übersetzungen sind meine eigenen).

[39] Pan 26,4,1–5,1 (Holl, Epiphanius I, 281).

stellt fest, dass sie die Fortpflanzung ablehnten. Zu diesem Zweck würden sie das Sperma essen, statt es zur Kinderzeugung zu benutzen. Wenn eine Frau dennoch schwanger werde, trieben sie den Embryo ab und äßen auch diesen, nachdem sie ihn zuvor gewürzt hätten (26,5,2–6). Sie kümmerten sich ausgiebig um ihren Körper, feierten Feste und lehnten es ab zu fasten (5,8). Sie würden das Alte und das Neue Testament gebrauchen, die sie allerdings anders auslegten, als Epiphanius es für richtig hält (6,1–7,6). Weiterhin berichtet er auch von Masturbation und homosexuellen Aktivitäten unter Männern (11,1.8).

Die Vorwürfe des Epiphanius sind unterschiedlich glaubwürdig. Der Verzehr von Sperma und Menstruationsblut ist auch anderweitig belegt: Im 2. Buch Jeû und in der Pistis Sophia wird gegen diese Praxis polemisiert. Allerdings ist dort nicht von einem Abendmahl die Rede,[40] so dass diese Zusammenstellung wohl Epiphanius zuzuschreiben ist.[41] Das Szenario einer gemeinsamen Mahlzeit mit anschließendem Löschen des Lichtes und wahllosem Geschlechtsverkehr sowie der Vorwurf, gemeinschaftlich Embryonen oder kleine Kinder zu verspeisen, kennen wir schon als Stereotyp und nicht als zuverlässige Beschreibung der Praxis einer konkreten Gruppe.

Im Gegensatz zu diesen Vorwürfen scheinen andere Aspekte des Berichtes glaubwürdiger. Epiphanius formuliert selbst eine Zusammenfassung der gegnerischen Verhaltensweisen: »Obwohl sie miteinander schlafen, verbieten sie die Fortpflanzung« (Μισγόμενοι δὲ μετ' ἀλλήλων τεκνοποιίαν ἀπαγορεύουσιν/ *Misgomenoi de met' allēlon teknopoiian apagoreuousin*).[42] Von hier aus gewinnen sowohl der im Zusammenhang mit den »Fragen der Maria« berichtete Vorgang als auch die beschriebenen Praktiken einen nachvollziehbaren Sinn. Coitus interruptus (4,5), Oralverkehr (so scheint mir die Abendmahlspraxis einzuordnen zu sein, wenn man das Abendmahl abzieht), Abtreibung (5,4f), Masturbation und homosexuelle Aktivitäten von Männern (11,1.8) sind durchaus geeignet, um Nachkommenschaft zu vermeiden, insbesondere unter den antiken Voraussetzungen mangelhafter Verhütungsmittel.[43]

---

40 2Jeû, Kap. 43; Pistis Sophia, Buch IV, Kap. 147; dazu Adolf von Harnack, Über das gnostische Buch Pistis Sophia. Brod und Wasser: Die eucharistischen Elemente bei Justin, Zwei Untersuchungen, TU 7,2, Leipzig 1891, 69; Silke Petersen, »Zerstört die Werke der Weiblichkeit!« Maria Magdalena, Salome und andere Jüngerinnen Jesu in christlich-gnostischen Schriften, NHMS 48, Leiden u.a. 1999, 124–133.

41 So auch Marjanen, Woman, 195–197, unter Hinweis darauf, dass auch Epiphanius diese Verbindung nicht durchgehend herstellt.

42 Pan 26,5,2 (Holl, Epiphanius I, 281). Auch Goehring, Libertine, 340, geht davon aus, dass die Vermeidung von Fortpflanzung im Zentrum der Theologie dieser Gruppe stand, und es nicht einfach – wie Epiphanius es darstellt – um das ungeregelte Ausleben sexueller Bedürfnisse ging.

43 In Schriften zur Medizin sind Verhütung und Abtreibung durchaus ein Thema, wobei zwischen beidem oft nicht klar unterschieden wird. Auch in der Praxis dürfte es zu Überschneidungen gekommen sein, da abtreibende Medizinen auch zu Unfruchtbarkeit führten und der Beginn einer Schwangerschaft nicht sicher festzustellen war. Die Schriften erwähnen sowohl eher effektive wie auch weniger effektive Methoden (wie z.B. das Tragen von Amuletten oder das Niesen der Frau nach dem Geschlechts-

Die konkreten Praktiken, die Epiphanius schildert, lassen sich mithin als plausible Möglichkeiten zur Vermeidung von Nachkommenschaft verstehen. Dahinter steht ein theologisches Programm: Die Erzeugung von Nachkommenschaft bedeutet eine Fortsetzung der minderwertigen Schöpfung des Archonten und des Leidens in dieser Welt. Gleichzeitig verhindert sie auch die Rückführung der in die weltliche Materie eingesperrten göttlichen Substanz in die himmlische Sphäre.[44] Das Einsammeln dieser göttlichen Substanz ist auch der Sinn der oralen Aufnahme von Sperma und Menstruationsblut, was aus dem nächsten Text hervorgeht:

> »Sie sagen aber, dass das Fleisch zugrunde geht und nicht auferweckt wird, es gehöre zum Archonten. Die Kraft aber im Menstruationsblut und im Samen sei die Seele, sagen sie, die wir sammeln und essen. Und was auch immer wir essen, Fleisch oder Gemüse oder Brot oder etwas anderes, wir erweisen den Geschaffenen Gnade, wenn wir von allen die Seele sammeln und mit uns hinübertragen in das Himmlische.«[45]

Hier werden also die Seelen eingesammelt, um an ihren Ursprungsort zurückgebracht zu werden. Die Opposition gegen den Archonten lässt sich nicht nur als Verweis auf einen minderwertigen Schöpfergott lesen, sondern auch politisch applizieren: der archontische Herrscher wäre dann der römische Kaiser, dem man keine Nachkommen zur Verfügung stellen möchte; vgl. etwa die Aussage des Properz: »Warum soll' ich für Siege der Heimat Söhne verschaffen! – Meinem Blute entstammt sicherlich nie ein Soldat.«[46]

In unserem Text scheint es sich darüber hinaus um ein egalitäres Programm zu handeln, das Seelen überall annimmt und Sperma und Menstruationsblut parallelisiert. Letzteres lässt sich wohl unter Rückgriff auf jene antiken Fortpflanzungstheorien verstehen, die von einem weiblichen Samen ausgehen und diesen im Menstruationsblut lokalisieren.[47]

---

verkehr). Manche der Methoden dürften zwar zur Reduktion von Geburten beigetragen, aber keine Sicherheit im Einzelfall garantiert haben; vgl. zum Thema u.a. Keith Hopkins, Contraception in the Roman Empire, in: Andreas Karsten Siems (Hrsg.), Sexualität und Erotik in der Antike, WdF 605, Darmstadt 1988, 168–205; Werner A. Krenkel, Familienplanung und Familienpolitik in der Antike, in: Siems, Sexualität, 375–384.

44 Vgl. Goehring, Libertine, 340f.

45 Pan 26,9,3f. Vgl. dazu Goehring, Libertine, 340f; Marjanen, Woman, 196f.

46 Properz 2,7,13f , zitiert bei Krenkel, Familienplanung, 384 A10 (unde mihi patriis gnatos praebere triumphis? – nullus de nostro sanguine miles erit).

47 Vom heutigen Wissen aus scheint dies eigenartig. Jedoch ist zu bedenken, dass die biologischen Vorgänge bei der Entstehung von Kindern in der Antike unklar waren. Es war umstritten, ob ein weiblicher Same existiert. Die weibliche Anatomie wurde jedoch weitgehend zur männlichen analog beschrieben, und sogar bei Aristoteles (der nicht von einem weiblichen Samen ausgeht) findet sich eine Parallelisierung von Sperma und Menstruationsblut. Man ging davon aus, dass die fruchtbare Phase im weiblichen Zyklus unmittelbar vor oder nach dem Ende der Menstruationszeit sei und betrachtete die Menstruation als Voraussetzung für eine Empfängnis. Vgl. dazu Aline Rousselle, Der Ursprung der Keuschheit, Stuttgart 1989, 40–67; Thomas Laqueur,

Einige Stimmen in der Forschung gehen von einer besonderen Beteiligung von Frauen in dieser Gruppe aus.[48] Da der ganze Abschnitt jedoch auf der Auswahl und abwertenden Darstellung des Epiphanius beruht, der ja durchgehend kein Freund aktiver Frauen ist,[49] scheint mir diese Schlussfolgerung nicht gesichert.

Deutlich ist dagegen, dass die Gegner und Gegnerinnen des Epiphanius Schriftexegese betreiben. Epiphanius referiert mehrfach die Auslegung bestimmter Schriftstellen,[50] und auch in den »Großen Fragen« wird neben dem Zitat aus Mt 14,31 noch auf einen Genesistext angespielt. Jesus bringt eine Frau aus seiner Seite hervor wie der Schöpfergott Eva aus der Seite Adams.[51] Während die Genesisgeschichte mit der Vertreibung aus dem Paradies, der Begrenzung der Lebenszeit und der Erzeugung von Nachkommen endet, fordert Jesus in den »Großen Fragen« dazu auf, auf die Kinderzeugung zu verzichten, »damit wir leben«. Die Genesisgeschichte wird also quasi umgekehrt.[52]

Obwohl die Praxis der von Epiphanius angegriffenen Gruppen üblicherweise als ›Libertinismus‹ bezeichnet wird, ließe sie sich bei einer Veränderung des Blickwinkels auch als ›Askese‹ beschreiben. Und zwar vordergründig zunächst deshalb, weil hier auf etwas verzichtet wird, nämlich auf Nachkommenschaft: ›Reproduktions-Askese‹ also, wenn wir es benennen wollen, für die sich auch sonst in der Antike – und ja nicht nur dort – Beispiele finden lassen. Die für die Reproduktions-Askese verwendeten Praktiken allerdings können variieren; in Kombination damit ist für die Antike zumeist eher geschlechtliche Abstinenz belegt, was ja auch insgesamt zuverlässiger war als die unsicheren Verhütungsmittel oder die bei Epiphanius geschilderten Praktiken.

Als vorläufiges Fazit lässt sich festhalten: Die beiden möglicherweise ernst zu nehmenden Texte mit so genannten ›libertinistischen‹ Praktiken zeigen nicht einfach das ungeregelte Ausleben sexueller Bedürfnisse, sondern entwickeln ein je verschiedenes Programm. Im von Clemens referierten Text ist die Grundidee die konsequente Ablehnung des Privateigentums; bei den von Epiphanius angegriffenen Gruppierungen geht es um die prinzipielle Vermeidung von Nachkommenschaft. In beiden Fällen wird auf etwas verzichtet – aus einem veränderten Blickwinkel lässt sich dieser so genannte ›Libertinismus‹ also auch als ›Askese‹ klassifizieren, verstanden als ein Eintauschen von Werten entgegen dem gesellschaftlichen Konsens, als der Verzicht auf etwas, das normalerweise als erstrebenswert betrachtet wird (in den genannten Fällen

---

Auf den Leib geschrieben. Die Inszenierung der Geschlechter von der Antike bis Freud, Frankfurt a.M./New York 1992, 53–57.

48 Vgl. MARJANEN, Woman, 188f.199; GOEHRING, Libertine, 341–344.

49 Vgl. PETERSEN, Häresie, 115–120.

50 Vgl. Pan 26,6,1–7,5. 8,4–9,2.

51 Im Text der »Großen Fragen« ist wie in Gen 2,21f. (LXX) von πλευρά/*Pleura* (Seite) die Rede.

52 Hier lässt sich über eine mögliche Verbindung zum Konzept der *dé-création* nachdenken, vgl. den Aufsatz von Nina Heinsohn in diesem Band.

Privateigentum und Nachwuchs) auf Grund höherer Ziele, oder zur Umsetzung höher Prinzipien – hier: Der Gerechtigkeit/Gleichheit aller bzw. das Nicht-Einsperren weiterer Seelen in körperliche Gefängnisse.

So gesehen ist ›Askese‹ (inkl. des so genannten ›Libertinismus‹) tatsächlich ein Protest, und zwar nicht gegen die Welt generell (wie bei Hans Jonas), sondern gegen defizitäre oder als defizitär wahrgenommene Strukturen innerhalb der Welt, eine Art anti-normatives Verhalten, das gleichzeitig alternative Normen setzen will. Dies entspricht neueren Askese-Definitionen, die (u.a. in Anknüpfung an Max Weber[53]) sich nicht an einzelnen Verhaltensweisen wie Fasten etc. orientieren, sondern den Gesamtzusammenhang in den Blick nehmen. So lautet etwa die häufig rezipierte Definition von Richard Valantasis: »Asceticism may be defined as performances within a dominant social environment intended to inaugurate a new subjectivity, different social relations, and an alternative symbolic universe.«[54] Und: »The ascetic develops an alternative set of social relationships usually defined in conflict to the dominant social arrangements.«[55] Dies scheint durchaus eine treffende Beschreibung der hier betrachteten Texte und der zugehörigen Gruppierungen.

Der nächste Schritt wäre es jetzt, zu überlegen, wie wir aus heutiger Perspektive die in den besprochenen Texten entwickelten alternativen Modelle bewerten. Hier dürfte sich seit der Zeit der Kirchenväter einiges gewandelt haben, weil insbesondere die antiken sexualethischen Normen (glücklicherweise) nicht mehr die unsrigen sind.[56] Interessant schiene mir darüber hinaus, den Protestkonstellationen der zitierten Texte nachzugehen. Privateigentum und ein geregeltes Familienleben mit Nachkommenschaft sind immer noch Grundlagen unserer gesellschaftlichen Ordnung, über deren Sinn und bestehende Form sich durchaus nachdenken lässt.

---

53 Vgl. die Bezüge auf Max Weber z.B. in Hermann Spieckermann, u.a., Art. Ascetics, Asceticism, in: EBR 2 (2009), 936–960; hier: 955; sowie bei Richard Valantasis, The Making of the Self. Ancient and Modern Asceticism, Eugene: OR 2008, 4f u.ö.

54 Valantasis, Making, 38. Vgl. die ähnliche (ältere) Definition in Valantasis, Making, 8: »Asceticism may be defined as performances designed to inaugurate an alternative culture, to enable different social relations, and to create a new identity« (= Richard Valantasis, A Theory of the Social Function of Asceticism, in: Vincent L. Wimbush/Richard Valantasis [Eds.], Asceticism, New York u.a. 1995, 544–551, 548). Die Definitionen von Valantasis werden häufig rezipiert, vgl. etwa Stephen J. Patterson, Askesis and the Early Jesus Tradition, in: Leif E. Vaage/Vincent L. Wimbush (Eds.), Asceticism and the New Testament, New York/London 1999, 58-69. Zur Problematisierung der Askese-Definitionsversuche insgesamt vgl. Mary Ann Tolbert, Asceticism and Mark's Gospel, in: Vaage/Wimbush (Eds.), Asceticism, 29–48; hier: 30–32.

55 Valantasis, Making, 37.

56 Vgl. etwa Martha C. Nussbaum, Konstruktionen der Liebe, des Begehrens und der Fürsorge, in: Dies., Konstruktionen der Liebe, des Begehrens und der Fürsorge. Drei philosophische Aufsätze, Stuttgart 2002, 163–233; bes. 206f.212f., die in Anknüpfung an den Konstruktionscharakter auch vermeintlich naturgegebener Vorgaben unsere Freiheit und damit die Verantwortung zu ethischer Argumentation betont – wiederum unter Bezug auf Platon.

# Literatur

Burrus, Virginia, The Heretical Woman as Symbol in Alexander, Athanasius, Epiphanius, and Jerome, in: HThR 84 (1991), 229–248.

Denzey Lewis, Nicola/Ariel Blount, Justine, Rethinking the Origins of the Nag Hammadi Codices, in: JBL 133 (2014), 399–419.

Gero, Stephen, With Walter Bauer on the Tigris: Encratite Orthodoy and Libertine Heresy in Syro-Mesopotamian Christianity, in: Charles Hedrick/Robert Hodgson (Eds.), Nag Hammadi, Gnosticism, and Early Christianity, Peabody: MA 1986, 287–307.

Goehring, James E., Libertine or Liberated: Women in the So-called Libertine Gnostic Communities, in: Karen L. King (Ed.), Images of the Feminine in Gnosticism, SAC, Philadelphia 1988, 329–344.

Harnack, Adolf von, Über das gnostische Buch Pistis Sophia. Brod und Wasser: Die eucharistischen Elemente bei Justin. Zwei Untersuchungen, TU 7,2, Leipzig 1891.

Holl, Karl (Hrsg.), Epiphanius 1. Ancoratus und Panarion haer. 1-33, GCS 25, Leipzig 1915.

Hopkins, Keith, Contraception in the Roman Empire, in: Andreas Karsten Siems (Hrsg.), Sexualität und Erotik in der Antike, WdF 605, Darmstadt 1988, 168–205.

Jonas, Hans, Gnosis und spätantiker Geist. Erster Teil. Die mythologische Gnosis. Mit einer Einleitung zur Geschichte und Methodologie der Forschung, Göttingen [4]1964 (Nachdruck 1988).

King, Karen L., What is Gnosticism?, Cambridge: MA/London: England 2003.

Klauck, Hans-Josef, Die religiöse Umwelt des Urchristentums 2. Herrscher- und Kaiserkult, Philosophie, Gnosis, Stuttgart u.a. 1996.

Knust, Jennifer Wright, Abandoned to Lust. Sexual Slander and Ancient Christianity, New York 2006.

Kraft, Heinz, Gab es einen Gnostiker Karpokrates?, in: ThZ 8 (1952), 434–443.

Krenkel, Werner A., Familienplanung und Familienpolitik in der Antike, in: Andreas Karsten Siems (Hrsg.), Sexualität und Erotik in der Antike, WdF 605, Darmstadt 1988, 375–384.

Kytzler, Bernhard (Hrsg./Übers.), Minucius Felix, Octavius. Lateinisch und deutsch, München 1965.

Layton, Bentley, The Gnostic Scriptures. A New Translation with Annotations and Introductions, London 1995.

Laqueur, Thomas, Auf den Leib geschrieben. Die Inszenierung der Geschlechter von der Antike bis Freud, Frankfurt a.M./New York 1992.

Löhr, Hermut, Die »Lehre der Nikolaiten«. Exegetische und theologische Bemerkungen zu einer neutestamentlichen »Häresie«, in: Athina Lexutt/Vicco von Bülow (Hrsg.), Kaum zu glauben. Von der Häresie und dem Umgang mit ihr, Arbeiten zur Theologiegeschichte 5, Rheinbach 1998, 34–55.

Löhr, Winrich A., Karpokratianisches, in: VigChr 49 (1995), 24–48.

Marjanen, Antti, The Woman Jesus Loved. Mary Magdalene in the Nag Hammadi Library and Related Documents, NHMS 40, Leiden u.a. 1996.

McGowan, Andrew, Eating People. Accusations of Cannibalism against Christians in the Second Century, in: Journal of Early Christian Studies 2 (1994), 413–442.

Nussbaum, Martha C., Konstruktionen der Liebe, des Begehrens und der Fürsorge, in: Dies., Konstruktionen der Liebe, des Begehrens und der Fürsorge. Drei philosophische Aufsätze. Aus dem Englischen übersetzt von Joachim Schulte, Stuttgart 2002, 163-233.

Patterson, Stephen J., Askesis and the Early Jesus Tradition, in: Leif E. Vaage/Vincent L. Wimbush (Eds.), Asceticism and the New Testament, New York/London 1999, 58–69.

Petersen, Silke, »Jede Häresie ist eine wertlose Frau« (Epiphanius von Salamis). Zur Konstruktion der Geschlechterdifferenz im Religionsstreit, in: Ute E. Eisen/Christine Gerber/Angela Standhartinger (Hrsg.), Doing Gender – Doing Religion, WUNT 302, Tübingen 2013, 99–126.

– »Zerstört die Werke der Weiblichkeit!« Maria Magdalena, Salome und andere Jüngerinnen Jesu in christlich-gnostischen Schriften, NHMS 48, Leiden u.a. 1999.

Rasimus, Tuomas, Paradise Reconsidered in Gnostic Mythmaking. Rethinking Sethianism in Light of the Ophite Evidence, NHMS 69, Leiden u.a. 2009.

Rousselle, Aline, Der Ursprung der Keuschheit, Stuttgart 1989.

Rudolph, Kurt, Die Gnosis. Wesen und Geschichte einer spätantiken Religion, Göttingen $^{2}$1980 (1977).

Spieckermann, Hermann u.a., Art. Ascetics, Asceticism, in: EBR 2 (2009), 936–960.

Stählin, Otto (Hrsg.), Clemens Alexandrinus, Zweiter Band. Stromata Buch I–VI, GCS 52, in dritter Auflage neu hrsg. von Ludwig Früchtel, Berlin 1960.

– (Übers.), Clemens von Alexandria, Teppiche. Wissenschaftliche Darlegungen entsprechend der wahren Philosophie (Stromateis), Buch I–III, BKV II,17, München 1936.

Tolbert, Mary Ann, Asceticism and Mark's Gospel, in: Leif E. Vaage/Vincent L. Wimbush (Eds.), Asceticism and the New Testament, New York/London 1999, 29–48.

Tröger, Karl-Wolfgang, Moral in der Gnosis, in: Peter Nagel (Hrsg.), Studien zum Menschenbild in Gnosis und Manichäismus, Wissenschaftliche Beiträge der Martin-Luther-Universität Halle-Wittenberg 39, Halle (Saale) 1979, 95–106.

Valantasis, Richard, The Making of the Self. Ancient and Modern Asceticism, Eugene: OR 2008.

– A Theory of the Social Function of Asceticism, in: Vincent L. Wimbush/Richard Valantasis (Eds.), Asceticism, New York u.a. 1995, 544–551 (entspricht: Valantasis, Richard, The Making of the Self. Ancient and Modern Asceticism, Eugene: OR 2008, 3–13).

Williams, Frank (Übers.), Epiphanius Constantiniensis, The Panarion of Epiphanius of Salamis, Book I (Sects 1–46), NHS 35, Leiden u.a. 1987.

Williams, Michael A., Rethinking »Gnosticism«. An Argument for Dismantling a Dubious Category, Princeton 1999.

Willing, Meike, Eusebius als Häreseograph, PTS 63, Berlin/New York 2008.

Wisse, Frederik, Die Sextus-Sprüche und das Problem der gnostischen Ethik, in: Alexander Böhlig/Frederik Wisse (Hrsg.), Zum Hellenismus in den Schriften von Nag Hammadi, GOF 6,2, Wiesbaden 1975, 55–86.

# Selbstsorge und politische Praxis in Philo von Alexandriens Schrift über die Therapeutinnen und Therapeuten

*Angela Standhartinger*

Im dritten Band von »Sexualität und Wahrheit« deutet Michel Foucault die in den ersten zwei Jahrhunderten nach Christus zu beobachtende »Vermehrung der sexuellen Sittenstrenge in der Moralreflexion« als eine »Intensivierung des Selbstbezugs, durch den man sich als Subjekt seiner Handlung konstruiert«.[1] In einem Durchgang durch Schriften der wichtigsten stoischen Philosophen, Musonius Rufus, Epiktet, Seneca und Marc Aurel, entdeckt er eine philosophische Ethik, die die Sorge um sich selbst als Weg individuellen Freiheitsgewinns profiliert. Freiheit entstehe, weil durch die fortwährende Übung des Körpers durch Verzicht und Enthaltsamkeit der Mensch erkennen könne, »dass selbst das schlimmste Missgeschick einem nicht das Nötigste nehmen wird, und dass man ständig aushalten kann, was man hie und da zu ertragen weiß«.[2] Dieses Konzept der Selbstsorge durch asketischen Verzicht sei zu verstehen als Reaktion auf das veränderte politische Spiel in der frühen römischen Kaiserzeit. Die Eliten regierten nun nicht mehr souverän über eigenständige Stadtstaaten, sondern fanden sich relativ machtlos in ein komplexes System von Über- und Unterordnungen eingebunden. Politisches Geschick oder Missgeschick ereigneten sich schicksalhaft, Auf- und Abstieg, eine Karriere als Magistrat einer Stadt oder Absetzung und Gefängnis waren gleichermaßen wahrscheinlich. Der Philosophie ging es daher »darum, eine Ethik zu erarbeiten, die es erlaubte, sich selbst im Verhältnis zu gesellschaftlichen, bürgerlichen und politischen Tätigkeiten [...] als Moralsubjekt zu konstituieren«.[3]

Foucault will die Differenzen philosophischer und christlicher Askese markieren und die Entwicklungsgeschichte von der einen Form der Selbstsorge zur anderen nachzeichnen. Seine Überlegungen zur vorchristlichen Antike konzentrieren sich allerdings allein auf stoische Diskursbeiträge. Zur Geschichte der Askese der frühen römischen Kaiserzeit gehören jedoch auch kynische und pythagoreisch-neuplatonische Stimmen.[4] Die Legendenbildung

---

[1] Michel Foucault, Die Sorge um sich. Sexualität und Wahrheit 3, Frankfurt a.M. [2]1991, 57.

[2] Foucault, Sorge, 83.

[3] Foucault, Sorge, 128.

[4] Richard Finn, Asceticism in the Graeco-Roman World, Cambridge 2009, 9–33.

schildert den Kyniker als jemanden, der sich aller sozialen Konventionen enthält und in seinem Verzicht auf Reichtum das Leben eines obdachlosen Bettlers führt, mit all den Zumutungen, die das für die Umwelt bedeutete.[5] Verzicht auf Sexualität gehörte nicht dazu. Den Kynikern ging es vielmehr um εὐτέλεια (*euteleia*), Einfachheit, und ἀτυφία (*atyphia*), die Freiheit von Anmaßung und Hochmut, also um die Rückbesinnung auf das Naturhafte.[6] Ihre Kritik galt kulturellen und gesellschaftlichen Konventionen. Über die pythagoreische Askese sind wir vor allem mittels der Neuplatoniker des zweiten und dritten nachchristlichen Jahrhunderts informiert. Hier wird Askese als Enthaltung von bestimmten Speisen, Getränken und Sexualität geübt, um körperliche und intellektuelle Reinheit zu erlangen – mit dem Ziel der Vereinigung mit dem Göttlichen. In den Lebensbeschreibungen des Apollonius von Tyana oder des Pythagoras ist asketische Übung mit göttlicher Weisheit und Vollmacht inklusive Wundertaten verbunden.[7]

Was Foucault außerdem übergeht, sind Formen jüdischer Askese. Im Folgenden möchte ich mich diesen genauer zuwenden. Im Zentrum steht dabei die Schrift *De Vita Contemplativa* (VitCont) oder zu Deutsch »Über das betrachtende Leben der Schutzflehenden« des jüdischen Theologen Philo von Alexandrien (ca. 15 v.Chr. – ca. 50 n.Chr.). Der Text beschreibt eine Gruppe von Gottesverehrenden, Therapeutinnen und Therapeuten genannt, die ein asketisches Leben am Rande der ägyptisch-römischen Großstadt Alexandria führen. In einem ersten Schritt werde ich diesen Text in die Geschichte jüdischer Askese einordnen. Anschließend werde ich untersuchen, was wir über die Therapeutinnen und Therapeuten historisch erschließen können. Und schließlich werde ich fragen, was Philo von Alexandrien dazu bewogen haben könnte, dieser Gruppe eine eigene Schrift zu widmen. Meine These ist, dass Philo mit der Beschreibung dieser asketisch lebenden jüdischen Philosophinnen und Philosophen eine religiös-gesellschaftspolitische Vision zeichnen möchte.

## 1. Die Therapeutinnen und Therapeuten im Rahmen jüdischer Askese

Foucaults Verzicht auf die Reflexion jüdischer Askese mag auch auf das verbreitete Vorurteil zurückzuführen sein, das antike Judentum kenne keine Askese. Wie Steven Fraade gezeigt hat, ist dies eine Fehleinschätzung. Ver-

---

[5] Vgl. den (pseudepigraphen) Brief des Kynikers Krates (5), der an seine Schüler schreibt: »Übt euch darin, euch kalt zu waschen und (nur) Wasser zu trinken, nicht ohne Mühe zu essen, euch mit einem groben Mantel zu bekleiden und auf der Erde zu schlafen.« Weitere Beispiele bei Abraham J. Malherbe, The Cynic Epistles. A Study Edition, SBL Sources for Biblical Studies 12, Missoula 1977.

[6] Finn, Asceticism, 21. Nach Clemens, Strom 3.21.130.7 soll Diogenes ein Werk über die Einfachheit (*euteleia*) verfasst haben.

[7] Finn, Asceticism, 27–32. Vgl. Philostrat, Das Leben des Apollonius von Tyana (*Vita Apollonii*); Iamblich, Leben des Pythagoras und der Pythagoreer.

steht man Askese als Übung und »disziplinierte Bemühung zur Erreichung spiritueller Perfektion« und als »freiwillige gänzliche temporäre Enthaltung von Lustbefriedigungen«,[8] die eigentlich erlaubt wären, so fallen eine Reihe jüdischer asketischer Praktiken ins Auge. Verzicht auf bestimmte Nahrungsmittel, auf Alkohol, Sexualität, Kleidung, Bequemlichkeit etc. begegnet in allen antiken Religionen im Kult, im Priesterinnen- und Priesterdienst und zur Vorbereitung einer Gottesbegegnung. Im Kontext religiöser Praxis erscheint ἄσκησις (*áskesis*) bereits im vierten Jahrhundert v.Chr. in einem Gebet bei Pindar in der Zeile: »Ich übe Gott zu dienen nach meinen Möglichkeiten«.[9]

Das Judentum ist hier keine Ausnahme. Die hebräische Bibel kennt Speiseregeln für den Kult sowie darüber hinausgehende Enthaltung von Wein und den Verzicht auf das Schneiden der Haare im Nasirat.[10] Es gibt temporäres Fasten z.B. am Versöhnungstag,[11] angesichts großer Gefahr für das Volk,[12] in Trauerprozessen[13] und angesichts von Schuld.[14] In hellenistisch-römischer Zeit dient die Enthaltung von bestimmten Speisen oder von der Ehe zum Ausweis heiliger Menschen. Der Weise Daniel bittet am Hof des Nebukadnezars um eine Spezialdiät aus Hülsenfrüchten und Wasser und erweist sich nichtsdestotrotz als der Wohlgenährteste von allen.[15] Nach Dan 10,3 enthält er sich des Brots, Fleisches, Weins und der Körperpflege zum Empfang der letzten Vision, eine Praxis, die auch für Esra, Baruch und andere bezeugt ist.[16]

Fastende Frauen spielen ebenso eine wichtige Rolle in jüdisch-hellenistischer Literatur. Für Esther und Aseneth sind Selbstminderungsaktionen (die Vertauschung der königlichen Kleidung mit Sack und Asche, Verzicht auf Nahrung) zur Vorbereitung auf ihre Fürbitten für das Volk und als Zeichen

---

8 Steven S. Fraade, Ascetical Aspects of Ancient Judaism, in: Arthur Green (Ed.), Jewish Spirituality I. From the Bible to the Middle Ages, London 1986, 253–288; hier: 257.

9 Pindar, 3. Pythische Rede 109. Zur Begriffsgeschichte vgl. Christoph Horn, Art. Askese, in: DNP 2, 1997, 86f.

10 Num 6,1–12. Jer 35 lobt die Rechabiten, die auf Wein und Ackerbau verzichten und in Zelten wohnen als Beispiel für besondere Treue zu Gott.

11 Lev 16,29 u. ö.

12 Est 4,16; Jer 14,12; Joel 2,12.

13 1Sam 1,7 (Hanna); 2Sam 1,12.

14 2Sam 12,16–23.

15 Dan 1,12.16. Vgl. auch David Satran, Daniel. Seer, Philosopher, Holy Man, in: John. J. Collins/George W.E. Nickelsburg (Eds.), Ideal Figures in Ancient Judaism. Profiles and Paradigms, SeHi 12, Ann Arbor 1980, 33–48. Satran zeichnet eine Entwicklungsgeschichte dieser Figur nach. Nach Josephus möchten sich Daniel und seine Freunde strenger erziehen und nehmen an der königlichen Tafel nur Feigen zu sich, was auf eine pythagoreische Diät hinweisen könnte (Josephus, Ant 10.190). »Dadurch wurden ihre Seelen rein durch Bildung unversehrt und ihre Körper durch Anstrengung kräftig« (Ant 10.194). Dieses Motiv findet sich auch in TestJos 3,4–5. Die Vita Daniel macht Daniel dann zu einem Asketen, der auf jegliche Speise verzichtet (Vita Daniel 3).

16 4Esra 5,20; syrBar 9,2; 20,5–21,1 u.ö.

ihrer Umkehr und Reue belegt.[17] Eine weitere Frauenfigur ist Judith, »die Jüdin«, die ein abgeschiedenes Leben als Witwe lebt und alle Tage außer am Schabbat, Neumond und anderen »Freudentagen des Hauses Israel« fastet (Jdt 8,6). Trotzdem ist sie sehr schön (Jdt 8,8). Auch nachdem sie ihr Volk mit der Enthauptung des assyrischen Angreifers Holofernes gerettet hat, zieht sie sich erneut in ihr abgeschiedenes Leben zurück und verweigert eine zweite Ehe (Jdt 15,22).

Von Philo von Alexandrien werden zwei asketisch lebende Gruppen seiner Gegenwart dargestellt. Zum einen sind dies die Essener und Essenerinnen, die auch durch Beschreibungen des jüdischen Historikers Flavius Josephus (ca. 37 – ca. 100 n.Chr.) und des römischen Autors einer umfassenden Natur- und Erdbeschreibung, Plinius des Älteren (23–79 n.Chr.) bekannt sind.[18] Sie leben in Gütergemeinschaft, halten Gemeinschaftsmähler und haben besondere Reinheitsregeln. Eine Untergruppe wird als Ehe und Frauen ablehnende Männergemeinschaft geschildert.[19] Ob und in welcher Weise sie mit der oder den Gemeinde(n) hinter den Schriftrollen vom Toten Meer verbunden waren, wird derzeit in der Forschung kontrovers diskutiert. Philo nennt die Essener »Athleten der Tugend« und stellt sie in eine Reihe mit den griechischen Weisen, persischen Magiern und indischen Gymnosophisten.[20]

Noch ausführlicher beschreibt Philo die asketische Frömmigkeitspraxis der Gruppe der Therapeutinnen und Therapeuten.[21] Der Begriff ist, wie Philo eingangs erwähnt, doppeldeutig. *Therapeutai* und *Therapeutrides* hießen sie entweder, insofern sie eine Heilkunst verkündeten, die nicht nur den Körper heile, sondern auch die Seele, die von schlimmeren Krankheiten, nämlich Lust, Begierde, Trauer, Furcht, Habsucht und Ungerechtigkeit befallen sei. Oder aber sie hießen Therapeuten und Therapeutinnen, insofern sie von der Natur und heiligen Gesetzen belehrt seien, das Seiende zu verehren, das »besser als das Gute und reiner als die Eins und ursprünglicher als die Einheit ist.«[22] Während der Begriff Therapeuten (θεραπευταί, *therapeutai*) auch andernorts für Gottesverehrer verwendet wird, prägt Philo das Femininum *therapeutrides* (θεραπευτρίδες) neu

[17] Est (LXX) 4,18–29; JosAs 10–13.

[18] Philo, Über die Freiheit des Tüchtigen (*Quod omnis probus liber sit [Prob]*) 75–79; Philo, Die Apologie der Juden (*Apologia pro Judaeis* [Apol]) 8.11 (zitiert bei Euseb, Preperatio Evangelica 8.11); Josephus, Bell 2.119–161; Ant 18,18–22; Plinius, Naturalis Historia (nat. hist.) 73 (17.4), Philo, Prob 75–91. Essenerinnen gibt es nach Josephus, Bell. 2.160f.

[19] Vgl. Josephus, Bell 2.120; Ant 18,21f. Plinius, nat. hist. 5.73 (17.4); Philo, Apol, zitiert bei Euseb, Preperatio Evangelica 8.11.14–17.

[20] Philo, Prob 88. Zu Weisen, Magiern und Gymnosophisten vgl. Philo, Prob 71–74.

[21] Die deutsche Übersetzung findet sich bei: KARL BORMANN, Über das betrachtende Leben der Schutzflehenden, in: LEOPOLD COHN u.a. (Hrsg.), Philo von Alexandria. Die Werke in deutscher Übersetzung Bd. 7, Berlin 1964, 44–70. Der griechische Text wird hier zitiert nach FRANCIS H. COLSON, Philo in Ten Volumes (LCL), Cambridge und London 1954, 103–169.

[22] VitCont 2.

und hebt damit die Frauen unter den Gruppenmitgliedern hervor.[23] Im Folgenden möchte ich zunächst den Aufbau der Schrift beschreiben und anschließend nach den historischen Hintergründen fragen.

## 2. Philos Schrift »De Vita Contemplativa«

Die Schrift beginnt mit einem Rückverweis auf die Essenerdarstellung als Beschreibung des »praktischen Lebens«.[24] Nun sollten die folgen, deren Streben der Schau (θεωρία, *theoria*) gelte. Nach der oben bereits geschilderten Namensdeutung folgt ein erster Vergleich (*synkrisis*) mit anderen Gottesvorstellungen, die – man ahnt es – sich in Unbestimmtheit und falschen Vorstellungen streng von der therapeutischen unterscheiden (VitCont 3–10). Die Polemik, etwa gegen ägyptische Verehrung von Krokodilen, ist nicht nur für jüdische Götzenpolemik typisch. Das therapeutische Geschlecht (γένος, *genos*) sei dagegen wie die den Dionysos und die Kybele Verehrenden von Gott besessen, bis sie den Seienden jenseits der Sonne schauen (VitCont 11f.).

Da sie wegen des Verlangens nach unsterblichem Leben das sterbliche für beendet betrachten, vermachen sie ihren Besitz ihren Söhnen, Töchtern oder Freunden (13). Der sich diesem Detail anschließende zweite Vergleich hebt hervor, dass sie zwar den vorsokratischen Philosophen Anaxagoras und Demokrit in ihrer Liebe zur Philosophie und dem Verlassen der Welt gleichen, jedoch – verantwortungsvoller als diese – ihren Besitz nicht verfallen lassen, sondern ihren Nachkommen weitergeben.[25] Damit erweisen sie sich als verwandt mit den legendären Mysiern, dem gerechtesten aller Völker, das Homer in der Ilias besingt.[26] So stellt Philo fest: »Der Eifer um Besitz erzeugt Ungerechtigkeit wegen der Ungleichheit (τὸ ἄνισον, *to anison*), der gegenteilige Vorsatz aber Gerechtigkeit wegen der Gleichheit (ἰσότης, *isotes*)«.[27]

Sowohl bei den Griechen als auch bei den Barbaren existiert das therapeutische Geschlecht, so Philo, aber die meisten finden sich jenseits der lärmenden Stadt Alexandria am vom Klima begünstigten Mareotischen See.[28] Sie wohnen einzeln in Häusern, die weder zu eng noch zu weit voneinander entfernt stehen. Jedes Haus verfügt über ein heiliges Gemach, das »Heiligtum«

---

23 Das Femininum θεραπευτρίς (*therapeutris*) nutzt Philo auch in Som 1.332 und 2.273 in Bezug auf die Seele und in Post 184 in Bezug auf das griechisch feminine Denken (διάνοια, *dianoia*). Anderswo im antiken griechischen Sprachraum konnte es bisher nicht nachgewiesen werden.

24 Bormann, Leben, 44 Fn. 1; David M. Hay, Foils for the Therapeutae. References to Other Texts and Persons in Philo's ›De vita contemplativa‹ in: David E. Aune (Ed.), Neotestamentica et Philonica. Studies in Honor of Peder Borgen, NTSuppl. 106, Leiden u.a. 2003, 330–348; 336.

25 VitCont 16.

26 Homer, Ilias 13,5–6 = VitCont 17.

27 VitCont 17.

28 VitCont 22f.

(σεμνεῖον, *semneion*) und »Raum zum heiligen Leben« (μοναστήριον, *monasterion*) heißt, und in dem sie »allein in die Mysterien des heiligen Lebens eingeweiht werden«.[29] Hinein nehmen sie weder Speise noch Trank, sondern allein »Gesetze, von Propheten verkündete Orakel und Hymnen und anderes, durch das Wissen und Frömmigkeit gefördert und vollendet wird«.[30] Den ganzen Tag verbringen sie mit Gebet und Schriftstudium, wobei sie die Schrift allegorisch deuten und außerdem Gesänge in verschiedenen Versmaßen und Melodien dichten.[31] Am siebten Tag kommen sie in einem gemeinsamen Heiligtum zusammen und lauschen schweigend dem Lehrvortrag in allegorischer Schriftauslegung des Vorstehers. Die Frauen, die hier zum zweiten Mal in der Schrift erwähnt werden, sitzen hinter einer brusthohen Mauer, so dass sie hören können, aber nicht gesehen werden.[32] »Selbstbeherrschung« (ἐγκράτεια, *enkrateia*) sei das Fundament, auf dem sie die anderen Tugenden aufbauen. Sie essen nur nach Sonnenuntergang, einige fühlten sich sogar so sehr von der Weisheit bewirtet, dass sie nur am dritten oder sechsten Tag Nahrung zu sich nehmen. Sie essen allein Brot mit Salz, manche mit Ysop vermischt. Das Getränk ist Wasser. Alle Speise wird nur im notwendigen Maß und ohne Luxus genossen. Im Winter tragen sie einen Wollmantel, im Sommer ein kurzes Kleid oder ein dünnes Tuch.

> »Denn überhaupt üben (ἀσκέω, *askeo*) sie sich in Einfachheit (ἀτυφία, *atyphia*), Freiheit von Anmaßung und Hochmut, da sie wissen, dass Aufgeblasenheit der Beginn der Lüge, Freiheit von Hochmut aber der Anfang der Wahrheit ist, [....] von der die Fülle menschlicher und göttlicher Güter stammt.«[33]

Bevor Philo schließlich den »heiteren Zeitvertreib« beim therapeutischen Gastmahl schildert, folgt noch ein dritter und besonders ausführlicher Vergleich zur übrigen antiken Symposienkultur.[34] Mit Bildern, die aus der antiken Satire und Komödie entnommen sind, schildert Philo die Folgen von Alkoholexzessen und exzessivem Luxus an Speisen, Tischgeschirr und Möbeln und im Hinblick auf erotische Sklaven und kritisiert auch noch die berühmten literarischen Beschreibungen der Symposien des Sokrates bei Xenophon und Plato. Für einen unangemessenen Zeitvertreib hält es Philo, wenn Xenophon Flötenspielerinnen, Tänzerinnen und Komödianten beim Symposion des Sokrates auftreten lässt, und wenn Plato Sokrates über den Eros und die Liebe von Männern zu Männern sprechen lasse. Diejenigen, die sich »der Betrachtung der Naturwirk-

---

29 VitCont 25.

30 Ebd.

31 VitCont 28f.

32 VitCont 32f. Der hier beschriebene synagogenähnliche Lehrsaal ist das einzige Beispiel in der Antike für eine Segregation der Geschlechter in der Synagoge. Anders z.B. Lk 13,10–17. Vgl. BERNADETTE BROOTEN, Women Leaders in the Ancient Synagogue. Inscriptional Evidence and Background Issues, BJSt 36, Chico 1982, 133–134.

33 VitCont 39.

34 VitCont 40–63.

lichkeiten nach der Anleitung des hochheiligen Propheten Mose« (VitCont 64) widmen, versammeln sich am fünfzigsten Tag zu ihrem wichtigsten Fest.

Zu diesem Fest am Tag nach dem sieben Mal siebten kommen sie weißgekleidet zusammen, erheben ihre reinen Hände, die von keiner Gewinnsucht befleckt sind, zum Himmel zum Gebet.[35] Die Sitzordnung bestimmt sich einerseits nach der Länge ihrer Gruppenzugehörigkeit (VitCont 67), anderseits nach dem Geschlecht. So liegen auf ihren harten und einfachen Speisesofas die Frauen auf der linken Seite im Triklinium.[36] Den Tischdienst verrichten die jüngeren Gruppenmitglieder, denn Sklaverei lehnt die Gruppe ab:

> »Die Natur gebar nämlich alle als Freie, die Ungerechtigkeiten und Habsucht einiger, die nach der Unheil stiftenden Ungleichheit streben, band sie mit dem Joch der Herrschaft der Stärkeren über die Schwächeren zusammen«.[37]

Selbstredend verrichten die Mitglieder ihren Tischdienst freiwillig und ohne erotische Konnotationen.[38]

Die Speise besteht wiederum nur aus gesäuertem Brot, Salz und Ysop.[39] Vor dem Essen gibt es freilich erneut einen Vortrag des Ältesten mit allegorischer Schriftauslegung, dem schweigend gelauscht wird, bis man am Ende der Erörterungen applaudiert.[40] Dann stimmt der Vorsteher Lieder an, wobei er auf den Traditionsschatz der Gruppe zurückgreift.

> »Sie hinterließen nämlich Lieder in vielen Metren und Melodien; Trimeter, Lieder, die zum Aufzug im Tempel gehören, Lieder, die bei der Libation gesungen werden, Altarlieder und Chorlieder mit Strophen und Parastrophen, gut bemessen. Danach singen auch die anderen der Reihe nach in der gebührenden Ordnung, wobei alle unter tiefem Schweigen zuhören, bis sie am Schluss den Refrain singen müssen. Dann aber erheben alle, Männer und Frauen, ihre Stimme«.[41]

Erst jetzt geht man zum eigentlichen Essen über und schließlich folgt noch ein weiterer Teil, die »heilige Nachtfeier« (VitCont 83–89). Hier wird das Exodusgeschehen dramatisch mit zwei Chören reinszeniert, einem Frauenchor unter der Leitung der »Mirjam« und einem Männerchor unter Leitung von »Moses«, die zunächst abwechselnd, dann zu einem einzigen Chor vermischt die Chöre Israels nach der Rettung am Schilfmeer nachahmen. So feiern sie »in bacchantischer Verzückung« die ganze Nacht, bis sie am Morgen zur aufgehenden Sonne beten und sich in ihre Häuser zurückziehen.

---

[35] VitCont 66.
[36] VitCont 69.
[37] VitCont 70.
[38] VitCont 71f.
[39] VitCont 73f., 81. Ysop ist vermutlich eine Thymianart. In Lev 14,4.6.49,51, vgl. Ps 50,9 (LXX), dient es als Reinigungsopfer bei Aussatz.
[40] VitCont 75–79.
[41] VitCont 80f.

## 3. Die historischen Therapeutinnen

Wer sind die Therapeutinnen und Therapeuten, die ausschließlich Philo in seiner Schrift *De Vita Contemplativa* beschreibt? Bereits der Kirchenhistoriker Euseb von Caesarea (ca. 260–340 n.Chr.) möchte in ihnen christliche Asketinnen und Asketen erkennen, die nach dem Ideal urchristlicher Gütergemeinschaft lebten und von dem Juden Philo, der bei seiner Gesandtschaft zum Kaiser Caligula in Rom Petrus und die Apostel kennengelernt habe, genau beschrieben worden seien.[42] Im 19. Jahrhundert entbrannte dann eine kontroverse Debatte über die »Echtheit« der Schrift, wobei christliche Autoren die Verfasserschaft Philos bestritten und die Gruppe für christliche Nonnen und Mönche hielten, wogegen jüdische Wissenschaftler minutiös nachwiesen, dass die ganze Schrift von Philos Sprache und Denken geprägt ist.[43] Daher wird inzwischen Philos Verfasserschaft nicht mehr bestritten. Die meisten Auslegungen halten zudem die Historizität der Gruppe aus drei Gründen für wahrscheinlich:[44]

1. Der See Mareotis liegt so nahe bei Alexandria, dass die Lesenden die Darstellung Philos leicht überprüfen konnten.
2. Am Anfang seiner Schrift verweist Philo auf die Darstellungen der Essener, die auch andernorts bezeugt sind.
3. Die Darstellung von Therapeutinnen fällt insbesondere im Gegenüber zu den Essenerdarstellungen als Männergemeinschaft auf.[45]

---

42 Euseb, h. e. 2.16–18. Zum Beleg verweist er in h.e. 2.17,6 auf Apg 2,42; 4,34f. Vgl. auch SABRINA INOWLOCKI, Eusebius of Caesarea's Interpretatio Christiana of Philo's De vita contemplativa, in: HThR 97 (2004), 305–328.

43 ERNST LUCIUS, Die Therapeuten und ihre Stellung in der Geschichte der Askese, Straßburg 1879, möchte die Schrift einem christlichen Theologen des zweiten Jahrhunderts zuschreiben. Ausführlicher Nachweis darüber, dass die Schrift von Philo stammt, bei FREDERICK C. CONYBEARE, Philo of Alexandria about the Contemplative Life, or the Fourth Book of the Treatise Concerning Virtues, Oxford 1895, 25–153, und PAUL WENDLAND, Die Therapeuten und die philonische Schrift vom beschaulichen Leben. Ein Beitrag zur Geschichte des hellenistischen Judentums, in: JCPh.S 22 (1886), 693–772, 720–731. Zu dieser Debatte SOHAM AL-SUADI, Wechsel der Identitäten. Philos Therapeuten im Wandel der Wissenschaftsgeschichte, in: Jud. 66 (2010), 209–228.

44 Ausnahmen sind TROELS ENGBERG-PEDERSEN, Philo's De Vita Contemplativa as a Philosopher's Dream, in: JSJ 30 (1999), 40–64, der die Schrift für eine Utopie hält und ROSS S. KRAEMER, Unreliable Witnesses. Religion, Gender, and History in the Greco-Roman Mediterranean, Oxford 2011, 57–115, die hier gelehrte Schriftauslegung zu Ex 15 vermutet.

45 KRAEMER, Monastic Jewish Women in Greco–Roman Egypt: Philo Judaeus on the Therapeutrides, in: Signs 14 (1989), 342–370; hier: 347; JOAN TAYLOR, Jewish Women Philosophers of First-Century Alexandria, Oxford 2003, 9f. Zur Lokalisierung ausführlich, a.a.O., 74–104. MARY ANN BEAVIS, Philo's Therapeutai: Philosopher's Dream or Utopian Construction?, in: JSP 14 (2004), 30–42; 31f. SHARI GOLBERG, The Two Choruses Become One: The Absence/Presence of Women in Philo's On the Contemplative Life, in: JSJ 39 (2008), 459–470, entdeckt in der Darstellung der Therapeutinnen für Philo

Die historische Therapeutinnenforschung ist freilich durch Philos Idealisierungen erschwert. Joan Taylor rekonstruiert den historischen Hintergrund daher mit Hilfe von tendenz- und traditionskritischen Beobachtungen. Der wichtigste Ansatzpunkt sind interne Widersprüche im Text. Obgleich Philo programmatisch die »Größe der Tugend dieser Männer (ἄνδρες, *andres*)« beschreiben wolle, benenne er die Gruppe auch mit einem femininen Namen als θεραπευτρίδες (*therapeutrides;* VitCont 1f.).[46] Ob der Name eine Selbstbezeichnung darstellt, müsse allerdings offen bleiben. Denn Therapeuten heißen auch Gottesverehrer anderer Religionen.[47] Philos zweifache Namenserklärung »Heilung der Seele von Lastern« und »Verehrung des einzigen Gottes« spiegelt vor allem Philos eigene Theologie. Daher nennt Taylor sie neutraler: »the Mareotic group«.[48]

Taylor beobachtet, dass Philo trotz seiner These, die Therapeuten und Therapeutinnen strebten nach Einsamkeit (ἐρημία, *eremia*), einen Ort in Stadtnähe zu Alexandria nenne.[49] Da er eine Philosophie beschreiben wolle, seien die kultischen Merkmale der Gruppe eigentlich »tendenzwidrig« und daher besonders historisch plausibel.[50] Die Hochschätzung der Siebenzahl stimmt mit dem jüdischen Jubiläenbuch überein und die Verehrung der Sonne erinnere an den Sonnenkalender in Qumran.[51] Das besondere Merkmal der Gruppe sei ihre Abgrenzung vom jüdischen Mainstream und die von ihnen betriebene Schriftproduktion und allegorische Auslegungspraxis.[52] Dies lasse eine besondere Nähe oder sogar Verwandtschaft zu den von Philo in seiner Schrift über die Wanderungen Abrahams beschriebenen radikalen Allegoristen entdecken, die den Schabbat, die Beschneidung und den Tempelkult ausschließlich symbolisch verstehen wollen.[53] Allerdings scheint mir die therapeutische Askese

---

typische Repräsentantinnen des Weiblichen und fragt daher »whether the piece is meant to depict any real women at all« (459).

46 Taylor, Jewish Women Philosophers, 15f.

47 *Therapeutai* (θεραπευταί) sind Gottesverehrer bei Plato, Phaidros 252c; Leges 740b. Isis- und Sarapisverehrer werden auf Papyri so bezeichnet (Urkunden der Ptolemäerzeit (UPZ) 8.19 (ii B.C.), Inscriptiones Graecae (IG) 11(4).1226 (Delos, ii B.C.). Philo kann von den Proselyten sagen, sie seien »Verehrer des wahrhaft Seienden« (SpecLeg 1.309: θεραπευταὶ τοῦ ὄντως ὄντος *threapeutai tou ontos ontos*) und von den Leviten, sie seien »das dienende Geschlecht« (Fug 42: τὸ θεραπευτικὸν γένος *to therapeutikon genos*). Vgl. Roland Bergmeier, Der Stand der Gottesfreunde. Zu Philos Schrift »Über die kontemplative Lebensform«, in: Bijdr. 63 (2002), 46–70; 47–48.

48 Taylor, Jewish Women, 54–73.

49 Taylor, Jewish Women, 74–104; 104.

50 Taylor, Jewish Women, 104–125; 125.

51 Taylor, Jewish Women, 155–170. Siebenzahl: VitCont 30; 64; Verehrung der Sonne: VitCont 27; 89.

52 VitCont 28f; 75–78.

53 Philo, Migr 89–93. Taylor, Jewish Women, 145–153. Philo wirft den radikalen Allegoristen vor: »Jetzt leben sie aber in Wahrheit so, als wären sie in der Einsamkeit für sich, oder als wären sie körperlose Seelen geworden, als wüssten sie nichts von Stadt, Dorf, Haus, überhaupt von menschlicher Gesellschaft, sehen über das alles

mit Fasten, Betonung des Schabbats, Kleidungsaskese etc. gerade auf die Übung des Körpers zu zielen, was eine symbolische Deutung von Körperpraktiken wie Ruhezeiten und Beschneidung m.E. eher ausschließt.[54]

Der wichtigste Anhaltspunkt der historischen Rekonstruktion ist für Taylor die Mitgliedschaft von Philosophinnen in der Gruppe. Es sind keineswegs die einzigen Philosophinnen der Antike.[55] Die antike Überlieferung über Philosophinnen sei jedoch von einem Moraldiskurs begleitet, der Frauen an einem geschlechtsspezifischen Sittenkodex bemesse. Philosophinnen müssten sich als solche durch Sexualverzicht und besondere Beweise ihrer Tugend und Tapferkeit/Männlichkeit beweisen.[56] Philo nimmt an diesem Moraldiskurs teil.[57] So gibt es im therapeutischen »Heiligtum« für die Versammlung am siebten Tag eine brusthohe Mauer, »um die angemessene Scheu der weiblichen Natur zu wahren« (VitCont 33). Beim Symposium am fünfzigsten Tag nehmen Frauen zwar in liegender Haltung teil, aber versammelt auf der linken und damit auf der am wenigsten ehrenvollen Seite des Trikliniums (Speisesaals).[58]

Auffällig wenig geschlechtsspezifisch differenziert ist dagegen die Kleidung der Therapeutinnen und Therapeuten.[59] Sie ist für beide Geschlechter

---

hinweg, was die Allgemeinheit billigt, und suchen die nackte Wahrheit für sich allein zu erforschen.« (Migr 89).

[54] Hier scheinen mir die Therapeutinnen und Therapeuten eher auf der Seite Philos zu stehen, der gegenüber den radikalen jüdischen Allegoristen betont: »Da man nun für den Körper, der ja Haus der Seele ist, sorgen muss, muss man sich auch um das von den Gesetzen Gesagte kümmern.« (Migr 93).

[55] TAYLOR, Jewish Women, 176–213. Sie benennt Beispiele aus allen philosophischen Schulen der Antike.

[56] TAYLOR, Jewish Women, 213–226.

[57] Vgl. z.B. Philo, SpecLeg 3.169: »Marktplätze, Ratsversammlungen, Gerichtshöfe, Vereine (*thiasoi*), Versammlungen großer Menschenmengen und das im Freien durch Worte und Taten in Krieg und Frieden geführte Leben eignet sich für Männer, für weibliche Menschen aber ist es angemessen, das Haus zu hüten und im Inneren zu bleiben, wobei für Mädchen als Grenze der innere Hof vor der Straßentür, für eine Frau die (äußere) Hoftür festgesetzt wurde.« Vgl. auch DOROTHY SLY, Philo's Perception of Women, BJSt 209, Atlanta 1990. Allerdings kennt der hier und andernorts vertretene Ausschluss von Frauen aus der Öffentlichkeit eine wichtige Ausnahme, nämlich Götterfeste und Religionsausübung (vgl. SpecLeg 3.171). Inwieweit Religion die Vorstellungen einer antiken Geschlechtertrennung durchkreuzt, hat jüngst eine Reihe von Beiträgen gezeigt: Vgl. SHELLY MATTHEWS, First Converts. Rich Pagan Women and the Rhetoric of Mission in Early Judaism and Christianity, Stanford 2001, 75–85; DARJA ŠTERBENC ERKER, Religiöse Rollen römischer Frauen in ›griechischen‹ Ritualen, Potsdamer Altertumswissenschaftliche Beiträge 43, Stuttgart 2013.

[58] Der konservative Moraldiskurs lässt ehrbare Frauen häufig bei Tisch sitzen statt liegen, vgl. ANGELA STANDHARTINGER, »Mit einer verheirateten Frau schmause nicht beim Weine« (Sir 9,9). Egalitäre Tischgemeinschaften im Kontext antiker, jüdischer und frühchristlicher Symposiumskultur, in: MICHAELA GEIGER/CHRISTL M. MAIER/UTA SCHMIDT (Hrsg.), Essen und Trinken in der Bibel. Ein literarisches Festmahl für Rainer Kessler zum 65. Geburtstag, Gütersloh 2009, 286–300.

[59] VitCont 38.

einfach (εὐτελής, *euteles*) und das Sommerkleid heißt *exomis* (ἐξωμίς), ein knappes Kleid, das vor allem für Amazonen und die Göttin Athene bezeugt ist.[60] Die beim Fest getragene weiße Kleidung ist typisch für religiöse Feste,[61] aber auch Zeichen weiblicher Zurückhaltung.[62]

Ehemänner fehlen in der Liste derer, die beim Einzug in die abgeschiedene Lebensgemeinschaft verlassen werden (VitCont 18).[63] Taylor vermutet freiwillige Ehelosigkeit wegen des folgenden Abschnitts:[64]

> »Am Gastmahl nehmen aber auch Frauen teil, von denen die meisten alte Jungfrauen sind, die körperliche Freuden gering schätzen, weil sie ihre Reinheit nicht aus Zwang bewahrten, wie die Priesterinnen bei den Griechen, sondern aus eigenem Entschluss auf Grund ihres Eifers und Sehnens nach Weisheit, um deren Lebenspartnerschaft sie sich eifrig bemühen, um nicht nach sterblicher, sondern unsterblicher Nachkommenschaft zu streben, die allein die gottgeliebte Seele aus sich selbst gebären kann, wenn sie vom Vater mit geistlichen Lichtstrahlen befruchtet wird, mit denen man die Lehrsätze der Weisheit erkennen kann«.[65]

Der Abschnitt ist aber noch in anderer Hinsicht bemerkenswert. Denn hier gebären Anhängerinnen spiritueller Weisheit den göttlichen Samen. Philo spricht denselben Gedanken auch von Männern aus. Da aber das göttliche Prinzip immer aktiv, d.h. männlich ist, müssen die mit Gott besamten Männer weiblich werden. So erklärt Philo den Namen von Rebekkas Vater Bathuel als »Tochter Gottes«, weil die Weisheit ihre Lehren in den Seelen des Weisen »zeugt und gebiert«[66] Anders gesagt, für Philo sind alle von Gott inspirierten Weisen in gewissem Maße weiblich oder – noch genauer – eigentlich androgyn und in der Lage, ihr Geschlecht zu verwandeln.[67]

---

[60] Taylor, Jewish Women, 288. Pausanias 5.16.3, im Kontext eines kultischen Sportereignisses für Frauen zu Ehren der Göttin Hera.

[61] Vgl. z.B. Apk 6,11; 7,9–14.

[62] Vgl. Taylor, Jewish Women, 298, sowie den Brief der Melissa an Klearete, in: Alfons Städele, Briefe des Pythagoras und der Pythagoreer, Meisenheim am Glan 1980, 160–163; 253–266.

[63] VitCont 18: »sie verlassen Brüder, Kinder, Frauen, Eltern, vielköpfige Verwandtschaft, geliebte Freunde und Vaterstadt«.

[64] Taylor, Jewish Women 253. Vgl. dies., Virgin Mothers. Philo on the Women Therapeutae, in: JSP 12 (2001), 37–63; 56f.

[65] VitCont 68.

[66] Philo Fug 52: *σπείρω καὶ γεννάω (speiro kai gennao)*. Vgl. QG 4,99; Cher 40–42; Migr 28–33.

[67] Verna E.F. Harrison, The Allegorization of Gender: Plato and Philo on Spiritual Childbearing, in: Vincent Wimbush/Richard Valantasis (Hrsg.), Asceticism, New York u.a. 1995, 520–534; Scott D. Mackie, The Passion of Eve and the Ecstasy of Hannah. Sense Perception, Passion, Mysticism, and Misogyny in Philo of Alexandria, De ebrietate, in: JBL 133 (2014), 141–163. Dass medizinische Theorie der Antike Frauen jenseits der Menopause als Jungfrauen verstehen kann, wie Nicole L. Tilford, »After the Ways of Women«. The Aged Virgin in Philo's Transformation of the Philosophical Soul, in: SPhA 25 (2013), 17–39, ausführt, ist eine interessante Beobachtung

Schließlich bricht in der »heiligen Nachtfeier« die bis dahin sorgsam gewahrte Geschlechtertrennung zusammen:

> »Wenn dann jeder der (weiblichen und männlichen) Chöre für sich allein bewirtet wurde, gleichwie bei den Bacchusfesten ungemischten Wein der Gottesliebe schlürfend, vermischen sie sich und werden ein Chor aus beiden, wobei sie das damals am Roten Meer Geschehene nachahmen, wegen der dort geschehenen Wunder«.[68]

Die Nachricht eines gemischten Chores am Roten Meer stammt nicht aus dem heutigen Text der Bibel. Taylor vermutet eine Aufnahme apokrypher Mirjam-Traditionen.[69] Mit ihrer »Nachahmung« und »Abbildung« wird die Befreiung am Schilfmeer für die Gruppe zum spirituellen Erlösungserleben.[70]

Taylor kann die Historizität jüdischer Philosophinnen mit asketisch-spiritueller Praxis plausibel machen. Ob es sich bei den Therapeutinnen allerdings um eine spezifische Gruppe oder »Sekte« handelt, oder ob Philo hier nicht überhaupt jüdische Praxis beschreibt, muss m.E. offen bleiben. Denn viele Fragen zu den historischen Therapeutinnen bleiben offen. Verfassten auch die weiblichen Mitglieder der Gruppe Bücher, Hymnen und allegorische Auslegungen?[71] Wovon lebte die Gruppe und was war ihre ökonomische Basis?[72] Ich möchte daher abschließend fragen, was Philo eigentlich zur Darstellung der Therapeutinnen bewogen haben könnte.

## 4. Philos Sicht auf die Therapeutinnen und Therapeuten

Philos Lobpreis der Therapeutinnen und Therapeuten ist, wie gezeigt, durchzogen von Vergleichen. Die streng monotheistische therapeutische Frömmigkeit übersteigt alle übrigen Gottesvorstellungen (VitCont 3–10). Ihr Besitzver-

---

und mag die Rationalität hinter Philos Geschlechtsumwandlung Saras (Fug 128; Ebr 59-61; Det 28) erklären, nicht aber den von ihm ins Auge gefassten spirituellen Prozess.

68 VitCont 85.

69 Taylor, Jewish Women, 310–340. Die Lieder des Mose und der Mirjam sind den Bibellesenden bekannt (Ex 15,1–19; 20–21), jedoch erhält man dort nicht den Eindruck eines Wechselgesangs, der in einen gemischten Chor aus Männer- und Frauenstimmen gipfelt (vgl. aber Weish 10,20; Philo, VitMos 1.180; 2.256; Agr 80–82). In einer Bibelhandschrift aus Qumran, 4Q365 6aII 1–7, ist ein Mirjamlied erhalten. Vgl. auch Hanna Tervanotko, »The Hope of the Enemy Has Perished«. The Figure of Miriam in the Qumran Library, in: Armin Lange/Matthias Weigold (Eds.), From Qumran to Aleppo. A Discussion with Emanuel Tov about the Textual History of Jewish Scriptures in Honor of his 65th birthday, FRLANT 230, Göttingen 2009, 156–175.

70 VitCont 85.

71 Vgl. Kraemer, Monastic, 361–363.

72 Nach VitCont 89 widmen sie sich nach der »heiligen Nachtfeier« der Landwirtschaft, was aber in der Lebensbeschreibung VitCont 21–39 gar nicht erwähnt wird. Vgl. auch David M. Hay, Things Philo Said and Did Not Say about the Therapeutae, SBL.SP 128 (1992), 673–682.

zicht übersteigt nicht nur die Praxis vorsokratischer Philosophen, sondern entspricht sogar dem Ideal der von Homer gepriesenen Mysier, dem gerechtesten aller Völker (VitCont 16f). Und ihr Symposium überbietet in Einfachheit alle übrigen griechischen Mahlfeiern sogar in ihrer idealsten Form. Nach Maren Niehoff beschreibt Philo hier ein römisches Ideal, um die Therapeutinnen und Therapeuten im Gegenüber zu griechischer Dekadenz zu profilieren.[73]

Damit solle die jüdische Identität in einen spezifisch römischen Kontext platziert werden. Jedoch ist Kritik an Luxus und Exzess in der antiken Mahlpraxis keineswegs nur in römischer Literatur zu finden. Und abgesehen von ihrem unangemessenen Unterhaltungsprogramm, erkennt Philo Xenophons und Platos Beschreibungen der Symposien des Sokrates ausdrücklich als »sehr ausgezeichnet« (57) an.[74] Was das therapeutische Mahl am fünfzigsten Tag von allen übrigen der antiken Symposien unterscheidet, ist weniger der Verzicht auf Luxusausstattung und Speise. Was auffällt, ist vielmehr die Vermeidung des heiteren dialogischen Tischgesprächs. Der monologisch-hierarchische Vortragsstil erinnert - anders als Niehoff vermutet - nicht an römische Ideale, die sich an diesem Punkt den griechischen anschließen.[75] Der seltsame Zeitvertreib beim therapeutischen Symposium kopiert vielmehr Philos eigene Beschreibungen des jüdischen Synagogengottesdienstes, den er ausdrücklich als philosophische Schule konzeptionalisiert. Hier wie dort versammelt man sich am siebten Tag in »Lehrhäusern«,[76] um »in Ordnung und äußerster Stille«[77] den Lehrvortrag des »Erfahrensten«[78] zu hören, der mit Hilfe der »von den Vätern überlieferten Philosophie«[79] in die »Kontemplation der Natur«[80] und alle Tugenden einführt.[81] Philo profiliert das therapeutische Mahl also als exzeptionelle Mischung aus philosophischem Schulvortrag und dramatisch-kultischer Performance und integriert damit eine ganze Reihe sowohl philosophischer als auch kultisch-religiöser Ideale.[82]

---

[73] Maren Niehoff, The Symposium of Philo's Therapeutae: Displaying Jewish Identity in an Increasingly Roman World, in: GRBS 50 (2010), 95–116.

[74] Zum Tischgespräch im römischen Gastmahl vgl. Elke Stein-Hölkeskamp, Das römische Gastmahl, München 2005, 86–91. Beißende Kritik an Mahldekadenz findet sich z.B. in Petrons Gastmahl des Trimalcho oder in Lukians Symposion, denen Philo geradezu seine Motive entnommen haben könnte. Ich vermute, alle drei rezipieren hier Motive der antiken Komödie und des antiken Mimos, des komischen Straßentheaters.

[75] So Niehoff, Symposium, 112–116.

[76] SpecLeg 2.62, vgl. »Bethäusern« in VitMos 2.216.

[77] SpecLeg 2.62; VitCont 30f.; 75.

[78] SpecLeg 2.62; VitCont 31.

[79] VitMos 2.216; VitCont 28.

[80] VitMos 2.216; VitCont 64.

[81] VitMos. 2.216; SpecLeg 2.62; VitCont 90.

[82] Vgl. Mary Rose D'Angelo, Gender and Geopolitics in the Work of Philo of Alexandria: Jewish Piety and Imperial Family Values, in: Todd Penner/Caroline Vander Stichele (Eds.), Mapping Gender in Ancient Religious Discourses, Biblical Interpretation Series 84, Leiden/Boston 2007, 63–88, hier: 65: »[Philo] does not reproduce

In ihrer Analyse übergeht Niehoff die »heilige Nachtfeier«, die sich an das Mahl anschließt und damit an die Stelle des sich der antiken Mahlzeit anschließenden Trinkgelages (des eigentlichen Symposiums) tritt. Mit den vermischenden Gesängen des Frauen- und Männerchores und der Re-Inszenierung des Exodusgeschehens versetzt sich die Gruppe in einen ekstatischen Rausch, den Philo mit den Bacchusfesten vergleicht.[83] Ganz ohne Alkoholgenuss, aber mit »ungemischtem Wein der Gottesliebe« (85), wird hier schließlich doch das höchste Ziel des symposiastischen Beisammenseins erreicht: die »schöne Trunkenheit« (καλὴ μέθη, *kale methe*).[84]

Philos Therapeutinnen und Therapeuten verwirklichen mit ihrem asketischen Leben, ihrem Studium und ihrer Feier des fünfzigsten Tags alle Ideale der antiken Welt zugleich: Sie feiern das vernünftigste, weil enthaltsamste, Fest und erreichen, ganz ohne Tumult und in klar strukturierter Ordnung, mit Tanz und Gesang im harmonischen Wohlklang den sich zum Göttlichen emporhebenden Rausch. Kein Wunder, dass Philo die Therapeutinnen und Therapeuten schließlich als diejenigen preist, die höchste Tugend (καλοκἀγαθία, *kaloagathia*) und Glückseligkeit (εὐδαιμονία, *eudaimonia*) erlangt haben.[85] Und eben dies scheint mir auch die Intention zu sein, die Philo zur Beschreibung der Therapeutinnen und Therapeuten bewogen hat: Das »überall unter Barbaren und Griechen verbreitete therapeutische Geschlecht«[86] gelangt durch asketische Praxis zum höchsten Ziel antiker Philosophie, nämlich Religion und Kultur.

## 5. Selbstsorge und politische Praxis

Mit ihren sparsamen Häusern (εὐτελής, *euteles*, VitCont 24), der sparsamen Kost (VitCont 37) sowie Kleidung (VitCont 38) und dem sparsamen Symposium entwickeln die Therapeutinnen und Therapeuten eine asketische Praxis, die mit weniger Aufwand mehr an philosophischer Wahrheit und religiösem Erleben erreichen kann als andere Formen der antiken Kultur. Die sich »der Betrachtung der Naturwirklichkeiten nach der Anleitung des Propheten Mose« (VitCont 64) widmende Gruppe verkörpert damit eine Vision. Sie verehrt auf reinste Weise die wahrste Gottheit, hat den vernünftigsten Umgang mit Besitz, nämlich einen auf Gleichheit zielenden, widmet sich der Natur- und Gotteserkenntnis im philosophischen Studium und feiert das sittsamste und zugleich heiterste und freudigste Mahl und eine Nachtfeier, bei der ekstatische »Gottbegeisterung« entsteht. Die Gruppe repräsentiert das Judentum als höchste Form der Menschheit, als wirkliche »Bürger des Himmels und der Welt«.[87]

---

Roman law or the moral propaganda that accompanied it, but represents the moral demands of Judaism as meeting, and indeed exceeding, those of the imperial order.«

83 VitCont 85.

84 VitCont 89.

85 VitCont 90.

86 VitCont 21, vgl. VitCont 12.

87 VitCont 90: οὐρανοῦ καὶ κόσμου πολῖτες (*ouranou kai kosmou polites*).

Ob diese Darstellung das Selbstverständnis der historischen Therapeutinnen trifft, muss offen bleiben. Sie wären jedenfalls nicht die einzigen asketischen Frauen mit divinatorischen Fähigkeiten, nicht die einzigen ekstatisch Verzückten und auch nicht die einzigen Philosophinnen der Antike.[88] Unabhängig vom Erleben der historischen Frauen und Männer zeigt Philos Darstellung jedenfalls, dass Jüdinnen und Juden um die Zeitenwende in einem produktiven Austausch mit den asketischen und politischen Diskursen ihrer Zeit standen. Ihr asketisches Konzept mischte stoische Selbstsorge, kynische Gesellschaftskritik und pythagoreisch-religiöse Praxis und webte daraus eine alles überbietende Vision politischer Praxis.

## Literatur

Al-Suadi, Soham, Wechsel der Identitäten. Philos Therapeuten im Wandel der Wissenschaftsgeschichte, in: Jud. 66 (2010), 209–228.

Beavis, Mary Ann, Philo's Therapeutai: Philosopher's Dream or Utopian Construction?, in: JSP 14 (2004), 30–42.

Bergmeier, Roland, Der Stand der Gottesfreunde. Zu Philos Schrift »Über die kontemplative Lebensform«, in: Bijdr. 63 (2002), 46–70.

Bormann, Karl, Über das betrachtende Leben der Schutzflehenden, in: Leopold Cohn u.a. (Hrsg.), Philo von Alexandria. Die Werke in deutscher Übersetzung Bd. 7, Berlin 1964, 44–70.

Brooten, Bernadette, Women Leaders in the Ancient Synagogue. Inscriptional Evidence and Background Issues, BJSt 36, Chico 1982.

Colson, Francis H., Philo in Ten Volumes (LCL), Cambridge/London 1954, 103–169.

Conybeare, Frederick C., Philo of Alexandria about the Contemplative Life, or the Fourth Book of the Treatise Concerning Virtues, Oxford 1895.

D'Angelo, Mary Rose, Gender and Geopolitics in the Work of Philo of Alexandria: Jewish Piety and Imperial Family Values, in: Todd Penner/Caroline Vander Stichele (Eds.), Mapping Gender in Ancient Religious Discourses, Biblical Interpretation Series 84, Leiden/Boston 2007, 63–88.

Engberg-Pedersen, Troels, Philo's De Vita Contemplativa as a Philosopher's Dream, in: JSJ 30 (1999), 40–64.

Finn, Richard, Asceticism in the Graeco-Roman World, Cambridge 2009.

Foucault, Michel, Die Sorge um sich. Sexualität und Wahrheit 3, Frankfurt a.M. [2]1991.

Fraade, Steven S., Ascetical Aspects of Ancient Judaism, in: Arthur Green (Ed.), Jewish Spirituality I. From the Bible to the Middle Ages, London 1986, 253–288.

Golberg, Shari, The Two Choruses Become One: The Absence/Presence of Women in Philo's On the Contemplative Life, in: JSJ 39 (2008), 459–470.

Harrison, Verna E.F., The Allegorization of Gender: Plato and Philo on Spiritual Childbearing, in: Vincent Wimbush/Richard Valantasis (Eds.), Asceticism, New York u.a. 1995, 520–534.

---

[88] Der bacchische Tanz gehört auch zur Siegesfeier der Frauen nach dem Sieg Judiths über Holofernes (Jdt 15,12f.).

Hay, David M., Foils for the Therapeutae. References to Other Texts and Persons in Philo's ›De vita contemplativa‹ in: David E. Aune (Ed.), Neotestamentica et Philonica. Studies in Honor of Peder Borgen, NTSuppl. 106, Leiden u.a. 2003, 330–348.

- Things Philo Said and did Not Say about the Therapeutae, SBL.SP 128 (1992), 673–682.

Horn, Christoph, Art. Askese, in: DNP Bd. 2, 1997, 86f.

Inowlocki, Sabrina, Eusebius of Caesarea's Interpretatio Christiana of Philo's De vita contemplativa, in: HThR 97 (2004), 305–328.

Kraemer, Ross S., Monastic Jewish Women in Greco-Roman Egypt: Philo Judaeus on the Therapeutrides, in: Signs 14 (1989), 342–370.

- Unreliable Witnesses. Religion, Gender, and History in the Greco-Roman Mediterranean, Oxford 2011.

Lucius, Ernst, Die Therapeuten und ihre Stellung in der Geschichte der Askese, Straßburg 1879.

Mackie, Scott D., The Passion of Eve and the Ecstasy of Hannah. Sense Perception, Passion, Mysticism, and Misogyny in Philo of Alexandria, De ebrietate, in: JBL 133 (2014), 141-163.

Malherbe, Abraham J., The Cynic Epistles. A Study Edition, SBL Sources for Biblical Studies 12, Missoula 1977.

Matthews, Shelly, First Converts. Rich Pagan Women and the Rhetoric of Mission in Early Judaism and Christianity, Stanford 2001.

Niehoff, Maren, The Symposium of Philo's Therapeutae: Displaying Jewish Identity in an Increasingly Roman World, in: GRBS 50 (2010), 95–116.

Satran, David, Daniel. Seer, Philosopher, Holy Man, in: John. J. Collins/George W.E. Nickelsburg (Eds.), Ideal Figures in Ancient Judaism. Profiles and Paradigmas, SeHi 12, Ann Arbor 1980, 33–48.

Sly, Dorothy, Philo's Perception of Women, BJSt 209, Atlanta 1990.

Städele, Alfons, Briefe des Pythagoras und der Pythagoreer, Meisenheim am Glan 1980.

Standhartinger, Angela, »Mit einer verheirateten Frau schmause nicht beim Weine« (Sir 9,9). Egalitäre Tischgemeinschaften im Kontext antiker, jüdischer und frühchristlicher Symposiumskultur, in: Michaela Geiger/Christl M. Maier/Uta Schmidt (Hrsg.), Essen und Trinken in der Bibel. Ein literarisches Festmahl für Rainer Kessler zum 65. Geburtstag, Gütersloh 2009, 286–300.

Stein-Hölkeskamp, Elke, Das römische Gastmahl, München 2005.

Šterbenc Erker, Darja, Religiöse Rollen römischer Frauen in ›griechischen‹ Ritualen, Potsdamer Altertumswissenschaftliche Beiträge 43, Stuttgart 2013.

Taylor, Joan, Jewish Women Philosophers of First-Century Alexandria, Oxford 2003.

- Virgin Mothers. Philo on the Women Therapeutae, in: JSP 12 (2001), 37–63.

Tervanotko, Hanna, »The Hope of the Enemy has Perished«. The Figure of Miriam in the Qumran Library, in: Armin Lange/Matthias Weigold (Eds.), From Qumran to Aleppo. A Discussion with Emanuel Tov about the Textual History of Jewish Scriptures in Honor of his 65th birthday, FRLANT 230, Göttingen 2009.

Tilford, Nicole L., »After the Ways of Women«. The Aged Virgin in Philo's Transformation of the Philosophical Soul, in: SPhA 25 (2013), 17–39.

Wendland, Paul, Die Therapeuten und die philonische Schrift vom beschaulichen Leben. Ein Beitrag zur Geschichte des hellenistischen Judentums, in: JCPh.S 22 (1886), 693–772.

# Askese als philosophische Übung

## Das Streben nach Ataraxia in der epikureischen Philosophie

*Christiane Krause*

Es mag verwundern, dass beim Thema Hellenistische Philosophie und Askese (im Sinne eines Verzichtes)[1] ausgerechnet der Name Epikurs fällt. Sicher ist er nicht der einzige und vielleicht auch nicht der naheliegendste Kandidat für das Thema Askese in der hellenistischen – oder überhaupt der antiken Philosophie.

Tatsächlich liegt seiner Philosophie ein Menschenbild zugrunde, das Körperlichkeit, Sinneseindrücke, Sinnesfreuden gerade nicht ablehnt; denn ausgehend von dem Grundsatz, dass jedes Lebewesen von Natur aus danach strebt, Lust zu erlangen (d.h. angenehme Empfindungen zu haben) und Schmerz zu vermeiden (d.h. unangenehme Empfindungen zu vermeiden), kommt Epikur zu dem Ergebnis, dass das höchste Gut[2] die Lust (*Hedone*) sei. Stieß er damit schon bei den zur Stoa neigenden römischen Philosophen auf Kritik, so erst recht bei den Kirchenvätern, zumal er jeden göttlichen Einfluss auf die Welt und eine göttliche Ordnung der Welt abstritt sowie die Sterblichkeit der Seele propagierte. Den schlechten Ruf, der daraus bis heute resultiert, hat Epikur trotzdem nicht verdient, und in Zeiten entgrenzten Konsums lohnt es sich, sein System genauer anzuschauen, vielleicht auch gerade deswegen, weil es nicht eschatologisch argumentiert.

Zwei Themen sollen im Folgenden betrachtet werden, und zu Beginn soll ein Bogen nicht aus der Antike in die Gegenwart, sondern aus der Gegenwart in die Antike geschlagen werden:

---

[1] Über Askese im antiken Sinne von »Übung« vgl. Christof Rapp, Seelengymnastik. Geleitwort zum Kontext der Verzichtsaskese in der antiken Philosophie, in: Werner Röcke/Julia Weitbrecht (Hrsg.), Askese und Identität in Spätantike, Mittelalter und Früher Neuzeit, Berlin 2010, 8–16.

[2] Wie alle Systeme der hellenistischen Philosophie fragt auch das epikureische nach dem »höchsten Gut«, nach dem, was das Glück, die Eudaimonia, sei, und wie der Mensch sie erlangen könne. Zur Einführung vgl. z.B. Anthony A. Long/David N. Sedley, The Hellenistic Philosophers, 2 vol, Cambridge 1987; Epikur. Von der Überwindung der Furcht: Katechismus, Lehrbriefe, Spruchsammlung, Fragmente, eingeleitet und übertragen von Olof Gigon, Zürich [3]1983; Epikur. Briefe, Sprüche, Werkfragmente Griechisch/Deutsch, übersetzt und herausgegeben von Wolfgang Krautz, 1980, Nachdruck Stuttgart 2010; Griechische Atomisten. Texte und Kommentare zum materialistischen Denken der Antike, übersetzt und herausgegeben von Fritz Jürss, Reimar Müller und Ernst Günther Schmidt, Leipzig [4]1977. Die im Folgenden zitierten Übersetzungen stammen, so nicht anders angegeben, von Wolfgang Krautz.

Das evangelische Magazin »Chrismon« machte in der Juniausgabe 2014 den Klimawandel zum Thema. Unter dem Titel »Ich brauche nun mal ein Auto« wurden die »24 besten faulen Ausreden« aufgelistet und jeweils verschiedene Expertinnen/Experten dazu zitiert, die die jeweilige »Ausrede« eben als solche »entlarvten«. Auf die Ausrede Nummer 12, »Was ich mir alles verkneifen soll – das macht schlechte Laune!«, antwortete der Soziologe Harald Welzer:

> »Richtig, verkneifen macht schlechte Laune. Ich bin ja auch nicht dafür, dass man sich Dinge verkneift, bloß weil einem das jemand sagt. Wenn man sich etwas verkneift, dann sollte man das aus freien Stücken tun, weil man merkt, dass es einem dann bessergeht – und dann kriegt man gute Laune«.

Obwohl Welzer mit dieser Antwort sicher weniger auf ein bestimmtes philosophisches System denn auf den Alltagsverstand abzielt, finden sich doch zwei Aspekte des Themas ›Askese als Verzicht‹, die ich im Folgenden an die epikureische Philosophie rückbinden möchte.

Zum einen formuliert das Zitat ein Moment, das im epikureischen System eine wichtige Rolle spielt: der Verzicht auf etwas, das kurzfristig Lust bereitet, mit dem Ergebnis, oder sogar dem Ziel, aus diesem Verzicht gerade mehr Lust (Welzers »gute Laune«) zu gewinnen. Das zweite Moment betrifft die Frage, auf welche Weise der Verzicht funktioniert. Welzer formuliert die Möglichkeiten des Verzichtes in den Polen von äußerem Druck (»weil einem das jemand sagt«) und Freiwilligkeit (»aus freien Stücken«). Andererseits verwendet er für beide Fälle das Verb »sich verkneifen«, das jedenfalls eine Form von Zwang konnotiert. Bedeutet Askese im Sinne von »Verzicht« notwendig einen inneren Kampf, selbst wenn er »aus freien Stücken« ausgetragen wird? Hier hat die epikureische Philosophie Techniken anzubieten, die über die Vorstellung eines selbstauferlegten Zwanges (im Sinne der Selbstbeherrschung) hinausgehen.

Es soll also zuerst um das epikureische System des Lustverzichtes gehen, um dann in einem zweiten Teil der Frage der Impulskontrolle oder Selbstbeherrschung nachzugehen.

## 1. Das epikureische System des Lustverzichts

Mit dem Grundsatz der Lust als höchstem Gut propagierte Epikur keineswegs grenzenlose Völlerei und Konsum. Seine Lustlehre ist ein ausgeklügeltes System, in dem das Lustkalkül eine wichtige Rolle spielt:

> »Keine Lust ist an sich ein Übel. Aber das, was bestimmte Lustempfindungen verschafft, führt Störungen herbei, die um vieles stärker sind als die Lustempfindungen«.[3]

Bestimmte Lusterfahrungen gilt es also zu vermeiden, nicht, weil sie per se in irgendeiner allgemeingültigen Hinsicht schlecht oder ablehnenswert wären,

[3] Epikur, Kyriai Doxai (Entscheidende Lehrsätze) 8: *οὐδεμία ἡδονὴ καθ’ ἑαυτὴν κακόν· ἀλλὰ τὰ τινῶν ἡδονῶν ποιητικὰ πολλαπλασίους ἐπιφέρει τὰς ὀχλήσεις τῶν ἡδονῶν.*

sondern nur deshalb, weil (und nur dann, wenn) aus ihnen mehr Schmerz als Lust resultiert. Die Lusterfahrung wird in einen größeren Kontext eingebunden. Hier klingt die Notwendigkeit an, zwischen dem Impuls des Begehrens und der daraus resultierenden Handlung ein Moment der Abwägung und Entscheidung anzusetzen:

> »An alle Begierden richte man diese Frage: Was wird mir geschehen, wenn das erfüllt wird, was die Begierde (das Begehren) erstrebt, und was, wenn es nicht erfüllt wird?«[4]

Das Individuum steht also vor der Aufgabe der Selbstbefragung und des sorgfältigen Abwägens seiner Handlungen. Dieses Abwägen muss immer wieder erfolgen, in jeder Situation, in der das Individuum vor die Entscheidung gestellt ist, einem Handlungsimpuls, der Lustgewinn verspricht, nachzugehen oder eben nicht. Und es wird auf bestimmte Lustempfindungen, auf die Erfüllung bestimmter Wünsche (oder Begierden) verzichten, wenn es damit rechnen muss, dass aus dieser Erfüllung mehr Schmerz als Lust resultiert.

Epikur geht aber über diese Form des Lustkalküls noch hinaus, indem er den Zustand der höchsten Lust als »Abwesenheit von Schmerz« definiert.[5] Gelingt einem Individuum dieser Zustand, dann hat es die *Ataraxia* erreicht, den Zustand der heiteren, gelassenen Seelenruhe. Befindet sich die Seele erst einmal im Zustand der *Ataraxia*, ist die Lust nicht mehr steigerbar, sondern nur noch variierbar.

Der Moment der Askese im Sinne eines Verzichtes auf sinnliche Erfahrungen kommt hier insofern zum Tragen, als das Individuum auf all das verzichten kann, was nicht zur *Ataraxia* beiträgt – daraus resultiert theoretisch ein bescheidener, an der Erfüllung körperlicher Genüsse recht uninteressierter Lebensstil. Zugleich ist aber nochmals zu betonen, dass diese asketische Haltung gerade nicht aus einer grundsätzlichen Ablehnung der körperlichen Erfahrungen herrührt. Dies hebt der Philosoph selbst in einem Brief hervor:

---

[4] Epikur, Sententiae Vaticanae (Epikurs Weisungen) 71: πρὸς πάσας τὰς ἐπιθυμίας προσακτέον τὸ ἐπερώτημα τοῦτο: τί μοι γενήσεται ἂν τελεσθῇ τὸ κατὰ ἐπιθυμίαν ἐπιζητούμενον; καὶ τί ἐὰν μὴ τελεσθῇ.

[5] Epikur, KD 3: »Die Grenze für die Größe der Lustempfindungen ist die Beseitigung alles Schmerzenden. Denn wo immer die Lust wohnt, dort gibt es, solange sie da ist, weder körperlichen Schmerz noch seelisches Leid, noch beides zusammen«. ὅρος τοῦ μεγέθους τῶν ἡδονῶν ἡ παντὸς τοῦ ἀλγοῦντος ὑπεξαίρεσις. ὅπου δ'ἂν τὸ ἡδόμενον ἐνῇ, καθ'ὃν ἂν χρόνον ᾖ, οὐκ ἔστι τὸ ἀλγοῦν ἢ λυπούμενον ἢ τὸ συναμφότερον. (Übersetzung Müller). Mit dieser Definition von der Schmerzlosigkeit als höchster Lust setzt sich Epikur von anderen hedonistischen Systemen wie den Kyrenaikern, aber auch von Platon ab. Vgl. detaillierter auch zur Unterscheidung von kinetischer und katastematischer Lust und dem Primat der seelischen Lust über die körperliche Lust LONG/SEDLEY, Hellenistic Philosophers vol 1, 121–124; JÜRSS/MÜLLER/SCHMIDT, Griechische Atomisten, 59–61. Zum Unterschied zwischen Kyrenaikern und Epikur vgl. auch Diogenes Laertios 10, 136-137. Seelische Schmerzlosigkeit ist wichtiger als körperliche Schmerzlosigkeit. Erreicht wird sie durch die Befreiung von Todesfurcht und Götterfurcht.

> »Ich schwelge in der Lust meines Leibes (Körperchens), wenn ich von Wasser und Brot lebe, und spucke auf die Genüsse des Luxus (der Üppigkeit, des Aufwandes), nicht um ihrer selbst willen, sondern wegen der Beschwerden, die ihnen auf dem Fuße folgen«.[6]

Auch in seinem *Lehrbrief an Menoikeus*, in dem Epikur die Grundsätze seiner Ethik zusammenfasst, wird dieser Aspekt hervorgehoben:

> »Auch die Selbstgenügsamkeit halten wir für ein großes Gut, nicht um uns unter allen Umständen mit dem Wenigen zu begnügen, sondern damit wir, wenn wir das Viele nicht haben, mit dem Wenigen zufrieden sind, in der festen Überzeugung, dass jene den größten Genuss am Luxus haben, die seiner am wenigsten bedürfen, und dass alles Naturgemäße leicht zu beschaffen ist, das Unnütze aber schwer«.[7]

In beiden Textpassagen wird jeweils die Bescheidenheit in materiellen Dingen hervorgehoben, zugleich aber betont, dass es keineswegs um ein prinzipielles moralisches Urteil geht. Verzichtet wird nicht grundsätzlich, sondern nur, um etwas Besseres zu gewinnen.[8] Sinnliche Genüsse/Erfahrungen sind eben nicht per se schlecht und ablehnenswert, sondern müssen kontextuell eingebunden werden. Daraus ergibt sich ein pragmatischer Zugriff auf die Welt, der weitgehend auf grundsätzliche moralische Wertungen verzichten kann und der stattdessen kluges Abwägen der gegebenen Umstände fordert.[9] Fehlentscheidungen beruhen auf Fehleinschätzungen, auf falschen Urteilen über die äußeren Dinge

---

6 Βρυάζω τῷ κατὰ τὸ σωμάτιον ἡδεῖ, ὕδατι καὶ ἄρτῳ χρώμενος, καὶ προσπτύω ταῖς ἐκ πολυτελείας ἡδοναῖς οὐ δι' αὐτάς, ἀλλὰ διὰ τὰ ἐξακολουθοῦντα αὐταῖς δυσχερῆ. (Us.181: Ioann. Stob. III XVII 33 H.; Übersetzung Jürss/Müller).

7 Epikur, Brief an Menoikeus 130: καὶ τὴν αὐτάρκειαν δὲ ἀγαθὸν μέγα νομίζομεν, οὐχ ἵνα πάντως τοῖς ὀλίγοις χρώμεθα, ἀλλ' ὅπως, ἐὰν μὴ ἔχωμεν τὰ πολλά, τοῖς ὀλίγοις ἀρκώμεθα, πεπεισμένοι γνησίως ὅτι ἥδιστα πολυτελείας ἀπολαύουσιν οἱ ἥκιστα ταύτης δεόμενοι, καὶ ὅτι τὸ μὲν φυσικὸν πᾶν εὐπόριστόν ἐστι, τὸ δὲ κενὸν δυσπόριστον. (Übersetzung Jürss/Müller).

8 Die Frage, ob sich daraus schließen lässt, dass Epikur einen asketischen Lebensstil propagierte, ist umstritten. Vgl. RAPHAEL WOOLF, Pleasure and Desire, in: JAMES WARREN (Ed.), The Cambridge Companion to Epicureanism, Cambridge 2009, 158–178. Woolf argumentiert überzeugend dagegen, dass Epikur Luxus prinzipiell ablehnte: »Luxury, according to Epicurus, is in fact to be welcomed, just so long as its possession does not detract from the maintenance or attainment of a pain and trouble free state; and it need not do this, he holds, so long as one has the right attitude towards luxury; namely, that it is to be enjoyed if present, but not missed if absent.« (160). Ein asketischer Standpunkt im Sinne einer völligen Ablehnung bestimmter Erfahrungen oder Genüsse ist Epikur fremd.

9 De facto ergeben sich daraus Handlungen und Moralvorstellungen, die sich von den Ansprüchen anderer hellenistischer Systeme kaum unterscheiden. Epikur betont selbst in KD 5 den Zusammenhang von Tugend und Lust: »Es ist nicht möglich, lustvoll zu leben, ohne einsichtsvoll, vollkommen und gerecht zu leben.« οὐκ ἔστιν ἡδέως ζῆν ἄνευ τοῦ φρονίμως καὶ καλῶς καὶ δικαίως. Zum Primat der Lust über die Tugend vgl. DAVID KONSTAN, Epicurean ›Passions‹ and the Good Life, in: BURKHARD REIS (Ed.), The Virtuous Life in Greek Ethics, Cambridge 2006, 194–205; hier: 201 mit Anm. 12.

und die eigenen Begierden und Bedürfnisse, wie es beispielsweise im SV 59 formuliert wird:

> »Unersättlich ist nicht der Bauch, wie die Masse behauptet, sondern die trügerische Meinung vom unbegrenzten Fassungsvermögen (der unbegrenzten Gier/dem unbegrenzten Füllbedürfnis) des Bauches«.[10]

Eine Hilfe bei der Interpretation und Urteilsfindung bietet Epikurs Einteilung der »Lüste« (Genüsse) in naturgemäße (oder natürliche) (*physikai*) und leere (*kenai*). Die natürlichen wiederum werden unterteilt in a) natürliche und notwendige einerseits und b) natürliche und nicht notwendige andererseits (Men. 127ff.). Da die Abwesenheit von Schmerz, nach Epikurs Definition der Zustand höchster Lust, bereits mittels der natürlichen und notwendigen Begierden erreichbar ist, sind alle anderen zur Erreichung des höchsten Gutes unerheblich und somit verzichtbar. Das Ergebnis ist ein Leben wie die Götter:

> »Des Fleisches Stimme ist: Nicht hungern, nicht dürsten, nicht frieren! Denn wenn einer dies besitzt und erwarten kann, es zukünftig zu besitzen, könnte er selbst mit Zeus um das Glück wetteifern«.[11]

Der Vergleich mit Zeus ist hier nicht nur rhetorische Figur. Die Götter sind im epikureischen System glückselig und unvergänglich. Und wenn der Mensch auch nicht unvergänglich ist, so kommt der – erreichbare – Zustand der *Ataraxia* dem der göttlichen Glückseligkeit doch durchaus nah. Epikur selbst präsentierte sich in diesem Sinne beispielsweise in einem Brief an seine Mutter:

> »Denn nicht eine geringfügige und unbedeutende Gabe ist es, was uns hier zuteil wird. Ist es doch geeignet, unsere Verfassung der der Götter gleichzumachen, und zeigt es uns, daß wir nicht, weil wir sterblich sind, hinter dem unvergänglichen und glückseligen Wesen (der Götter) zurückstehen müssen. Denn solange wir leben, freuen wir uns gleich den Göttern«.[12]

Und dass auch körperliche Schmerzen den Zustand der *Ataraxia*, der Seelenruhe, nicht dauerhaft trüben können, bezeugt er nach dem Zeugnis des Diogenes Laertios per Brief kurz vor seinem Lebensende:

---

[10] SV 59: ἄπληστον οὐ γαστήρ, ὥσπερ οἱ πολλοί φασιν, ἀλλ' ἡ δόξα ψευδὴς ὑπὲρ τοῦ τῆς γαστρὸς ἀορίστου πληρώματος.

[11] SV 33: σαρκὸς φωνὴ τὸ μὴ πεινῆν, τὸ μὴ διψῆν, τὸ μὴ ῥιγοῦν: ταῦτα γὰρ ἔχων τις καὶ ἐλπίζων ἕξειν κἂν Διὶ ὑπὲρ εὐδαιμονίας μαχέσαιτο.

[12] Οὐ] γὰρ μεικρὰ οὐδέ[ν τ' ἰσχ]ύοντα περιγείνεται ἡ[μ]ε[ῖ]ν τάδ' οἷα τὴν διάθεσιν ἡμῶν ἰσόθεον ποιεῖ καὶ οὐδὲ διὰ τὴν θνητότητα τῆς ἀφθάρτου καὶ μακαρίας φύσεως λειπομένους ἡμᾶς δείκνυσιν. ὅτε μὲν γὰρ ζῶμεν, ὁμοίως τοῖς θεοῖς χαίρομεν. (Übersetzung Müller). Der Text stammt aus der Inschrift des Diogenes von Oinoanda (2. Jh. n.Chr.), frg. 52 Chilton. Dass es sich tatsächlich um einen Brief Epikurs handelt, wird zwar allgemein angenommen, ist aber nicht ganz sicher, vgl. JÜRSS/MÜLLER/SCHMIDT, Griechische Atomisten, 578, Anm. 67.

> »Einen glückseligen Tag, der zugleich der letzte meines Lebens ist, verbringend, schreibe ich euch dies. Harnbeschwerden und Ruhr haben sich in solcher Stärke eingestellt, daß sie nicht mehr größer werden können. Alldem steht gegenüber die Freude meines Herzens in der Erinnerung an die einst von uns geführten Gespräche«.[13]

Der epikureische Entwurf ist materiell, insofern er kein *Eschaton* und keine metaphysische Ebene kennt. Notwendig wird alles erreichbare Glück im Irdischen, konkret im Individuum selbst, verortet. Zugleich besteht das irdische Glück gerade nicht im höchstmöglichen, sondern eben im bestmöglichen Gebrauch der materiellen, körperhaften Güter und Genüsse und vor allem der seelischen/geistigen Freuden. Und dies ist keineswegs ein banales Ziel, wie Epikur beteuert – denn in der freudigen Seelenruhe, dem gelassenen Betrachten der Welt wird das menschliche Individuum, soweit es einem sterblichen Wesen überhaupt möglich ist, den Göttern gleich.

## 2. ASKESE ALS ÜBUNG

Was wird eine Person tun, die von Begierden oder Wünschen erfüllt ist, der Interessensabwägung zufolge aber Verzicht üben will? Die Erfahrung lehrt ja schließlich, dass aus rationaler Erkenntnis noch keine Gefühlsänderung, somit noch nicht notwendig ein veränderter Handlungsimpuls resultiert.

Die paganen antiken Texte kennen weniger einen satanischen Verführer als vielmehr Seelenanteile, die dem rationalen Teil des Verstandes unterworfen sind. Einen bildhaften Ausdruck findet diese Vorstellung im platonischen Seelenwagen – ein Bild, das in Platons Dialog *Phaidros* (246a–247c) entwickelt wird. Der berühmte Wagenlenker hat mit einem seiner beiden Pferde viel Mühe, denn dieses »beugt sich zum Boden hinunter und drückt mit seiner ganzen Schwere, woraus viel Beschwerde und der äußerste Kampf der Seele entsteht.« Das »schlechte« Pferd, fern jeder Impulskontrolle, muss zurückgerissen und gezügelt werden. Die Seele erscheint in diesem Bild als ein Ort, an bzw. in dem Herrschaft ausgeübt wird. Ein handelndes/herrschendes Subjekt wird konstruiert – der Wagenlenker – und ein beherrschtes, impulsives Objekt – das Pferd. Ihre Analogie findet diese Vorstellung in der hierarchischen gesellschaftlichen Realität des vierten Jahrhunderts v.Chr. mit ihren klaren Herrschaftsstrukturen.[14]

---

[13] Diog. Laertios 10,22: τὴν μακαρίαν ἄγοντες καὶ ἅμα τελευτῶντες ἡμέραν τοῦ βίου ἐγράφομεν ὑμῖν ταυτί: στραγγουρικά τε παρηκολούθει καὶ δυσετερικὰ πάθη ὑπερβολὴν οὐκ ἀπολείποντα τοῦ ἐν ἑαυτοῖς μεγέθους: ἀντιπαρετάττετο δὲ πᾶσι τούτοις τὸ κατὰ ψυχὴν χαῖρον ἐπὶ τῇ τῶν γεγονότων ἡμῖν διαλογισμῶν μνήμῃ. (Übersetzung Jürss/Müller).

[14] Die antike Diskussion zur Frage der Selbstbeherrschung (*Enkrateia*) zeigt sich beispielsweise in Aristoteles, Nikomachische Ethik vii, 1,6, wo Aristoteles unterschiedliche Haltungen dazu unter Bezugnahme auf Platons Protagoras diskutiert. Anregende Lektüre zum Thema der Enkrateia bietet MICHEL FOUCAULT, Der Gebrauch der Lüste (Sexualität und Wahrheit Bd. 2), Frankfurt a.M. 1989, 84–103. Vgl. auch SIMONE KROSCHEL, Wenig verlangt die Natur. Naturgemäß leben, Einfachheit und Askese im antiken Denken,

Aber muss die Vorstellung von Askese als Verzicht notwendig mit einem inneren Kampf gegen sich selbst und einer Unterwerfung seiner selbst verbunden sein? Wenn die Seelenvorstellung Platons die gesellschaftliche Realität mit ihren Herrschaftsstrukturen und Ungleichheiten widerspiegelt, wie kann dann eine Seelenvorstellung aussehen, die der Utopie einer herrschaftsfreien Gesellschaft entspricht? Ist es in einer – utopischen – herrschaftsfreien Gesellschaft nicht ein Widerspruch, von »Selbstbeherrschung« zu sprechen? Wie kann der Umgang mit sich selbst gedacht werden, wenn nicht in Form (oder über die Metapher) der Selbstbeherrschung, der Herrschaft über sich selbst? Wobei es sich von selbst versteht, dass ein verantwortlich handelndes Individuum nicht jedem Impuls nachgeben wird.

Nun widerspricht die Vorstellung eines »Kampfes«, der innerhalb der Seele tobt, geradezu diametral der epikureischen Idee von Seelenruhe. Und Epikurs Prämisse, dass keine Lust von Natur aus schlecht sei, setzt ein Menschenbild voraus, in dem nicht ein Anteil grundsätzlich schlecht ist und grundsätzlich das Falsche will. Zu fragen ist also, ob Epikur eine Lösung innerseelischer Konflikte anbieten kann, die weniger auf Kampf und Beherrschung ausgerichtet ist und mehr auf Kompromiss und Kooperation.[15]

Im *Gnomologion Vaticanum* findet sich dazu folgendes Zitat:

> »Man soll der Natur (oder: unserer Veranlagung) nicht Zwang antun, sondern sie überzeugen. Überzeugen werden wir sie, wenn wir die notwendigen Begierden befriedigen und ebenso die natürlichen, soweit sie nicht Schaden anrichten, und wenn wir die schädlichen Begierden scharf zurückweisen«.[16]

Hier wird wieder die epikureische Unterscheidung der Begierden in natürliche und notwendige, natürliche und nicht notwendige und schließlich leere relevant. Die natürlichen Begierden dürfen und sollen erfüllt werden – soweit können und müssen wir unserer natürlichen Veranlagung (und dazu gehören eben die Begierden) folgen. Die natürlichen, aber nicht notwendigen Begierden können erfüllt werden, sofern sie mehr Lust als Schmerz produzieren. Die schädlichen Begierden wiederum sind nicht naturbedingt, gehören also gar nicht zu unserer Veranlagung und entstehen ohnehin nur aufgrund von Fehlurteilen. Sie werden notwendig mehr Schmerz als Lust nach sich ziehen. Das Ergebnis der inneren Abwägung wird also notwendig die Zurückweisung eines solchen Begehrens sein.

---

Frankfurt a.M. 2008. Über epikureische Psychologie vgl. z.B. Christopher Gill, Psychology, in: James Warren (Ed.), The Cambridge Companion to Epicureanism, Cambridge 2009, 125–141.

[15] Ausführlich zu den therapeutischen Praktiken im epikureischen Kontext vgl. Voula Tsouna, Epicurean Therapeutic Strategies, in: James Warren (Ed.), The Cambridge Companion to Epicureanism, Cambridge 2009, 249–265, und Martha C. Nussbaum, The Therapy of Desire. Theory and Practice in Hellenistic Ethics, Princeton 1994, 102–139.

[16] SV 21: οὐ βιαστέον τὴν φύσιν ἀλλὰ πειστέον. πείσομεν δὲ τὰς ἀναγκαίας ἐπιθυμίας ἐκπληροῦντες, τάς τε φυσικὰς ἂν μὴ βλάπτωσι, τὰς δὲ βλαβερὰς πικρῶς ἐλέγχοντες. (Übersetzung Jürss/Müller).

Sprachlich erzeugt Epikur eine Antithese zwischen den Verben βιάζω (*biazo*, zwingen) und πείθω (*peitho*, überzeugen). Die Bedeutung von πείθω changiert dabei zwischen überreden und überzeugen.[17] In welche Richtung auch die Konnotation gehen mag, die Antithese macht deutlich, dass an einen rein autoritären Akt nicht gedacht ist. Auch die Phrase πικρῶς ἐλέγχειν (*pikros elenchein*; scharf zurückweisen) weist in diese Richtung. Das Verb ἐλέγχω (*elencho*) kann eine Konnotation von Schärfe bis hin zu Tadel und Widerlegung haben, transportiert aber eben auch ein Moment der Diskussion, des Abwägens, wenn nicht des vernunftbegründeten Argumentierens.[18] Dem Verzicht geht hier zumindest eine innere Diskussion mit der eigenen *Physis* und ihren Wünschen voraus. Herrschaft im Sinne einer rein autoritären Machtausübung findet nicht statt.

Wie geht nun eine solche innere Diskussion vonstatten? Und was kann eine Person tun, die sich von den nicht natürlichen Begierden befreien möchte?

In seinen Lehrbriefen betont Epikur immer wieder die Notwendigkeit der genauen Naturbeobachtung und des sorgfältigen Urteils vor allem bezogen auf das, was die Seelenruhe stören kann: die Furcht vor Göttern und Tod, aber eben auch die Haltung zu Lust und Schmerz. Zur Erreichung und Bewahrung der *Ataraxia* ist neben der Kenntnis der wenigen wichtigen Prinzipien[19] das sorgfältige Urteilen über die jeweils vorliegenden Umstände maßgeblich. Dass es sich hierbei um einen dauernden Prozess handelt, der eben nicht mit einmaliger Erkenntnis vollendet ist, darauf verweisen immer wieder Epikurs Aufforderungen in den Lehrbriefen, sich wieder und wieder die Grundsätze seiner Philosophie in Erinnerung zu rufen und vor Augen zu halten.[20]

---

[17] Vgl. LSJ 1353 s.v. πείθω: »persuade, usu. by fair means«, aber auch »in bad sense, talk over, mislead«. Das Verbaladjektiv πειστέον (*peisteon*) kann sogar sowohl »man muss überzeugen« bedeuten, als auch »man muss gehorchen«. In letzterem Sinne versteht es Cyril Bailey, Epicurus. The Extant Remains, Oxford 1926, ad loc., der allerdings, um diesen Sinn zu halten, im nächsten Satz aus dem überlieferten πείσομεν (*peisomen*, »wir überzeugen«) ein Medium machen muss (πεισόμεθα/*peisometa*: »wir gehorchen«). Übersetzung Bailey: »We must not violate nature, but obey her; and we shall obey her if we fulfill the necessary desires and also the physical, if they bring no harm to us, but sternly reject the harmful«. Auch wenn es sicher in epikureischem Sinne ist, der eigenen Veranlagung zu gehorchen (die in unverdorbenem Zustand nur notwendige und natürliche Bedürfnisse hat), so muss hier wohl die aktive Bedeutung die richtige sein (also: »überzeugen müssen wir unsere Veranlagung«).

[18] Vgl. LSJ 531 s.v. ἐλέγχω: z.B. »refute, cross-examine, question, bring to the proof, put right«.

[19] Vgl. im Brief an Herodot (Hdt. 82): ἡ δὲ Ἀταραξία τὸ τούτων πάντων ἀπολελύσθαι καὶ συνεχῆ μνήμην ἔχειν τῶν ὅλων καὶ κυριωτάτων. »Die Unerschütterlichkeit (die Seelenruhe) dagegen besteht darin, von alledem (sc. der Furcht) losgelöst zu sein und eine beständige Erinnerung zu bewahren an die allumfassenden und entscheidendsten Gesetzmäßigkeiten«.

[20] Vgl. z.B. SV 41: γελᾶν ἅμα δεῖ καὶ φιλοσοφεῖν καὶ οἰκονομεῖν καὶ τοῖς λοιποῖς οἰκειώμαχι χρῆσθαι καὶ μηδαμῇ λήγειν τὰς ἐκ τῆς ὀρθῆς φιλοσοφίας φωνὰς ἀφιέντας. »Lachen soll man und zugleich philosophieren, seinen Haushalt führen, seine übrigen Fähigkeiten anwenden und niemals aufhören, die aus der richtigen Philosophie stammenden Lehr-

Der *Brief an Menoikeus* sei diesbezüglich etwas genauer betrachtet. Er beginnt mit der Aufforderung, in jedem Alter Philosophie zu betreiben, wobei die Handlung des Philosophierens (φιλοσοφεῖν, *philosophein*) mit dem Zustand der *Eudaimonia*, der Glückseligkeit, gleichgesetzt wird.[21] Worin der Akt des Philosophierens besteht, das führt Epikur im Folgenden aus: Es bedeutet, sich immer und immer wieder die Grundsätze, die zur Seelenruhe führen, vorzuhalten. Die beiden wichtigsten zuerst, die richtige Vorstellung nämlich von den Göttern und vom Tod (123–127):

> »Wozu ich dich beständig mahnte, dies tu und übe ein, weil du darin die Elemente des vollkommenen Lebens klar erfaßt (*oder:* indem du bedenkst, dass diese die Elemente des guten Lebens sind): Zuallererst, wenn du die Gottheit für ein unvergängliches und glückseliges Wesen hältst (...), dann hänge ihr nichts an, was ihrer Unvergänglichkeit fremd oder mit ihrer Glückseligkeit unvereinbar ist. (...). Gewöhne dich ferner daran zu glauben, der Tod sei nichts, was uns betrifft«.[22]

Der Gebrauch des präsentischen Verbaspekts durch das Imperfekt (παρήγγελλον/*parengellon*), die präsentischen Imperative und Partizipien, sowie die Wortwahl (συνεχῶς/*synechos*: beständig; συνέθιζε/*synethize*: gewöhne dich daran) weisen auf eine beständig neu und immer wieder vollzogene Gedankenübung. Die Wirkung auf den seelischen Zustand vollzieht sich eben nicht mit der einmaligen Erkenntnis, sondern in der immer wieder erfolgten gedanklichen Beschäftigung mit den relevanten Phänomenen.[23]

Nach einer knapp gehaltenen Aufforderung, sich über die eigene Handlungsmacht bezüglich zukünftiger Dinge im Klaren zu bleiben, geht Epikur dann zum Thema der *Hedone*, der Lust, über. Wie bei den Themen Götter und Tod erinnert er zunächst an die philosophischen Grundlagen, die Einteilung der Begierden,[24] um dann die Notwendigkeit der richtigen Wahl zu betonen:

---

sätze zu verkünden«. Und vgl. auch den *Brief an Pythokles*, wo immer wieder das wiederholte Erinnern aufgerufen wird.

21 »Wer aber sagt, zum Philosophieren sei noch nicht das rechte Alter, oder, vorübergegangen sei das rechte Alter, ist dem ähnlich, der sagt, für das Glück sei das rechte Alter noch nicht da oder nicht mehr da«. ὁ δὲ λέγων ἢ μήπω τοῦ φιλοσοφεῖν ὑπάρχειν ὥραν ἢ παρεληλυθέναι τὴν ὥραν, ὅμοιός ἐστιν τῷ λέγοντι πρὸς εὐδαιμονίαν ἢ μὴ παρεῖναι τὴν ὥραν ἢ μηκέτ' εἶναι. (Men. 122).

22 Ἃ δέ σοι συνεχῶς παρήγγελλον, ταῦτα καὶ πρᾶττε καὶ μελέτα, στοιχεῖα τοῦ καλῶς ζῆν ταῦτ' εἶναι διαλαμβάνων. πρῶτον μὲν τὸν θεὸν ζῷον ἄφθαρτον καὶ μακάριον νομίζων, (...), μηθὲν μήτε τῆς ἀφθαρσίας ἀλλότριον μήτε τῆς μακαριότητος ἀνοίκειον αὐτῷ πρόσαπτε (...). Συνέθιζε δὲ ἐν τῷ νομίζειν μηδὲν πρὸς ἡμᾶς εἶναι τὸν θάνατον. (Men. 123–124).

23 Darauf weisen auch die im Folgenden für diesen gedanklichen Akt verwendeten Verben: μνημονευτέον/*mnemoneuteon* (127): wir müssen uns daran erinnern; ἀναλογιστέον/*analogisteon* wir müssen berücksichtigen (oder eben mit Berücksichtigung der Vorsilbe ἀνα/*ana*: wir müssen wieder/wiederholt bedenken).

24 Die Begierden werden wie schon gesagt eingeteilt in natürliche (φυσικαί/*physikai*) und nichtige (κεναί/*kenai*: leer), und die natürlichen Begierden werden wiederum unterteilt in notwendige und »nur natürliche«, also im Umkehrschluss nicht-notwendige. Die Gruppe der natürlichen und notwendigen Begierden wird nochmals dreige-

»Denn eine unbeirrte Betrachtung dieser Zusammenhänge weiß ein jedes Wählen und jedes Meiden zurückzuführen auf die Gesundheit des Körpers und die Unerschütterlichkeit der Seele«.

Schließlich, so Epikur weiter, sei dies das Ziel des glückseligen Lebens, Schmerz zu vermeiden.[25] Das klug urteilende Individuum wird sich also nicht für Handlungen entscheiden, die in letzter Konsequenz mehr Schmerz als Lust nach sich ziehen.

Das Phänomen des Wünschens und Begehrens steht hier in einer Reihe mit den anderen, letztlich rational zu erfassenden zentralen Kategorien des epikureischen Systems. In der Logik der Gedankenführung entsteht kein Bruch; das Thema der Lust ist ebenso wie die Themen Götter und Tod eines, bei dem es darum geht, die Grundprinzipien zu kennen, immer wieder zu memorieren und auf ihrer Grundlage jeweils situationsbedingt zu fundierten Urteilen und daraus resultierenden Entscheidungen zu kommen. Das von einem Lustimpuls getroffene Individuum hat die Aufgabe, diesem Impuls nicht unmittelbar nachzugeben, sondern in Ruhe abzuwägen und zu urteilen. Es eröffnet sich auf diese Weise einen Raum der inneren Diskussion – und zwar immer wieder.

Epikur fordert von uns aber nicht nur das ständige Innehalten und Urteilen, er verspricht auch eine Art spiralenförmiger Entwicklung hin zur völligen Befreiung von schädlichen Begierden. Denn »wann immer der Zustand der Schmerz- und Furchtlosigkeit (ὅπως μήτε ἀλγῶμεν μήτε ταρβῶμεν/*hopos mete algomen mete trabomen*) uns zuteil wird«, ist das Ergebnis völlige Seelenruhe, es lege sich, so Epikur, jeder Sturm der Seele (λύεται πᾶς ὁ τῆς ψυχῆς χειμών/*lyetai pas o tes psyches cheimon*). An dieser Stelle propagiert Epikur die völlige Harmonie des Individuums ohne innere Widersprüche. Denn, so begründet er, das Lebewesen sei in diesem Moment nicht in der Lage, irgendetwas anderes zu erstreben, als ob ihm für das Wohlbefinden von Körper und Seele etwas

teilt: »von den notwendigen wiederum sind die einen zum Glück notwendig, die andern zur Störungsfreiheit des Körpers, die dritten zum bloßen Leben« (Men. 127).

25 Men. 128: τούτων γὰρ ἀπλανὴς θεωρία πᾶσαν αἵρεσιν καὶ φυγὴν ἐπανάγειν οἶδεν ἐπὶ τὴν τοῦ σώματος ὑγίειαν καὶ τὴν τῆς ψυχῆς ἀταραξίαν, ἐπεὶ τοῦτο τοῦ μακαρίως ζῆν ἐστι τέλος. Das Verb ἐπανάγειν (*epanagein*) übersetzt Krautz mit »zurückführen auf«. Otto Apelt, Diogenes Laertios. Leben und Meinungen berühmter Philosophen, Hamburg 1998, ad loc., übersetzt mit »in die richtige Beziehung zu setzen«. ἐπανάγειν lässt sich aber auch verstehen als: »hinführen«. (Vgl. LSJ 607 s.v. ἐπανάγω: z.B. »bring back«, »lead to«.) Die richtige Betrachtung führt die Handlung der Entscheidung für oder gegen etwas hin zur Gesundheit und Seelenruhe, in dem Sinn, dass Wählen und Meiden einen Beitrag leisten zur Gesundheit, dass sie Gesundheit und Seelenruhe gewährleisten. So scheint es auch Hicks zu verstehen: Vgl. Robert Drew Hicks, Diogenes Laertios. Lives of Eminent Philosophers. With an English Translation, vol 2, Cambridge, Mass. u.a. 1912, repr. London/Cambridge, Mass 1965, ad loc.: »He who has a clear and certain understanding of these things will direct every preference and aversion toward securing health of body and tranquillity of mind, seeing that this is the sum and end of a blessed life«.

mangele.[26] Die Schmerzfreiheit in Seele und Körper wird versprochen als Zustand völliger innerer Seelenruhe und Harmonie. Der Verzicht tut hier nicht mehr weh, ist kein Kampf mehr. Was Epikur hier in Aussicht stellt, ist, dass mit jeder richtigen Wahl, mit jedem richtigen »Verzicht« auf unmittelbares Ausagieren eines schädlichen Lustimpulses, die Möglichkeit der Erfahrung der tiefen Seelenruhe gegeben wird – die wiederum neue diesem Ziel abträgliche Impulse gar nicht erst mehr aufkommen lässt. Die Frage, die das Subjekt sich stellen wird, lautet nicht »Will ich das?« sondern »Brauche ich das?« Und die Antwort wird in den allermeisten Fällen negativ ausfallen.

Askese bedeutet in diesem Sinne den richtigen, klugen Gebrauch des Urteilsvermögens und der »leidenschaftlichen Seelenregungen«, die Klugheit nämlich, auf das Ausagieren von Begierden, die überhaupt erst aufgrund von falschen Urteilen entstehen können, zu verzichten. An die Stelle des »Verkneifens« aufgrund von aufoktroyierten Wertungen tritt der Verzicht, der aufgrund einer Reflexion der situativen Gegebenheiten in Zusammenhang mit den »Grundsätzen der Philosophie« selbst gewählt ist.

Und darüber hinaus versprechen die Beschäftigung mit der Philosophie und die Betrachtung der Welt unter Berücksichtigung der richtigen philosophischen Grundsätze dauerhafte Befreiung von schädlichen Impulsen. Denn, so habe Epikur gesagt:

»Die Liebe zur wahren Philosophie löst jede störende und schmerzliche Begierde auf«.[27]

## Literatur

### Textausgaben, Übersetzungen, Kommentare

Apelt, Otto, Diogenes Laertios. Leben und Meinungen berühmter Philosophen, Hamburg 1998.

Bailey, Cyril, Epicurus. The Extant Remains, Oxford 1926.

Chilton, Cecil W., Diogenes of Oenoanda. The Fragments, London/New York/Toronto 1971.

Gigon, Olof, Epikur. Von der Überwindung der Furcht: Katechismus, Lehrbriefe, Spruchsammlung, Fragmente, Zürich 1949, [3]1983.

Hicks, Robert Drew, Diogenes Laertios. Lives of Eminent Philosophers. With an English Translation, vol 2, Cambridge, MA u.a. 1912, repr. London/Cambridge, MA 1965.

[26] Men. 128: ὅταν δε ἅπαξ τοῦτο περὶ ἡμᾶς γένηται, λύεται πᾶς ὁ τῆς ψυχῆς χειμών, οὐκ ἔχοντος τοῦ ζῴου βαδίζειν ὡς πρὸς ἐνδέον τι καὶ ζητεῖν ἕτερον ᾧ τὸ τῆς ψυχῆς καὶ τοῦ σώματος ἀγαθὸν συμπληρώσεται. »Sooft dies einmal an uns geschieht (sc. dass wir weder Schmerz noch Unruhe empfinden), legt sich der ganze Sturm der Seele, weil das Lebewesen nicht imstande ist, weiterzugehen wie auf der Suche nach etwas, was ihm mangelt, und etwas anderes zu erstreben, wodurch sich das Wohlbefinden der Seele und der Körpers erfüllen würde«.

[27] Porphyrios, An Marcella 31, S. 209,21 Nauck; 457 Us.: ἔρωτι φιλοσοφίας ἀληθινῆς πᾶσα ταραχώδης καὶ ἐπίπονος ἐπιθυμία ἐκλύεται.

Jürss, Fritz/Müller, Reimar/Schmidt Ernst Günther (Hrsg.), Griechische Atomisten. Texte und Kommentare zum materialistischen Denken der Antike, Leipzig 1973, [4]1977.

Krautz, Wolfgang, Epikur. Briefe, Sprüche, Werkfragmente Griechisch/Deutsch 1980, Nachdruck Stuttgart 2010.

Long, Anthony A./Sedley, David N., The Hellenistic Philosophers, 2 vol., Cambridge 1987.

Usener, Hermann (Hrsg.), Epicurea, Leipzig 1887, Nachdruck 1966.

## Sekundärliteratur

Foucault, Michel, Der Gebrauch der Lüste (Sexualität und Wahrheit Bd. 2), Frankfurt a.M. 1989 (frz. 1984).

Gill, Christopher, Psychology, in: James Warren (Ed.), The Cambridge Companion to Epicureanism, Cambridge 2009, 125–141.

Konstan, David, Epicurean ›Passions‹ and the Good Life, in: Burkhard Reis (Ed.), The Virtuous Life in Greek Ethics, Cambridge 2006, 194–205.

Kroschel, Simone, Wenig verlangt die Natur. Naturgemäß leben, Einfachheit und Askese im antiken Denken, Frankfurt a.M. 2008.

Nussbaum, Martha C., The Therapy of Desire. Theory and Practice in Hellenistic Ethics, Princeton 1994.

Rapp, Christof, Seelengymnastik. Geleitwort zum Kontext der Verzichtsaskese in der antiken Philosophie, in: Werner Röcke/Julia Weitbrecht (Hrsg.), Askese und Identität in Spätantike, Mittelalter und Früher Neuzeit, Berlin 2010, 8–16.

Tsouna, Voula, Epicurean Therapeutic Strategies, in: James Warren (Ed.), The Cambridge Companion to Epicureanism, Cambridge 2009, 249–265.

Woolf, Raphael, Pleasure and Desire, in: James Warren (Ed.), The Cambridge Companion to Epicureanism, Cambridge 2009, 158–178.

# Teil II
# Monastische und moderne Kontexte

# Der Reichtum der Armut

## Die Askese Klaras von Assisi – der verborgenen Strahlenden

*Ulrike Eichler*

## 1. Vorangestellt

O selige Armut!
Denen, die sie lieben und umfangen,
gewährt sie ewigen Reichtum!

Klara von Assisi[1]

Bis heute treten Klara ebenso wie Franz von Assisi als Gestalten christlicher Theologie in Erscheinung, die sich dadurch auszeichnen, dass ihre Theologie nicht so sehr sprachlich formuliert als vielmehr in radikaler Weise gelebt ist. Das, was Immanuel Kant den Vorrang der Praktischen vor der Theoretischen Philosophie nennt, oder Karl Barth den Vorrang der Ethik vor der Dogmatik, ist von beiden, Klara und Franz, ausdrücklich reflektiert,[2] vor allem aber in ihrem Leben realisiert worden. Ihr zentraler Beitrag besteht weniger in ihrem nicht sehr umfangreichen theoretischen Werk, das hauptsächlich ›Gebrauchstexte‹ wie etwa die Regeln für ihre jeweilige Lebensform, Briefe und poetische Texte, vor allem Gebete, umfasst, sondern vielmehr in beider biblisch reflektiertem Leben, das bis heute eine geradezu unendliche Wirksamkeit entfaltet.[3]

---

1 Klara von Assisi, Erster Brief an die heilige Agnes von Prag, in: Marianne Schlosser (Hrsg.), Im Spiegel Christi. Die Schriften der Klara von Assisi, mit einer Kurzbiographie von Johannes Schneider, Kevelaer 2004, 84. Ich zitiere die Texte Klaras nach der Übersetzung Marianne Schlossers, weil sie nicht nur aktuell, sondern auch gut zugänglich ist.

2 Franz von Assisi stand der Theologie und insbesondere der Exegese der Gelehrten äußerst skeptisch gegenüber. Er hielt sie vor allem für ein Instrument, das Leben in der Nachfolge Jesu, das der biblische Text in unverkennbarer Klarheit zeigt und wünscht, unkenntlich werden zu lassen. Siehe hierzu Franz von Assisi, Regula non bullata c.17, in: Franziskus-Quellen: Die Schriften des heiligen Franziskus, Lebensbeschreibungen, Chroniken und Zeugnisse über ihn und seinen Orden. Im Auftrag der Provinziale der deutschsprachigen Franziskaner, Kapuziner und Minoriten, herausgegeben von Dieter Berg und Leonhard Lehmann, Kevelaer 2009.

3 Siehe hierzu Giorgio Agamben, Höchste Armut. Ordensregeln und Lebensformen, Frankfurt a.M. 2012; bes. 127–149. Agamben geht mit seinem gesamten Buch der Unterscheidung zwischen Lebensform und monastischer Regel nach. Mit dem Begriff Lebensform (*forma vitae* oder *forma vivendi*) greift er einen Terminus der franziskanischen Bewegung auf, der auch *evangelica vita* oder *apostolica vita* oder *vita evangelii*

Aus diesem Grund werde ich die wesentlichen Figuren der Askese, die im Zentrum ihrer Theologie stehen, nicht so sehr auf der Grundlage ihres theoretischen Werks darstellen, sondern vielmehr versuchen, ihre gelebte Theologie zu lesen.

## 2. Aufbrüche und Abschiede: Die Geschichte asketischer Freiheit Klaras von Assisi

Wenn dir aber jemand etwas anderes sagen, etwas anderes einreden wollte, was Deiner Vollkommenheit hinderlich wäre, was im Widerspruch zu Deiner von Gott gegebenen Berufung erschiene, dann folge dem Ratschlag eines solchen Menschen nicht, auch wenn du ihm Verehrung schuldig wärest.

Klara von Assisi[4]

Die Geschichte Klaras von Assisi beginnt mit einem Traum. Eine junge Frau betet ängstlich vor der Geburt ihres ersten Kindes darum, »Gott möge ihr in ihren schweren Geburtsnöten beistehen«.[5] Daraufhin träumt sie, sie werde ein Licht gebären, das die Welt hell erleuchten würde. Sie nennt das Töchterchen, das ihr geboren wird, Klara: die Strahlende. Von ihr wird es heißen, sie sei ein Licht, heller als das Licht.

Klara wird im Jahr 1193 in der mittelitalienischen Stadt Assisi geboren. Sie ist das Kind einer der reichsten und mächtigsten Adelsfamilien der Stadt. In ihrer Familie wächst sie in einer Ordnung der Geschlechtertrennung in der Gemeinschaft von Frauen auf – im Wohnturm des Adelssitzes hoch über der Stadt gemeinsam mit ihrer Mutter, ihren Schwestern, mit Nachbarinnen und

---

*Jesu Christi* lauten kann. Das Leben selbst wird hier zum Gegenstand des Interesses. Das heißt für Agamben zumindest zweierlei, das auch für meine Überlegungen wesentlich ist: Dass es nämlich erstens darum geht, verstehend diesem Leben zu folgen und nicht seiner Regel oder seinem Bekenntnis, d.h. seiner Verschriftlichung. Und dass es für die franziskanische Bewegung zweitens entscheidend ist, dieses Leben selbst als sein eigenes Ziel zu verstehen, sein Ziel also nicht jenseits seiner selbst, sondern in diesem besonderen Leben zu suchen. Dazu Giorgio Agamben, ebd., 128f: »[S]ie [die Lebensform] stellt jedoch nicht, wie in der monastischen Tradition eine asketische oder mortifikatorische Praxis dar, um das Heil zu erlangen, sondern ist jetzt unverzichtbarer und konstitutiver Bestandteil des ›apostolischen‹, ›heiligen‹ Lebens, das sie, wie sie betonen, voll Freude führen. Insofern ist es bezeichnend, dass Olivi in seiner Polemik gegen die Meinung des Thomas, der zufolge die Armut nur ein Modus ist, zur Vollkommenheit zu gelangen, nicht aber die Vollkommenheit selbst [...] behauptet, dass sie wesentlich und vollständig mit der evangelischen Vollkommenheit zusammenfällt.«

4 Klara von Assisi, Zweiter Brief an die heilige Agnes von Prag, in: Schlosser (Hrsg.), Im Spiegel Christi, 91.

5 Ebd., 16.

Freundinnen. Sie erhält eine ausgezeichnete Bildung. Sie liest die klassische und die religiöse Literatur und schreibt ein exzellentes Latein.[6]

Klara von Assisi gilt als die vielleicht am besten bezeugte Frau des Mittelalters. Wir besitzen eine Vielzahl historischer Zeugnisse, sowohl über sie als auch von ihr selbst.[7] Hochgebildet und charismatisch begabt – sowohl mit spiritueller als auch mit politischer Autorität – ist sie nicht die erste Frau, die eine Regel für ihre spirituelle Lebensweise verfasst hat. Aber sie ist die erste, der es gelungen ist, deren Anerkennung bei der höchsten Autorität ihrer Zeit, beim Papst in Rom, gegen Jahrzehnte andauernde Widerstände durchzusetzen. Das Herz dieser Regel bildet ein paradoxer Anspruch, das Recht nämlich, nichts besitzen zu müssen: das Recht auf Armut. Dieser Begriff: »Armut« bezeichnet die besondere asketische Lebensweise Klaras von Assisi.

Klara wird in eine historische Situation gewaltiger gesellschaftlicher Umbrüche hineingeboren, in der die Kirche sich auf dem absoluten Höhepunkt ihrer weltlichen Macht befindet. Die aufblühenden Städte des 12. und 13. Jahrhunderts wachsen und bringen neue Lebensweisen hervor, die die Machtverhältnisse zwischen dem Klerus, dem Adel und dem Patriziat der städtischen Bürgerschaft tiefgreifend zu Gunsten der Städte verschieben. Die Städte werden mächtig in dieser Zeit. Das Bürgertum gewinnt an Bedeutung. Die Städte, besonders natürlich in Italien, stehen für Freiheit, Bildung, Kunst.

Das Herz der Stadt aber ist der Markt. Die Geldwirtschaft und das Bankwesen entstehen zu Lebzeiten Klaras von Assisi und an ihrem Lebensort, in den Städten der Toskana und des angrenzenden Umbrien. Sie führen bereits damals zu kriegerischen Auseinandersetzungen, die Klara in ihrer eigenen Stadt Assisi miterlebt und -erleidet. Im Zuge dieser tiefgreifenden gesellschaftlichen Veränderungen entsteht auch eine neue Form städtischer Armut.

Früh schon entscheidet Klara sich für ein Leben an der Seite der Armen in eigener Armut. Heimlich versucht sie bereits als Kind, etwas von ihrem eigenen Essen den Armen der Stadt zukommen zu lassen. Und ebenfalls schon als Kind entscheidet sie, keinesfalls heiraten, sondern jungfräulich leben zu wollen. Sehr früh schon entschließt Klara sich in der Gemeinschaft von Frauen, in der sie aufwächst, zu einem spirituellen Leben. In hingebungsvoller Liebe zu Jesus will sie arm dem armen Christus folgen. In seinen Fußspuren will sie

---

[6] Die hohe Bildung Klaras von Assisi und ihr gutes Latein sind aus ihren eigenen Texten, insbesondere aus ihren Briefen, in denen sie die klassische Literatur ebenso selbstverständlich zitiert wie die biblischen Schriften, gut erkennbar.

[7] ENGELBERT GRAU, Leben und Schriften der heiligen Klara von Assisi, Werl 2001, in der 8. Auflage neu bearbeitet von Marianne Schlosser (vollständige, kritische, lateinisch-deutsche Ausgabe des Werkes und der frühen Überlieferungen zu Klara von Assisi). Neben ihren eigenen Schriften ist das Leben Klaras gut bezeugt. Insbesondere durch den sehr frühen Heiligsprechungsprozess Klaras, der schon drei Monate nach ihrem Tod im Oktober 1253 beginnt, verfügen wir über eine Vielzahl von Augenzeugenberichten ihres Lebens. Siehe hierzu ausführlich HELMUT FELD, Franziskus von Assisi und seine Bewegung, Darmstadt 2. überarbeitete Auflage 2007, 401f.

leben, arm wie er. Denn im Blick auf ihn wird sie der Not um sie herum in aller Klarheit gewahr.

Es ist diese zärtliche, diese innige mystische Liebe zu Jesus, die sie in eine so innige Zärtlichkeit zur Welt und ihren Geschöpfen versetzt, dass sie diese leidenschaftliche Zugewandtheit auch leben will. Die besondere asketische Spiritualität Klaras versetzt sie in eine theologisch keineswegs selbstverständliche Haltung radikaler Weltzugewandtheit. Klara, geboren in einem der mächtigsten Adelshäuser der Stadt, sucht nach einer Lebensweise an der Seite der Kranken und der Armen. Sie wendet sich vom Reichtum ab und der Armut zu.

Damit macht sie eine ungeheure Gegenbewegung zu jener Logik, die zu ihren Zeiten ihre Herrschaft antritt, zur Logik des Kapitals. Sie gehorcht nicht dem aufsteigenden Gott, der das Geld ist, sondern sucht eine ›apostolische‹ oder ›evangelische‹, d.h. evangeliumsgemäße, Existenz in der Nachfolge Jesu.

In dieser Haltung erfährt sie von dem radikalen Aussteiger Franziskus, der – nur zwölf Jahre älter als sie – in derselben Stadt Assisi aufgewachsen ist wie sie. Sie hört davon, dass er gerade auf spektakuläre Weise in ein Leben radikaler Armut aufgebrochen ist. Von da an wird Francesco – der verrückte *ignorante e idiota* – für Klara zu einer lebenslangen Inspiration. Franz von Assisi ist für sie eine Inspiration, mit deren Hilfe ihre eigene Sehnsucht nach einem anderen Leben als dem sehr ambivalenten zwischen Macht und Ohnmacht, zwischen Freiheit und Einschränkung, zwischen Reichtum und mangelnder Verfügungsgewalt über ihren Besitz, dem eine adlige Frau ihrer Zeit unterworfen war, Gestalt annehmen kann. Sie nimmt mit Franz von Assisi Kontakt auf, und es gelingt ihr, sich in mehreren nächtlichen, d.h. heimlichen, Treffen mit ihm auszutauschen, seine Lebensweise kennenzulernen und sich mit ihm darüber zu beraten, wie sie selbst ein Leben in Armut führen kann.

In der Theologie und Literatur wird bis in die jüngste Gegenwart immer wieder eine Liebe zwischen Franz und Klara – meist als unerfülltes Liebessehnen von Klara nach Franz – imaginiert.[8] Franz wird dabei zur Lichtgestalt, der eine stille Klara folgt. Das ist romantisch, aber es ist nicht wahr. Klara – heller als das Licht – verliert in dieser Perspektive ihr Strahlen. Ihre Entscheidungen verlieren ihre Originalität und ihre Würde. Sie werden zur bloßen unerfüllten Liebessehnsucht nach einem Mann. Ihre freie und im Überfluss fließende Liebe zu Jesus, zu den Menschen und allen Geschöpfen, die um sie sind, wird so verengt und kanalisiert auf die einzige Gestalt, der wir gewohnt sind, die Liebe einer Frau zuzuschreiben: auf die Liebe zu einem einzigen Menschen, im Idealfall zu einem Mann.

Klara aber sucht ein anderes Leben. In der Nacht des Palmsonntags des Jahres 1211, mit siebzehn Jahren also – und vier Jahre nach Franziskus – verlässt sie in einer nächtlichen Flucht ihre Familie und ihr ganzes bisheriges Leben und sucht nach einer apostolischen, einer evangelischen Lebensform radikaler Armut. Diese offene, selbstbestimmte Lebensweise ist der Reichtum,

---

8 Siehe hierzu etwa FELD, Franziskus von Assisi, 416ff.

den sie in der Armut sucht und findet. Unbedingt möchte sie Teil der franziskanischen Bewegung sein, die ihr eine Lebensform eröffnet, die ihrer eigenen radikalen Spiritualität entspricht. Deshalb flieht sie nachts heimlich aus ihrem gut verschlossenen Wohnhaus und der verschlossenen Stadt, nachdem sie noch einmal reich gekleidet am Palmsonntagsgottesdienst teilgenommen hat, der – sicher symbolträchtig für Klara – die Passionswoche eröffnet. Außerhalb oder besser: unterhalb der Stadtmauern erwarten Franziskus und seine Gefährten sie in der Nacht ihrer Flucht und begleiten sie zu einer kleinen Kapelle, wo sie in einer schlichten Feier ein Bußkleid anzieht, sich von Franziskus die Haare scheren lässt und ihren Weg der Nachfolge Jesu beginnt.[9] Diesen ersten Schritt macht sie allein. Denn als eine Frau, die zölibatär leben will, kann sie das Leben der Männer nicht teilen. Deshalb muss sie eine eigene Lebensweise finden oder besser er-finden. Sie muss eine Lebensform erfinden, in der sie ihren Wunsch radikaler Nachfolge in Armut realisieren kann. Und Nachfolge bedeutet für sie nicht Nachfolge des Franziskus, sondern Nachfolge Jesu.

Zunächst gelingt ihr das nicht. Vierzehn Tage lang irrt sie ratlos zwischen einem Kloster von Dominikanerinnen und einer Niederlassung von Beginen hin und her. Es zeigt sich, dass beides ihrer eigensten Lebenssehnsucht nicht entspricht. Sie muss ihren Ort erst finden. Das gelingt ihr erst in dem Moment, in dem ihr nach diesen zwei Wochen eine ihrer leiblichen Schwestern, Katharina, und eine Freundin aus ihrem früheren Leben folgen. Jetzt erst – zusammen mit ihnen dann aber sofort – findet Klara eine Gestalt für ihr ersehntes Leben.

In diesem Moment, in dem Moment, in dem sie nicht mehr allein ist, sondern auf neue, d.h. radikal selbst gewählte, Weise in der Gemeinschaft mit anderen Frauen, klärt sich für sie die Frage nach der Gestalt ihrer Zukunft. Das Leben, das sie sucht, lässt sich nicht allein und isoliert verwirklichen.

Gemeinsam mit ihrer Schwester und ihrer lebenslangen Freundin bezieht Klara die kleine Kirche von San Damiano, die Franz von Assisi einige Jahre zuvor restauriert hatte,[10] und beginnt hier ein Leben in dieser neuen, alten Gemeinschaft. Diese Gemeinschaft und diesen Ort wird sie nie mehr verlassen. Hier wird sie ihr Leben in einer wachsenden Schwesternschaft verbringen, deren konkrete Gestalt sich ihr immer erst zeigt, während sie sie tatsächlich lebt.

---

[9] Siehe Martina Kreidler-Kos u.a., Klara von Assisi. Freundin der Stille – Schwester der Stadt, Kevelaer 2011, 136.

[10] Zweifach bezeugt, nämlich durch Klara selbst und durch die frühe Dreigefährtenlegende zum Leben Franz von Assisis, findet sich eine Prophezeiung Franz von Assisis auf das Leben der Frauen in San Damiano hin. Da heißt es: »Als Franziskus damals weder Brüder noch Gefährten hatte und gleich nach seiner eigenen Bekehrung die Kirche von San Damiano wieder aufbaute, da redete er prophetisch in großer Freude von uns, indem er einigen dort weilenden Armen laut auf Französisch zurief: Kommt und helft mir beim Bau des Klosters von San Damiano, denn dort werden bald Frauen ein heiliges Ordensleben führen« (KlTest 9–14 und Gef 24, zitiert nach Schlosser, Im Spiegel Christi, 17f).

Deutlicher noch als bei Franz von Assisi, buchstäblich nämlich vom ersten Moment an, wird bei Klara sichtbar, dass die radikale Existenzweise, die sie, Klara, sucht und die eine Existenz radikaler Askese ist, als isolierte Existenz einer Einzelnen nicht möglich ist. Ihre unbedingte Voraussetzung und vielleicht auch ihr Ziel ist ein gemeinschaftliches Leben mit anderen, für Klara: mit anderen Frauen. Die radikal asketische Existenz, die sie lebt, wird also von zwei für sie unverzichtbaren Kräften getragen: der hingebungsvollen Liebe zu Gott, den sie in Jesus Christus findet, und der innigen Liebe zu ihrem Konvent von San Damiano, der sich als Teil der franziskanischen Armutsbewegung versteht.

Klara bezeugt mit diesem Leben, das voller Wunder ist, dass sie an keine der Mächte glaubt, die gemeinhin für zwingend gelten und die in der Normalität des Daseins tatsächlich menschliches Leben beherrschen. In der zärtlichen Liebe zu Gott, der Himmel und Erde geschaffen hat, und im Vertrauen darauf, dass Gott ihr Leben täglich erschafft und behütet, gesteht sie diesen Mächten keinerlei Macht über sich zu. Das ist der Kern ihres asketischen Lebens und seine Freiheit.[11]

Diese Freiheit gilt auch gegenüber den kirchlichen Autoritäten einschließlich der höchsten Autorität des Papstes, denen sie zwar Gehorsam versprochen hat, mit denen sie aber nichtsdestoweniger in eisenharte Auseinandersetzungen tritt, wenn sie die Herzstücke ihrer asketischen Spiritualität und ihrer Existenzweise berührt und bedroht sieht. Es sind drei Päpste, die zu ihren Lebzeiten nacheinander an der Spitze der Kirche stehen. Zwei von ihnen versuchen massiv auf die Gestalt ihres Lebens und ihres Konvents Einfluss zu nehmen. Ihnen widersteht sie entschiedenermaßen. Dabei setzt sie sich in jedem einzelnen Fall gegen die Einflussnahme der Päpste durch. Sie kämpft mit ihnen um das ausdrückliche Recht, in der Gemeinschaft ihres Konventes das von ihr gefundene Leben höchster Armut ohne jeden Besitz führen zu dürfen nach der besonderen Regel, die sie selbst dafür verfasst.

- Papst Innozenz III. gewährt ihr 1216 das einzigartige Privileg, das nach seinen Worten noch nie vom apostolischen Stuhl erbeten worden ist, dass sie nämlich von niemandem zu irgendeiner Form von Besitz gezwungen werden kann.
- Papst Gregor IX., der sie nichtsdestoweniger unablässig mit dem Angebot päpstlicher Dispens vom Gelübde der Armut bedrängt, – was konkret vor allem bedeutet, den Besitz von Land anzunehmen und damit zugleich in die Herrschaft über diejenigen einzuwilligen, die das Land für den Konvent bewirtschaften würden –, will sie schließlich von ihrem Armutsgelübde ›befreien‹. Da weist sie ihn zurück, indem sie in einem einzigen Satz

[11] In diesem Sinn formuliert Klara am Ende ihres Lebens: »Der dich erschaffen hat, hat dich zuerst geheiligt, [...] er hat dich immer behütet wie eine Mutter ihr Kindlein, das sie liebt.« (ProKl III 20), zitiert nach SCHLOSSER, Im Spiegel Christi, 15.

theologisch unüberwindbar argumentiert: »Heiliger Vater, auf gar keine Weise will ich in Ewigkeit von der Nachfolge Christi dispensiert werden.«[12]

So bewirkt Klara von Assisi 1228 mit ihrer unwiderstehlich konzentrierten, glasklaren Argumentation die Erneuerung jenes Armutsprivilegs, das ihr Innozenz III. bereits gewährt hatte, nun durch Papst Gregor IX. Dem konnte das nicht recht sein, denn dem der franziskanischen Bewegung durchaus nahestehenden Vertreter äußerster kirchlicher Gewalt ist es in seinen Auseinandersetzungen mit der radikalen, frühen Bewegung um Franz und Klara immer darum gegangen, selbst derjenige zu sein, der dieser Bewegung die Gestalt gibt, die seinen Vorstellungen entsprach.

- Denselben Papst Gregor IX. bezwingt Klara noch ein zweites Mal, als er ihr 1230 in der Bulle ›Quo elongati‹ vorschreibt, dass kein Bruder ohne die päpstliche Erlaubnis das Frauenkloster besuchen darf, um den Frauen zu predigen. Das würde bedeuten, den Konvent Klaras spirituell von der franziskanischen Bewegung abzuschneiden und den Frauen zugleich eine von außen erzwungene, äußerst strenge Klausur aufzuerlegen. Als Reaktion darauf schickt Klara von Assisi alle Brüder, die für die Frauen das tägliche – leibliche – Brot sammeln, zum Generalvikar zurück und tritt so mit allen ihren Schwestern faktisch in einen Hungerstreik. Sie begleitet ihren Hungerstreik im Kampf mit dem Papst mit den Worten: »Soll er uns alle Brüder nehmen, nachdem er uns die Spender des Lebensbrotes [der Predigt] bereits genommen hat.«[13] Der Papst muss sich daraufhin ein zweites Mal ihrem Willen beugen und den unbeschränkten Austausch zwischen dem Konvent Klaras und der franziskanischen Bewegung auch weiterhin zulassen.
- Und mit einem letzten Papst kämpft sie, bis sie ihn schließlich am Tag vor ihrem Tod überwindet. 1247 nötigt Papst Innozenz IV. ihr eine von ihm verfasste Ordensregel auf, die ihren eigenen Wünschen in vieler Hinsicht nicht entspricht. Deshalb macht Klara von Assisi sich daran, eine eigene Regel zu verfassen, die an die Stelle der von außen aufgezwungenen Regel treten und die genuine Lebensweise ihres Konvents auch über ihren Tod hinaus sichern soll. Nach sieben Jahren der Auseinandersetzung erkennt Papst Innozenz IV. ihre Regel nach einem Besuch an ihrem Sterbebett an. So wird Klara zur ersten Frau, der es gelingt, eine Regel zu verfassen und durchzusetzen, die vom Papst approbiert wird.

Mit der päpstlichen Bulle in Händen, um die sie ein halbes Leben lang und mehr als zwanzig Jahre über den Tod Franz von Assisis hinaus gekämpft hat, stirbt Klara von Assisi, europaweit bekannt, am 11. August 1253, am Tag, nachdem sie ihr Lebensziel erreicht hat, im Alter von sechzig Jahren. Dadurch,

---

12 LebKl 14; ProKl 1,13, zitiert nach Grau, Leben.
13 LebKl 37, zitiert nach Grau, Leben.

dass sie auf der Anerkennung ihrer Lebensform auf höchster Ebene bestanden hat, hat sie nicht nur versucht, ihre Existenzweise auf Dauer zu sichern. Es ist ihr damit zugleich gelungen, die Frage nach Recht und Wahrheit ihrer Lebensform im Zentrum des öffentlichen Diskurses zu positionieren. In den Auseinandersetzungen, die sie deshalb trotz ihrer Selbstverpflichtung zum Gehorsam führt, wird deutlich, worin das besteht, was das unaufgebbare Zentrum ihres Lebens ausmacht. Die Selbstbestimmung gegenüber den Mächten der Welt, zu denen für Klara auch die kirchliche Hierarchie zählen kann, gehört, das zeigt die Wirklichkeit ihres Agierens, unabdingbar dazu:

- Klara von Assisi weist einen Papst zurück, wenn er sie von den Brüdern und damit von ihrer Zugehörigkeit zur franziskanischen Bewegung der Armut trennen will.
- Sie weist einen Papst zurück, wenn er ihr eine Ordnung aufzwingen will, die sie, Klara, als Äbtissin an die Spitze ihres Konvents setzen und damit eine Hierarchie einziehen will in das Zusammenleben des Konvents.
- Sie weist einen Papst zurück, wenn er ihre selbstgewählte Klausur verschärfen und so die öffentliche, weltzugewandte Seite ihrer Existenz beschneiden will.
- Vor allem aber weist sie einen jeden Papst zurück, der ihr das Recht auf höchste Armut, auf ihr asketisches Leben bestreiten will, indem er sie von ihrem Recht auf Armut ›befreit‹, wie es in der päpstlichen Sprache hieß.

Worin aber bestand das, was Klara von Assisi im Horizont der frühen franziskanischen Bewegung mit dem Begriff Armut zu fassen versuchte, der für sie in umfassender Weise ihre radikale asketische Existenzweise bezeichnete?

## 3. Freiheit und Vertrauen: Die politischen Dimensionen freiwilliger Armut

Ja, wahrhaft glücklich, wem es gegeben wird
an diesem heiligen Gastmahl teilzunehmen,
um mit allen Fasern des Herzens an dem zu hängen,
dessen Schönheit alle seligen Scharen des Himmels
ohne Unterlass bewundern,
dessen Liebe anzieht,
dessen Anblick erquickt,
dessen Güte den Hunger stillt,
dessen Süße erfüllt,
an den zu denken einem Lichtstrahl gleicht,
durch dessen Wohlgeruch die Toten wieder auferstehen ...

Klara von Assisi[14]

---

[14] Klara von Assisi, Vierter Brief an die heilige Agnes von Prag, in: Schlosser (Hrsg.), Im Spiegel Christi, 103f.

Ich möchte hier kurz einige Dimensionen der freiwilligen Armut skizzieren, in die sich die asketische Existenz Klaras von Assisi auffächert, die sie im Kontext der frühen franziskanischen Bewegung angesichts der erheblichen gesellschaftlichen Umstrukturierungen ihrer Zeit gelebt hat. Der Begriff der Armut, der hier die asketische Existenz bezeichnet, ist nicht zufällig oder austauschbar, denn er macht zuallererst das zentrale asketische Anliegen Klaras hörbar, die Zurückweisung allen Besitzes und jeden Umgangs mit Geld. Darüber hinaus bezeichnet er aber noch weitere wesentliche Dimensionen der Askese.

### 3.1 Armut/Askese als Leben ohne allen Besitz

Klara von Assisi lebt in einer Zeit, in der die Geldwirtschaft sich durchsetzt, in der also die Wirtschaftsform entsteht, vor deren ausweglos wirkender Katastrophalität wir heute stehen. Vielleicht hat niemand radikaler und mit genauerem Gespür eben darauf reagiert als Franz und Klara von Assisi, die gemeinsam mit der sie tragenden Bewegung eine spirituelle Antwort darauf gefunden und gelebt haben. Und das bedeutete, keinerlei Eigentum zu besitzen, kein Haus, kein Land, keine Dinge, keine Tiere – nicht als Einzelne und nicht als Gemeinschaft.

Das Ideal frei gewählter Armut gibt darin der Armut selbst eine neue Bedeutung. Klara und Franz entdecken in ihr ein Moment der Freiheit gegenüber der aufkommenden, alles beherrschenden Logik.[15] Wenn diese in universalem Sinn auf Besitz und auf die Vermehrung von Besitz als *einzigem* gültigen Prinzip setzt, dem niemand entrinnen kann und niemand entrinnen können soll – und das ist im Kapitalismus der Fall – dann finden sie einen freien Raum gegenüber dieser Logik, indem sie quasi die Richtung wechseln und tatsächlich ein Leben *leben*, das ohne allen Besitz auszukommen vermag. Die Realität dieser Freiheit stellen sie in der Kirche, und das heißt im Herzen des herrschenden Diskurses ihrer Zeit, zur Debatte. So stellen sie die Wahrheitsfrage im öffentlichen, im politischen Raum.

### 3.2 Armut/Askese als Leben ohne jeden Umgang mit Geld

Jede Form von Handel war innerhalb der franziskanischen Bewegung untersagt, auch über Mittelsmänner, Anwälte etwa, die die Geschäfte für die Gemeinschaft hätten tätigen können. Geld auch nur zu berühren, war nicht gestattet. Es war nicht zulässig, Geld für Arbeit oder als Almosen anzunehmen, auch nicht, um es an andere Bedürftige weiterzugeben. Die einzige Ausnahme bildete die Sorge für die Kranken.

Im Herzen dessen, wovon die asketische Existenz von Klara und Franz von Assisi Abstand nimmt, findet sich die fesselnde Kraft des Geldes samt seiner schier unwiderstehlichen Kraft der Verführung. Jeder denkbare Kon-

---

15 Siehe hierzu Michael Hardt/Antonio Negri, Empire. Die neue Weltordnung. Aus dem Englischen von Thomas Atzert und Andreas Wirthensohn, Frankfurt a.M./New York 2003, 10–18 und 473–497; insbesondere 497.

takt, jede Berührung, und seien sie noch so vermittelt und seien sie noch so gut begründet, war Gegenstand absoluter asketischer Abstinenz. Franz und Klara war Geld nicht mehr wert als die Steine oder die Scheiße, die auf dem Weg liegen. Die asketische Existenz von Klara und Franz von Assisi setzt der Geldwirtschaft, die zu ihren Lebzeiten mit ungeheurer Macht zu beanspruchen beginnt, die unausweichliche Grundstruktur aller Existenz zu sein, ein radikales Vertrauen in den Gott der Bibel und den Jesus des Neuen Testaments entgegen. Sie, die göttliche Schöpfungs- und Erlösungskraft, die das Alte und das Neue Testament bezeugen, und keine andere Kraft oder Macht, erhält jedes Leben.

### 3.3 Armut/Askese als Leben ohne jede Ausübung von Macht

Die erste Lebenshälfte Klaras von Assisi fiel in die Zeit Papst Innozenz III., der als »die beherrschende politische Gestalt Europas«[16] Kaiser krönte und absetzte. Innozenz III. war wohl der mächtigste Papst des Mittelalters und damit sicher der mächtigste Papst aller Zeiten. Die Papstkirche war zu einer Institution höchster Macht geworden, die mit Städten, Adel und Kaisern durchaus auch in kriegerischen Auseinandersetzungen um den äußersten Machtanspruch stritt – und ihn durchzusetzen wusste. In den politischen Kräfteverhältnissen erwies sie sich dabei als ebenso machtvoll wie über die Seelen.

Eine Kirche solcher äußersten Macht ist das Gegenüber, zu dem Klara von Assisi ihre asketischen Entscheidungen fällt. Dieser Kirche die radikale Armut – und das schließt eben nicht zuletzt die Absage an jede Form von Macht ein – entgegenzuhalten, bedeutete, einen ungeheuren Konflikt einzugehen. Klara hat diese Konflikte entschiedener noch als Franz von Assisi geführt.

Asketischer Machtverzicht bedeutete für sie, keinesfalls in hierarchischen Strukturen leben zu wollen, insbesondere nicht an ihrer Spitze. Deshalb hat sie alle bestehenden Ordensstrukturen abgelehnt. Nie wollte sie eine Äbtissin sein und nie hat sie sich selbst Äbtissin genannt, auch nicht in der Zeit, in der die ihr von Papst Innozenz IV. aufgezwungene Ordensregel sie formal zwang, Äbtissin zu sein.

### 3.4 Armut/Askese als Leben ohne jede Ausübung von Gewalt

Reich bezeugt sind die Wunder in Klaras Leben. Zu den schönsten Zeugnissen davon gehören die, die von ihrem rettenden Handeln in den Kriegen, die sie tangiert haben, berichten: und zwar sowohl von ihren rettenden Interventionen für ihren Konvent als auch für ihre Heimatstadt Assisi, in deren unmittelbarer Nähe sie ihr gesamtes Leben verbracht hat.

Während der Kriege, die Kaiser Friedrich II. gegen die Städte Umbriens und also auch gegen Assisi führte, drangen Sarazenen, also Muslime, die unter dem Befehl des kaiserlichen, d.h. christlichen (!) Heeres standen, auch in

---

[16] Hans Wolter, Der Kampf der Kurie um die Führung im Abendland (1216 bis 1274), in: Hubert Jedin (Hrsg.), Handbuch der Kirchengeschichte, Bd. III/2, Freiburg 1985, 237–296, hier: 241.

den Innenbereich des Konventes von San Damiano ein. Dies war für die Schwestern eine Situation äußerster Bedrohung.

Im Zuge des Heiligsprechungsprozesses Klaras berichten mehrere Augenzeuginnen, dass Klara von Assisi ein Kästchen mit der Hostie vor sich hertragen ließ und sich selbst betend vor die Tür des Refektoriums legte, in dem die Schwestern – eine nur allzu gefährdete – Zuflucht suchten. Die feindlichen Sarazenen zogen daraufhin ab, wie von einer stärkeren Macht vertrieben und ohne den Schwestern Gewalt anzutun.[17] In gleicher Weise rettet das Gebet Klaras auch die Stadt Assisi vor ihren Belagerern, die auf ihr Gebet hin überraschend und unbegreiflich abziehen. Wie bei ihrem Hungerstreik wählt Klara auch hier eine Form des passiven Widerstands. Jeder Rückgriff auf Gewalt, auch solcher, die zum Schutz der Frauen durch andere hätte ausgeübt werden können, war unter dem Vorzeichen der Askese, die für Klara den Namen Armut trägt, ausgeschlossen.

### 3.5 Armut/Askese als ein Leben in äußerster Minimierung alles Lebensnotwendigen wie Essen, Trinken, Kleidung, Wohnen

Schließlich umfasste die Armut genannte asketische Existenzweise auch das, was vielleicht zuallererst mit dem Begriff Askese in Verbindung gebracht wird: Ein Leben in freiwilligem Zölibat und in äußerster Minimierung alles Lebensnotwendigen wie Essen, Trinken, Kleidung. Klara von Assisi hat das in äußerster Radikalität vollzogen, insbesondere im Blick auf das Essen.[18] Sie aß so wenig – an drei Tagen in der Woche gar nichts und auch an den anderen so reduziert, dass sie davon schwer krank wurde, was sowohl ihre Mitschwestern als auch Franz und den Bischof von Assisi in so große Sorge versetzte, dass sie sie schließlich nötigten, zu essen – am Tag wenigstens die Menge eines halben Brötchens.

Klaras extremes Fasten, das auch von harten körperlichen Bußübungen begleitet war, hat sie allerdings nach Augenzeugenberichten derer, die mit ihr lebten, nicht an der innigen Zugewandtheit zu den Menschen um sie herum gehindert, sondern sie vielmehr in eine euphorische Verfassung strahlender Freude und überfließenden Glücks versetzt, das sich auch ihnen mitteilte. Vielleicht auch deshalb formuliert ihre Nichte Amata in Klaras Heiligsprechungsprozess über sie: »Im sparsamen Gebrauch der Speisen war sie so streng, daß es schien, als wäre sie von Engeln gespeist worden.«[19] Es ist hier nicht der Ort, diese asketischen Lebensentscheidungen Klaras zu bewerten, so wenig wie hier die sicher interessante Diskussion geführt werden kann über die Ver-

17 ProKl 2,20; 3,18; 9,2, zitiert nach GRAU, Leben.

18 Siehe zum Verhältnis von Körper und Geschlecht, insbesondere zur Bedeutung des Essens und des radikalen Fastens von Frauen im Mittelalter CAROLINE WALKER BYNUM, Fragmentierung und Erlösung. Geschlecht und Körper im Glauben des Mittelalters. Aus dem Amerikanischen von Brigitte Große, Frankfurt a.M. 1991.

19 ProKl 4,5, zitiert nach GRAU, Leben.

wandtschaft radikalen weiblichen Umgangs mit dem Essen im hohen Mittelalter mit dem heutiger Mädchen und Frauen.

Im Blick auf die Formulierung einer ›Speisung durch Engel‹ möchte ich jenseits jeder Frage der Pathologisierung lediglich andeuten, dass auch diese Gestalt der Askese Klaras von Assisi Ausdruck einer Freiheit sein kann, die dem berühmten ›Reich der Notwendigkeit‹ samt aller seiner scheinbar zwingenden Mächte und Gewalten jedes Recht bestreitet, ohne sich aber deshalb von der Welt, die für sie die anderen sind, abzuwenden.

Allerdings zeigt sich das schwierige Moment eines gewissen herablassenden Hochmuts dieser Haltung gegenüber der Materialität des Lebens eventuell in ihrer Härte gegen den eigenen Leib. Franz von Assisi ist nicht nur im Blick auf Klaras Leben, sondern auch auf das eigene mit dieser Frage umgegangen. Am Ende seines Lebens hat er seinen durch die harte Askese des Fastens geschundenen Bruder Leib um Verzeihung gebeten und damit der Materialität auch der eigenen Existenz Rechnung getragen.[20]

Die bisher genannten Dimensionen der Freiheit der Askese samt ihrer Problematik einer Freiheit gegenüber der Materialität der Welt, die bereits in ihre lebensbedrohliche Nicht-Anerkennung umzuschlagen droht, – eine Gratwanderung, auf der radikale Formen der Freiheit vielleicht notwendigerweise balancieren – teilt Klara von Assisi mit der frühen franziskanischen Bewegung. Es gibt darüber hinaus aber eine Dimension der Askese, die ihre Lebensform von der der Brüder unterscheidet. Ihr soll der Schluss meiner Überlegungen gewidmet sein.

## 4. Inklusion und Vision: Die Askese Klaras als Verzicht auf Bewegungsfreiheit

Lass nicht ab
in raschem Lauf,
mit leichtem Schritt,
und ohne mit dem Fuß anzustoßen,
so dass dein Schritt den Staub kaum mehr berührt.
Sicher, freudig, leichten Herzens
und zugleich achtsam sollst du schreiten
auf dem Weg der Seligkeit.

Klara von Assisi[21]

Für Klara von Assisi bedeutet Armut bzw. Askese schließlich auch ein Leben in lebenslangem Verzicht auf ihre Bewegungsfreiheit im öffentlichen Raum. Diese Dimension der Askese berührt sicher Fragen der Geschlechterordnung. Denn anders als die franziskanischen Brüder, für deren Lebensform es we-

---

20 2 Cel 116, zitiert in: Franziskus-Quellen.

21 Klara von Assisi, Zweiter Brief an die heilige Agnes von Prag, in: Schlosser (Hrsg.), Im Spiegel Christi, 90.

sentlich war, jenseits jeder räumlichen Fixierung als freie Wanderprediger unterwegs zu sein, hat Klara sich an einen einzigen Ort gebunden, den sie in ihrem Leben nie mehr verlassen hat: das Kirchlein San Damiano unterhalb der Stadt Assisi, das zum Ort ihres Konvents geworden ist.

Vielleicht ist diese Entscheidung Klaras von Assisi, die quasi die gemeinsame Basis aller Politik der Frauen, nämlich die der Bewegungsfreiheit im öffentlichen Raum, tangiert, diejenige, durch die sie uns am stärksten als eine Fremde entgegentritt. Dieses Moment der Fremdheit soll durchaus gewahrt bleiben, ist es doch gerade das Andere als Fremdes, worum es der historischen Frage gehen muss. Deshalb will ich zum Schluss nach dieser Entscheidung Klaras fragen. Sie beruht sicherlich auf den Notwendigkeiten der Geschlechterordnungen ihrer Zeit, geht aber vielleicht nicht einfach in ihnen auf. Vielleicht findet sich für Klara auch in dieser Entscheidung ein Moment asketischer Freiheit.

Klara von Assisi hat die Kirche San Damiano, die sie im ersten Moment der Gründung ihres Konvents bezogen hat, nie mehr verlassen. Sie entwickelte in San Damiano eine Lebensform freiwilliger Klausur, die es ihr ermöglichte, die Anliegen zu realisieren, um die es ihr vor allem anderen ging. Für deren Realisierung war es wesentlich, dass die freiwillige Klausur Klaras keine totale Klausur war. Denn ihre Klausur bedeutete keinen Rückzug, kein Abgetrennt-Sein von der Welt: Klara hat in der Klausur von San Damiano Kranke, besonders psychisch Kranke und Kinder, die in Scharen zu ihr kamen, in direkter körperlicher Berührung geheilt. Sie hat eine europaweite Korrespondenz geführt, sie hat öffentlich Gottesdienst gefeiert und Päpste empfangen. Und sie hat immer auf der realen Verbundenheit mit der franziskanischen Bewegung bestanden, d.h. auf der Möglichkeit der realen, körperlichen Gegenwart der Brüder und des Austausches mit ihnen.[22]

Noch zu ihren Lebzeiten ist ihr Konvent auf fünfzig Schwestern angewachsen, und es sind eine Vielzahl von Schwesternschaften um Assisi und in ganz Europa entstanden, die sich die kleinen Schwestern nannten und aus denen schließlich der Orden der Klarissen hervorgegangen ist.

Die Klausur Klaras von Assisi hat ihre Wirksamkeit also anscheinend nicht behindert, sondern befördert. Tatsächlich war sie wahrscheinlich die Voraussetzung für die hohe Autorität, die ihr ihre radikale asketische Existenz

---

[22] So erzählt eine der Wundergeschichten der auf Almosen angewiesenen Gemeinschaft des Konvents, dass die Schwestern einmal von den franziskanischen Brüdern, die überhaupt nichts mehr zu essen hatten, gefragt wurden, ob sie ihnen vielleicht etwas Brot geben könnten. Der Konvent der Frauen hatte selbst nur noch drei Brote, davon sandten sie den Brüdern zwei. Franz verteilte sie an die Brüder mit den Worten: »Das ist das Brot der Liebe.« Von den zwei Broten wurden 30 Brüder satt und von dem letzten verbliebenen Brot der Konvent der Frauen, die bezeugten, dass kaum jemals etwas so köstlich war wie dieses eine geteilte Brot. Die Erzählung zeigt, welche Bedeutung der gegenseitige Austausch für die Brüder ebenso hatte wie für die Schwestern. Und sie hebt hervor, welcher lebensnotwendige Genuss in diesem Austausch lag. (AF III), zitiert in: Franziskus-Quellen.

verschaffte. Ihre Klausur hat es ihr also paradoxerweise ermöglicht, im öffentlichen Diskurs einen beachtlichen Platz einzunehmen.

Zugleich – und auch das soll hier nicht unerwähnt bleiben – ist die Einschränkung ihrer Bewegungsfreiheit für sie zu einem erheblichen Problem geworden. Wir wissen nicht, ob der Ausschluss eines spirituellen Lebens unterwegs als predigende Bettlerin für sie einen harten Verzicht bedeutet hat. Wir wissen aber aus den Quellen, dass sie schwer erkrankt ist, als sie realisieren musste, dass ihre Klausur es ihr verunmöglichte, den Weg ins Martyrium zu gehen, wie es Franz von Assisi und etliche der Brüder unternommen haben. Das zusätzliche asketische Moment, das Klara von Assisi gelebt hat, verhinderte für sie also die äußerste Gestalt der Askese, die Preisgabe des eigenen Lebens.

Wenn Askese für Klara wie für Franz von Assisi tatsächlich die Realisierung äußerster Freiheit gegenüber allen herrschenden Mächten im Vertrauen auf die einzige Macht über Leben und Tod, die Macht Gottes, bedeutet hat, dann wird sich wahrscheinlich nicht entscheiden lassen, ob die Klausur für Klara Teil dieser Freiheit war oder ob sie gewissermaßen der Preis war, den sie der herrschenden Ordnung gezollt hat, um ein Leben in asketischer Freiheit führen zu können. Deutlich ist, dass ihre Askese als Verzicht auf Bewegungsfreiheit für Klara selbst keinesfalls frei von Ambivalenzen gewesen ist. Sie wäre dann Gegenstand einer Verhandlung gewesen, die Klara mit sich selbst geführt hat und die für sie, wie ihre Erkrankung zeigt, durchaus schmerzhaft gewesen ist. Zugleich scheint diese Verhandlung mit sich selbst, in der sie die Freiheit zum Unterwegssein für ihr asketisches Leben in ihrem Konvent getauscht hatte, sie instandgesetzt zu haben, über die Gestalt ihrer Existenz in der Klausur selbst zu entscheiden und sie sich keinesfalls von außen vorschreiben zu lassen. Der Gewinn der Klausur wäre in jedem Fall die Möglichkeit gewesen, auf ihre selbstbestimmte Weise die höchste Armut oder Askese in der Gemeinschaft ihres Konventes leben zu können. Deshalb möchte ich zum Schluss darauf noch einmal besonders aufmerksam machen.

Im Laufe ihres Lebens sind Klara von Assisi die Mehrzahl der Frauen, mit denen sie als Mädchen zusammengelebt hat, in ihren Konvent gefolgt, darunter Freundinnen, zwei ihrer Schwestern und ihre eigene Mutter. Die Zeugenaussagen über Klaras Leben berichten, dass ihre Flucht aus dem ihr bestimmten Leben – und mehr noch die ihrer Schwester Katharina, die ihr nach zwei Wochen folgte, ein lebensgefährliches Wagnis war. Die männliche Verwandtschaft der Schwestern hat sie zunächst zu Pferd verfolgt und versucht, sie mit nackter Gewalt in ihr vorheriges Leben zurück zu zwingen. Da sie Klara in dem Dominikanerinnen-Kloster gestellt hatten, in das sie sich in den ersten Tagen ihres Aufbruchs begeben hatte, konnte sie in der Kirche des Klosters auf ihre bereits erfolgte Tonsur, d.h. auf ihre geistliche Existenzweise verweisen, also deutlich machen, dass ihre Familie ihren Anspruch auf sie bereits verloren hatte. Vor allem aber konnte sie sich auf den Klosterfrieden beziehen, der das Recht beinhaltete, Asyl zu gewähren. Ihn haben die Männer ihrer Familie nicht zu brechen gewagt.

Das war im Falle ihrer Schwester anders. Denn Katharina haben die Verfolger, die sie zurückholen wollten, bereits in dem verlassenen und von Franz von Assisi restaurierten Kirchlein San Damiano angetroffen. Dieser Ort war bar jeder institutionellen Autorität und des damit einhergehenden Schutzes. Und so ist Katharina, die Schwester Klaras, von ihren Verwandten ergriffen und an den Haaren aus der Kirche ins Freie gezerrt worden. Dort, auf offenem Feld, ist sie von ihnen körperlich angegriffen worden unter der Androhung, sie totzuschlagen. Die Legende erzählt, dass Klara keine andere Möglichkeit blieb, als um Hilfe zu beten. Das hat sie getan, woraufhin Katharina so schwer wurde, dass sie auf keine Weise mehr von ihren Verwandten bewegt werden konnte. Erschrocken haben sie daraufhin von ihr abgelassen.

Mir erscheint das Motiv dieser Schwere in vieler Hinsicht bedenkenswert, angefangen vom heutigen Gebot der Leichtigkeit für Mädchen und Frauen, denen es nicht zuzukommen scheint, Gewicht zu haben, d.h. gewichtig zu sein, über die leichte Überwindbarkeit, die solcher Mangel an Gewicht bedeutet, bis zum hebräischen Begriff *kavod*, der die Herrlichkeit insbesondere auch Gottes bezeichnet, wörtlich verstanden aber »Gewicht« bedeutet.

Hier scheint mir der Aspekt interessant zu sein, dass Gewicht in diesem Fall bedeutete, dass die Schwester Klaras nicht von dem Ort weggerissen oder weggeschafft werden konnte, den sie gemeinsam mit ihrer Schwester zum Bleiben gewählt hat. Es ist unübersehbar, dass ihre männliche Verwandtschaft mit großer Selbstverständlichkeit mit Gewalt gegen die Schwestern vorgegangen ist, um sie ihrem Willen zu unterwerfen. Das legt den Gedanken nahe, dass solche Gewalt auch schon zuvor zu den Selbstverständlichkeiten dieser adligen Familie von Rittern gehört haben dürfte.

Hat Klara von Assisi demgegenüber einen Ort kreiert? Könnte es sein, dass es für Klara schwerer gewogen hat, einen Ort zu erschaffen, an dem sie in asketischer Freiheit der Armut auch mit denen leben konnte, denen sie von Kindheit an verbunden war, als ihre Bewegungsfreiheit gewahrt zu sehen? Einen Ort zum Bleiben?

Bleiben und Unterwegs-Sein-Können ist für Klara von Assisi zu einer Alternative geworden, die sich ausschließt. Für Klara hat die Klausur den Verzicht auf die äußerste Form der Askese bedeutet, den Verzicht auf die Freiheit des Martyriums. Sie scheint das in einem leidvollen Prozess akzeptiert zu haben, was ihr vielleicht gerade deshalb möglich war, weil es bedeutete, das besondere Zusammenleben in ihrem Konvent nicht aufgeben zu müssen.

So behauptete sie, dass dieses gemeinschaftliche Leben in Armut und Klausur dennoch nicht den Verzicht auf das bedeutete, was ihr wesentlich war: die Präsenz des gemeinschaftlichen Lebens und seiner Wahrheit im öffentlichen Raum.

# Literatur

Agamben, Giorgio, Höchste Armut. Ordensregeln und Lebensformen, Frankfurt a.M. 2012.

Feld, Helmut, Franziskus von Assisi und seine Bewegung, 2. überarbeitete Auflage Darmstadt 2007.

Berg, Dieter/Lehmann, Leonhard (Hrsg.), Die Schriften des heiligen Franziskus, Lebensbeschreibungen, Chroniken und Zeugnisse über ihn und seinen Orden. Im Auftrag der Provinziale der deutschsprachigen Franziskaner, Kapuziner und Minoriten, Kevelaer 2009.

Grau, Engelbert, Leben und Schriften der heiligen Klara von Assisi, in der 8. Auflage neu bearbeitet von Marianne Schlosser, Werl 2001.

Hardt, Michael/Negri, Antonio, Empire. Die neue Weltordnung. Aus dem Englischen von Thomas Atzert und Andreas Wirthensohn, Frankfurt a.M./New York 2003.

Kreidler-Kos, Martina u.a., Klara von Assisi. Freundin der Stille – Schwester der Stadt, Kevelaer 2011.

Schlosser, Marianne (Hrsg.), Im Spiegel Christi. Die Schriften der Klara von Assisi, mit einer Kurzbiographie von Johannes Schneider, Kevelaer 2004.

Walker Bynum, Caroline, Fragmentierung und Erlösung. Geschlecht und Körper im Glauben des Mittelalters. Aus dem Amerikanischen von Brigitte Große, Frankfurt a.M. 1991.

Wolter, Hans, Der Kampf der Kurie um die Führung im Abendland (1216 bis 1274), in: Hubert Jedin (Hrsg.), Handbuch der Kirchengeschichte, Bd. III/2, Freiburg 1985, 237–296.

# Monastische Askese im digitalen Zeitalter

*Barbara Müller/Mireille Kameni*

## 1. Askese – ein problematischer Begriff

Religionswissenschaftlich wird Askese oft durch besondere, in verschiedenen Kontexten mehr oder weniger zentrale und vollständig begegnende Verhaltensweisen des Verzichts bestimmt. So definiert etwa Richard Finn Askese als »voluntary abstention for religious reasons from food and drink, sleep, wealth, or sexual activity. Such abstention may be periodic or permanent.«[1] Axel Michaelis abstrahiert noch weiter, indem er Askese als »die systematisierte Kontrolle von Körper und Geist« bezeichnet.[2] Soziologische Definitionen, wie exemplarisch diejenige von Richard Valantasis, betonen gegenüber individuellen Perspektiven die kulturelle und soziale Funktion von Askese: »Asceticism may be defined as performances designed to inaugurate an alternative culture, to enable different social relations, and to create a new identity.«[3] Hier liegt der Fokus ganz wesentlich auch auf dem mit asketischen Praktiken verfolgten Ziel sowie den auf dem Weg dahin gemachten Erfahrungen.[4] So divergent die Definitionen im Einzelnen daherkommen, ist doch mindestens den neueren Definitionsversuchen und inhaltlichen Annäherungen gemeinsam, Askese als kulturelles Phänomen zu bestimmen und somit in den historischen und umfassenden gesellschaftlichen Kontext einzubetten.

Dennoch bleibt der Umgang mit dem Begriff Askese schwierig, gerade im westlichen Kontext. Dies mutet paradox an, könnte man doch meinen, aufgrund des in der westlichen Kultur geprägten Begriffs Askese wäre dort auch der Zugang zum Konzept einfach. Die Verwandtschaft zwischen ἄσκησις (askesis) und Askese ist jedoch nur eine philologische und keine inhaltliche. Mark Sheridan beschreibt das Verhältnis folgendermaßen: »The two terms, the Greek word askesis and the modern English ›asceticism‹ are obviously related philologically, but they come from two very different cultural contexts and express very different attitudes, the first a very positive attitude toward the

---

1 Richard Finn, Asceticism in the Greco-Roman World, Cambridge 2009, 1.

2 Axel Michaelis, Die Kunst des einfachen Lebens. Eine Kulturgeschichte der Askese, München 2004, 11.

3 Richard Valantasis, A Theory of the Social Function of Asceticism, in: Vincent Wimbush/Richard Valantasis (Eds.), Asceticism, Oxford 1998, 548.

4 Ebd. 551.

possibility of human moral progress and the second often a very skeptical or even negative attitude. The two words are found in two different chains of texts [...], between which there is no continuity.«[5] Anders als andere griechische Termini wurde das Wort ἄσκησις (askesis) nicht als Fremdwort ins Lateinische übernommen sondern bereits in vorchristlicher Zeit mit diversen Wörtern wiedergegeben, wie insbesondere *disciplina*, *studium* und *exercitium*.[6] Obschon das frühe und hohe Mittelalter zweifellos Epochen sind, in denen Askese in der durchwegs kirchlich dominierten Gesellschaft einen zentralen Wert darstellte, wurden die damit gemeinten Phänomene und Verhaltensweisen nicht mit diesem Begriff bezeichnet. Erst im Gefolge humanistischen Interesses taucht der Begriff im 17. Jahrhundert wieder auf, nun allerdings modifiziert und als terminus technicus spiritueller Praxis. 1646 findet sich im Oxford English Dictionary erstmals der Begriff »ascetism«.[7] Ab 1655 bürgert sich in der katholischen Theologie »Aszetik« als Disziplinbezeichnung ein.[8] Weniger die Entstehung als vor allem die anschließende Benutzung dieser frühneuzeitlichen Begrifflichkeit muss dabei unbedingt in ihrer konfessionellen Prägung wahrgenommen werden, widerspiegelt sie doch maßgeblich den katholischen Blick auf die asketische Praxis. Dieser wird dabei als konstitutiver Bestandteil eines als genuin christlich betrachteten Lebensstils eingeschätzt. Demgegenüber ist der Terminus Aszetik im protestantischen Kontext unüblich. Dies rührt von der reformatorischen Fundamentalkritik am monastischen Leben her, das seit jeher als Inbegriff asketischer Praxis galt.[9]

Für den deutschen Begriffsgebrauch bedeutet dies, dass man konsequent den terminus technicus Aszetik gebrauchen müsste, da dieser Begriff die erwähnte Kluft zwischen der antiken griechischen Askese und späteren Konzeptionen berücksichtigt. Aufgrund der katholischen Prägung von Aszetik, die

---

[5] Mark Sheridan, Monastic Culture: A Comparison of the Concepts of Askesis and Asceticism, in: Philippe Nouzille/Michaela Pfeifer (Eds.), Monasticism between Culture and Cultures, Analecta Monastica 14, Rom 2013, 33. Dasselbe gilt auch für den deutschen Begriff Askese, ebd. 32.

[6] Jean Leclercq, Art. Askese, in: LMA Bd. 1 (1980), 1114.

[7] Sheridan, Culture, 32.

[8] Thomas K. Kuhn, Art. Askese, in: Enzyklopädie der Neuzeit Bd. 1, 2005, 704. Allerdings wurde der Begriff Aszetik nicht konsequent rezipiert, z.B. das einflussreiche Werk von Viller und Rahner verzichtet ohne Begründung auf diesen Begriff: Marcel Viller/Karl Rahner, Aszese und Mystik in der Väterzeit. Ein Abriss frühchristlicher Spiritualität, Freiburg ²1990 (¹1939).

[9] Einen Frontalangriff auf das monastische Leben lancierte Luther 1521 in seiner Schrift *De votis monasticis*. Er kritisiert darin die monastischen Gelübde als unbiblisch und setzt monastisches Leben mit Werkgerechtigkeit gleich. Spätestens von da an erscheint in reformatorischer Sicht monastisches Leben nutzlos bis verwerflich. Zu Luthers Haltung zum monastischen Leben vgl. Bernhard Lohse, Mönchtum und Reformation. Martin Luthers Auseinandersetzung mit dem Mönchsideal des Mittelalters, FKDG 12, Göttingen 1963; Martin Bräuer, Art. Mönchtum, in: Volker Leppin/Gury Schneider-Ludorff (Hrsg.), Das Luther-Lexikon, Regensburg 2014, 486f. In diesem neuen Luther-Lexikon findet sich typischerweise kein Artikel zum Thema Askese oder Aszetik.

sich umgekehrt mit protestantischer Ablehnung verbindet, ist dies aber keine glückliche Option. Es bleibt daher nur die Herausforderung, jeweils im Einzelnen zu klären, was in spezifischen Milieus mit Askese gemeint ist.

## 2. Benediktinisches Klosterleben und digitale Medien – eine empirische Studie

### 2.1 Thema und Untersuchung

Monastisches Leben ist zugleich Leben in der Welt und Leben in Distanz zur Welt. Entsprechend gehört die Regulierung von Zugehörigkeit und Distanz zur Welt zu den steten Aufgaben und Herausforderungen monastischer Institutionen und monastisch lebender Individuen. Die Regulierung des Verhältnisses zur Welt bildet dabei mindestens eine zweitrangige Aufgabe der Mönche und Nonnen. Geht es doch dabei, wenngleich indirekt, um die Erreichung ihres wichtigen Ziels, das nach Benedikt von Nursia darin besteht, Gott in allem zu verherrlichen.[10] Zuviel Verkehr mit und Aufenthalt in der Welt und die daraus resultierende spirituelle Entfremdung identifizierte bereits der Mönchsvater Antonius als schädlich: »Wie die Fische, die auf dem Trockenen liegen, sterben, so auch die Mönche. Verweilen sie außerhalb des Kellions, oder geben sie sich viel mit Weltmenschen ab, dann lösen sie sich aus der Spannung der Ruhe. Wie also der Fisch ins Wasser, so müssen wir ins Kellion eilen, damit wir nicht durch das Verweilen außerhalb die Bewachung des Inneren vergessen.«[11]

In den verschiedenen monastischen Milieus sind im Verlauf der Geschichte unterschiedliche Regulationsmechanismen des Weltverhältnisses zu beobachten. Diese reichen von der relativen Abschottung unstrukturiert lebender eremitischer Mönche über durch klare Klausurbestimmungen organisierte Orden bis zu missionarisch oder pfarrgemeindlich wirkenden und somit äußerlich nicht mehr im eigentlichen monastischen Kontext lebenden Mönchen, teilweise auch Nonnen. Eine Beziehung zur Welt hatten die Mönche und Nonnen immer – und seien es ihre Erinnerungen an ihr vormonastisches Leben oder ihre schiere Existenz als Mensch in dieser Welt. Eine wesentliche Verbindung zur Welt erfolgte dabei neben persönlichen Kontakten immer auch durch Medien. Anfänglich waren es vor allem Briefe und Bücher, die die Brücke

---

10 »[...] *ut in omnibus glorificetur deus.*« RB 57,9, vgl. 1 Petr 4,11, in: Die Benediktsregel Lateinisch/Deutsch, mit der Übersetzung der Salzburger Äbtekonferenz, hrsg. v. Ulrich Faust, Stuttgart 2009, 134. Der lateinische Text dieser Ausgabe basiert auf der aktuellen kritischen Edition: Benedicti regula, hrsg. v. Rudolph Hanslik, CSEL 75, Wien 1969.

11 Ὥσπερ οἱ ἰχθύες ἐγχρονίζοντες τῇ ξηρᾷ τελευτῶσιν, οὕτως καὶ οἱ μοναχοὶ, βραδύνοντες ἔξω τοῦ κελλίου, ἢ μετὰ κοσμικῶν διατρίβοντες, πρὸς τὸν τῆς ἡσυχίας τόνον ἐκλύονται. Δεῖ οὖν, ὥσπερ τὸν ἰχθὺν εἰς τὴν θάλασσαν, οὕτως καὶ ἡμᾶς εἰς τὸ κελλίον ἐπείγεσθαι, μήποτε βραδύνοντες ἔξω ἐπιλαθώμεθα τῆς ἔνδον φυλακῆς. Apophtheg. Patr. Antonius 10 (PG 65, 77BC); vgl. Ath., V. Anton. 85,3f (SC 500, 354).

zwischen Kloster und Welt bildeten. In der Neuzeit und Moderne kamen Massenmedien wie Zeitungen, Radio und Fernsehen hinzu, in jüngerer Zeit die digitalen Medien.[12]

Die in der empirischen Studie vorgenommene Fokussierung auf den monastischen Umgang mit digitalen Medien reiht sich insofern in den weiteren Bereich der langen monastischen Mediengeschichte ein. Gleichzeitig stellen digitale Medien eine qualitativ neue Herausforderung dar, verwischt sich in ihnen doch der Unterschied zwischen Innen und Außen, Kloster und Welt. Die materielle Klausurgrenze wird medial gesprengt.[13] Wie durch alle Medien gelangt die Welt digital von innen in die Klöster hinein. Aufgrund des interaktiven Potentials digitaler Medien greifen diese aber weit mehr in das Weltverhältnis der Klöster und ihrer Bewohner und Bewohnerinnen ein als etwa der passive Fernsehkonsum. Überdies entzieht sich ihre Benutzung weitgehend der Kontrolle und damit auch der Zensur.

Solche Fragen des Weltverhältnisses, konkretisiert am Umgang mit digitalen Medien, bildeten den Gegenstand der hier im Folgenden präsentierten empirischen Untersuchung in den benediktinischen Klöstern des deutschen Sprachraums (Deutschland, Österreich, Schweiz, Südtirol). Den insgesamt 106 Klöstern wurde dazu in einer ersten Untersuchungsfrage auf dem Postweg ein umfangreicher Fragebogen mit entsprechenden offenen und geschlossenen Fragen zugestellt. Die institutionelle Rücklaufquote beträgt 86%. In einer zweiten Untersuchungsphase wurden in sechs Klöstern vertiefende Interviews geführt. In drei Frauen- und drei Männerklöstern in Deutschland und der Schweiz wurden ca. einstündige Interviews mit je drei Klosterbewohnerinnen und -bewohnern geführt. Die Interviewpartnerinnen und -partner wurden von den Klöstern zugeteilt. Als mit der Thematik der digitalen Medien besonders konfrontiert und deshalb sehr reflektiert erwiesen sich dabei die Novizenmeisterinnen und Novizenmeister.[14] Aber auch alle übrigen Interviewten hatten sich viele Gedanken zum Thema gemacht. Sei es, weil sie relativ jung sind

---

[12] Auf dem Zweiten Vatikanischen Konzil war u.a. das Fernsehen ein Thema, und es gab durchaus Konzilsteilnehmer, die das Fernsehen in religiösen Häusern verbieten wollten, vgl. Joachim Schmiedl, Das Konzil und die Orden. Krise und Erneuerung des gottgeweihten Lebens, Vallendar-Schönstatt 1999, 193; Ders., Das Konzil und die Orden. »Perfectae caritatis« nach 50 Jahren neu gelesen, in: Ordensnachrichten 51 (2012), 52. Die Medienfrage wurde im sehr allgemein gehaltenen konziliaren Ordensdekret »Perfectae caritatis« (28.10.1965: Perfectae caritatis. Zweites Vatikanisches Konzil: »Perfectae caritatis«: Dekret über die angemessene Erneuerung des Ordenslebens, in: Peter Hünemann/Bernd Hilberath (Hrsg.), Herders Theologischer Kommentar zum Zweiten Vatikanischen Konzil, Bd 1: Die Dokumente des Zweiten Vatikanischen Konzils, Freiburg 2004, 284–304) nicht angesprochen, gehörte jedoch zu der im Anschluss an das Konzil angepackten Umsetzung des Programms.

[13] Vgl. Isabelle Jonveaux, Dieu en ligne. Expériences et pratiques religieuses sur Internet. Montrouge Cedex 2013, 82–92; Michaela Puzicha, Klausur und Internet, in: Monastische Informationen 147 (2011), 9–14.

[14] Vgl. Hildegard Jansing, Neue Medien im Noviziat, in: EuA 85 (2009), 427–431.

und daher als *Digital Natives* einen Unterschied im Mediengebrauch in ihrem Leben vor und nach dem Klostereintritt beschreiben konnten. Seien es auch ältere Mönche, die erfreut den technischen Fortschritt konstatierten, der etwa Kontakte zu weit entfernten Klöstern ungemein vereinfacht. Der jüngste Interviewpartner war zur Zeit des Interviews 28-jährig, der älteste 81-jährig.

### 2.2 Das Askeseverständnis gegenwärtiger Benediktinerinnen und Benediktiner

In den Interviews, die ich mit insgesamt 18 Benediktinerinnen und Benediktinern nach einem lockeren Leitfaden führte, bezogen sich zwei Fragen explizit auf das Thema Askese, nämlich: 1. Können Sie mir etwas zur Beziehung von digitalen Medien und Askese sagen? Gehört der Umgang mit digitalen Medien in den Bereich der Askese? 2. Wie würden Sie dann Askese definieren?

Die erste Frage wurde durchwegs bejaht. Nur wenige Gesprächspartner reagierten mit Erstaunen auf den Begriff Askese. Wenn es geschah, dann nicht, weil sie Askese ablehnen. Vielmehr sind ihnen andere Begriffe vertrauter, wie insbesondere das für die Benediktiner zentrale Konzept des rechten Maßes. Dieses in der Benediktsregel mehrfach genannte Regulativ wurde sowohl in den Interviews als auch in den Fragebögen häufig als wichtigste Leitlinie für den Umgang mit digitalen Medien genannt.[15]

In den Interviews fielen beim Nachdenken über den schieren Begriff der Askese oft Übersetzungen und Synonyma. Am häufigsten sprachen die Ordensleute dabei von Askese als »Übung«.[16] Sozusagen die vollständige Palette enthalten die folgende Sätze, die ein junger Benediktiner als Antwort auf meine zweite Frage nach der Askese äußerte: »Es hat immer mit Übung, mit Askese, eigentlich zu tun. Also man müsste sich eigentlich trainieren, also wenn ich es [BM: die Medien] benutzen wollte, dann müsste ich auch üben, wie ich maßvoll und sinnvoll damit umgehe.« Ein anderer Interviewpartner sprach explizit von einer »geistlichen Übung«. Interessanterweise knüpfen die Interviewten damit an das antike philosophische und frühmonastische Verständnis

---

15 Z.B. RB 64,17–19; 48,9; 55,8. Herauszufinden, worin im konkreten Fall das rechte Maß besteht, bedarf der klugen Unterscheidung (*discretio*), der »Mutter aller Tugenden« (RB 64, 19), über die insbesondere der Abt verfügen muss (RB 64); vgl. Michaela Pfeifer, Auf der Suche nach dem menschlichen Maß. »Ora et labora« im 21. Jahrhundert, in: Maciej Bielawski/Daniël Hombergen (Hrsg.), Il monachesimo tra eredità e aperture. Atti del Simposio »Testi e Temi Nella Tradizione del Monachesimo Cristiano« per il 50. anniversario dell'Istituto Monastico di Sant' Anselmo; Rom 28 Mai – 1. Juni 2002, Rom 2004, 893–920.

16 Bei den folgenden, ohne weitere Angaben gebotenen Zitaten handelt es sich um Ausschnitte aus den Interview-Transkripten. Die Interviews erfolgten anonym, so dass insbesondere keine Angaben zu den Klöstern, in denen die Gesprächspartnerinnen und -partner leben, gemacht werden.

der Askese an.[17] Es ist davon auszugehen, dass sie während ihrer klosterinternen Ausbildung, wie sie insbesondere im Noviziat erfolgt, im Zuge ihres intensiven Studiums der Benediktsregel damit konfrontiert wurden. Die Benediktsregel wird in der maßgeblich von Benediktinern getragenen Regelforschung derzeit und zunehmend intensiv als Produkt einer bereits etablierten und vielfältigen christlich-monastischen Tradition wahrgenommen.[18] Dies schließt ein, die ältesten monastischen Texte, die auf Griechisch verfasst sind, zu studieren – und damit auch Askese als spirituelle Übung.[19] Erklärbar ist die Vertrautheit mit frühchristlichen Vorstellungen der Askese überdies auch, da die meisten männlichen Benediktiner zugleich Priester sind und somit ein Theologiestudium absolviert haben. Zunehmend sind die heutigen Orden auch um die Bildung der Frauen besorgt. Dies schlägt sich in einem erfreulichen Anstieg von Benediktinerinnen nieder, die ein Theologiestudium absolvieren und bisweilen auch weitere wissenschaftliche Qualifikationen erwerben.

Worum es ihnen bei der Askese allgemein geht, drückten die Interviewten verschieden aus. Einige Möglichkeiten seien im Folgenden erwähnt. Es geht um einen »Verzicht, damit man sich selber nicht verliert« oder, so ein anderer Bruder, um eine »Selbstbeschränkung, um nicht zu ›versacken‹«. Mit Askese soll vermieden werden, sich »abhängig« zu machen: »Bewusst die Freiheit, die Dinge sind gut, aber ich kann darauf verzichten«. Freiheit scheint überhaupt ein Gut zu sein, das durch Askese zu erreichen ist: »Frei handelnd« will man sein, also »nicht tendenziell abhängig, d.h. durch ein Medium bestimmt«. Eine Schwester kontrastiert Askese mit Konsum und vergleicht den Umgang mit digitalen Medien entsprechend mit Essen und Schlafen: »Vernünftig« müsse alles konsumiert werden, um, wie Benedikt fordere, »für Gott frei zu sein, auf ihn hören zu können«. Eine andere Benediktinerin sprach davon, man wolle nicht »in Gewalt genommen« werden.

Aus diesen Voten klingen benediktinische Uranliegen an, wie frei zu sein für Gott oder auf Gott zu hören.[20] Gleichzeitig klingt auch der Aspekt des Verzichts klar an. Verzicht wird aber letztlich als irrelevant bewertet angesichts des höchsten Gutes, das der Mönch mit seinem Leben anstrebt. Ein Bruder drückt es, nachdem er von seinen diversen Einschränkungen des Konsums

---

[17] Vgl. PIERRE HADOT, Philosophie als Lebensform. Antike und moderne Exerzitien der Weisheit, Frankfurt a.M. 2011.

[18] Typisch und examplarisch hierfür: GEORG HOLZHERR (Hrsg.), Die Benediktsregel. Eine Anleitung zu christlichem Leben, Zürich $^{4}$1993; MICHAELA PUZICHA, Quellen zur Benediktusregel, St. Ottilien 2007.

[19] Z.B. Ath., V. Anton. 3,2 (SC 500, 136): »Noch gab es ja in Ägypten keine monastischen Siedlungen [...] vielmehr übte (ἠσκεῖτο: eskeito von askeo) jeder, der auf sich achtzuhaben (ἑαυτῷ προσέχειν/heauto prosechein) gedachte, unweit seines Wohnortes für sich allein.«

[20] Frei sein/*vacare*: RB 48,4.10.13.17.22, vgl. PUZICHA, Kommentar, 405f. Das Hören zieht sich durch die ganze Regel, findet sich programmatisch im ersten Satz der Regel: RB, Prolog 1: *obsculta, o fili, praecepta magistri et inclina aurem cordis tui*; vgl. PUZICHA, Kommentar, 47f.

und Gebrauchs von Medien berichtet hat, so aus: »Also ich bin ja auch bewusst ins Kloster eingetreten, um eben dieses Leben der Gottsuche zu leben, und da gehört das Gebet, das gemeinsame Gebet, das Gebet in der Stille dazu und das ist auch ein Luxus, das wir das so machen können. Und den Konsum von Internet oder Fernsehen, den brauch ich auch gar nicht [...].« Nicht weniger grundsätzlich als strikt äußert eine Äbtissin, dass es »eigentlich zu unserem Leben dazugehört [...], dass man ganz bewusst Reize drosselt. Also bei uns ist die Bilderflut eigentlich eingedämmt. Bei uns gibt es normalerweise keinerlei Hintergrundmusik [...]. Und das ist natürlich jetzt alles bedroht, im Grunde durch die Medien. Und da denke ich schon, dass wir da ständig dagegen ankämpfen müssen, weil sich sonst irgendwo da auch was in unserem Leben auflöst.«

Anders als die institutionsbezogenen Angaben aus dem Fragebogen ist das aus den Interviews gewonnene Material nicht repräsentativ für die einzelnen Benediktinerinnen und Benediktiner des deutschen Sprachraums.[21] Es kann daher nur als Tendenz gelten, wenn im Folgenden zwei grobe Grundtypen des monastischen Zugangs zu Medien identifiziert werden, die sich mit einem entsprechenden Askeseverständnis verbinden. Zum einen existiert, wie bei der zitierten Äbtissin, ein recht rigoroser Typus, der Askese mit Kampf verbindet und entsprechend Medien auch als Bedrohung wahrnimmt. Zum anderen gibt es Schwestern und Brüder, die auf das Stichwort ›Medien‹ hin, sofort ausführlich auf deren Nutzen zur Kontaktpflege und Seelsorge, im weitesten Sinne Nächstenliebe, hinweisen. Ihrerseits pflegen sie konsequenterweise einen weniger strengen Umgang mit digitalen Medien als ihre rigideren Schwestern und Brüder. Es ist kein Zufall, dass diese Stimmen gerade aus solchen Klöstern ertönen, die sich der Medienarbeit dezidiert verschrieben haben, d.h. aus Klöstern, denen es ein zentrales Anliegen ist, nach außen hin präsent zu sein und die ihre soziale Verantwortung auch in digitalen Kanälen wahrnehmen.[22] Dabei handelt es sich nicht selten um Klöster, die zugleich in der Jugendarbeit tätig sind, mithin selber eine Schule führen. In solchen Institutionen leben dann auch Mönche und Schwestern, die, auf die Frage, ob das Surfen im Internet einen ablenkenden Einfluss auf das Gebet ausübt, mit Antworten aufwarten wie:

»Was heißt ›ablenken‹ vom Gebet, die Frage ist, ich nehme das mit rein ins Gebet. Also Gebet ist ja nichts, was irgendwie Störriges ist, was unabhängig vom Leben ist, sondern mein Leben kommt ja mit rein ins Gebet. Und die Psalmen sind ja auch manchmal so, dass sie mich ansprechen und manchmal nicht und je nach dem, was ist, denkt man: Ah, voll, ja. Also ich denke, das

---

21 Jedes Kloster erhielt fünf Fragebögen, die zu 30,95% ausgefüllt zurückgeschickt wurden.

22 Vgl. Maurus Runge, Domino – Menschen in Bewegung bringen, in: LS 63 (2012), 40–45; Ruth Schönenberger, Als Seelsorgerin im Internet. Mission@funcity.de, in: EuA 85 (2009), 432–434; Martin Werlen, Von den Dächern zwitschern (Mt 20,22), in: LS 63 (2012), 52–56.

kommt mit rein in'n Alltag. Soll ja auch sich gegenseitig befruchten, durchs Gebet krieg ich wieder 'nen Impuls für mein Leben [...] ich geh von der Tätigkeit zum Gebet und das Gebet soll mich auch wieder zur Tätigkeit schicken, also ich glaube, das muss sich befruchten, sonst trocknet irgendeine Seite aus.«

Solche Ordensleute betonten in den Interviews, dass sie, wenn sie etwa im Internet von Unfällen oder Nöten erfahren, die Betroffenen unmittelbar mit in ihr Gebet aufnehmen. Der Dienst am Nächsten scheint hier Priorität zu haben gegenüber persönlich-asketischen Bestrebungen. Allerdings werden auch hier Grenzen gesetzt. Mehrere Schwestern berichteten davon, dass und wie sie digitale Kommunikation bzw. Seelsorge in einem genau abgesteckten, insbesondere zeitlich klar begrenzten Rahmen betreiben. Die sich prioritär um konkrete Nächstenliebe bemühenden Benediktinerinnen und Benediktiner sind dennoch durchwegs bereit, auch abends digital zu kommunizieren. Es ist dies für sie ein Kompromiss, da die Benediktregel nach der Komplet eigentlich Schweigen vorsieht.[23] Und digitale Kommunikation ist nicht Schweigen.

Alle Interviewten sind sich einig, dass von digitalen Medien ein »Reiz« ausgeht, und dass jede und jeder, ob er oder sie will oder nicht, irgendwie empfänglich ist dafür. In der Wahrnehmung der Benediktinerinnen und Benediktiner ist der Mensch ansprechbar für alles Mögliche, gerade auch Nichtiges und damit letztlich verführbar. Asketische Praktiken, nun verstanden als Verzichtsleistungen, markieren demnach sinnvolle Grenzen, um sich nicht zu verlieren. Wenn sie diesen Reiz etwas näher definieren, sprechen einige Interviewte medienbezogen vom Reiz der Kontaktpflege. Dabei handelt es sich um eine quantitative Kategorie; denn ein gänzlicher Verzicht auf Kontaktpflege widerspricht der gemeinschaftszugewandten Lebensweise der Benediktiner. Gemeint ist damit vielmehr eine maßvolle Pflege des sozialen Weltbezugs, ähnlich wie im oben zitierten Antonius-Apophthegma.[24] Für andere, wie die zitierte Äbtissin, ist offensichtlich der von Bildern ausgehende Reiz besonders stark. Wieder andere sprechen vom Reiz, immer mehr Information beschaffen zu wollen. In jedem Fall geht es um ein Ungleichgewicht, das entsteht, wenn spontanen Bedürfnissen gegenüber übergeordneten Erfordernissen nachgegeben wird. Wenn also Begierden erfüllt werden, statt sich den eigentlich anstehenden Aufgaben und Anforderungen zuzuwenden. Dabei bilden nicht unbedingt die Inhalte, mit denen man sich spontan beschäftigen will, das Problem. Dieses besteht meist im schieren Übermaß an Zeit, das mit minder wichtigen Tätigkeiten vergeudet wird und von der Verrichtung der wichtigeren Aufgaben oder der nötigen Erholung abhält. Aus den Interviews geht hervor, dass Medienaskese maßgeblich in einer zeitlichen Beschränkung des Medienkonsums besteht. Askese meint in diesem Fall nicht einen absoluten Verzicht, sondern eine graduelle Einschränkung, die sich insbesondere angesichts des limitierten Zeitbudgets aufdrängt.

---

23 RB 42: *Ut post completorium nemo loquatur.*

24 S.o. und Anm. 11.

## 2.3 Der Ort der digitalen Askese

Das Verhältnis zwischen Kloster und Welt ist mehrdimensional. Es setzt sich aus verschiedenartigsten sozialen und materiellen Dimensionen zusammen. Zu letzterem gehört konstitutiv der physische Raum. Ein benediktinisches Kloster besteht grob aus einem geschützten Innenbereich, d.h. der Klausur, sowie einem öffentlich zugänglichen monastischen Bereich, der weitgehend auch die Klosterkirche einschließt.[25] Umgeben ist es vom außermonastischen Raum. Innerhalb der Klausur gibt es Räume, die wiederum nur einigen Schwestern und Brüdern vorbehalten sind. Der privateste Bereich stellt heute das eigene Zimmer der Mönche und Nonnen dar. In den Interviews sprachen nur wenige Ordensleute spontan von »Zelle«. Die meisten bezeichneten ihren individuellen Wohnraum als ihr »Zimmer«. Dezidiert von Zelle sprachen vor allem Brüder und Schwestern, die in solchen Klöstern leben, in denen aus Prinzip kein Internetanschluss im privaten Wohnbereich installiert ist. Die übrigen Interviewpartner, die in medienbezogen permissiveren Klöstern leben, sprachen demgegenüber vor allem von ihrem Zimmer oder ihrer Wohneinheit. Dies leuchtet vor dem Hintergrund der benediktinischen Tradition ein.

Benedikt sieht in seiner Regel keine Einzelzellen vor: »Wenn möglich, sollen sie in einem Raum (*uno loco*) schlafen.«[26] Diesen Gemeinschaftsraum nennt er auch *cella*.[27] Eine besondere religiöse Qualität schreibt er diesem Raum nicht zu. Benedikt pflegt keine Zellenspiritualität, wie sie etwa aus der Tradition der Wüstenväter bekannt ist und exemplarisch aus folgendem Apophthegma des Abbas Mose herausgeht: »Fort, geh in dein Kellion und setze dich nieder, und das Kellion wird dich alles lehren.«[28] Benedikts Präferenz für den gemeinschaftlichen Schlafraum stellt allerdings gegenüber der frühesten koinobitischen Tradition eine Änderung dar. Sie ist im Rahmen diverser Bemühungen um gemeinschaftliches Handeln wie insbesondere gemeinschaftli-

---

25 Die Chöre der Brüder und Schwestern sind dabei, je nach Architektur, vom öffentlichen Bereich der Kirche abgetrennt. Frauenchöre sind zusätzlich für die übrigen Kirchenbesucher nicht immer sichtbar. In der RB liest man von *claustrum* (67,7), nicht jedoch von *clausura*. Zu Geschichte und gegenwärtiger Praxis der Klausur vgl. Jacques Dubois, Art. Klausur, in: LMA Bd. 5 (1991), 1196f; Peter Wiesflecker, »Wir haben strenge Klausur ...«. Kirchenrechtliche und kirchenrechtshistorische Aspekte der päpstlichen Klausur am Beispiel der Benediktinerinnenabtei St. Gabriel/Bertholdstein, Graz 2010, 9–28.

26 RB 22,3. Benedikt sieht vor: »Jeder soll zum Schlafen ein eigenes Bett haben [...]. Alle schlafen – wenn möglich – in einem Raum; lässt die große Zahl es nicht zu, ruhen sie zu zehn oder zwanzig mit den Älteren, die für sie verantwortlich sind.« RB 22,2f, vgl. Puzicha, Kommentar, 247f. Der seit Benedikt von Aniane für die benediktinischen Klöster benutzte Begriff *dormitorium* findet sich in der RB nicht, vgl. Günter Binding, Art. Dormitorium, in: LMA Bd. 3 (1999), 1317f.

27 RB 22,4.

28 Ὕπαγε, κάθισον εἰς τὸ κελλίον σου· καὶ τὸ κελλίον σου διδάσκει σε πάντα. Apophtheg. Patr. Mose 6 (PG 65,284C).

ches Beten und Arbeiten zu sehen. Es handelt sich dabei also nicht primär um eine praktische Maßnahme, sondern um eine Bestimmung, die sich aus seinem dezidiert koinobitischen Ideal ableitet. In den älteren östlichen pachomianischen Koinobien sind nämlich keine gemeinschaftlichen Schlafräume vorgesehen.[29] Bei Benedikt haben nur wenige Mönche Anrecht auf einen gesonderten Raum; nebst den Novizen und dem Pförtner kommt den Kranken dieses Privileg zu: »Die kranken Brüder sollen einen eigenen Raum haben (*fratribus infirmis sit cella*).«[30] Wie bei der *cella* für die Klostergäste und der *cella* der Novizen ist aber auch hier nicht von einem Einzelzimmer auszugehen.[31] Abgesondert ist allein die *cella* des Pförtners, allerdings nicht der Pflege der individuellen Frömmigkeit des Pförtners willen. Vielmehr ermöglicht die Lage der Pförtnerzelle unmittelbar im Eingangsbereich einen steten sofortigen Empfang der anklopfenden Gäste.[32] Generell schliefen die benediktinischen Mönche jedoch im nachmalig so bezeichneten Dormitorium.

So sehr sich die Benediktiner und Benediktinerinnen im Laufe der Zeit um die Einhaltung der Regel bemühten, gab es schon früh Bereiche, in denen die Vorschriften der Regel ignoriert wurden. Das betrifft beispielsweise ihre schwarze Kleidung, ihre Klerikalisierung und in einer langwierigen Entwicklung auch die Unterbringung der Brüder und Schwestern in individuellen Einheiten.[33] Seit dem 12. Jahrhundert sind in benediktinischen Klöstern materiell gestalterische Eingriffe nachweisbar, um den Mönchen und Nonnen Privatsphäre zu verschaffen. Dies begann mit Trennwänden zwischen den Betten, die vorne mit einem Vorhang abgeschlossen wurden, so dass eine Art Kabine entstand. Der in monastischen Angelegenheiten sehr engagierte Papst Benedikt XII. ratifizierte diese Maßnahme 1336 in seiner Bulle *Summi magistri (Benedictina)*.[34] Die Vorhänge wurden in der Folge durch eine Tür mit Guckloch ersetzt; für einzelne Klöster sind auch hierfür päpstliche Bullen überlie-

---

[29] Die pachomianischen Mönche schliefen in kleinen Zellen auf Schlafsesseln, vgl. PHILIPP ROUSSEAU, Pachomius, The Making of a Community in Fourth-Century Egypt, Berkeley 1985, 78f.

[30] RB 36,7.

[31] *Cellam hospitum* (RB 53,21). In dieser Gästeunterkunft wurden auch die angehenden Novizen in den ersten Tagen untergebracht, bevor sie in die *cella noviciorum* (RB 58,5) wechselten.

[32] RB 66,2.

[33] Die RB sieht möglichst einfache und billige Kleider vor, explizit keine besondere Farbe: RB 55,8. Auf Priester im Kloster bezieht sich in RB 60 eine Ausnahmeregelung. Priester waren insofern auch entbehrlich als Benedikt keine Eucharistiefeiern im Kloster vorsieht. Sowohl das schwarze Kleid als auch das Priestermönchtum sind Entwicklungen der karolingischen Zeit, vgl. PIUS ENGELBERT, Zwischen Regel und Reform. Zur Geschichte des Benediktinerordens, in: CHRISTIAN SCHÜTZ/PHILIPPA RATH (Hrsg.), Der Benediktinerorden. Gott suchen in Gebet und Arbeit, Ostfildern $^{4}$2009, 34; GERT MELVILLE, Die Welt der mittelalterlichen Klöster, München 2012, 48–50.

[34] Zu den monastischen Reformen Benedikts XII. vgl. JAN BALLWEG, Konziliare oder päpstliche Ordensreform. Benedikt XII und die Reformdiskussion im frühen 14. Jahrhundert, Spätmittelalter und Reformation, N.R. Bd. 17, Tübingen 2001, 227–314.

fert. Die Entwicklung verlief in den einzelnen Klöstern unterschiedlich, und als ganze muss die Geschichte der benediktinischen Schlafräumlichkeiten noch geschrieben werden.

Fest steht, dass die hier untersuchten Benediktinerinnen und Benediktiner des 21. Jahrhunderts über private Wohneinheiten verfügen. Diese sind unterschiedlich groß und auch unterschiedlich komfortabel ausgestattet, etwa was die sanitären Anlagen betrifft. Unterschiedlich ausgestattet sind sie aber auch hinsichtlich der technischen Möglichkeit, dort digitale Medien zu benutzen. Äbte und Äbtissinnen verfügen bisweilen über eine Doppelwohneinheit, die ein Büro einschließt.

Nach den Angaben aus den Fragebögen nutzen über 80% der männlichen Benediktiner im deutschen Sprachraum einen PC in ihrem privaten Wohnraum. Dies schließt nicht automatisch mit ein, dort auch das Internet nutzen zu können. Bei 65% der befragten männlichen Benediktiner in Deutschland, 83% in Österreich und 82% in der Schweiz ist dies allerdings der Fall. Weit seltener ist die PC-Nutzung im eigenen Wohnraum demgegenüber in den benediktinischen Frauenklöstern. In den drei untersuchten Ländern beträgt sie insgesamt nur etwa ein Drittel derjenigen der Männer. In Deutschland verfügen 73% der befragten Benediktinerinnen über keinen Internetanschluss in der Zelle, ebenso 88% der österreichischen sowie 70% der Schweizer Benediktinerinnen. Dieser frappante Unterschied zwischen den Männer- und Frauenklöstern kann mehrere Gründe haben. Generell scheinen die Frauenklöster mehr Wert auf ihre Klausur und damit Distanz zur Welt zu legen. Da das Zweite Vatikanische Konzil die Klausurbestimmungen der Frauenklöster lockerte, können die in den Frauenklöstern zu beobachtenden Abgrenzungsmechanismen nicht auf kirchliche Normen zurückgeführt werden, allenfalls auf eine anhaltende Prägung. Es kommt hinzu, dass sich im aktuellen benediktinischen Kontext Computer und Internet unmittelbar mit Arbeit assoziieren. In der nicht selten nach wie vor nach traditionellen Geschlechterrollen und somit einem entsprechenden Arbeitsverständnis funktionierenden monastischen Gesellschaft sind es daher vor allem die Männer, die den PC und das Internet selbstverständlich nutzen.[35] Gerade auch die priesterlichen Studien und Aufgaben, denen viele Benediktiner nachgehen, ziehen kommunikative und forschende Arbeiten nach sich und somit die Notwendigkeit eines Computers mit oder ohne Internet. Inwiefern finanzielle Ressourcen Teil des geschlechtsspezifischen Unterschieds sind, soll hier nur fragend erwähnt werden. Allerdings ist unter den Benediktinerinnen des deutschen Sprachraums ein erfreulicher Bildungsaufbruch wahrzunehmen, so dass hier für die Zukunft eine Angleichung zu erwarten ist.

---

35 Vgl. UTE LEIMGRUBER, Avantgarde in der Krise. Eine pastoraltheologische Ortsbestimmung der Frauenorden nach dem Zweiten Vatikanischen Konzil, Fuldaer Studien 14, Freiburg 2011, 138f; 282.

### 2.4 Digitale Askese im Zimmer

Um die in den Fragebögen und Interviews gemachten Angaben zum Gebrauch digitaler Medien im privaten Wohnraum der Mönche und Nonnen angemessen interpretieren zu können, muss bedacht werden, welches grundsätzliche Verständnis dieses Raumes die entsprechende Ordensperson hat. Wie erwähnt, existiert die Zelle bzw. das individuelle Wohnzimmer mit Blick auf die Benediktsregel nicht. Mit Blick auf die aktuellen Klöster existiert es aber sehr wohl. Welche Bedeutung räumen heutige Benediktinerinnen und Benediktiner ihrem Zimmer ein? Dahinter steht insbesondere die Frage, ob es ein für ihr religiöses Leben bedeutsamer Raum ist, der entsprechend auch durch asketische Praktiken geschützt werden müsste.

Für die Mehrheit der Interviewten ist ihr Zimmer ein Ort der Privatheit und der Gegenpol zur Arbeit. Exemplarisch dafür können die folgenden Sätze, die untersuchungsbedingt im Medienkontext geäußert wurden, stehen:

»Ich habe zwischendurch mal überlegt [BM: Internetzugang im Zimmer], aber für mich ist der Computer eben auch mit Arbeit verbunden und dann habe ich schon ganz gerne eine Trennung zwischen Arbeit, beruflich und privat. Deswegen habe ich den Rechner auch nicht bei mir im Zimmer. Das ist sowieso so ein schwieriger Punkt hier im Kloster, hier kann man oft nicht trennen zwischen Privatsphäre und der beruflichen Sphäre. Das ist oft so zusammen vermischt. Meine Arbeitskollegen sind dann oft auch meine Mitbrüder, die ich dann nicht nur während der Arbeitszeit habe [...].«

Im Zimmer wird offensichtlich vor allem Distanz zur Arbeit, aber auch soziale Distanz gesucht.

Ein anderer Bruder lobt entsprechend im Interview: »[...] praktisch, weil mein Büro direkt neben meinem Zimmer liegt. D.h. wenn ich schnell mal was haben will, geh ich durch die Tür und dann habe ich die Sachen. Auf der anderen Seite merke ich, dass ich den Rückzugsraum Zimmer ja einfach für mich wichtig finde, also auch ganz bewusst das Telefon umgeleitet habe ins Büro. Ich sage, wenn ich auf meinem Zimmer bin, will ich auch wirklich Ruhe haben und dann soll es meine Zeit sein, und die wenigen Leute, die dann wissen, wie ich erreichbar bin, sollen es dann auch nutzen, weil dann weiß ich auch, dann ist es auch dringend und ansonsten muss es dann auch nicht sein.«

In diesen beiden Voten wird dem Zimmer explizit keinerlei religiöse Bedeutung zugesprochen. Bei einem Mönch könnte man die Aussagen »für mich wichtig« oder »wirklich Ruhe haben« religiös deuten als Zeit für die Pflege der Gottesbeziehung. Zwingend ist dieser Schluss aber nicht. Genauso kann daraus ein bloßes Bedürfnis nach Entspannung nach der Anstrengung des Alltags herausgelesen werden. Für Brüder und Schwestern mit diesem gleichsam quasi-säkularen Wohnzimmerverständnis ist es in der Folge möglich, sich mehr oder weniger zu distanzieren: Einige von ihnen nutzen digitale Medien in ihrem Zimmer, andere nicht. Allgemein verbindet sich die Nutzung digitaler Medien im Zimmer mit Arbeit. So jedenfalls geht es aus den Interviews hervor. Bestätigung findet dieser Befund durch die Fragebögen, nach deren

Daten digitale Medien in Klöstern kaum zu Unterhaltungszwecken benutzt werden. Vielmehr steht ihre Nutzung für Arbeitszwecke und für soziale Kontakte unterschiedlichster Art im Vordergrund. Diejenigen, die sich für die Internetnutzung im eigenen Zimmer entschieden haben, stehen entsprechend vor allem vor der Herausforderung, Arbeit und Privatleben auf relativ geringem Raum sinnvoll zu koordinieren bzw. voneinander zu trennen. »Zunächst mal sollte Schlafplatz und Arbeitsplatz getrennt sein, was die Internetnutzung betrifft«, so bringt es eine Priorin, die ihrerseits allerdings über eine Doppelwohneinheit mit Wohn- und Arbeitsraum verfügt, auf den Punkt. Nun kann man sich angesichts der zitierten Voten, die beliebig zu vermehren wären, fragen, ob sich heutige Benediktinerinnen und Benediktiner über die Arbeit statt über ihre religiöse Ausrichtung definieren. Vor dem Hintergrund aktueller soziologischer Untersuchungen, die einen solchen Befund konstatieren, ist dies durchaus bedenkenswert.[36] Vor dem Hintergrund des benediktinischen Raumverständnisses kann das eigene Zimmer allerdings auch als religiös irrelevanter Bereich bezeichnet werden. Dessen religiöse Qualität wird entsprechend durch die dortige Nutzung digitaler Medien oder den Verzicht darauf weder gemindert noch gesteigert, da sie als solche nicht existiert. Auf dem Spiel steht allenfalls die banale Erholung vom Arbeitsalltag, nicht jedoch ein spirituelles Gut. Insofern wäre der Verzicht auf digitale Medien oder deren limitierter Gebrauch im Zimmer weniger ein asketischer Akt, verstanden als spirituelle Übung, sondern primär ein Gebot der Vernunft, um haushälterisch mit den eigenen Kräften umzugehen.

## 2.5 Digitale Askese in der Zelle

Für andere Benediktinerinnen und Benediktiner ist ihr privater Wohnraum eine Zelle. Typisch dafür ist die Aussage eines jungen Mönches, der sich bewusst gegen einen Internetanschluss in seiner Zelle entschieden hat, obschon dies in seinem Kloster leicht möglich und unter seinen Mitbrüdern auch verbreitet ist:

»Die Zelle ist für mich nicht einfach nur Schlafraum. Für mich ist es natürlich auch so ein bisschen Arbeitsraum geworden. Am liebsten hätte ich eigentlich die beiden Bereiche getrennt. Also einerseits einen Arbeitsraum, andererseits die Mönchszelle. Die Zelle ist für mich letztlich auch ein Ort der Gottesbegegnung. Es gibt auch aus der Alten Kirche so die Sprüche: Der Mönch ist in der Zelle bei Gott Gast. Also nicht Gott ist beim Mönch in der Zelle zu Gast. Sondern der Mönch ist bei Gott, bei Christus, Gast in der Zelle. Das ist auch ein Ort, an den ich mich zurückziehe, auch gerade fürs Gebet. [...] Ich glaube, da darf man sich keine Illusionen machen: Das Gebet ist auch eine Frage der Disziplin. Es ist ja nicht so, dass das alles einfach so automatisch funktioniert. Und gerade da ist natürlich das Internet, aber nicht nur das Internet, weil es das Internet ist, da gibt es natürlich auch andere Möglichkei-

---

36 MICHAEL HOCHSCHILD, Elastische Tradition. Biometrie des Klosters von heute, St. Ottilien 2013, 41–56; 131f; 207–210.

ten, ein Faktor, der einen letzten Endes davon ablenken könnte. Also man kommt aufs Zimmer, es wäre eigentlich *lectio divina* oder *lectio spiritualis* angesagt. Und dann denkt man: Ja, ich schaue. [...] man hat nicht so Lust. [...]. und dann schaut man dann trotzdem schnell in das Internet hinein und [wird] damit eigentlich von dem abgehalten, abgelenkt, was wesentlich ist. Also, wo es mit der Gottesbeziehung zu tun hat, mit der Christusbeziehung, die man ja grad auch dadurch pflegt.« Dieser Bruder pflegt offensichtlich eine Zellenspiritualität. Für ihn ähnelt sein Privatraum dem Kellion des Antonius. Etwas knapper formuliert eine Schwester, in deren Kloster prinzipiell gegen einen Internetanschluss in den Zimmern entschieden wurde: »[...] der Vorteil ist [BM kein Internetanschluss in Zelle], dass die Zelle für mich ein Raum bleibt, wo ich innerlich Abstand nehmen kann – ich sag's jetzt mal mit 'nem großen Wort: von der Welt. Von meiner Arbeit, auch von den Menschen, sondern wo ich wirklich mit Gott allein sein kann. Das wäre, wenn ich, ich denke schon, die Gefahr wär ja eben, dass ich schon morgens früh mal eben gucke, ob's 'ne E-Mail gibt. Nee, will ich nicht.«

Auch hier ist die Arbeit, die sich mit dem Internetanschluss mit in die Zelle einschleicht, ein Faktor. Dennoch unterscheiden sich die beiden letzten Äußerungen mit ihrer auch religiösen Deutung des Privatbereichs, die sich im Gebrauch des Wortes »Zelle« niederschlägt, von der Zimmerphilosophie. Wer sein Zimmer als Zelle versteht und damit ganz wesentlich als Ort des Gebets, der empfindet das Internet im Privatbereich als unnötige Ablenkung bis hin zur Bedrohung. Die bedrohliche Ablenkung geht dabei indirekt von der Arbeit aus, zu der ein Computer offenbar auffordert, etwas weniger auch von sozialen Kontakten. Diese Haltung führt entweder zu einem kategorischen Verzicht oder doch mindestens zu einem sehr restriktiven Gebrauch digitaler Medien in der Zelle. Typologisch liegt hier benediktinisches Leben, ergänzt durch eine Zellenfrömmigkeit, vor. Letztere rührt potentiell von der im gegenwärtigen Benediktinertum auffälligen Beschäftigung mit den Wüstenvätern als den Pionieren des christlichen Mönchtums her. Gleichzeitig sind moderne Individualisierungstendenzen zu bedenken, die eremitisches Mönchtum heute besonders aktuell erscheinen lassen.

## 2.6 Digitale Askese an anderen Orten

Aus den oben zitierten Interview-Ausschnitten geht deutlich hervor, dass heutige Benediktinerinnen und Benediktiner digitale Medien primär mit Arbeit verbinden und räumlich, wenn immer möglich, einem klar definierten Arbeitsort, idealerweise einem Büro, zuordnen. Dieses Büro ist entsprechend der Ort, an dem die digital vermittelten, insbesondere beruflichen und öffentlichen Beziehungen zur Welt konzentriert gepflegt werden. Diese Büros befinden sich teilweise in der Klausur und sind somit zu jeder Tageszeit leicht erreichbar. Eine Schwester drückt dies folgendermaßen aus:

»[...] ich hab in der Zelle aber keinen Internetanschluss, ist auch gut und ich merk so für mich, meine Erfahrung war einfach: Ich überleg mir, ob ich abends noch mal ins Büro gehe oder nicht. Es ist nicht 'n weiter Weg, aber trotzdem: es ist 'n Weg, einfach von meinem – letztendlich – Schlafzimmer oder meinem Wohnzimmer halt ins Büro, was auch büromäßig eingerichtet ist, so. Und insofern ist es auch noch mal 'n bewusstes Hindenken: Arbeite ich jetzt noch oder lass ich's? Reicht det nicht doch vielleicht morgen früh? Und in der Regel, also wenn jetzt nicht wat Dringendes ist oder ein Seminar läuft, dann reicht's eigentlich auch morgen früh.«

Auch diese Schwester assoziiert die Nutzung des Computers und des Internets mit Arbeit, die sie möglichst konzentriert und effizient verrichten will. Angesichts eines solchen Zeitmanagements ist nicht davon auszugehen, dass sie ihre für Benediktinerinnen und Benediktiner typischerweise recht gedrängte Arbeitszeit für ausführliche Surftouren im Internet einsetzt. Insofern haftet ihrem Gebrauch der digitalen Medien durchaus etwas Asketisches an, aber nicht im religiösen Sinne. Überdies trifft sie offensichtlich im Verlaufe des Tages immer wieder situative Entscheidungen für oder gegen den Gebrauch digitaler Medien.

Keinerlei Entscheidung bedarf der Gebrauch digitaler Medien bei heutigen Benediktinerinnen und Benediktinern allein während der Stundengebete und Messen in der Klosterkirche. Aus sämtlichen Interviews geht hervor, dass die Nutzung digitaler Medien – es sei denn, ein Bruder oder eine Schwester ist Notfallärztin – während der gemeinsamen Gebetszeiten tabu ist. Es entspricht dies Benedikts Norm: »Dem Gottesdienst soll nichts vorgezogen werden«.[37] Bei den Benediktinern sind die Stundengebete gleichzeitig eine gemeinschaftliche Aktivität, so dass sie nicht nur ein Verweilen mit Gott, sondern auch ein Verweilen in der Gemeinschaft darstellen. Diese wichtigsten Momente im Klostertag halten die Benediktiner frei von digitalen Medien. Wenn ein Telefon während der Stundengebete klingelt, was nicht selten vorkommt, ertönt es aus den Besucherreihen.

## 3. Bilanz

Askese ist für heutige Benediktinerinnen und Benediktiner zwar mit Verzicht verbunden und insofern mit einer freiwilligen Selbstbeschränkung. Darüber hinaus und weit mehr fällt jedoch eine Sichtweise auf, die Askese als Befreiung von Hindernissen auf dem Weg zu Gott wahrnimmt.[38] Asketische Praktiken erscheinen gleichsam als Gegenmaßnahmen, um Abhängigkeit von minder Wichtigem zu vermeiden oder zu lösen. Nicht selten übermitteln die Benediktinerinnen und Benediktiner dieses Anliegen in einem Vokabular der Sucht, der sie sich nicht unterwerfen wollen. Insofern steckt hinter asketischen Praktiken ein starkes Bemühen nach Selbstkontrolle, letztlich jedoch die stete Frage, ob sie mit einem bestimmten Verhalten ihren monastischen

---

[37] RB 43,3.

[38] Insofern bestätigt dieser Befund Kuhn: »Im neueren Katholizismus ist die A. die Einübung in das geistliche Leben.«, Kuhn, Askese, 705.

Daseinszweck, d.h. Gott und ihren Mitmenschen zu dienen, erfüllen. Da dieser umfassende Gottesdienst in verschiedenster Weise geschehen kann, sind die Grenzen und damit die bewusste Abkehr in vielen Bereichen nicht endgültig geregelt und müssen individuell und gemeinschaftlich immer wieder bedacht werden – so auch der Gebrauch digitaler Medien. Aufgrund der Unabgeschlossenheit dieser Regulierungsprozesse bezeichnen Benediktinerinnen und Benediktiner Askese häufig als Übung, nämlich als einen bestimmten Umgang mit Menschen und Dingen. Das Kriterium dieses Umgangs bildet dabei typisch benediktinisch das rechte Maß. In der antiken Philosophie, deren Konzept des Maßes letztlich hinter der benediktinischen Vorstellung des rechten Maßes steht, leitet sich diese Norm aus der Vorstellung der göttlichen Ordnung ab: Alles auf der Welt hat seinen idealen Platz und Rang, den es zu berücksichtigen gilt.[39] Dies führt im Alltag zu einer steten Abwägung, wie dieser Ordnung Genüge getan werden kann. Da die Einordung in dieses umfassende Ganze und die Befriedigung unmittelbarer persönlicher Bedürfnisse nicht unbedingt deckungsgleich sind, bedarf es eines stetigen Austarierens. In dieser Ein- und Unterordnung persönlicher Bedürfnisse in die umfassende Ordnung besteht die asketische Herausforderung. Dieser Prozess wird von den Benediktinerinnen und Benediktinern als Übung bezeichnet. Ein solches Verständnis von Übung ist dabei unbedingt in seinem antik-philosophischen Verständnis als ἄσκησις/askesis zu begreifen, handelt es sich doch dort und auch bei den Benediktinerinnen und Benediktinern um ein tiefgreifendes Bemühen, sich in einer Weise umzuformen bzw. umformen zu lassen, die ein gutes, wohlgeordnetes Leben ermöglicht.[40] In benediktinischer Sicht meint dies ein Leben, in dem Gott als das höchste Ordnungsprinzip in allen und allem geehrt wird.

Besonders ausführlich behandelt wurde die Frage des Mediengebrauchs im privaten monastischen Wohnbereich. Dahinter steht die Frage, ob dieser als religiöser Raum wahrgenommen wird und damit als Knotenpunkt dieser religiösen Ordnung. Solchermaßen wäre er auch ein Ort der asketischen Mühe. Aus den erhobenen Daten ergaben sich zwei Sichtweisen. In der einen, mehrheitlich eingenommenen Perspektive, ist der private Wohnraum primär Rückzugsort von der Arbeit und vom Alltag. Deshalb wird er auch meist als »Zimmer« bezeichnet und damit als religiös unbedeutender Raum. Der Gebrauch digitaler Medien in diesem Zimmer stellt sich in dieser Perspektive als Frage nach der Trennung von Arbeit und Freizeit. Allfällige Abgrenzungsmechanismen folgen primär Gesetzen der Alltagsökonomie, weniger asketischen Bemühungen um die Pflege der Gottesbeziehung. Eine andere Sichtweise ist bei Benediktinerinnen und Benediktinern zu konstatieren, die ihren privaten Wohnraum als »Zelle« bezeichnen. Für sie handelt es sich dabei um einen religiös bedeutsamen Raum, in welchem sie ihre Gottesbeziehung pflegen und den sie entsprechend frei von Arbeit und anderen, auch digital vermittelten,

---

[39] Vgl. Michael Erler, Platon, München 2006, 206f; Pfeifer, Suche, 897f.

[40] Hadot, Philosophie, 15.

Ablenkungen halten wollen. Beide Sichtweisen lassen sich aus monastischen Traditionen ableiten. Den privaten Wohnraum nüchtern als Zimmer aufzufassen, entspricht in gewisser Weise der Benediktsregel, nach der ein individueller Wohnraum der Mönche nicht vorgesehen ist. Eine Zellenspiritualität lässt sich aus den Schriften von Benedikts monastischen Gewährsmännern ableiten, insbesondere anachoretischen, aber auch älteren koinobitischen. Ein religiös für alle unbedingt bedeutsamer Raum ist allein die Klosterkirche, die während der Stundengebete ein Ort der gemeinschaftlichen Askese ist.

## LITERATUR

### Quellen

Apophthegmata Patrum. Geronticon, in: PG 65,71–440.

ATHANASIUS VON ALEXANDRIEN, Vita Antonii, in: Athanase d'Alexandrie, Vie d'Antoine, hrsg. v. GÉRARD J.M. BARTELINK, SC 400, Paris 1994.

Benediktsregel (RB): Benedicti regula, hrsg. v. RUDOLPH HANSLIK, CSEL 75, Wien 1969.

Die Benediktsregel Lateinisch/Deutsch, mit der Übersetzung der Salzburger Äbtekonferenz, hrsg. v. ULRICH FAUST, Stuttgart 2009.

LUTHER, MARTIN, De votis monasticis M. Lutheri iudicium, in: WA 8,573–669.

Perfectae caritatis. Zweites Vatikanisches Konzil: »Perfectae caritatis«: Dekret über die angemessene Erneuerung des Ordenslebens, in: PETER HÜNEMANN/BERND HILBERATH (Hrsg.), Herders Theologischer Kommentar zum Zweiten Vatikanischen Konzil, Bd. 1: Die Dokumente des Zweiten Vatikanischen Konzils, Freiburg 2004, 284–304.

### Studien

BALLWEG, JAN, Konziliare oder päpstliche Ordensreform. Benedikt XII und die Reformdiskussion im frühen 14. Jahrhundert. Spätmittelalter und Reformation. N.R. Bd. 17, Tübingen 2001.

BINDING, GÜNTER, Art. Dormitorium, in: LMA Bd. 3 (1999), 1317f.

BRÄUER, MARTIN, Art. Mönchtum, in: VOLKER LEPPIN/GURY SCHNEIDER-LUDORFF (Hrsg.), Das Luther-Lexikon, Regensburg 2014, 486f.

DUBOIS, JACQUES, Art. Klausur, in: LMA Bd. 5 (1991), 1196f.

ENGELBERT, PIUS, Zwischen Regel und Reform. Zur Geschichte des Benediktinerordens, in: CHRISTIAN SCHÜTZ/PHILIPPA RATH (Hrsg.), Der Benediktinerorden. Gott suchen in Gebet und Arbeit, Ostfildern [4]2009, 28–53.

ERLER, MICHAEL, Platon, München 2006.

FINN, RICHARD, Asceticism in the Greco-Roman World, Cambridge 2009.

HADOT, PIERRE, Philosophie als Lebensform. Antike und moderne Exerzitien der Weisheit, Frankfurt a.M. 2011.

HOCHSCHILD, MICHAEL, Elastische Tradition. Biometrie des Klosters von heute, St. Ottilien 2013.

Holzherr, Georg (Hrsg.), Die Benediktsregel. Eine Anleitung zu christlichem Leben, Zürich [4]1993.

Jansing, Hildegard, Neue Medien im Noviziat, in: EuA 85 (2009), 427–431.

Jonveaux, Isabelle, Dieu en ligne. Expériences et pratiques religieuses sur Internet. Montrouge Cedex 2013.

Kuhn, Thomas K., Art. Askese, in: Enzyklopädie der Neuzeit Bd. 1, 2005, 703–709.

Leclercq, Jean, Art. Askese, in: LMA Bd. 1 (1980), 1112–1115.

Leimgruber, Ute, Avantgarde in der Krise. Eine pastoraltheologische Ortsbestimmung der Frauenorden nach dem Zweiten Vatikanischen Konzil, Fuldaer Studien 14, Freiburg 2011.

Lohse, Bernhard, Mönchtum und Reformation. Martin Luthers Auseinandersetzung mit dem Mönchsideal des Mittelalters. FKDG 12, Göttingen 1963.

Melville, Gert, Die Welt der mittelalterlichen Klöster, München 2012.

Michaelis, Axel, Die Kunst des einfachen Lebens. Eine Kulturgeschichte der Askese, München 2004.

Pfeifer, Michaela, Auf der Suche nach dem menschlichen Maß. »Ora et labora« im 21. Jahrhundert, in: Maciej Bielawski/Daniël Hombergen (Hrsg.), Il monachesimo tra eredità e aperture. Atti del Simposio »Testi e Temi Nella Tradizione del Monachesimo Cristiano« per il 50. anniversario dell'Istituto Monastico di Sant' Anselmo; Rom 28. Mai – 1. Juni 2002, Rom 2004, 893–920.

Puzicha, Michaela, Quellen zur Benediktusregel, St. Ottilien 2007.

Puzicha, Michaela, Klausur und Internet, in: Monastische Informationen 147 (2011), 9–14.

Rousseau, Philipp, Pachomius. The Making of a Community in Fourth-Century Egypt, Berkeley 1985.

Runge, Maurus, Domino – Menschen in Bewegung bringen, in: LS 63 (2012), 40–45.

Schmiedl, Joachim, Das Konzil und die Orden. Krise und Erneuerung des gottgeweihten Lebens, Vallendar-Schönstatt 1999.

Schmiedl, Joachim, Das Konzil und die Orden. »Perfectae caritatis« nach 50 Jahre neu gelesen, in: Ordensnachrichten 51 (2012), 45–56.

Schönenberger, Ruth, Als Seelsorgerin im Internet. Mission@funcity.de, in: EuA 85 (2009), 432–434.

Sheridan, Mark, Monastic Culture: A Comparison of the Concepts of Askesis and Asceticism, in: Philippe Nouzille/Michaela Pfeifer (Eds.), Monasticism between Culture and Cultures, Analecta Monastica 14, Rom 2013, 17–34.

Valantasis, Richard, A Theory of the Social Function of Asceticism, in: Vincent Wimbush/Richard Valantasis (Eds.), Asceticism, Oxford 1998, 544–552.

Viller, Marcel/Rahner, Karl, Aszese und Mystik in der Väterzeit. Ein Abriss frühchristlicher Spiritualität, Freiburg [2]1990 ([1]1939).

Werlen, Martin, Von den Dächern zwitschern (Mt 20,22), in: LS 63 (2012), 52–56.

Wiesflecker, Peter, »Wir haben strenge Klausur ...« Kirchenrechtliche und kirchenrechtshistorische Aspekte der päpstlichen Klausur am Beispiel der Benediktinerinnenabtei St. Gabriel/Bertholdstein, Graz 2010.

# Verzicht als Nachahmung göttlichen (Schöpfungs-)Handelns?

## Zur religionsphilosophischen Brisanz von Simone Weils Konzept der dé-création

*Nina Heinsohn*

Wird der ›Lebensstil‹ Simone Weils umschrieben, ist die Deutungskategorie der ›Askese‹ schnell zur Hand. Nicht zuletzt ihre langjährige Freundin und spätere Biographin Simone Pétrement bedient sich derer immer wieder.[1] In den Blick treten dabei primär unterschiedliche Phänomene des ›Verzichts‹, die Weils Leben in der Tat von Kindheit an bis hin zu ihrem frühen Tod im Alter von nur 34 Jahren prägen. – »Ich mag keinen Luxus!«,[2] entgegnet schon die dreijährige Simone einer Tante, die ihr einen Ring schenken möchte. Dieser Linie bleibt sie treu: 1934 beispielsweise lässt sich die Arzttochter, Absolventin der *École Normale Supérieure* und Studienrätin für das Fach Philosophie vom Dienst beurlauben und beginnt, für ein Jahr in verschiedenen Fabriken als ungelernte Arbeiterin ihren Lebensunterhalt zu bestreiten. Ihr Ziel ist u.a. die Arbeitsbedingungen vor Ort differenziert kennenzulernen, um deren Verbesserung politisch gezielter vorantreiben zu können. Von schwacher gesundheitlicher Konstitution gezeichnet ist sie oftmals krankgeschrieben. Der Lohn reicht nicht. Weil hungert. Sie erlebt Phasen der Arbeitslosigkeit, in denen sie sich familiärer Unterstützung jedoch fast vollständig verweigert. Ihr Fabriktagebuch[3] gibt Aufschluss über die äußere wie innere Not: Von Kopfweh, horrender Erschöpfung und Müdigkeit, Verzweiflung, Weinkrämpfen, Angst ist die Rede.[4]

Das prominenteste Beispiel ist und bleibt jedoch wahrscheinlich ihr Tod im August 1943, um den sich mittlerweile eine Vielzahl an Gerüchten rankt. Anlass hierfür bieten u.a. Worte aus ihrer amtlichen Sterbeurkunde: »Die Verstorbene hat sich selbst getötet und zerstört, indem sie sich in einer Phase der

---

[1] Vgl. etwa Simone Pétrement, Simone Weil. Ein Leben gibt zu denken [*La vie de Simone Weil*], übers. von Ellen D. Fischer, Leipzig 2007, 304.

[2] Zit. nach Pétrement, Simone Weil, 18.

[3] Simone Weil, Fabriktagebuch und andere Schriften zum Industriesystem [*La condition ouvrière*], übers. von Heinz Abosch, Frankfurt a.M. 1978.

[4] Vgl. hierzu auch Pétrement, Simone Weil, 340f.

Geistesgestörtheit weigerte zu essen.«[5] Der Hintergrund ist - vermutlich - folgender: Obwohl der besetzten Zone entflohen, weigert die im Widerstand aktive Weil sich, mehr zu essen als die knappen Rationen, die für die Französinnen und Franzosen im besetzten Teil des Landes vorgesehen sind. Als sie an Tuberkulose erkrankt, ändert sie diese Haltung nicht. Die Genesung scheitert.

In der öffentlichen Wahrnehmung Weils sind es gerade diese Elemente, die in den Vordergrund drängen. Susan Sontag etwa charakterisiert Weils ›Lebensstil‹ als »fanatical asceticism«, »a life, absurd in its exaggerations and degree of self-mutilation«[6] – ein Leben jedoch, das gerade darum ein immenses Faszinosum darstelle. »I cannot believe that more than a handful of the tens of thousands of readers she has won since the posthumous publication of her books and essays really share her ideas. Nor is it necessary [...]. We read writers of such originality for their personal authority, for the example of their seriousness, for their manifest willingness to sacrifice themselves for their truths, and – only piecemeal for their views.«[7]

Was für Sontag bleibt, ist also gerade die Faszination für die ›fanatische Asketin‹, deren religionsphilosophische Arbeiten für sie indes nicht von weiterführendem Interesse sind. Damit tritt der Fall ein, den Ingeborg Bachmann im Blick hat, wenn sie in ihrem Weil gewidmeten Radio-Essay die Frage aufwirft, ob deren Werk die »Legende«[8] um ihre Person überleben werde. Bachmann selbst votiert entschieden dafür. Damit lenkt sie – anders als Sontag – den Blick von der Person weg, hin auf das Werk. Das wiederum entspricht ausdrücklich Weils eigenem Wunsch, die ihre *Gedanken* einer *kritischen Debatte* ausgesetzt sehen möchte. So bekundet sie nur wenige Tage vor ihrem Tod ihr großes Bedauern darüber, dass alle ihrer Intelligenz so häufig entgegengebrachte Bewunderung doch zumeist nur einem einzigen Zweck diene – und zwar dem, die Frage zu vermeiden: »Hat sie Recht mit dem, was sie sagt, oder nicht?«[9] Pétrement kommentiert: »Dies ist die Frage, die sie gestellt sehen will. So lautet ihr letzter Wille.«[10]

Diese Intention aufnehmend lenkt auch der nachfolgende Beitrag den Blick von der Person weg hin auf das religionsphilosophische Werk und nimmt dort die Spuren einer Reflexion des Phänomens ›Verzicht‹ auf. Die Überlegungen

---

[5] Zit. nach THOMAS MACHO/HELEN THEIN, Nachwort, in: SIMONE WEIL, Anmerkungen zur generellen Abschaffung der politischen Parteien, Zürich/Berlin 2009, 37-48; hier: 44.

[6] SUSAN SONTAG, Simone Weil, in: DIES., Against Interpretation and Other Essays, London 1967, 49–51; hier: 51.

[7] A.a.O., 50f.

[8] Vgl. INGEBORG BACHMANN, Das Unglück und die Gottesliebe – Der Weg Simone Weils in: DIES., Gesammelte Werke IV, München/Zürich 1978, 128–155; bes. 128f.

[9] SIMONE WEIL, Lettre à Selma et Bernard Weil [4 août 1943], in: DIES., Œuvres complètes VII/1: Correspondance familiale, hrsg. von ROBERT CHENAVIER/ANDRÉ A. DEVAUX/ FLORENCE DE LUSSY, Paris 2012, 301–304, hier 303 [»Dit-elle vrai ou non?«]. [Weil verstarb im Alter von nur 34 Jahren am 24. August 1943 in Ashford/Grafschaft Kent.]

[10] PÉTREMENT, Simone Weil, 721.

leitet dabei die Prämisse, dass die Relevanz des Themas, wie sie im Lebensstil prägnant zutage tritt, im Œuvre ihren Widerhall findet.

Ein erster Blick in die *Notizhefte* unterstützt zudem die These, findet sich in ihnen doch folgender Eintrag: »Wir müssen darauf *verzichten, etwas* zu sein. Das ist das einzig Gute für uns.«[11] Hierbei handelt es sich keinesfalls um einen singulären Eintrag. »Darauf *verzichten zu existieren*«,[12] vermerkt sie nur wenige *Cahiers* später. Zudem variiert sie das Thema unter Rückgriff auf andere Deutungskategorien, etwa die der ›Rückgabe des Seins‹: »Gott hat mir das Sein gegeben, damit ich es ihm zurückgebe. [...] Wenn ich die Gabe akzeptiere, ist das schlecht und fatal. Ihr Wert tritt in der Verweigerung zutage«.[13] Für diese ›Rückgabe des Seins‹ prägt Weil einen markanten Begriff (der allerdings keinen Neologismus im strengen Sinne des Wortes darstellt): die *dé-création*. Der Zusammenhang mit dem Thema ›Schöpfung‹ ist deutlich: Ihrer Bezeichnung der ›Gabe des Seins‹ als *création* korrespondiert ihre Benennung jener Rückgabe als *dé-création*. Doch was ist mit dieser Rückgabe eigentlich gemeint? Worauf genau soll der Mensch Verzicht leisten? Klingt hier - zumindest subtil – ein suizidales Moment an?[14]

Grundlage für die Beantwortung dieser Fragen ist eine knappe Rekonstruktion von Weils Konzept (1.–3.). In einem zweiten Schritt gilt es dann, das von ihr umrissene Phänomen zumindest kurz zu anderen Formen des ›Verzichts‹ in Relation zu setzen (4.): Welche Art der Beziehung besteht zwischen Weils Verständnis der *dé-création* auf der einen und ihrem Lebensstil, der so vielfältige Formen des Verzichts integriert, auf der anderen Seite?

Wie die Ausführungen zeigen werden, ist Weils Konzept der *dé-création* nicht frei von Ambivalenzen, sondern birgt – ganz im Gegenteil – durchaus brisante religionsphilosophische Pointen in sich. Diese – wo notwendig: kritisch – zu benennen, v.a. aber mögliche religionsphilosophische Impulse zum Thema ›Askese‹ herauszuarbeiten, ist Anliegen dieses Beitrags.

---

[11] Simone Weil, Cahiers (septembre 1941–février 1942). La science et l'impensable, Œuvres complètes [= OC], Bd. VI/2, hrsg. von André A. Devaux/Florence de Lussy, Paris 1997, 270 [Markierung N.H.] [»Nous devons renoncer à être quelque chose. C'est le seul bien pour nous«].

[12] Simone Weil, Cahiers (février 1942–juin 1942). La porte du transcendant, Œuvres complètes, Bd. VI/3, hrsg. von André A. Devaux/Florence de Lussy, Paris 2002, 192 [Markierung N.H.] [»Renoncer à exister«].

[13] A.a.O., 184 [»Dieu m'a donné l'être pour que je le lui rende. [...] Si j'accepte ce don, il est mauvais et fatal. Sa vertu apparaît par le refus«].

[14] Vgl. hierzu auch die ausführliche Analyse und Interpretation von Weils religionsphilosophischem Konzept der *dé-création* u.a. bei Rolf Kühn, Deuten als Entwerden, Freiburg im Breisgau u.a. 1989, sowie Dorothee Beyer, Sinn und Genese des Begriffs ›Décréation‹ bei Simone Weil, Altenberge 1992.

## 1. SCHÖPFUNG ALS GÖTTLICHER VERZICHT

Wie in den bisherigen Ausführungen schon anklang, stehen *dé-création* und ›Schöpfung‹ in engem Zusammenhang. Diese Verbindung vermag Weil jedoch nicht nur unter Hinweis auf beider ›Gabecharakter‹ zu umschreiben; vielmehr ist gerade der Aspekt des *Verzichts* für sie hier von großer Wichtigkeit. Das wird deutlich, bezieht man beispielsweise den Kontext einer der oben bereits angeführten Notizen ein: »Verzicht. Imitation des göttlichen Verzichts in der Schöpfung. Gott verzichtet – in einem Sinne – darauf, alles zu sein. [...] Wir müssen darauf verzichten, etwas zu sein.«[15] Andernorts entfaltet sie dieses Verständnis von ›création als Verzicht‹ noch detaillierter:

»Von seiten Gottes ist die Schöpfung nicht ein Akt der Selbstausdehnung, sondern des Zurückweichens, des *Verzichtes*. Gott und alle Geschöpfe, das ist weniger als Gott allein. Gott hat in diese Minderung eingewilligt. [...] Schon in diesem Akt hat er sich seiner Gottheit entleert [...]. Er hat durch den Schöpfungsakt sich selbst verleugnet, wie Christus uns geheißen hat, uns selbst zu verleugnen. Gott hat sich zu unseren Gunsten verleugnet, um uns Gelegenheit zu geben, uns für ihn zu verleugnen. Diese Antwort, dieses Echo, das wir ihm vorenthalten können, ist die einzig mögliche Rechtfertigung der liebenden Torheit des Schöpfungsaktes.«[16]

Oder zugespitzt formuliert: »Schon die création ist Passion.«[17] Und noch eine weitere gravierende Konsequenz zeitigt jener göttliche Verzicht: Es ist ein *Verzicht auf Macht.* »Gott ist nicht allmächtig [...]. Die Schöpfung ist Abdankung.«[18]

---

[15] WEIL, Cahiers, OC VI/2, 270 [»Renoncement. Imitation du renoncement de Dieu dans la création. Dieu renonce – en un sens – à être tout. [...] Nous devons renoncer à être quelque chose«].

[16] SIMONE WEIL, Formes de l'amour implicite de Dieu, in: DIES., Écrits de Marseille (1940–1942). Philosophie, science, religion, questions politiques et sociales, Œuvres complètes, Bd. IV/1, hrsg. von ANDRÉ A. DEVAUX/FLORENCE DE LUSSY, Paris 2008, 285–336; hier: 291; dt. Übersetzung zit. nach SIMONE WEIL, Formen der impliziten Gottesliebe, in: DIES., Das Unglück und die Gottesliebe [*Attente de Dieu*], übers. von Friedhelm Kemp, München [2]1961, 135–234; hier: 145 [»La Création est de la part de Dieu un acte non pas d'expansion de soi, mais de retrait, de renoncement. Dieu et toutes les créatures, cela est moins que Dieu seul. Dieu a accepté cette diminution. [...] Il s'est vidé déjà dans cet acte de sa divinité [...]. Il s'est par l'acte créateur nié lui-même, comme le Christ nous a prescrit de nous nier nous-mêmes. Dieu s'est nié en notre faveur pour nous donner la possibilité de nous nier pour Lui. Cette réponse, cet écho, qu'il dépend de nous de refuser, est la seule justification possible à la folie d'amour de l'acte créateur«].

[17] WEIL, Cahiers, OC VI/3, 275 [»La création est déjà passion«].

[18] SIMONE WEIL, Cahiers (juillet 1942–juillet 1943). La connaissance surnaturelle (Cahiers de New York et de Londres), Œuvres complètes, Bd. VI/4, hrsg. von ANDRÉ A. DEVAUX/FLORENCE DE LUSSY, Paris 2006, 152 [»Dieu n'est pas tout-puissant [...]. La création est abdication«].

Für ein Verständnis der Weil'schen Religionsphilosophie sind diese Ausführungen von zentraler Bedeutung. Hier werden der zeitgeschichtliche Hintergrund und der Impetus ihres Denkens gleichermaßen deutlich: Sie umkreist die Theodizeefrage. Ihr Verständnis von Schöpfung als göttlichem Verzicht (u.a. auf Allmacht) gibt ihr Raum, radikale Formen von Kontingenzerfahrung religionsphilosophisch einzuholen. Gott habe die Welt einem »blinden Mechanismus«[19] überantwortet, der sich den Menschen und ihrem Schicksal gegenüber vollkommen »indifferent«[20] verhalte. Das Thema ›Leid‹ - sie nennt es ›Unglück‹ – steht mithin im Zentrum ihrer religionsphilosophischen Arbeiten, und das gilt auch und gerade im Hinblick auf den Gottesgedanken: Bereits die Schöpfung interpretiert sie als Passion. Insofern also *dé-création* eine Imitation dieses göttlichen Verzichts ist, ist auch ihr jener *Charakter der Passion* zu eigen.

Aber das ist nur die eine Seite der Medaille. Es gilt noch etwas Anderes für den hier entfalteten Verzicht: Er ist schöpferisch! Und auch dieses Moment darf im Blick auf die *dé-création* nicht abgeblendet werden. So sehr das Präfix dé- eine Gegenläufigkeit anzeigt – Weil spricht hier von »défaire la création«[21], wörtlich also: vom »Ent-machen« –, so wenig erschöpft sich *dé-création* doch darin. Auf der einen Seite wird Weil sie als *leidvoll* und (in spezifischer Hinsicht) auch als *Destruktion* ausweisen, auf der anderen Seite immer wieder herausstellen, dass sie zugleich *Partizipation* an der *création*[22] sei, *co-création*[23] oder sogar deren Vollendung.[24] – Der Verzicht, wie Weil ihn in Gestalt der *dé-création* entfaltet, präsentiert sich somit als *in sich spannungsvoll*: Er birgt sowohl schöpferisches als auch zerstörerisches Potenzial in sich. Doch was inwiefern?

## 2. DÉ-CRÉATION UND DESTRUKTION

In den Blick tritt nun zunächst jene ›destruktive‹ Komponente, über die sich folgender Eintrag in den Notizbüchern findet: »Wir besitzen nichts in dieser Welt – denn der Zufall kann uns alles nehmen – außer der *Macht, ich zu sagen*. Diese ist es, die wir Gott (zurück-)geben, d.h. zerstören sollen.«[25] – Eine

---

19 SIMONE WEIL, L'amour de Dieu et le malheur, in: DIES., Écrits de Marseille (1940–1942). Philosophie, science, religion, questions politiques et sociales, Œuvres complètes, Bd. IV/1, hrsg. von ANDRÉ A. DEVAUX/FLORENCE DE LUSSY, Paris 2008, 346–374; hier: 352 [»mécanisme aveugle«].

20 Ebd. [»indifférent«].

21 Vgl. WEIL, Cahiers, OC VI/2, 333.346.

22 Vgl. a.a.O., 432.

23 Vgl. ebd.

24 Vgl. WEIL, Cahiers, OC VI/3, 170.

25 WEIL, Cahiers, OC VI 2, 461 [»Nous ne possédons rien au monde – car le hasard peut tout nous ôter – sinon le pouvoir de dire je. C'est cela qu'il faut donner à Dieu, c'est-à-dire détruire«].

›Zerstörung‹, die überaus positiv konnotiert ist, wie folgende Aussage unterstreicht: »[D]as Ich ist nichts anderes als ein von der Sünde geworfener Schatten, der das Licht Gottes abhält.«[26] Nach dessen Destruktion hingegen werde jenes Licht nicht mehr zurückgehalten, sondern gewinne vielmehr die Möglichkeit intensiver Gottespräsenz Raum: »Ich muss mich zurückziehen, damit Gott mit den Wesen in Kontakt treten kann, die der Zufall meinen Lebensweg kreuzen lässt und die er liebt. Meine Anwesenheit ist indiskret, als ob ich mich zwischen zwei Liebenden [...] befände.«[27] Oder zugespitzt formuliert: »Der (Heilige) Geist ist das de-kreierte Ich.«[28]

In diesen wenigen Notizen stecken in komprimierter Form zentrale Aussagen über die *dé-création*. Hinzuweisen ist zunächst darauf, dass sie hier eine Differenz in den Ich-Begriff einzieht, d.h. im Französischen zwischen ›je‹ und ›moi‹ unterscheidet. Während es das ›je‹ zu zerstören gelte, bleibe ein ›moi dé-crée‹. Diese Beobachtung ist insofern wichtig, als damit dem Verdacht gewehrt wird, es handele sich bei der *dé-création* um ein suizidales Unterfangen. Auch Weil selbst grenzt sich von dieser Deutung entschieden ab: »Suizid verurteilt als Ersatz für die dé-création«.[29] Diese Abgrenzung entspricht zudem ihrem Verständnis von *création*: Zwar wird Jesu Passion als Interpretament herangezogen, aber auf eine *atheistische* ›Gott-ist-tot-Religionsphilosophie‹ zielt ihr Denken gerade *nicht* ab. Stattdessen ist bei der *dé-création* eine Art »Ich-*Reduktion*«[30] im Blick, die auf ein *Mehr* an göttlicher Präsenz abzielt. Diese paradoxe Dynamik benennt Weil auch selbst explizit: »Dé-création als [...] Vernichtung in Gott (hinein), die der vernichteten Kreatur die Fülle des Seins gibt, deren sie beraubt war, solange sie existiert«.[31] Es verwundert angesichts dieser Umschreibung kaum, dass Weil die entsprechende Erfahrung auch als Form der ›unio‹[32] bezeichnen kann und mit ihr das Erlebnis tiefer »Freude«[33] verbindet.

---

[26] WEIL, Cahiers, OC VI 3, 104 [»Le moi, ce n'est que l'ombre projetée par le péché et l'erreur qui arrêtent la lumière de Dieu«].

[27] WEIL, Cahiers, OC VI 2, 490 [»Je dois me retirer pour que Dieu puisse entrer en contact avec les êtres que le hasard met sur ma route et qu'il aime. Ma présence est indiscrète, comme si je me trouvais entre deux amants.«].

[28] WEIL, Cahiers, OC VI 2, 370 [»L'Esprit est [...] le moi dé-créé«].

[29] A.a.O., 368 [»Suicide condamné comme ersatz de la dé-création«].

[30] ROLF KÜHN, Leere und Aufmerksamkeit. Studien zum Offenbarungsdenken Simone Weils, Dresden 2014, 28.

[31] WEIL, Cahiers, OC VI/3, 170 [»Dé-création en tant qu'[...] anéantissement en Dieu qui donne à la créature anéantie la plénitude de l'être, dont elle est privée tant qu'elle existe«].

[32] Vgl. u.a. ihre Rede von der »hochzeitlichen Vereinigung«, in: SIMONE WEIL, Brief an Joë Bousquet [12. Mai 1942], in: DIES., Zeugnis für das Gute. Spiritualität einer Philosophin, hrsg. und übers. von FRIEDHELM KEMP, Zürich/Düsseldorf 1998, 139–148; hier: 142.

[33] WEIL, Cahiers, OC VI/2, 403 [»joie«].

Doch geht dieser Aspekt der Freude in ihren Ausführungen manchmal fast verloren. Stattdessen betont sie vielfach das Moment des Leidens mit äußerstem Nachdruck. So etwa in ihrer These, dass *einzig* das extreme Unglück hinreichend viel ›erlösendes Leid‹ für die *dé-création* mit sich bringe, und d.h.: Letztere also Ersteres zur Voraussetzung habe.[34] Auch schreibt sie: »Das Unglück, das zugleich physischer Schmerz, seelische Not und soziale Degradierung ist, [...] ist ein Wunder der göttlichen Technik. [...] Der Mensch, dem eine vergleichbare Sache widerfährt, [...] ringt damit wie ein Schmetterling, den man bei lebendigem Leibe in einem Album feststeckt.«[35] Wenn es der Seele in dieser Situation jedoch gelinge, ergänzt sie sodann, liebend auf Gott hin ausgerichtet zu bleiben, gelange der Mensch in die göttliche Gegenwart. Er werde – bildlich gesprochen – durch die ›Schicksalsschläge‹ des Unglücks gleichsam mit Nägeln an ein Kreuz geschlagen, wobei die Nagelspitze ein Loch in die Abschirmung schlage, die Gott und Mensch voneinander trenne.[36]

Aber auch in diese schlussendliche Erfahrung von Gottesgegenwart selbst zeichnet sie eine Brechung ein: Ungeachtet der genannten Freude werde keine Tröstung erfahren, dem Unglück nichts von seiner »entsetzlichen Bitternis« genommen und werden die »Verstümmelungen der Seele« nicht geheilt.[37]

An dieser Stelle wäre *mehr* jedoch m.E. wirklich *mehr*. Weil verharrt im Leid, denkt das Kreuz ohne Auferstehung: »Und wenn das Evangelium jede Erwähnung der Auferstehung Christi wegließe, wäre der Glaube für mich einfacher. Das Kreuz allein genügt mir.«[38] Allerdings scheint sie selbst den ›Mangel an Mehr‹ an diesem Punkt bisweilen wahrzunehmen – wenn auch nicht im Selbstbezug, sondern ausschließlich beim Anblick des Unglücks anderer. So schreibt sie dem befreundeten Pater Jean-Marie Perrin, dass es nur eine Gelegenheit gebe, bei der ihr die Gewissheit fast abhanden komme, dass die Schöpfung *in allem* Ausdruck göttlicher Liebe sei. »Das ist der Kontakt mit dem Unglück der anderen. [...] Dieser Kontakt ist für mich derartig quälend,

---

[34] Vgl. a.a.O., 363: »L'extrême malheur seul apporte pleinement la souffrance rédemptrice. Il faut donc qu'il soit pour que la créature puisse se dé-créer. Mais il faut le subir malgré soi, il faut avoir supplié de ne pas avoir à le subir.«

[35] Weil, L'amour de Dieu et le malheur, 359; dt. Übersetzung zit. nach Simone Weil, Die Gottesliebe und das Unglück [*L'amour de Dieu et le malheur*], in: Dies., Das Unglück und die Gottesliebe [*Attente de Dieu*], übers. von Friedhelm Kemp, München [2]1961, 110–134, hier 133 [»L'extrême malheur, qui est à la fois douleur physique, détresse de l'âme et dégradation sociale, [...] est une merveille de la technique divine. [...] L'homme à qui pareille chose arrive, [...] se débat comme un papillon qu'on épingle vivant sur un album«].

[36] Vgl. ebd.

[37] Simone Weil, Lettre à Père Perrin. 6. Dernières pensées [De Casablanca, 26 mai 1942)], in: Dies., Attente de Dieu, Paris 1966, 68–84; hier: 70 [»La connaissance de cette présence de Dieu ne console pas, n'ôte rien à l'affreuse amertume du malheur, ne guérit pas la mutilation de l'âme«].

[38] Simone Weil, Lettre à un religieux, Paris 1951, 58 [»Et si l'Evangile omettait toute mention de la résurrection du Christ, la foi me serait plus facile. La Croix seule me suffit«].

zerreißt mir derartig die Seele in Stücke, dass die Liebe Gottes für mich von Zeit zu Zeit fast unmöglich wird. Es fehlt nicht viel, dass ich sage unmöglich.«[39]

Zugegeben: Den voranstehenden Ausführungen liegt eine Zusammenstellung von Grenz- und Spitzenaussagen aus den Kontexten zugrunde, in denen *dé-création* bei Weil Erwähnung findet, aber diese zeigen doch eine Stoßrichtung, die dem Konzept inne ist: Auch *dé-création* ist Passion, und das – wie die gewählten Bilder zeigen – in beachtlichem Ausmaß. Ja, mehr noch: Es stellt sich m.E. die Frage, ob Weil das Missverständnis, es handle sich um ein suizidales Unterfangen, nicht durch die Bilder, die sie verwendet, selbst hervorruft – auch wenn sie zugleich eine *schöpferische Komponente* des Verzichts in der *dé-création* benennt.

## 3. DÉ-CRÉATION ALS CO-CRÉATION

Deutlich wurde schon, dass die ›Ich-Reduktion‹ auf ein Mehr an Gottespräsenz abzielt. Die ›Reduktion‹ lässt sich demnach fassen als eine Art ›Raumgabe‹. Ziel ist eine weitestmögliche Disponibilität des Menschen – u.a. für den göttlichen Geist. Umgangssprachlich formuliert: Sämtliche aus dem Ego und seinen Bestrebungen resultierende Handlungen, Gedanken und Imaginationen sollen stillgestellt werden, Egozentrik und Selbstbezogenheit einer Haltung des Sich-Zur-Disposition-Stellens weichen. Diese von Weil skizzierte Disponibilität wirkt sich jedoch nicht nur auf das Gott-Mensch-Verhältnis aus, sondern auch auf die zwischenmenschlichen Beziehungen, wie sie mehrfach ausführt. Hier gilt ebenfalls, dass egozentrische Bestrebungen oder Projektionen zugunsten einer Raumgabe für das Gegenüber in seiner Eigenheit stillgestellt werden sollen. Das Ziel: Der andere tritt als anderer und um seiner selbst willen in den Blick: »Gerechtigkeit. Kontinuierlich bereit sein zuzugeben, dass ein anderer etwas anderes ist, als man in ihm liest [d.h. wahrnimmt, N.H.], wenn er da ist […]. Jedes Wesen schreit stumm danach, anders gelesen zu werden. Diesen Schreien gegenüber nicht taub sein.«[40] In der Empfänglichkeit für jene Schreie klingt besagte Disponibilität an. Weil setzt diese nun wiederum zur *dé-création* in Beziehung - und das in einer Weise, die sich metaphorisch folgendermaßen umschreiben lässt: Für sie heißt zum anderen hin-sehen von sich selbst ab-sehen.

Bereits zutage trat, dass Weil die *création* als Ausdruck göttlicher *Liebe* interpretiert, und so verwundert es kaum, dass die hier umschriebene dekreative Dynamik ins Zentrum ihres Verständnisses von Nächsten-*liebe* weist. In ihren

---

[39] WEIL, Lettre à Père Perrin [26 mai 1942], 72 [»C'est le contact avec le malheur d'autrui. […] Ce contact me fait si atrocement mal, me déchire tellement l'âme de part en part, que l'amour de Dieu m'en devient quelque temps presque impossible. Il s'en faut de bien peu que je ne dise impossible«].

[40] WEIL, Cahiers, OC VI/1, 319 [»Justice. Être continuellement prêt à admettre qu'un autre est autre chose que ce qu'on lit quand il est là […]. Chaque être crie en silence pour être lu autrement. Ne pas être sourd à ces cris«].

Versuchen, den Zusammenhang zu erläutern, umkreist Weil immer wieder auch die Beispielerzählung vom Barmherzigen Samariter – hier eine Art Collage ihrer Aussagen: »Die Unglücklichen bedürfen keines anderen Dinges in dieser Welt als solcher Menschen, die fähig sind, ihnen ihre Aufmerksamkeit zuzuwenden.«[41] »Die Menschheit existiert nicht in diesem leblosen anonymen Fleisch am Rande der Straße. Der Samariter, der innehält und schaut, wendet dieser abwesenden Menschheit seine Aufmerksamkeit zu«.[42] »Wer diejenigen, die das Kräfteverhältnis weit unter ihn stellt, als seinesgleichen behandelt, macht ihnen wahrhaft das Menschsein, dessen das Schicksal sie beraubte, zum Geschenk. Soweit dies einem Geschöpf möglich ist, wiederholt es hinsichtlich ihrer die zeugende Großmut des Schöpfers.«[43] »Diese Aufmerksamkeit ist *schöpferisch*. Denn in dem Augenblick, da sie geschieht, ist sie *Verzicht*. [...] Der Mensch willigt in eine Minderung ein, indem er sich für einen Kraftaufwand sammelt, der seine Macht nicht erweitern wird, der nur ein von ihm unterschiedenes [...] Wesen im Dasein erhält.«[44]

Die Pointe: Ebenso wie die *création* Liebe ist, so ist die Nächstenliebe *création* – oder genauer: eine Imitation des göttlichen Verzichts im Schöpfungshandeln. Diese Skizze mag einen ersten Eindruck davon vermitteln, inwiefern Weil *dé-création* auch als *co-création* zu denken vermag.

## 4. DÉ-CRÉATION UND ASKETISCHER LEBENSSTIL

Doch eine Frage bleibt noch: Wie verhält sich diese Rede von ›Verzicht‹ zu Weils ›asketischem Lebensstil‹? Steht beides miteinander in Zusammenhang

---

41 SIMONE WEIL, Réflexion sur le bon usage des études scolaires en vue de l'amour de Dieu, in: DIES., Écrits de Marseille (1940–1942). Philosophie, science, religion, questions politiques et sociales, Œuvres complètes IV/1, hrsg. von ANDRÉ A. DEVAUX/FLORENCE DE LUSSY, Paris 2008, 255–262, hier 262; dt. Übersetzung zit. nach SIMONE WEIL, Betrachtungen über den rechten Gebrauch des Schulunterrichts und des Studiums im Hinblick auf die Gottesliebe *[Réflexion sur le bon usage des études scolaires en vue de l'amour de Dieu]*, in: DIES., Das Unglück und die Gottesliebe [*Attente de Dieu*], übers. von Friedhelm Kemp, München [2]1961, 95–109; hier: 107 [»Les malheureux n'ont pas besoin d'autre chose en ce monde que d'hommes capables de faire attention à eux«].

42 WEIL, Formes, 293; dt. Übersetzung zit. nach WEIL, Formen, 149f. [»L'humanité n'existe pas dans la chair anonyme inerte au bord de la route. Le Samaritain qui s'arrête et regarde fait pourtant attention à cette humanité absente«].

43 WEIL, Formes, 290; dt. Übersetzung zit. nach WEIL, Formen, 143 [»Celui qui traite en égaux ceux que le rapport des forces met loin au-dessous de lui leur fait véritablement don de la qualité d'êtres humains dont le sort les privait. Autant qu'il est possible à une créature, il reproduit à leur égard la générosité originelle du Créateur«].

44 WEIL, Formes, 292; dt. Übersetzung zit. nach WEIL, Formen, 147 [Markierung N.H.] [»Cette attention est créatrice. Mais au moment où elle s'opère elle est renoncement. [...] L'homme accepte une diminution en se concentrant pour une dépense d'énergie qui n'étendra pas son pouvoir, qui fera seulement exister un être autre que lui, indépendant de lui«].

oder verläuft die hier umrissene Debatte völlig quer zu anderen Diskursen um ›asketischen Lebensstil‹?

Die Ausführungen legen einen Zusammenhang nahe. *Dé-création* als ›Zerstörung der Macht, ich zu sagen‹ manifestiert sich kaum im Verzicht auf den Gebrauch des Personalpronomens der ersten Person Singular Nominativ im eigenen Sprechen. Der Verzicht bedarf der *Einübung*, der *konkreten Ausdrucks- und symbolischen Repräsentationsformen*. Und von hier aus ist der Schritt zu Weils asketischem Lebensstil dann nur noch ein kleiner: Hunger, Durst und Sexualität deutet sie als »eine Ausrichtung des Körpers auf die Zukunft hin«[45] sowie als Zeichen einer »Verhaftung« des Menschen samt seines ›Ichs‹ in dieser Welt.[46] Verzicht auf die ›materiellen Güter‹ hingegen sei »Loslösung«.[47] In ihm tritt die eigene Endlichkeit ins menschliche Bewusstsein. »Die Loslösung ist eine Art Tod«,[48] notiert Weil. Damit wiederum eignet sie sich dazu, die Akzeptanz eigener Endlichkeit und die Einwilligung in besagte Minderung zum Ausdruck zu bringen, ja sogar dazu, symbolisch Verzicht auf die eigene Zukunft zu leisten. Ob dieser Verzicht bei Weil selbst dann letztlich mehr als nur symbolisch war, ist eine offene Frage, die hier nicht beantwortet werden kann und soll.

Stattdessen gilt es, den Blick abschließend noch einmal auf die religionsphilosophischen Pointen zu lenken. Verzicht, wie Weil ihn in Gestalt der *dé-création* reflektiert, präsentiert sich als in sich spannungsvoll: Er ist schöpferisch und Passion gleichermaßen, er birgt destruktives und kreatives Potenzial in sich. Asketischer Lebensstil wird zum Ausdruck nicht nur eines Menschenbildes, sondern auch und v.a. eines Gottesbildes: Verzicht ist für Weil maßgeblich Nachahmung göttlichen Schöpfungshandelns, was eine immense religionsphilosophische Würdigung des Phänomens ›Verzicht‹ impliziert. Dieser Gedanke der Würdigung lässt sich noch weiter ausziehen, denn: Die Wahl der Deutungskategorie ›Verzicht‹ für das göttliche Schöpfungshandeln entbehrte jedweder Plausibilität, wäre Verzicht lebensweltlich für Weil nicht in der genannten Weise erfahrbar – als schöpferisch und leidvoll gleichermaßen. Auch in dieser Hinsicht wirft somit die Debatte um die *dé-création* Licht auf ihren asketischen Lebensstil: Sie spiegelt rück, wie Weil Verzicht erlebt und welches Potenzial ihm ihres Erachtens innewohnt.

## 5. GRENZZIEHUNG

Die Dynamik eines ›Weniger ist Mehr‹ ist dem Konzept der *dé-création* explizit eingeschrieben, wie deutlich wurde. Weil benennt u.a. ein Mehr an Gottesnähe, Seinsfülle und Nächstenliebe, die mit jener Ich-Reduktion einhergehen – und doch erscheint ihr ›Mehr‹ bisweilen noch als ein wenig zu wenig. Oder

---

45 WEIL, Cahiers, OC VI/4, 125 [»une orientation du corps vers l'avenir«].

46 A.a.O., 219.221.336 [»attachement«].

47 A.a.O., 125 [»détachement«].

48 Ebd. [»Le détachement est une mort«].

andersherum gewendet: Das in ihren Spitzenaussagen vorausgesetzte Höchstmaß an zur *dé-création* erforderlichem Leiden führt vor Augen, dass die paradoxe Dynamik eines ›Weniger ist mehr‹ wohl austariert sein will, und fordert zur Grenzziehung heraus: Weniger ist mehr - aber für ›zu wenig‹ gilt das nicht. ›Zu wenig‹ droht ins Nichts zu kippen – und auf der Schwelle zum Nicht-Sein ist nicht gut Sein.

## Literatur


Bachmann, Ingeborg, Das Unglück und die Gottesliebe – Der Weg Simone Weils in: Dies., Gesammelte Werke IV, München/Zürich 1978, 128–155.

Beyer, Dorothee, Sinn und Genese des Begriffs ›Décréation‹ bei Simone Weil, Altenberge 1992.

Kühn, Rolf, Leere und Aufmerksamkeit. Studien zum Offenbarungsdenken Simone Weils, Dresden 2014.

– Deuten als Entwerden, Freiburg im Breisgau u.a. 1989.

Macho, Thomas/Thein, Helen, Nachwort, in: Weil, Simone, Anmerkungen zur generellen Abschaffung der politischen Parteien, Zürich/Berlin 2009, 37–48.

Pétrement, Simone, Simone Weil. Ein Leben gibt zu denken [*La vie de Simone Weil*], übers. von Ellen D. Fischer, Leipzig 2007.

Sontag, Susan, Simone Weil, in: Dies., Against Interpretation and Other Essays, London 1967, 49–51.

Weil, Simone, Lettre à Selma et Bernard Weil [4 août 1943], in: Dies., Œuvres complètes VII/1: Correspondance familiale, hrsg. von Robert Chenavier/André A. Devaux/Florence de Lussy, Paris 2012, 301–304.

– Formes de l'amour implicite de Dieu, in: Dies., Écrits de Marseille (1940–1942). Philosophie, science, religion, questions politiques et sociales, Œuvres complètes, Bd. IV/1, hrsg. von André A. Devaux/Florence de Lussy, Paris 2008, 285–336.

– L'amour de Dieu et le malheur, in: Dies., Écrits de Marseille (1940–1942). Philosophie, science, religion, questions politiques et sociales, Œuvres complètes, Bd. IV/1, hrsg. von André A. Devaux/Florence de Lussy, Paris 2008, 346–374.

– Réflexion sur le bon usage des études scolaires en vue de l'amour de Dieu, in: Dies., Écrits de Marseille (1940–1942). Philosophie, science, religion, questions politiques et sociales, Œuvres complètes IV/1, hrsg. von André A. Devaux/Florence de Lussy, Paris 2008, 255–262.

– Cahiers (juillet 1942–juillet 1943). La connaissance surnaturelle (Cahiers de New York et de Londres), Œuvres complètes, Bd. VI/4, hrsg. von André A. Devaux/Florence de Lussy, Paris 2006.

– Cahiers (février 1942–juin 1942). La porte du transcendant, Œuvres complètes, Bd. VI/3, hrsg. von André A. Devaux/Florence de Lussy, Paris 2002.

– Brief an Joë Bousquet (12. Mai 1942), in: Dies., Zeugnis für das Gute. Spiritualität einer Philosophin, hg. und übers. von Friedhelm Kemp, Zürich/Düsseldorf 1998, 139–148.

– Cahiers (septembre 1941–février 1942). La science et l'impensable, Œuvres complètes, Bd. VI/2, hrsg. von André A. Devaux/Florence de Lussy, Paris 1997.

– Fabriktagebuch und andere Schriften zum Industriesystem [*La condition ouvrière*], übers. von Heinz Abosch, Frankfurt a.M. 1978.

– Lettre à Père Perrin. 6. Dernières pensées [De Casablanca, 26 mai 1942)], in: DIES., Attente de Dieu, Paris 1966, 68–84.

– Betrachtungen über den rechten Gebrauch des Schulunterrichts und des Studiums im Hinblick auf die Gottesliebe [*Réflexion sur le bon usage des études scolaires en vue de l'amour de Dieu*], in: DIES., Das Unglück und die Gottesliebe [*Attente de Dieu*], übers. von FRIEDHELM KEMP, München $^{2}$1961, 95–109.

– Formen der impliziten Gottesliebe [*Formes de l'amour implicite de Dieu*], in: DIES., Das Unglück und die Gottesliebe [*Attente de Dieu*], übers. von FRIEDHELM KEMP, München $^{2}$1961, 135–234.

– Die Gottesliebe und das Unglück [*L'amour de Dieu et le malheur*], in: DIES., Das Unglück und die Gottesliebe [*Attente de Dieu*], übers. von FRIEDHELM KEMP, München $^{2}$1961, 110–134.

– Lettre à un religieux, Paris 1951.

# Christliche Askese in Indien*

*Pearly Usha Walter*

## 1. Einleitung

In der modernen Forschung ist häufig davon die Rede, dass Askese ein Eckpfeiler der indischen Religionen sei.[1] Askese wird oft als Lebensweise beschrieben, die sich durch die Entsagung von weltlichen Genüssen auszeichnet und mit der Verfolgung spiritueller Ziele einhergeht. In vielen Religionen Indiens wie dem Hinduismus, Buddhismus, Jainismus, Christentum und Islam werden Einschränkungen des körperlichen, sprachlichen und mentalen Handelns positiv betrachtet. Askese in religiösen Zusammenhängen ließe sich definieren als freiwilliges, kontinuierliches und zumindest teilweise systematisches Programm von Selbstdisziplin und Selbstkasteiung, bei dem zur Erreichung eines höheren spirituellen Zustands auf unmittelbare sinnliche oder weltliche Freuden verzichtet wird.[2] Andererseits kann Askese in einer konsumorientierten Gesellschaft auch als Lebensweise verstanden werden, die durch eine Einschränkung des Konsums und größere Bescheidenheit geprägt ist. Wer heute im gesellschaftlichen Trend liegen will, schafft sich ständig die neuesten Ausrüstungen und Gerätschaften an und passt sich dem neuesten Lebensstil an. Die meisten Menschen versuchen, ihren Status durch aufwendigeren Konsum zu zeigen. Eine Form der Askese kann hier in der Selbstbeschränkung liegen: Ganz normale Menschen entscheiden sich für eine Lebenspraxis, bei der sie lernen, mit weniger glücklicher zu sein.

Geschichtlich gesehen besteht hier allerdings in den Religionen Indiens ein Konflikt zwischen weltentsagenden und weltbejahenden Weltanschauungen.[3] In diesem Beitrag sollen die verschiedenen Faktoren untersucht werden, die der christlichen Askese im indischen Kontext in Glauben und Praxis zugrundeliegen. Auch wenn Askese zur christlichen Tradition gehört, ist die christliche Askese in Indien in hohem Maße von hinduistischen Vorstellungen beeinflusst, weil der Hinduismus in Indien die prägende Religion ist. Ein kur-

---

* Dieser Beitrag wurde von Prof. Dr. Gerlinde Baumann aus dem Englischen übersetzt.

1 Vgl. Louis Dumont, World Renunciation in Indian Religions, in: Contributions to Indian Sociology 4 (1960), 33–62.

2 Vgl. Walter O. Kaelber, Art. Asceticism, in: Mircea Eliade (Ed.), The Encyclopedia of Religion, New York 1987, 441–445.

3 Vgl. Jan C. Heesterman, The Inner Conflict of the Traditions. Essays in Indian Rituals, Kingship and Society, Chicago/London 1985.

zer Blick auf das hinduistische Konzept der Askese ermöglicht ein besseres Verständnis des christlich-asketischen Lebens in Indien. Ihrem Glauben nach ist christliche Askese in Indien durch und durch christlich, doch hinsichtlich der Lebenspraxis ist sie hinduistisch. Darüber hinaus lautet eine der Thesen dieses Beitrags, dass bei den asketischen Praktiken Indiens implizit auch das inhumane Kastensystem eine Rolle spielt. In diesem Beitrag wird Askese als Ausgangspunkt verstanden und mögliche weltanschauliche Implikationen werden im Blick behalten. Meine These lautet, dass asketische Praktiken einem rigiden Kastensystem den Weg bereitet haben, das in jede Form religiösen Denkens und damit auch in das Christentum Eingang gefunden hat.

## 2. Askese unter indischen evangelischen Christen und Christinnen

Im Christentum werden alle Formen der Askese wie etwa Fasten, Keuschheit, Armut, Selbstkasteiung und die Absonderung von anderen praktiziert. Anders als im Katholizismus wird die Askese im Protestantismus nicht eigentlich im Unterricht gelehrt oder vorbildhaft gelebt. Trotzdem hängen evangelische Christen und Christinnen in Indien immer noch einigen Lebensweisen an, die mit Entsagungen verbunden sind. Wer heute christlich und asketisch lebt, tut dies unter Berufung auf Bibelstellen wie Mt 10,28 und 1Kor 9,27 und schränkt sich in unterschiedlicher Weise ein. Manche Menschen entscheiden sich für das Zölibat. Andere unterziehen sich strengen religiösen Praktiken wie etwa Meditation, Schlafentzug und Fasten, und sie verzichten auf Alkoholgenuss und das Rauchen. Manchmal wird zu solchen entsagungsvollen Lebensweisen angehalten, da sie als Zeichen eines gottgeweihten Lebens gelten.

Das Gebet gilt als wichtigstes Mittel zur Erlangung der Vollkommenheit; bestimmte, von der Kirche anerkannte Andachtsformen und der sakramentale Weg der Heiligung sind in besonderer Weise mit dem Streben nach Vollkommenheit verbunden (häufige Beichte und Kommunion). Die Selbstkasteiung ist eine weitere asketische Praxis (vgl. Mt 16,24-25); Selbstkasteiung und das Tragen des Kreuzes gelten als Vorbedingungen für die Jüngerschaft Jesu (Mt 10,38; 16,24; Mk 8,34; Lk 9,23; 14,27). Christus selbst empfiehlt das Fasten durch sein eigenes Vorbild (Mt 4,2) und indem er diese Praxis in seinen Ermahnungen erwähnt (Mt 17,20; Mk 9,28). Traditionelle christlich-asketische Praktiken werden mit neutestamentlichen Texten verknüpft, ohne dass diese Praktiken dort explizit beschrieben würden.[4] In der traditionellen, von den Missionaren

[4] Vgl. z.B. die Erzählung von der Heilung des mondsüchtigen Jungen in Mk 9,14-18; Mt 17,14–21. Die Jüngerinnen und Jünger fragen, warum es ihnen nicht gelang, den Dämon selbst auszutreiben. Die Antwort Jesu lautet in einer Reihe von antiken Handschriften zu diesen Stellen: »Diese Art (von Dämonen) kann nur durch Gebet und Fasten ausgetrieben werden«. Weil der Vers Mt 17,21 und der Ausdruck »und Fasten« in Mk 9,29 nur von einigen Handschriften gelesen wird, wird er in der aktuellen Text-

vermittelten Theologie werden die Evangelien mit jüngeren asketischen Traditionen durch die Schaffung abstrakter Kategorien verknüpft, die beides umfassen.[5] Unter ordinierten wie nichtordinierten Protestantinnen und Protestanten sind Enthaltsamkeit und Fasten die mit Abstand am häufigsten geübten asketischen Praktiken. Die wichtigste Fastenzeit des Kirchenjahres ist die Passionszeit, die vierzig Tage vor Ostern.

Meist wird auf das Essen von Fleisch, den Alkoholgenuss und das Rauchen verzichtet. Andere Bräuche sind die sexuelle Enthaltsamkeit und der Verzicht auf die Teilnahme an jeglicher Art von Feiern und Vergnügungen. In christlichen Kreisen gelten Ehen als glücklos und unheilig, die während der Passionszeit geschlossen werden. Frauen verzichten darauf, sich besonders mit Juwelen oder Blumen zu schmücken. Das während der Passionszeit gesparte Geld wird gesammelt und am Karfreitagsgottesdienst in der Kirche als Selbstkasteiungs-Kollekte gespendet. Zur Selbstprüfung und Selbsterkenntnis werden besondere Gebete gesprochen und Gottesdienste gehalten. In den Gebeten und Meditationen geht es vor allem um Sünde und Erlösung.[6]

Allgemein gesprochen gibt es zwei Formen des christlichen Mönchtums,[7] nämlich einerseits das eremitische oder abgesonderte mit dem völligen Rückzug aus der Gesellschaft und andererseits das koinobitische, gemeinschaftliche, das in Indien vor allem in den Städten anzutreffen ist. Beides findet sich in Indien bei katholischen Priestern sowie Mönchen und Nonnen unterschiedlicher Orden. Die gängigste Form ist das koinobitische Leben, bei dem die Einzelnen sich zu Gemeinschaften zusammenschließen. Während die meisten Mönche und Nonnen asketisch leben, müssen asketisch lebende Menschen nicht zwangsläufig Mönche oder Nonnen sein. Im Hinduismus wie auch im Christentum bezeichnet man Asketen und Asketinnen allgemein als Sadhus oder Swamis.

## 2.1 Der Einfluss der hinduistischen (brahmanischen) Askese auf das Christentum

In Indien gelten die brahmanischen Bräuche und Vorstellungen oft als Maßstab, den andere imitieren und dem sie nacheifern. Die hinduistische Askese hat das Leben und die Kultur der indischen Christinnen und Christen in hohem Maße geprägt. Die meisten christlich-asketischen Praktiken ähneln dabei

rekonstruktion des ältesten Textes und damit in vielen deutschsprachigen Übersetzungen ausgelassen. Die Entscheidung ist möglich, aber durchaus nicht sicher, denn beides wird auch von einer Reihe sehr alter Handschriften geboten. In den in Indien gebräuchlichen Übersetzungen wird in beiden Versen von Fasten im Kontext der Dämonenaustreibung gesprochen.

5 Vgl. Anthony J. Saldarini, Asceticism in the Gospel of Matthew, in: Leif. E. Vaage/Vincent L. Wimbush (Eds.), Asceticism and the New Testament, New York 1999, 12.

6 Vgl. die liturgischen Gebete in: Church of South India, Book of Common Worship, Chennai 2006.

7 Vgl. den Artikel Monasticism, in: E.A. Livingstone (Ed.), The Concise Oxford Dictionary of the Christian Church, Oxford ³2013, 376–377.

hinduistisch-asketischen Formen. Die christliche Aneignung solcher Formen im Rahmen von Inkulturationsbemühungen birgt Vor- und Nachteile. Eine strenge Form der Askese, bei der sich die Anlehnung christlicher Asketen und Asketinnen an hinduistische Formen deutlich zeigt, ist die Imitation hinduistischer Sadhus und die Bildung einer eigenen christlichen Aschram-Bewegung nach dem Vorbild der hinduistischen. In Indien ist ein Aschram ein Zentrum spirituellen Rückzugs, das geweihten und nichtgeweihten Gläubigen offen steht und in dessen Mittelpunkt meist ein Guru oder eine autoritative Lehrperson steht. Christliche Aschrams sind in Anlehnung an die hinduistischen Tempel gestaltet.[8] Beispiele hierfür sind der Shanthivanam-Aschram oder der Sachidanandha-Aschram nahe der Stadt Trichy. Christliche Sadhus üben sich in Meditation und Yoga. Weil das Bemühen um Inkulturation immer stärker wird, besinnen sich indische Christen und Christinnen bei der Entwicklung eines einheimischen indischen Christentums immer mehr auf ihr indisches spirituelles Erbe.[9] So gibt es beispielsweise in hinduistischen Aschrams einen Guru, während in christlichen Aschrams Christus als der Guru gilt. Auch die im christlichen Aschram lebenden Menschen heben sich von anderen durch das Tragen der Khadi- oder safrangelben Kleidung ab.

Die negativste Anschauung, die sich zusammen mit diesen Praktiken verbreitet hat, ist die in übler Weise diskriminierende Ideologie der Unterscheidung nach Kasten. Das Kastenwesen bildet bis heute die Grundlage aller Diskriminierung und Ausbeutung in Indien. Um zu erkennen, wie asketische Praktiken zur Beibehaltung der Kastenhierarchie beitragen und das christliche Denken auch weiterhin bestimmen, hilft ein Blick auf das hinduistische Verständnis der Askese.

## 2.2 Christliche Sadhus und der Einfluss des Hinduismus

Es ist zunächst festzuhalten, dass fast alle christlichen Sadhus in Indien der dominanten Kaste der Brahmanen angehören. Sie folgen meist bestimmten hinduistischen oder brahmanischen Bräuchen und behalten ihre Kastenidentität bei, wenn sie beispielsweise hinduistische Titel wie Sadhu, Shasthriyar oder Bhagavathar annehmen.

Auch kleiden sich christliche Sadhus wie Hindu-Sadhus in safrangelbe Gewänder, und ihre Aschrams orientieren sich an Hindu-Aschrams. Der Aschram ist eine hinduistische Weise religiösen Lebens, die sich vor allem dadurch auszeichnet, dass jeder Mensch mit Hilfe kontemplativer Spiritualität in sich selbst nach Gott sucht. Die Form des Aschrams hat das indische Christentum im 20. Jahrhundert beeinflusst. In einem bestimmten Zweig des indischen Christentums werden Schriften der Vedanta-Philosophie gelesen, und es wird

---

[8] Vgl. Catherine Cornille, The Guru in Indian Catholicism. Ambiguity or Opportunity of Inculturation?, Leuven 1991; sowie Vandana, Gurus, Ashrams and Christians, Bangalore 2004.

[9] Vgl. Bede Griffiths, Christian Ashram. Essays Towards a Hindu-Christian Dialogue, London 1966.

versucht, den christlichen Glauben mit dem Aschram-Modell des Hinduismus zu kombinieren, sowie das christliche Ordensleben mit der hinduistischen Sanyasi-Tradition.[10]

In der Sicht des Hinduismus[11] gibt es vier Stadien oder Phasen im Leben. Diese werden als ›Aschramas‹[12] bezeichnet, und idealerweise sollte jeder Mann jedes dieser Stadien durchlaufen: das erste Aschrama wird ›brahmacarya‹ genannt und ist die Phase des Studiums, das zweite Aschrama heißt ›grihastha‹ und bezeichnet die Phase des Haushalters (›Vaterschaft‹), das dritte, ›vanaprastha‹, ist die Stufe der Einsiedelei (und/oder des Pilgerdaseins), und das vierte, ›sannyasa‹ ist die Stufe des wandernden Asketen (Sadhus) und Heiligen.[13]

Diese vierte Phase im Leben von Hindus ist für die meisten Menschen nicht praktikabel. Dennoch gehen mehrere Millionen Menschen den Weg des Sadhus. Sie widmen sich durch Meditation und Yoga gänzlich dem Erreichen des Moksha (der Befreiung), dem vierten und letzten Stadium des Aschrama und tragen häufig safrangelbe Gewänder, die ihr Sannyasa (die Entsagung) zum Ausdruck bringen. Es gibt eine Vielzahl von Lebensweisen, mit denen die Abkehr vom weltlichen Leben und die Hinwendung zum spirituellen Leben zum Ausdruck gebracht werden kann.[14] Auch Frauen können seit einiger Zeit

---

[10] Vgl. Paul Pattathu, Ashram Spirituality. A Search into the Christian Ashram Movement Against its Hindu Background, Indore 1997.

[11] In diesem Beitrag wird Hinduismus als Brahmanismus verstanden. Die Brahmanen stellen in der Kastenhierarchie die dominante Gruppe dar; sie befinden sich an der Spitze der Rangfolge. Brahmanische Vorstellungen spielen im hinduistischen Denken eine große Rolle und sind im Hinduismus insgesamt überall präsent.

[12] Mit ›Aschrama‹ werden sowohl die vier Stadien des idealen Lebens bezeichnet als auch ein Ort, an dem Enthaltsamkeit geübt wird. Siehe Paul K. Meager, Art. ›Ashrama‹ in: Paul Kevin/Thomas O' Brien (Eds.), Encyclopedic Dictionary of Religion, Washington 1979, 284.

[13] Grundsätzlich zur Bedeutung der Sadhus vgl. Robert Lewis Gross, The Sadhus of India. A Study of Hindu Asceticism, Jaipur 1992.

[14] Sadhus zeichnen sich durch die extremen Formen der Selbstkasteiung aus, die sie gelegentlich praktizieren. Dazu gehören radikale Akte der Hingabe an eine Gottheit oder das Ablegen eines Eides, monate- oder jahrelang ein Bein nicht zu benutzen oder einen Arm in die Luft zu halten. Andere Typen von Asketen sind Sanyasis (Menschen, die Entsagung praktizieren und meist mit anderen zusammen in den Wäldern umherstreifen), Vairagis oder Jangamas (die verfilztes Haar haben und sich die Füße in Ketten legen), Sarevras (die ihr Haupt scheren), Yogis (die Yoga praktizieren), Kesin (›langhaarige‹ Asketen) sowie Munis (›Schweigende‹). Eine weitere asketische Praxis, die Einschränkung der Bewegung, war vor allem unter Hindu-Mönchen verbreitet, die sich in Zellen lebend völlig von der Welt zurückgezogen hatten. Die Einschränkung hinsichtlich des Kontaktes zu Menschen gipfelt darin, alleine in einer Höhle im Himalaya zu leben. Auch gibt es viele Formen der Askese, bei der sich Menschen Schmerzen zufügen. Ein verbreiteter Brauch bestand darin, sich Übungen zu unterziehen, die zu körperlicher Erschöpfung oder Schmerzen führen. Ähnliche Erfahrungen lassen sich dadurch machen, dass man sich Hitze oder Kälte aussetzt. Die indischen Hindu-Fakire (Asketen) liefern auch bemerkenswerte Beispiele für solch schmerzhafte

nach ihrer Menopause ›Sadhus‹ werden; die weibliche Form des Wortes lautet Sadhvi.

In den hinduistischen Schriften gibt es mehrere Ausdrücke für Asketen, von denen Sadhu einer ist. Welche Art der Askese praktiziert wird, kann von Sekte zu Sekte und auch von Mensch zu Mensch verschieden sein. Derzeit gibt es in Indien etwa 4–5 Millionen Sadhus. Sie sind aufgrund ihrer Heiligkeit hochgeachtet, manchmal aber auch wegen ihrer Flüche gefürchtet. Da die Sadhus als nützlich für die Gesellschaft gelten, werden sie von vielen Menschen durch Gaben unterstützt.

Dabei haben Sadhus allerdings nicht zu allen Zeiten in Indien Verehrung genossen. In der Vergangenheit wie in der Gegenwart begegnet man Sadhus häufig mit einem gewissen Misstrauen, was vor allem für die Städte gilt. Besonders in Städten mit zahlreichen Pilgern geben sich auch schlichte Bettler als Sadhus aus, um ihren Lebensunterhalt zu verdienen.

Es geht bei den Versuchen, das Christentum mit hinduistischen Vorstellungen zu verknüpfen, nicht nur um äußere Aspekte wie Kleidung oder Symbole. Christliche Sadhus aus der Kaste der Brahmanen praktizieren Askese im Namen Jesu. Auch nachdem sie zum Christentum übergetreten sind, haben Menschen aus der dominanten Kaste das inhumane Kastensystem nicht in Frage gestellt, sondern es sogar noch verstärkt. Nun sollen einige prägende Einflüsse, die mit dem Körper und der Gesellschaft verbunden sind, genauer betrachtet werden.

## 3. Askese und gesellschaftlich sanktionierte Rollen

In seinem Artikel »Deconstruction of the Body in Indian Asceticism«[15] stellt Patrick Olivelle fest, dass die Dekonstruktion des Körpers durch die Askese im Hinblick auf die Gesellschaft und gesellschaftlich sanktionierte Rollen und Werte implizite Bedeutungen enthält. Olivelle sieht in der »Schöpfung durch die Askese« eine Dekonstruktion des sozial geschaffenen Körpers. Der menschliche Körper wird als primäres Symbol des sozialen Körpers angesehen, und körperpolitisch eingesetzt. Das körperliche Erscheinungsbild, die Bewegungen und Funktionen – von der Kleidung, dem Haar, der Nahrung und der Toilette bis hin zu Exkrementen, Sexualität und Menstruationsblut – sind allesamt mit kulturell und gesellschaftlich festgelegten Bedeutungen aufgeladen. Dabei konzentriert sich Olivelle bei der asketischen Dekonstruktion des Körpers auf vier Themen, nämlich auf Körper, Sexualität, Nahrung und das Haar.

---

Formen der Askese. Bei einem sehr angesehenen Brauch werden eiserne Gerätschaften wie Gürtel oder Ketten verwendet, die um Hüften, Nacken, Hände oder Füße getragen werden und häufig unter der Kleidung verborgen sind. Zu den schmerzhaften Formen der Askese gehört der Brauch, sich selbst zu ritzen oder auszupeitschen (Flagellation).

15 Patrick Olivelle, Deconstruction of the Body in Indian Asceticism, in: Vincent L. Wimbush/Richard Valantasis (Eds.), Asceticism, New York/Oxford 1995, 188–210.

Als Schöpfung durch die Askese sieht Olivelle – zumindest was die brahmanische Tradition betrifft – die Dekonstruktion des sozial geschaffenen Körpers. In dieser Tradition gilt Askese als Gegenkategorie, die sich mehr durch ihre Negation gesellschaftlicher Strukturen auszeichnet als durch eine eigene Struktur mit eigenen Merkmalen. Man kann nicht generell sagen, dass Christen und Christinnen in Indien sich bestimmten hinduistischen Vorstellungen eng verbunden fühlen. Doch Olivelle führt aus, dass im indischen Christentum bei der Übernahme bestimmter kultureller Praktiken das Kastensystem des Hinduismus gewahrt bleibt.

## 3.1 Der Körper

Der sozialen Wahrnehmung des Körpers zufolge sammelt sich Schmutz vor allem an den äußeren Rändern oder Grenzen des Körpers. Dies gilt insbesondere für die Körperöffnungen, bei der das Innere des Körpers auf das Äußere trifft, indem Exkremente und Flüssigkeiten ausgeschieden werden und Dinge von außen wie vor allem Nahrung und Wasser in den Körper hineinkommen können. In den Ritualen und der Ethik der brahmanischen Tradition hat die Wahrung der Reinheit des Körpers eine große Bedeutung. Die Körpergrenzen sind mit Furcht (über das, was hinein- und herauskommt) konnotiert, und die Sorge um die Reinheit des Körpers steigert die Bedrohung der Integrität des sozialen Körpers. Diese Besorgnis hat sich auch anderer Kasten in Indien bemächtigt.[16]

Deshalb gibt es detaillierte Vorschriften, wie sich körperliche Reinheit bewahren lässt: wann und wie man baden soll, wie man sich nach dem Essen, nach der Darmentleerung und dem Urinieren, dem Geschlechtsverkehr und der Menstruation oder der Berührung von unreinen Menschen oder Dingen reinigt, was man essen darf und von wem Nahrung entgegengenommen werden darf, mit wem man sexuellen, gesellschaftlichen oder körperlichen Kontakt haben darf und so weiter. Dem asketischen Diskurs zufolge ist der Körper ständig von Unreinheit bedroht; er ist zutiefst unrein und die Quelle aller Verunreinigung. Das folgende asketische Gebet zeigt, dass der Körper wertlos ist:

> »Herr, dieser Körper ist nur durch Geschlechtsverkehr entstanden und bar jeden Bewusstseins; er ist wirklich eine Hölle. Er ist durch die Harnröhre zur Welt gekommen, aus Knochen gebaut, mit Fleisch überzogen und mit Haut bedeckt. Er ist mit Fäkalien, Urin, Blähungen, Galle, Schleim, Mark, Fett, Serum und vielen anderen Arten von Schmutz angefüllt. In einem solchen Körper lebe ich.«[17]

### *3.1.1 Körperpolitik*

Die Parallele zwischen dem Körper und einem Haus ist sowohl für die Dekonstruktion des Körpers als auch die des Hauses von Interesse. Die Verknüpfung zwischen den Bildern des Hauses und des Körpers entstammt der asketischen

---

16 A.a.O., 189.

17 Zitiert in a.a.O., 190.

Tradition. In Südindien wird das Haus heutzutage wie ein Körper wahrgenommen; es besitzt an der Vorderseite einen Mund und ein Gesicht, in der Mitte einen Bauch (die Küche) und auf der Rückseite die Ausscheidungsöffnungen. Die Menschen in Indien achten akribisch darauf, ihre Körper und ihre Häuser rein zu halten. Diese bekannte Verknüpfung ermöglicht es dem asketischen Denken, beides zu dekonstruieren. Der Körper ist ein Haus voller Schmutz, und das Haus selbst ist voller schmutziger Körper und auch noch schmutziger Handlungen, insbesondere Sex. In der indischen Askese-Tradition der wandernden Bettelmönche ist das Haus sehr negativ konnotiert. Deshalb verlassen diese Menschen das Haus. Doch sie haben immer noch ihren sogenannten schmutzigen Körper bei sich, zu dem sie eine intimere Verbindung haben. Deshalb werden die Asketen und Asketinnen darin bestärkt, ihren Körper wie einen Leichnam zu betrachten.[18]

### *3.1.2 Nahrungsmittel*

Nahrungsmittel spielen in der sozio-kulturellen Konstruktion der indischen Wirklichkeit eine zentrale Rolle. Die Regelung und Begrenzung des Austauschs von Nahrung zwischen Menschen bildet eine Grundlage für die soziale Schichtung und die Unterscheidung der Kasten. Die Einstellung von Asketen und Asketinnen gegenüber der Nahrung lässt sich in die Begriffe von Furcht und Ambivalenz fassen, wobei man um möglichst wenig Kontakt mit den vier Bereichen bemüht ist, die mit Nahrungsmitteln zu tun haben und einen erheblichen Aufwand an menschlicher Arbeit erfordern (Herstellung, Lagerung, Zubereitung und Verzehr). Die Asketen und Asketinnen leben von der Großzügigkeit anderer Menschen. Das ist wohl das besondere Kennzeichen der indischen Ausprägung der Askese. Die Regeln für den Austausch von Nahrungsmitteln stellen einen sozialen Code dar, der die hierarchische Ordnung der Kasten stärkt und die Grenzen der Reinheit markiert.[19]

### *3.1.3 Sexualität*

In der Gesellschaft gilt der Sexualakt als unrein. Es herrscht die Überzeugung, dass ein Mann in seiner Frau wiedergeboren wird, wenn er seinen Samen in sie einbringt und sie einen Sohn empfängt. Asketen entwickeln einen regelrechten Hass gegenüber Frauen; diese werden als schlimme Verführerinnen angesehen. So sagt ein Asket über Frauen: »Alkohol macht betrunken, wenn man ihn trinkt; Feuer verbrennt, wenn man es berührt; Schlangen töten, wenn sie beißen, doch Frauen tun all das durch ihren bloßen Anblick.«[20] Ein wichtiger Aspekt der asketischen Dekonstruktion ganz allgemein und insbesondere des weiblichen Körpers besteht darin, dass Körperteile wie die Vagina mit Urin und Kot in Verbindung gebracht werden. Diese Assoziation erzeugt Ge-

---

[18] A.a.O., 192.
[19] A.a.O., 200.
[20] A.a.O., 197.

fühle des Ekels. Der Grund für die Minderwertigkeit von Frauen liegt darin, wie ihre Körper beschaffen sind.[21]

### 3.1.4 *Haar*

Das Haupthaar eines Menschen zeigt an, wie jemand mit der Gesellschaft verbunden ist, und wie er oder sie an den gesellschaftlichen Strukturen partizipiert. Im Gegenzug signalisiert das Rasieren des Haupthaars die Absonderung von der Gesellschaft. In unbewusster Weise ist das Haar auch mit Sexualität verknüpft.[22] Die Absonderung von der Gesellschaft und das Tragen von rasiertem und ungepflegtem Haar besitzen einerseits eine öffentliche Wirkung, andererseits sind sie aber auch mit unbewussten sexuellen Assoziationen verknüpft. Asketen und Asketinnen in Indien tragen ihr Haar entweder komplett abrasiert oder ungepflegt und verfilzt. Bei den hinduistischen, jainistischen und buddhistischen Initiationsriten hat die Tonsur bzw. die Rasur des Haupthaares immer schon eine zentrale Rolle gespielt. Wer im Rahmen von Ritualen rasiert wurde, darf keinen Sex haben.

In christlicher Sicht gilt der Körper einerseits als unrein, doch andererseits ist er auch der Tempel des Heiligen Geistes. Ein Beispiel für Körperpolitik ist es, wenn nach dem Besuch einer Beisetzung ein rituelles Bad genommen wird. Anders als im Hinduismus betteln christliche Asketen und Asketinnen nicht um Nahrung, aber aufgrund des Reinheitskonzeptes weigern sich Christen und Christinnen der dominanten Kasten immer noch, Nahrung von Menschen anzunehmen, die der niedrigsten Kaste angehören. Frauen sollen ihr Haupthaar nie offen tragen, und eine Frau mit ungepflegtem Haar gilt als unmoralisch. Männer dagegen sollen ihr Haar kurz geschnitten tragen. Das gebändigte Haar steht dafür, dass jemand mit dem System gesellschaftlich sanktionierter sexueller Ausdrucksformen konform geht, insbesondere mit und in der Ehe, denn in Indien werden Ehen von den Familien arrangiert, und es ist eminent wichtig, wie eine junge Frau ihr Haar trägt.

## 3.2 Kastendenken und Askese

Die Analyse der Körperpolitik zeigt, dass der Körper in der indischen Kultur und vor allem im Hinduismus weder Liebe noch Fürsorge genießt, und das Christentum macht hier keine Ausnahme. Auf der Grundlage des Konzepts von Reinheit und Unreinheit wird der Körper oft verabscheut, da man meint, er sei Träger unreiner Stoffe. In ähnlicher Weise wird der soziale Körper mit dem leiblichen Körper identifiziert, und Menschen werden aufgrund ihres Berufes diskriminiert. So gilt zum Beispiel ein Straßenkehrer als unberührbar, weil er den Schmutz von der Straße entfernt, und auch ein Gerber, der mit Lederwaren zu tun hat, wird als unrein angesehen. Im indischen Typ der

---

[21] A.a.O., 198–199.

[22] In rituellen Zusammenhängen ist langes Haar gleichbedeutend mit unreglementierter Sexualität, kurzes Haar mit reglementierter Sexualität und abrasiertes Haar mit dem Zölibat.

Askese sollen spirituelle Ziele durch Praktiken der Selbstkasteiung erreicht werden, wobei meines Erachtens in der Gesellschaft eine Kluft zwischen den Kasten und damit ein System der Dominanz geschaffen wird. In Indien führen Praktiken der Enthaltsamkeit häufig zu sozialer Diskriminierung, und Menschen wie Dinge werden als rein oder unrein, geheiligt oder profan, heilig oder sündig angesehen. Kann diese Askese, durch die das System der Diskriminierung aufgrund der Kastenzugehörigkeit verstärkt wird, als wahre Askese gelten? Wie lässt sich Askese anders verstehen?

## 4. ›Säkulare Askese‹ als Gebot der Stunde

Die Darstellung der hinduistisch-brahmanischen Askese sowie der christlichen Askese in den vorangegangenen Abschnitten hat deutlich gezeigt, dass beide in unterschiedlichem Maß von Kastendenken und patriarchalen Vorstellungen durchdrungen sind und zum Teil auch von einer erheblichen Missachtung oder Verachtung natürlicher Lebens- und Körpervorgänge. Der Deutungsrahmen ist die – wiederum unterschiedlich stark ausgeprägte – Vorstellung von Reinheit und Unreinheit, die eine verschwindende Minderheit von ›Reinen‹ erzeugt und eine überwältigende Mehrheit von ›Unreinen‹ unterschiedlicher Abstufungen. Dies hat zur Folge, dass im Zentrum der indischen Form der Askese vor allem der Körper und die Erlösung des einzelnen Menschen stehen, nicht aber das ›gute Leben‹ aller Menschen auf der Erde. Deshalb sind diesem Deutungsrahmen auch die Konzepte von ›Gleichheit‹ und ›Gerechtigkeit‹ fremd, ja sogar irrelevant, weil die Asketen und Asketinnen dem ›Leiden‹ ein Ende machen wollen, indem sie allen denkbaren Begierden aus dem Weg gehen – auch dem Verlangen nach einem ›guten Leben für alle‹.

Auch wenn die Vorstellungen der brahmanischen Askese die Kultur der gesamten indischen Gesellschaft in hohem Maße geprägt haben, lassen sich bei den Ansichten und Zielsetzungen über das Leben und auch bei den konkreten Lebensweisen insbesondere der indischen Ober- und Mittelschicht gravierende Veränderungen beobachten, vor allem seit die Globalisierung die Märkte für Waren und Gedanken geöffnet hat. Die Lebensweise der bessergestellten Menschen Indiens ist extrem am Konsumdenken orientiert und Wohlstand wie Lebenswandel werden demonstrativ und ohne Scheu zur Schau gestellt. Gleichzeitig zeigen alle Überlegungen zu den Themen Ökologie und Gerechtigkeit ganz klar, dass nicht alle Menschen in Indien Zugang zum luxuriösen westlichen Lebensstil haben können (und schon gar nicht alle Menschen weltweit), sondern dass dieser Lebensstil so modifiziert werden muss, dass alle an ihm gleichermaßen Anteil haben können. Menschen der oberen Schichten der indischen Gesellschaft haben mittlerweile einen ›ökologischen Fußabdruck‹, der mit dem durchschnittlichen europäischen vergleichbar ist. Im Zuge des erwarteten Wirtschaftswachstums werden auch die derzeitigen Angehörigen der unteren Mittelschicht versuchen, zu den oberen Schichten aufzuschließen und sich deren Lebensstil zu eigen zu machen. Man muss sich darüber im Klaren sein, dass dies für ganz Indien – und vermutlich für die ganze Welt – katastrophale Folgen haben könnte.

Es stellt sich die Frage, ob in dieser Situation – in der eine neue Ausrichtung der Perspektiven und Weltsichten der (bessergestellten) Inder und Inderinnen vonnöten ist – die traditionelle Form der Askese von Vorteil sein kann, und ob die indischen Christinnen und Christen (oder Kirchen) dabei eine wichtige Rolle spielen könnten. Sind sie bereit, sich dieser Herausforderung zu stellen? Meiner Ansicht nach hängt viel davon ab, ob es gelingt, die Weltsicht dieser Menschen, der Inder und Inderinnen, so zu verändern, dass sie die individualistische Zentrierung zugunsten einer universalistischen aufgeben. Diese neue Weltsicht müsste auf den allgemeinen Menschenrechten aufbauen, oder – wenn sie stärker handlungsbezogen sein soll – sich am »kategorischen Imperativ«[23] in der Formulierung Immanuel Kants ausrichten: »Handle nur nach derjenigen Maxime, durch die du zugleich wollen kannst, dass sie ein allgemeines Gesetz werde«.

Im hier betrachteten Zusammenhang würde das bedeuten, dass jeder Mensch sich – aus freien Stücken – ernsthaft um eine Handlungs- und Lebensweise bemüht, die auch für jeden anderen Menschen auf der Erde praktikabel wäre; das hieße, dass alle Menschen einen mehr oder weniger gleichen Lebensstandard haben sollten. Ein solcher Grundsatz würde verhindern, dass einige wenige Menschen oder ein allmächtiger Staat darüber befinden würde, wie die Einzelnen zu leben hätten und wie dieses universelle ›Natur‹-Recht einzuhalten wäre. Hierbei könnten die Versuche einiger ökologischer Pioniere zur Bestimmung des individuellen ›ökologischen Fußabdrucks‹ (einschließlich des sogenannten ›ökologischen Rucksacks‹) den Einzelnen zumindest bei ihrem Konsumverhalten und ihrem Lebensstil eine Orientierung liefern.

Ein weiterer, ebenso wichtiger Bereich ist das Sozialverhalten und der Einfluss bzw. die Macht. Für diesen Bereich hat Kant seinen »kategorischen Imperativ« erweitert: »Handle so, dass du die Menschheit sowohl in deiner Person, als in der Person eines jeden anderen jederzeit zugleich als Zweck, niemals bloß als Mittel brauchst.« Diese beiden Grundsätze stellen zusammengenommen alle Menschen in Führungspositionen vor eine echte Herausforderung: Sie müssen in ihrer Art der Führung und Entscheidungsfindung demokratischer werden, und ihnen werden dahingehend Grenzen aufgezeigt, dass sie nicht mehr nur ihren eigenen Launen und Marotten folgen können. Ihr Handeln soll sich vor allem an den Grundsätzen von Gleichheit und Gerechtigkeit ausrichten. Es soll keine Diskriminierung oder Zurücksetzung bestimmter Gruppen mehr geben, weil dies im Gegensatz zu den Grundsätzen stehen würde.

Es dürfte angebracht sein, ein Verhalten und eine Lebensweise, die sich an solchen Prinzipien orientiert, nicht mehr als asketische Lebensweise zu benennen. Mir scheint, dass der Begriff der »Selbstbegrenzung« wohl der bes-

---

23 Vgl. JENS TIMMERMANN, Kant's Groundwork of the Metaphysics of the Morals, Cambridge 2007.

sere Terminus wäre. Dieser Begriff wurde in den 1970er Jahren in den Anfängen der Diskussionen über Ökologie und die Kritik an der technisierten Kultur von Ivan Illich geprägt.[24] Der Terminus scheint deshalb geeignet zu sein, weil er unterstreicht, dass die Einzelnen weder die ihnen zugänglichen Ressourcen noch die Macht oder den Einfluss missbrauchen sollten, die sie über andere Menschen oder Gruppen besitzen, sondern sich selbst aus freien Stücken dazu entscheiden sollten, sich Beschränkungen aufzuerlegen.

In der indischen Form der Askese finden sich zweifellos Ausprägungen und Verhaltensmuster, die bei einem von ›Opfer‹ und Beschränkung geprägten Leben praktiziert werden. Das Problem dabei liegt allerdings darin, dass hier weder eine universalistische Perspektive eingenommen wird noch die Grundsätze universaler ›Gleichheit‹ und ›Gerechtigkeit‹ in den Blick kommen. Es lässt sich meines Erachtens nicht absehen, ob die indische Sicht der Askese auf eine solche universale Perspektive hin ausgeweitet werden kann. Doch die Chancen stehen gut, dass sich eine Bewegung mit einer solchen Sichtweise in der indischen Mittelklasse herausbildet. Denn diese entwickelt zu beträchtlichen Teilen ein immer stärkeres Umweltbewusstsein und steht Überlegungen hinsichtlich einer solchen ›Selbstbegrenzung‹ aufgeschlossen gegenüber.

## 5. Fazit

Askese wird häufig mit Enthaltsamkeit verknüpft. Allerdings gibt es unterschiedliche Askese-Verständnisse, und jeder Mensch kann selbst definieren, was er oder sie unter Askese versteht. Wichtig ist jedoch, dass – religiöse oder weltliche – Askese im Zusammenhang mit sozialer Gerechtigkeit bestimmt wird. Meiner Ansicht nach sollte christliche Askese in Indien andere Sozialbeziehungen entwickeln, die es ermöglichen, die bestehenden sozialen Missstände wie etwa das Kastendenken oder die Geschlechterdiskriminierung zu erkennen und in Frage zu stellen. Der Wert eines Menschenlebens sollte sich an den allgemeinen Grundsätzen von Gerechtigkeit und Gleichheit orientieren. An den Schluss dieses Beitrags möchte ich die zusammenfassenden Bemerkungen von Valantasis zur Askese setzen: »In der Askese werden nicht einfach andere Lebensweisen abgelehnt, sondern sie werden abgelehnt, damit ein anderes Leben, eine andere Lebensweise gelebt werden kann – mit neuer Subjektivität, alternativen Sozialbeziehungen und einem neuen Bild der Welt. Solche Absichten können eine Dynamik aus sich heraussetzen – sie haben die Macht, Menschen neu zu erschaffen, die Gesellschaft neu zu organisieren und eine neue Sicht auf die Welt zu ermöglichen.«[25]

---

[24] Ivan Illich, Selbstbegrenzung. Eine politische Kritik der Technik, Hamburg 1980.

[25] Richard Valantasis, A Theory of the Social Function of Asceticism, in: Wimbush/Valantasis (Hrsg.), Asceticism, 544–552.

# Literatur

Anonymus, Art. Monasticism, in: E.A. Livingstone (Ed.), The Concise Oxford Dictionary of the Christian Church, Oxford $^{3}$2013, 376–377.

Church of South India, Book of Common Worship, Chennai 2006.

Cornille, Catherine, The Guru in Indian Catholicism. Ambiguity or Opportunity of Inculturation?, Leuven 1991.

Cross, Frank Leslie/Livingstone, Elizabeth A. (Eds.), The Oxford Dictionary of the Christian Church, Oxford $^{3}$2005.

Dumont, Dumont, World Renunciation in Indian Religions, in: Contributions to Indian Sociology 4 (1960), 33–62.

Griffiths, Bede, Christian Ashram. Essays Towards a Hindu-Christian Dialogue, London 1966.

Gross, Robert Lewis, The Sadhus of India. A Study of Hindu Asceticism, Jaipur 1992.

Heesterman, Jan C., The Inner Conflict of Tradition. Essays in Indian Ritual, Kingship and Society, Chicago/London 1985.

Illich, Ivan, Selbstbegrenzung. Eine politische Kritik der Technik, Hamburg 1980.

Kaelber, Walter O., Asceticism, in: Mircea Eliade u.a. (Eds.), The Encyclopedia of Religion Bd. 1, New York 1987, 441–445.

Meagher, Paul Kevin/Thomas C. O' Brien/Consuelo Maria Aherne (Eds.), Encyclopedic Dictionary of Religion, Washington 1979.

Meager, Paul K., Art. ›Ashrama‹ in: Paul Kevin Meagher/Thomas O' Brien (Eds.), Encyclopedic Dictionary of Religion, Washington 1979, 284.

Olivelle, Patrick, Deconstruction of the Body in Indian Asceticism, in: Vincent L. Wimbush/Richard Valantasis (Eds.), Asceticism, New York/Oxford 1995, 188–210.

Pattathu, Paul, Ashram Spirituality. A Search into the Christian Ashram Movement Against its Hindu Background, Indore 1997.

Saldarini, Anthony J., Asceticism in the Gospel of Matthew, in: Leif E. Vaage/Vincent L. Wimbush (Eds.), Asceticism and the New Testament, New York 1999, 11–27.

Timmermann, Jens, Kant's Groundwork of the Metaphysics of the Morals, Cambridge 2007.

Vaage, Leif E./Vincent L. Wimbush, Asceticism and the New Testament, New York 1999.

Valantasis, Richard, A Theory of the Social Function of Asceticism, in: Wimbush/Valantasis (Eds.), Asceticism, New York/Oxford 1995, 544–552.

Vandana, Gurus, Ashrams and Christians, Bangalore 2004.

Wimbush, Vincent L./Richard Valantasis (Eds.), Asceticism, New York/Oxford 1995.

# Askese postmodern: Körpertechniken *coram Deo*

*Andrea Bieler*

## 1. Askese als Körpertechnik

Die Wahrnehmung gelebter expliziter oder auch impliziter Religion in der Lebenswelt der Alltagskultur sowie der institutionell gebundenen Religionspraxis ist ein zentrales Anliegen praktisch-theologischer Forschung. Die Untersuchung asketischer Praktiken in verschiedenen religiösen und gesellschaftlichen Kontexten ist dabei besonders interessant, weil die Phänomene, die in den Blick genommen werden, sowohl im Alltagsleben als auch im Horizont institutioneller Religion von Bedeutung sind. Das fluide Changieren zwischen Dimensionen impliziter und expliziter Religion kann bei diesem Thema in besonderer Weise wahrgenommen werden. Um Phänomene asketischer Praxis in der Gegenwart zu untersuchen, bedarf es entsprechend einer multidimensionalen Forschungsperspektive, die mit einer dichten Beschreibung der Phänomene einsetzt und sowohl normative als auch subjektive Deutungsbemühungen zur Kenntnis nimmt und einer kritischen Analyse unterzieht.

Im Folgenden konzentriere ich mich im praktisch-theologischen Interesse auf die Frage, wie Phänomene asketischer Praxis im gegenwärtigen gesellschaftlichen und insbesondere im evangelischen Kontext wahrgenommen und gedeutet werden können. Ich beginne im ersten Teil mit dem Konzept der Körpertechnik, wende mich dann religionswissenschaftlichen Definitionsbemühungen zu, um anschließend mein eigenes Deutungskonzept vorzustellen. Abschließend werde ich dann beispielhaft auf ein Gegenwartsphänomen eingehen, nämlich auf die Kampagne *7 Wochen Ohne*.

### 1.1 Somatische Dimensionen und kulturell-religiöse Symbolisierungen

Auch wenn die Deutungen des Askesebegriffs in verschiedenen historischen Epochen unterschiedliche Nuancen aufweisen, scheint ein durchgängiges Motiv in der Begriffsbestimmung der Bezug auf bestimmte Körpertechniken zu sein. Askese stammt von dem griechischen Begriff *ἄσκησις* (*askēsis*) ab und kann mit Übung oder Training übersetzt werden. In der Antike geht es dabei insbesondere um gymnastische Übungen sowie um die athletische Trainingspraxis. In der frühchristlichen Literatur wird der Begriff auch auf spirituelle Übungen oder auf eine leiblich vermittelte Disziplin bezogen; darüber hinaus wird er im Hinblick auf die Lebensform der christlichen Einsiedlerei und das klösterliche Leben verwendet. Im mittelalterlichen Latein gibt es den *asceticus* als eine Bezeichnung für christliche Eremiten und Mönche. Seit dem 18. Jahrhundert wird mit dem deutschen Begriff Askese eine streng enthaltsame Lebensweise oder Bußübung verbunden, entsprechend kann das Adjektiv asketisch entsagend und enthaltsam bedeuten.[1]

All diesen Bestimmungen ist gemein, dass sie sich auf eine körperbezogene Praxis beziehen, mittels derer die körperliche Leistungsfähigkeit im athletischen Kontext in den Blick kommt. Zugleich wird eine bestimmte auf den Leib zentrierte Praxis zum Medium der Gestaltung der Gott-Mensch-Beziehung.

Im Folgenden spreche ich im Hinblick auf den zuletzt beschriebenen Phänomenbereich von Askese als Körpertechnik *coram Deo*. Den Begriff der Technik des Körpers borge ich von Marcel Mauss, der damit die kulturelle Prägung körperlicher Handlungen, wie sie sich beispielsweise in der Bewegung oder in Essenspraktiken ausdrückt, zu beschreiben sucht.[2] Unter die Techniken fasst er sozial wirksame Handlungen, die traditionsbildend sind, also als der Überlieferung und Weitergabe würdig betrachtet werden.[3] Um eine Körpertechnik grundlegend zu erfassen, schlägt Mauss eine dreifache Betrachtungsweise vor: eine soziologische, psychologische und biologische.[4] Den soziologischen Aspekt bezieht Mauss auf die Faktoren, die die Körpertechnik prägen und normieren. Diese ist mimetisch angelegt, sie ist also immer auf ein Vorbild ausgerichtet, dem nachgeeifert wird. Im Falle der Kinder sind es zumeist die Erwachsenen, die als Vorbilder dienen und die die Mimesis inspirieren. Im Hinblick auf die psychologische Dimension interessiert Mauss insbesondere »das Vertrauen, das psychologische *momentum*, das sich mit einer Handlung verbinden kann, die vor allem eine Sache biologischen Widerstandes ist, und das dank der Worte und eines magischen Objektes erlangt wurde.«[5]

Die soziale Dimension identifiziert Mauss mit dem sogenannten Prestige der Person, die im Hinblick auf das nachahmende Individuum Macht ausübt. »In der folgenden Nachahmung liegen das psychologische und das biologische Element. Die Gesamtheit wird jedoch von den drei Elementen bestimmt, die unlösbar miteinander verbunden sind.«[6]

Der biologische Aspekt bezieht sich auf die physiologischen Prozesse, die sich durch die Anwendung einer bestimmten Körpertechnik einstellen, wie

---

1 Vgl. zur Begriffsgeschichte Oliver Freiberger, Der Askesediskurs in der Religionsgeschichte. Eine vergleichende Untersuchung brahmanischer und frühchristlicher Texte, Wiesbaden 2009, 11f.

2 Vgl. Marcel Mauss, Die Techniken des Körpers, in: Ders., Soziologie und Anthropologie, Bd. 2, Gabentausch, Soziologie und Psychologie, Körpertechniken, Begriff der Person, Frankfurt a.M. 1997, 197–217.

3 Vgl. a.a.O., 203.

4 Vgl. ebd.

5 A.a.O., 205.

6 A.a.O., 203.

z.B. beim Fasten. Ist mit dem Fasten eine intensive Reduktion der Nahrungszufuhr bis hin zum vollständigen Verzicht verbunden, reagiert der Stoffwechsel, indem der Energieverbrauch stark sinkt; dies kann zu einem Abfall der Körpertemperatur führen. Der Körper gleicht den Energieverlust zunächst durch den Zugriff auf Glykogenreserven und anschließend aus dem Fett der Fettzellen aus, nach einigen Tagen auch zunehmend aus dem körpereigenen Eiweiß. Diejenigen, die das Heilfasten als Therapie in Betracht ziehen, betonen dabei die reinigende Wirkung auf den Darm, die Blutgefäße und das Bindegewebe, die unreinen Schlackenstoffe würden durch den Verdauungstrakt, die Nieren, die Atmungsorgane und die Haut ausgeschieden. Im Verlauf der ersten Tage verschwänden das anfänglich in vielen Fällen auftretende Hungergefühl sowie die Müdigkeit, wenn der Organismus der Fastenden auf den körpereigenen Energiehaushalt umgeschaltet wird.[7]

Otto Buchinger, der Erfinder des modernen Heilfastens, charakterisiert die möglichen psychischen Auswirkungen der Körpertechnik des Fastens folgendermaßen: »Jeder Fastende merkt, dass in seinem seelischen Gefüge in den Abläufen der Funktionen seiner Psyche sich manches ändert. Die Aufnahmefähigkeit ist gesteigert. Die Phantasie ist lebendiger. Die Konzentration unverändert. Die Sinne sind schärfer [...]. Die Beobachtung von über 2500 Fastenkuren gibt uns das Recht zur Schilderung: Eine Art Lösung und Lockerung verkrampften seelischen Gefüges ist erkennbar, eine Klärung der Lage und höhere Feinfühligkeit. [...] Der wahre Kern kommt heraus; es ist ein Zu-sich-selber-kommen. Der innere Ruhepunkt, das Meta-Zentrum [...] wird entdeckt, eben die innere Heimat.«[8] Buchinger entdeckt bei vielen Fastenden eine Pendelbewegung: In den ersten Tagen entstehe oftmals eine depressive Verstimmtheit, aber nach drei bis vier Tagen komme der Umschlag in Richtung manisch-euphorische Stimmung, die sich sowohl in einer wohligen Leichtigkeit ausdrücken könne als auch in Selbstüberschätzung oder Machtgelüsten.

Der Philosoph Hermann Schmitz beschreibt die Auswirkung des Fastens in leibphänomenologischer Perspektive. Bei der Minimierung oder dem Verzicht auf Nahrungsaufnahme entstehe bei vielen Menschen in den ersten Tagen ein Hungergefühl als höchst »energische Engung, die an der Grenze zwischen Spannung und privativer Engung steht.«[9] Unter privativer Engung versteht Schmitz ein körperliches Zusammenziehen, das aufgrund des Fehlens einer Sache entsteht. Der Hunger ist dem Schmerz ähnlich, er beißt und sticht. Die hungrige Magengegend wird zur Leibesinsel, die absolut gespürt wird. Unter absoluten Orten gespürter Leiblichkeit versteht Schmitz leibliche Regungen, die unabhängig von räumlicher und zeitlicher Orientierung eine Person ganz und gar betreffen. Beim Hunger tritt die Magengegend als Leibes-

---

[7] Die Entschlackungstheorie, die im Rahmen des Heilfastens vielerorts vertreten wird, ist medizinisch betrachtet allerdings umstritten.

[8] Otto Buchinger, Das Heilfasten und seine Methoden als biologischer Weg, Stuttgart $^{24}$2005, 11.

[9] Hermann Schmitz, System der Philosophie, Bd. 2, Der Leib, Teil 1, Bonn 1998, 118.

insel in den Vordergrund, erheischt so größere Aufmerksamkeit und strahlt auf andere Leibesinseln aus. So entsteht eine Spannung, die bei langem und ausgiebigem Fasten von der privativen Engung in eine privative Weitung umschlägt. Diese äußert sich als leiblich »gespürtes Schweben oder Fliegen und als Schwerelosigkeit.«[10] Die beim Fasten erlebbaren Trance- oder Ekstasezustände charakterisiert Schmitz in seiner Leibphänomenologie nicht als Bewusstseinsphänomene, sondern als privative Weitung.

An das Hungergefühl lagert sich die Wollust an, die die leibliche Regung ist, der privativen Engung zu begegnen: im heißhungrigen Verschlingen, Herunterwürgen, Zerbeißen und Zermalmen mit den Zähnen, kurz gesagt, im Fressen als schwellende Macht- und Kraftentfaltung. Im Fasten entsteht in der ersten Phase oftmals dieses Begehren, das der Wollust so ähnlich ist und ständig sublimiert werden muss. Eine intensive Leiberfahrung entsteht mittels der asketischen Praxis. Ein permanenter Aushandlungsprozess wird inszeniert, der die Verdichtung der Alltagserfahrung darstellt: Ich möchte dieses haben, ich will jenes essen, ich entscheide mich gegen den Impuls, jetzt Alkohol zu trinken.[11]

Die Symbolisierungen, die mit asketischen Praktiken verbunden werden, haben eine Anhaftung an die körperlich-leibliche Erfahrung, wie es beispielsweise beim Fasten nachvollzogen werden kann. Die Aspekte der Reinigung, des Begehrens, der Entscheidung, sowie der Zusammenhang von Engung und Weitung, Wollust und Schwerelosigkeit gehören auch zum Kosmos religiöser Symbolisierung asketischer Praxis. Diese Aspekte haben eine leibliche Anhaftung, die in den symbolischen Ordnungen der Religionen ihren Ausdruck hinsichtlich der Immanenz- und Transzendenzerfahrung der religiösen Subjekte erhält. Asketische Praktiken als durch den Leib vermittelter religiöser Ausdruck haben das Potenzial entleiblichte Transzendenzvorstellungen zu überwinden. Die Begegnung mit der Gottheit beginnt mit Reinigungsriten und der Vorbereitung des Leibes durch asketische Praktiken. Der innere Kampf, oft verstanden als Kampf mit dem Teufel, wird initiiert, bevor eine neue Form des Kraftzuwachses oder einer positiv verstandenen Vermehrung von Macht erfahren wird.[12]

Körpertechniken formen Menschen; sie repräsentieren nicht nur eine bestimmte Idee oder Haltung. In den mimetischen Akten, die mit ihnen verbunden sind, werden hingegen Dispositionen, mentale Bilder und Überzeugungen

10 Ebd.

11 Der Durst hingegen wirkt sich eher niederdrückend aus. Im durstigen Schmachten triumphiert der Leib in solcher in Intensität, dass er sich selbst verbrennt. Vgl. a.a.O., 238.

12 Diese Handlungslogik spiegelt sich meines Erachtens in der Versuchungsgeschichte in Mt 4 par oder in einigen christlichen Tauftraditionen. Vgl. zu den Aspekten der Reinigung, der Umkehr und des Kraftgewinns auch MANFRED JOSUTTIS, Religion als Handwerk. Zur Handlungslogik spiritueller Methoden, Gütersloh 2002, 93–102.

habituell eingeschliffen und so das Personsein in unterschiedlichem Maße geprägt.[13]

Asketische Körpertechniken sind ritualisiert. Sie beziehen sich auf alltägliche Vollzüge beispielsweise in den Bereichen des Essens, der Kleidung, der sexuellen Praxis sowie auf den Umgang mit ökonomischen Ressourcen. Die Ritualisierung geschieht durch leibgebundene Strategien, die eine bestimmte Praxis als asketisch qualifizieren. Die Praxis des Fastens ist mit dem vollständigen Verzicht auf Nahrungsmittel, der Einschränkung der Essensmenge oder der Flüssigkeitszufuhr oder dem Teilverzicht auf bestimmte Lebensmittel verbunden. Diese Praxis wird zeitlich gerahmt: Beispiele sind *7 Wochen Ohne* in der Passionszeit, die so zur Fastenzeit wird, das Fasten an einem bestimmten Tag der Woche, z.B. freitags, der Verzicht auf Flüssigkeit und Nahrung tagsüber während des Ramadan oder auch lebenslange Diäten. Die zeitliche Dimension kann dabei auch mit einer Entschleunigungsstrategie verbunden werden: Während eines geprägten zeitlichen Rhythmus weniger zu konsumieren, kann zu einer bewussten Verlangsamung in bestimmten Alltagsvollzügen verhelfen. Asketische Körpertechniken wie das Fasten ritualisieren den Leib im Raum der Zeit, sie strukturieren zeitliche Abläufe auf der Ebene des Tages, der Woche oder längerer Zeitabschnitte.

Zugleich wird ein Begründungszusammenhang hergestellt, der den symbolischen Horizont bestimmter Praktiken beschreibt. Dieser kann sich auf religiöse Autoritätspersonen oder auf Stiftungsmythen beziehen. Die vierzigtägige Fastenzeit vor Ostern soll beispielsweise an Jesu Fasten in der Wüste erinnern; ein bestimmter Fastentag des jüdischen Kalenders ruft die Zerstörung des Jerusalemer Tempels am neunten Aw ins Gedächtnis. Die Fastenaktion *7 Wochen Ohne* findet in der Passionszeit statt und reiht sich damit in die vorösterliche christliche Fastentradition ein. Darüber hinaus verzichten Menschen beispielsweise aus religiös qualifizierten Gründen auf bestimmte Speisen. Das Verbot des Verzehrs von Schweinefleisch wird im Islam auf Sure 2,173 im Koran zurückgeführt.[14] Dort ist es als göttliches Gebot qualifiziert, das keine wirkliche Begründung erfährt. Auch der Verweis auf eine besondere Zeit gehört in den Begründungszusammenhang: Es ist der neunte Monat und damit Ramadan. Die Passionszeit wird in den Wochen vor dem Osterfest begangen. Begründungen für das Fasten sind bei vielen Menschen jedoch nicht ausschließlich religiös, sondern multidimensional angelegt: So verzichten Menschen teilweise oder ganz auf Fleisch, sie leben vegetarisch aus politisch-ökologischen Gründen *und* weil sie so einen Beitrag zur Bewahrung des Schöpfung leisten möchten. In der Passionszeit wird eine Zeit des Heilfastens angesetzt, weil das gesund ist, indem es die »Entschlackung« des Körpers

---

[13] Vgl. Mauss, Die Techniken des Körpers, 199–222.

[14] Dort heißt es: »Verboten hat er euch nur Fleisch von verendeten Tieren (w. Verendetes), Blut, Schweinefleisch und Fleisch (w. etwas), worüber (beim Schlachten) ein anderes Wesen als Gott angerufen worden ist.« In 6,145 werden Schweine als unrein qualifiziert. Der Koran, Übersetzung von Rudi Paret, Stuttgart [12]2014.

unterstützt und weil Menschen diese Zeit als Phase der Konzentration, Einkehr oder Entscheidung nutzen möchten. In der zuletzt genannten Begründungsfigur sind religiöse Motive eher implizit vermittelt, der Rekurs auf explizite christliche Traditionsbestände ist nicht zwangsläufig vorauszusetzen.

Der im Titel angedeutete Transzendenzhorizont *coram Deo* wird also in der deutschen Wirklichkeit, die mancherorts noch immer volkskirchlich geprägt ist, vermutlich eine gemischte Gemengelage hinsichtlich der Begründungszusammenhänge vorfinden. *Coram Deo* muss in der Postmoderne entsprechend darüber hinaus multireligiös gedacht werden und wohl auch den Transzendenzbezug unsichtbarer oder impliziter Religion mit aufnehmen. Dieser umfasst nach Luckmann Transzendenzen kleinerer, mittlerer und großer Reichweite.[15] Die kleinen Transzendenzen beziehen sich auf die alltägliche Erfahrungswelt; in asketischen Praktiken ist der Bezug zu alltäglichen Vollzügen mit dem Bezug auf das Essen und Trinken, und den Umgang mit dem sexuellen Begehren gegeben. Die mittleren Transzendenzen erschließen sich in Begegnungen, in denen die eigenen lebensweltlichen Sinndeutungen irritiert und transformiert werden. Mit einer Praxis wie dem Fasten ist oftmals entsprechend eine Umkehr- oder Entscheidungssemantik verbunden, die auf Unterbrechung gängiger Verhaltensmuster verweist. Die großen Transzendenzen nähern sich Themen an, die der Alltagserfahrung nicht unmittelbar zugänglich sind und nur in mythologischer Form vermittelbar sind. Hier können z.B. Fastenriten genannt werden, die mit dem Verzicht auf das Essen die Absage an die Mächte des Bösen verbinden.[16]

## 1.2 Historische Resonanzen

Um das Fasten als religiös konnotierte Körpertechnik besser erfassen zu können, ist es unabdingbar, auch den Traditionshintergrund als historischen Resonanzraum wahrzunehmen. Dies ist insbesondere im Hinblick auf das Projekt *7 Wochen Ohne* interessant, da innerhalb des Protestantismus asketische Praktiken lange Zeit mit dem Verdacht der Werkgerechtigkeit belegt wurden. Dieser Verdacht lässt sich jedoch bei den Reformatoren selbst nicht in solch eindimensionaler Form wiederfinden, Martin Luther beispielsweise hat im Hinblick auf das Fasten eine differenzierte Haltung eingenommen.[17] So

---

[15] Vgl. THOMAS LUCKMANN, Die unsichtbare Religion, Frankfurt a.M. $^{3}$1996, 166–171. Vgl. weiter die instruktive Analyse des Phänomens der impliziten Religion in: GÜNTER THOMAS, Implizite Religion. Theoriegeschichtliche und theoretische Untersuchungen zum Problem ihrer Identifikation, Würzburg 2000.

[16] Vgl. beispielsweise zum Zusammenhang des Fastens und der Absage an den Teufel im kosmologischen Horizont der Erlösung in altkirchlichen Taufritualen: ANDREA BIELER, A Susceptible Place: Performing Baptismal Identity, in: TAT-SIONG BENNY LIEW (Ed.), Reading Ideologies. Essays on the Bible & Interpretation in Honor of Mary Ann Tolbert, Sheffield 2011, 332–347.

[17] Eine Durchsicht deutschsprachiger Lexika und Enzyklopädien verdeutlicht die Veränderungen: Während Rust-Scheel der Askese in der 2. Auflage der RGG im Jahre 1927 kaum einen sittlichen Wert zuschreiben kann (vgl. HANS RUST/OTTO SCHEEL, Art.

betont er, dass man nicht versuchen solle, durch das Fasten einen frommen Dienst zu tun und Gott zu gefallen. Rechtes Fasten sei aber ein Mittel gegen die Disziplinlosigkeit und helfe, die rechte Balance wieder herzustellen: »Denn fasten sol allein dazu dienen, das es dem leib aufgelegt werde seine lust und ursachen zur lust auswendig abzuhawen, wie der glawbe jnwendig jm hertzen thut.«[18] Darüber hinaus pries Luther das Fasten als eine »feine äußerliche Zucht«[19] zur Vorbereitung des Abendmahlsempfangs.

Melanchthon thematisierte die Frage des Fastens in der Apologie der *Confessio Augustana* im Bereich der kirchlichen Ordnung. Ähnlich wie Luther hatte er die Vorstellung, dass der Mensch permanent von Mächten bedroht sei, die ihn auch leiblich anfechten und zum übermäßigen Fressen und Saufen verführen: »Die Übung soll darum geschehen, nicht daß es nötige Gottesdienste sein, dadurch man für Gott fremd werde, sondern daß wir unser Fleisch im Zaum halten, damit wir durch Füllerei und Beschwerung des Leibes nicht sicher und müßig werden, des Teufels Reizungen und des Fleisches Lüsten folgen. Dieselbige Fasten und Kasteien sollt nicht allein auf gewisse Zeit, sondern allzeit geschehen. Denn Gott will, daß wir allzeit mäßig und nüchtern leben, und wie die Erfahrung gibt, so helfen dazu nicht viel bestimmte Fastentag.«[20] Bei Melanchthon deutet sich schon an, was bei Max Weber als rationale Lebensführung beschrieben wird: Die Aufforderung zu einem das gesamte Leben umfassenden asketischen Lebensstil als einem moderaten und kontrollierten Umgang mit dem Konsum, der auch die Akkumulation von Reichtum ermöglichen sollte.[21] Diese Lebenshaltung des Maßhaltens zu jeder Zeit wurde auch von Zwingli und Calvin zur habituellen Ausrichtung eines christlichen Lebensstils erklärt. Die Proklamierung einer gemäßigten Lebenshaltung ging im Verlauf der Kirchengeschichte immer stärker mit einer Polemik gegen ein katholisches Fastenverständnis einher, dem der stereotype Vorwurf werkgerechten Handelns beigelegt wurde.

---

Askese: IV. Askese und Sittlichkeit, in: RGG², Bd. 1 [1927], 577–583), wird eine Generation später in der 3. Auflage bereits – unter Berücksichtigung aller berechtigter Kritik – eine evangelische Praxis der Askese reklamiert. Vgl. Franz Lau, Art. Askese: V. In katholischer und protestantischer Ethik, in: RGG³, Bd. 1 (1957), 644–648); in der Praktischen Theologie wird durch Theologen wie Rudolf Bohren und Manfred Seitz das Feld der evangelische Aszetik, bzw. der geistlichen Theologie seit Ende der siebziger Jahre wiederbelebt. In dieser Renaissance der geistlichen Theologie wird den geistlichen Übungen und Fragen der Spiritualität im Alltag wieder eine neue Aufmerksamkeit geschenkt. Vgl. z.B. Manfred Seitz, Art. Askese: IX. Praktisch-theologisch, in: TRE 4, 1/2, 250–259.

18 WA 32, 434,1–7.

19 Martin Luther, Der kleine Katechismus, in: Die Bekenntnisschriften der evangelisch-lutherischen Kirche, Göttingen ³1956, 521.

20 Philipp Melanchthon, Apologie der Konfession XV, in: Die Bekenntnisschriften der evangelisch-lutherischen Kirche, Göttingen ³1956, 306.

21 Vgl. Max Weber, Die protestantische Ethik und der Geist des Kapitalismus, in: Ders., Die protestantische Ethik I. Eine Aufsatzsammlung, Gütersloh 1981, 44.

## 2. Religionswissenschaftliche Zugänge

Die Definitionen von Askese, die im modernen religionswissenschaftlichen Diskurs entwickelt werden, orientieren sich parallel zu den Debatten um den Religionsbegriff an einem *funktionalen* oder einem *substantiellen* Verständnis. Entsprechend wird entweder gefragt, was asketische Praktiken bewirken, oder, inwiefern Askese als religiöse Praxis beschrieben werden kann.

Ein gängiges substantielles Verständnis legt beispielsweise Walter Kaelber vor, der asketische Praktiken im religiösen Kontext mit bestimmten inhaltlichen Zuschreibungen und deren Wirkungen identifiziert. Religiös motivierte Askese ist seines Erachtens ein »voluntary, sustained, and at least partially systematic program of self-discipline and self-denial in which immediate, sensual, or profane gratifications are renounced in order to attain a higher spiritual state or a more thorough absorption in the sacred. [...] Because religious man (homo religiosus) seeks a transcendent state, asceticism – in either rudimentary or developed form – is virtually universal in world religion.«[22]

Diese *substantielle* Definition von Askese ist in ihren universalen Bestimmungen hinsichtlich des *homo religiosus* sehr voraussetzungsvoll und wird aus einer religionswissenschaftlichen Perspektive, die die Partikularität religiöser Traditionen unterstreicht und somit die Perspektive der Differenz stark macht, sicherlich einfach zu kritisieren sein. Mircea Eliades Religionstheorie dient hier als Folie, die mit der Unterscheidung von profan und spirituell/heilig arbeitet und die Gemeinsamkeiten religiöser Phänomene universal zu bestimmen sucht. Im Hinblick auf die substantiellen Bestimmungen kann gefragt werden, ob die Unterscheidung zwischen profan und heilig in allen Religionsformationen Sinn macht, und ob asketische Praktiken immer jenseits von unmittelbarer, sinnlicher Gratifikation gedacht werden sollten. Zumindest in leibphänomenologischer Perspektive kann angenommen werden, dass Verzicht und Lustgewinn nicht immer einander diametral gegenüberstehen, sondern auch in anderer Beziehung zueinander stehen können. Das Bedürfnis, robuste Typologien auszubilden, zeigt sich auch in Kaelbers Rekurs auf Niebuhrs Kulturtheorie, in dem er die kulturelle Bedeutung asketischer Praktiken zu deuten versucht. Er unterscheidet kategorial fünf verschiedene Formen der Askese im Hinblick auf den Bezug zur Kultur, wobei er einen homogenen Kulturbegriff voraussetzt. Diese Kategorien sind »(1) asceticism against culture, (2) asceticism of culture, (3) asceticism beyond culture, (4) asceticism and culture in paradox, and (5) asceticism as transformer of culture.«[23]

Als Beispiel für eine *funktionale* Bestimmung kann der Ansatz von Richard Valantasis herangezogen werden: »Asceticism may be defined as perfor-

---

[22] Walter O. Kaelber, Asceticism, in: Mircea Eliade (Ed.), Encyclopedia of Religion, Bd. 1, New York 1987, 441–445.

[23] Walter Kaelber, Understanding Asceticsm – Testing a Typology: Response to the Three Preceding Papers, in: Vincent L. Wimbush/Richard Valantasis (Eds.), Asceticism, New York 1995, 320–328; hier: 324.

mances designed to inaugurate an alternative culture, to enable different social relations, and to create a new identity. [...] By the systematic training and retraining, the ascetic becomes a different person molded to live in a different culture, trained to relate to people in a different manner, psychologically motivated to live a different life.«[24]

Valantasis identifiziert hier vier soziale Funktionen, die asketische Praktiken erfüllen. Die asketische Praxis befähige eine Person, in der neu konstituierten Alternativkultur zu agieren; sie sei die Methode, theologische, anthropologische und soteriologische Konzepte in Verhaltensmuster zu übersetzen; sie trainiere die Wahrnehmung des Asketen oder der Asketin im Sinne des zugrundeliegenden theologischen Konzepts um; und sie ermögliche die Neudeutung von Konzepten aus anderen Bereichen und ihre Integration in die neue kulturelle Welt.[25] Valantasis Definitionsbemühungen konzentrieren sich auf die Figur der Asketin und des Asketen; sie bleiben – und dies ist ja bei funktionalen Bestimmungen oft der Fall – recht vage. Die Praktiken selbst spielen eine nachgeordnete Rolle; im Vordergrund steht die Frage nach der sich wandelnden sozialen Rolle des Asketen und der Asketin.

## 3. Die Wahrnehmung asketischer Phänomene

Ich schlage im Folgenden vor, anstelle abgeschlossener Definitionen eher eine induktive Vorgehensweise und damit einen offenen Forschungshorizont zu entwickeln, der hilft, asketische Praktiken wahrzunehmen und zu deuten. In einem solchen Verfahren werden bereits bestehende Vorannahmen und Definitionen noch einmal kritisch hinterfragt und eben nicht zur Voraussetzung der eigenen Wahrnehmung gemacht. Folgende Dimensionen können in einem solchen Verfahren bearbeitet werden:

a) Zu Beginn erfolgt eine dichte Beschreibung der asketischen Praxis, die sich auf die Erarbeitung der Handlungslogiken und die damit im Zusammenhang stehende Ritualisierung alltäglicher Verrichtungen bezieht. Darüber hinaus sollten die psychischen und somatischen Affekte untersucht werden, die mit der jeweiligen Praxis einhergehen. Folgende Fragen können entsprechend gestellt werden: Was wird konkret getan? Wie wird gefastet? Wie lebt man/frau sexuell enthaltsam? Wie können die eingesetzten Körpertechniken beschrieben werden? Was geschieht im Körper? Welche psychischen Phänomene stellen sich ein?
b) Die zweite Frageperspektive, die aus der dichten Beschreibung hervorgeht, bezieht sich auf die normativen Begründungen, die die asketische Praxis autorisieren und in denen die Frage beantwortet wird, warum eine bestimmte Gruppe von Menschen fastet. Begründungen können auf einen

---

[24] Richard Valantasis, A Theory of the Social Function of Asceticism, in: Vincent L. Wimbush/Richard Valantasis (Eds.), Asceticism, New York 1995, 544–552; hier: 548.
[25] Vgl. hierzu auch Freiberger, Askese, 15.

Ursprungsmythos zurückgehen oder auf die Autorität einer Person oder einer heiligen Schrift. In vielen Fällen geht es um Gehorsam gegenüber eingesetzten Regeln; ein Gebot zu erfüllen oder einer moralischen Verpflichtung nachzukommen, kann eine Handlungsmotivation sein. All diese verschiedenen Zugänge können in der Frage gebündelt werden, inwiefern eine bestimmte asketische Praxis die Formung des Selbst, die Beziehung zu anderen Menschen und zum Kosmos, und natürlich die Gott-Mensch-Beziehung beeinflussen soll. Bei der Analyse der normativen Begründungen sollten Empfehlungen, Prohibitionen und der Rekurs auf die Wahlfreiheit untersucht werden: Was wird warum verboten, untersagt oder empfohlen? Die Aufstellung von Normen hat immer auch eine praxisgenerierende Bedeutung.

c) Der dritte Aspekt, der in den Blick genommen werden sollte, hat mit der subjektiven Deutung der Praxis zu tun, in der die Selbstdeutungen, die Erfahrungen, die Motivation und die persönlichen Begründungen herausgearbeitet werden. Die subjektive Deutungsebene muss dabei sowohl auf die normativen Begründungszusammenhänge als auch auf die kulturell-gesellschaftliche Dimension rückbezogen werden, um Übereinstimmungen und Widerstände im Hinblick auf den weiteren Kontext einordnen zu können.

d) Die Frage, inwiefern religiös begründete asketische Praktiken gesellschaftliche Zusammenhänge reflektieren, erschließt den weiteren gesellschaftlichen und politischen Kontext. Ob asketische Praktiken mimetisch oder gegenkulturell auf den jeweiligen gesellschaftlichen Kontext bezogen sind, kann nicht im Vorhinein entschieden werden, sondern muss im Hinblick auf konkrete Phänomene erforscht werden. Mimesis und Weltabstand per se als Alternativen zu begreifen, verschließt vermutlich den Wahrnehmungshorizont.

e) Die Frage nach der Wahrnehmung asketischer Phänomene in der Gegenwart ist meiner Auffassung nach nicht nur ein deskriptiv-analytisches Projekt, sondern sollte auch auf eine theologisch-konstruktive Deutungsleistung zielen, die nach dem Beitrag asketischer Praktiken für das christliche Glaubensleben im Kontext der Postmoderne fragt.

Meines Erachtens lässt sich gelebte asketische Praxis unter Bezugnahme auf den skizzierten Fragehorizont beschreiben. Die angedeuteten Dimensionen greifen im praktischen Vollzug ineinander. Es ist allerdings im heuristischen Interesse sinnvoll, diese Dimensionen zu unterscheiden.

# 4. ASKETISCHE PRAXIS IN DER GEGENWART

## 4.1 Religiöse und politische Horizonte

In der Beurteilung asketischer Praktiken und Übungen des Verzichts lässt sich unter evangelischen Christinnen und Christen, aber auch unter Gruppen, die sich nicht institutionell-religiös verorten lassen, seit den 80er-Jahren des 20. Jahrhunderts ein Mentalitätswandel entdecken, der eine größere Offenheit signalisiert. Dieser Wandel bildet sich auch in der evangelischen Theologie ab, die einer evangelischen Aszetik mehr Raum gibt. Und auch in den evangelischen Kirchen steigt das Interesse an Spiritualität im Alltag, die Bedeutung der Leiblichkeit für den Glauben wird erkundet, und damit einhergehend zeigt sich ein verstärktes Interesse an geistlichen Übungen.

Meines Erachtens lassen sich drei Phänomene identifizieren, die das Interesse an asketischen Praktiken in der Gegenwart im deutschen Kontext befeuern. Da ist zum einen im kirchlichen Milieu die Rückgewinnung des Interesses an Leiblichkeit und an geistlichen Übungen in der eigenen Lebensgestaltung zu nennen.[26] Der Glaube wird dann entsprechend nicht nur auf kognitiv vermittelte Wissensbestände und Bekenntnisse bezogen oder auf die Pflege der eigenen spirituellen Innerlichkeit, sondern es entsteht der Wunsch, der eigenen Frömmigkeit einen leiblich vermittelten Ausdruck zu geben. Zum anderen spielen für Menschen, die ihre Fastenpraxis auch in einem politischen Kontext verorten, Nachhaltigkeitsdiskurse eine Rolle.

Zweitens geht es um die Frage nach der individuellen Verantwortung und Gestaltungskapazität hinsichtlich des eigenen Lebens, der eigenen leiblich-seelischen Gesundheit und eines umfassend balancierten Wohlseins. Die aktive Verantwortungsübernahme für die eigene Gesundheit, die insbesondere von den Krankenkassen in verschiedenen präventiv ausgerichteten Programmen propagiert wird, ist ein weiterer Grund, warum Menschen, die eventuell im Alltag nichts mit der Kirche zu tun haben, sich der Fastenaktion der evangelischen Kirche anschließen.

Drittens tritt die Kritik am ökonomischen Paradigma des unbegrenzten Wachstums und seinen ökologischen Folgeschäden hinzu. Es wird nach Alternativen gesucht, um ökonomische und ökologische Rationalität neu zu denken. Es war insbesondere die Brundtland-Kommission der Vereinten Nationen, die seit dem Ende der 80er-Jahre den Nachhaltigkeitsdiskurs auf der internationalen Bühne etablierte. Im Zentrum der Auseinandersetzung stand von Beginn an die Entwicklung politischer Programme, die umweltpolitische, soziale und ökonomische Faktoren und Zielsetzungen gleichberechtigt berücksichtigen. Der aufbrechende Nachhaltigkeitsdiskurs versuchte eine Perspektive der Generationengerechtigkeit zu etablieren, in der das Wohl zukünftiger Generationen und die zukünftige Stabilität ökologisch-ökonomischer Prozesse

---

[26] Vgl. SILKE HARMS, Glauben üben: Grundlinien einer evangelischen Theologie der geistlichen Übung und ihre praktische Entfaltung am Beispiel der ›Exerzitien im Alltag‹ (Liturgik und Hymnologie, Bd. 67), Göttingen 2011.

zur leitenden Zielperspektive politischen Handelns wird. Dementsprechend hat das Thema der Risiko-Folge-Abschätzung auch immer eine Perspektive, die auf zukünftiges Handeln ausgerichtet ist.[27]

Die Reflexion des globalen Krisenhorizontes findet eine Entsprechung in der individuellen Sinnsuche nach dem guten Leben, nach dem, was Erfüllung und Glück im eigenen Leben bedeuten. Der Ökonom Mathias Binswanger reflektiert über den Zusammenhang von Glück und Ökonomie und spricht von den Tretmühlen, in denen wir in unserer Suche nach Glück gefangen sind: »Auf einer Tretmühle kann man immer schneller laufen und diese immer schneller bewegen, doch bleibt man immer am selben Ort. Genau gleich verhält es sich mit dem menschlichen Streben durch mehr Einkommen glücklicher zu werden. Die Menschen werden dadurch zwar immer reicher, aber was ihr Glücksempfinden betrifft, treten sie auf der Stelle.«[28] Trotz dieser enttäuschenden Einsicht wird die Ökonomisierung der Glückssehnsucht immer wieder angefeuert durch die Multioptionsgesellschaft, die suggeriert, eine große Auswahl an Produkten steigere das Glücksgefühl, sowie durch Ranking- und Statusmechanismen, die darauf abzielen, die Beste zu ermitteln oder herausragende Leistungen zu belohnen. Der Bonus vermittelt ein Glücksversprechen, das am Ende aber nicht eingelöst wird. Hinzu kommt die Illusion, dass man sich mit mehr Geld auch qualitative Lebenszeit erkaufen könne und dass das kapitalistische Wirtschaften mittels technischem Fortschritt sowie der Beschleunigung und Intensivierung von Produktionsprozessen mehr qualitative Lebenszeit ermögliche. Auch dieser Gedanke des Zeitsparens gehört zu den Tretmühlen, die Binswanger beschreibt.[29]

Die Grenzen der Wachstumsgesellschaft als Chance für einen nachhaltigen gesellschaftlichen Umbau zu sehen, sowie die Frage nach dem individuellen, bewusst gestalteten Verzicht als Thema der Lebensgestaltung werden für viele Menschen, die Anteil am erdrückend erscheinenden Überfluss haben, zu einer attraktiven Perspektive. Vor diesem Hintergrund muss m.E. der immense Erfolg der Initiative *7 Wochen Ohne* eingeordnet werden, die in ihren Veröffentlichungen sowohl den sozialen, den ökologisch-ökonomischen wie den individuellen Horizont der Fastenthematik zu profilieren sucht.[30]

Im Folgenden wird allerdings gezeigt werden, dass vorwiegend die Motivation, die individuelle Lebensgestaltung zu verändern, für die Mehrheit der Teilnehmenden das tragende Motiv ist.

---

[27] Vgl. FELIX EKARDT, Das Prinzip Nachhaltigkeit. Generationengerechtigkeit und globale Gerechtigkeit, München ²2010.

[28] MATHIAS BINSWANGER, Die Tretmühlen des Glücks. Wir haben immer mehr und werden nicht glücklicher. Was können wir tun?, Freiburg/Basel/Wien 2006, 11f.

[29] Vgl. a.a.O., 47–125.

[30] Vgl. z.B. BJÖRN UWE RAHLWES/THOMAS HAMMERSCHMIDT (Red.), Das Fastenlesebuch. Weniger kann mehr sein – Vom Reichtum des Verzichts im Angesicht des Überflusses, Frankfurt a.M. 2003, 75–100.

## 4.2 7 Wochen Ohne

Zur Geschichte: Der Beginn der Fastenaktion wird in der Hamburger Ausgabe der taz vom Aschermittwoch 1992 wie folgt festgehalten: »Es war einmal eine ausgelassene Runde von Theologen und Journalist/innen, die saß Anno 1983 des Abends gar feucht und fröhlich in einer Hamburger Pinte beisammen. Und wie sie die vollen Aschenbecher, die leeren Flaschen, die hohe Zeche und schließlich sich selbst ansahen, litten sie sehr an diesem Anblick. Und da es die Zeit vor Karneval war und zumindest die Theologen um die am Aschermittwoch beginnende Fastenzeit wussten, entschlossen sie sich: All den lieben Lastern, die ihnen zwar die Abende versüßten, die Tage aber zur Qual werden ließen, wollten sie sieben Wochen lang abschwören.«[31]

Dieser märchenhafte inszenierte Ursprungsmythos fängt vermutlich ein gutes Maß an Motivation und Lebensgefühl ein, die mit den Anfängen dieser Aktion verbunden waren. Von Beginn an entschloss sich die Gruppe, dem Fastenvorhaben einen öffentlichen Rahmen zu geben. Auf eine Bekanntmachung in einer Kirchenzeitung der Nordelbischen Evangelisch-Lutherischen Kirche meldeten sich 70 Menschen, die interessiert waren, bei dieser doch zunächst relativ spontan organisierten Aktion mitzumachen. Ein Jahr später weitete sich der Kreis bereits auf 300 Menschen aus. 1989 nahmen schätzungsweise bereits 500.000 Menschen an der kirchlichen Fastenaktion teil. Die Initiative, die in den achtziger Jahren zunächst von der Nordelbischen Evangelisch-Lutherischen Kirche unterstützt wurde, wurde dann im Jahre 1992 an das bundesweit tätige Gemeinschaftswerk der Evangelischen Publizistik in Frankfurt am Main übergeben. Im Jahr 2012 veröffentlichte das Aktionsbüro der Kampagne folgende Zahlen im Anschluss an eine Emnid-Umfrage: »Demnach haben vier Prozent der Befragten, die älter als 14 Jahre sind, schon einmal bei der Fastenaktion der Evangelischen Kirche mitgemacht bzw. nehmen derzeit an ihr teil. Auf die gesamte Bevölkerung in Deutschland (14 Jahre und älter) hochgerechnet bedeutet das: Fast drei Millionen Menschen (2.831.188) machen mit bei ›7 Wochen Ohne‹ – oder haben schon einmal teilgenommen. Und: Mehr als 22 Millionen Menschen (22.649.504) kennen die Aktion zumindest dem Namen nach.«[32]

Das Gemeinschaftswerk der Evangelischen Publizistik stützt die Fastenaktion durch eine Vielzahl von Medien, die unterschiedliche Zielgruppen ansprechen sollen. Ein Internetauftritt informiert über die Profilierung der jährlich wechselnden Kampagnen. Die Website koordiniert zudem die Organisation von Fastengruppen. Darüber hinaus können Fastenkalender und -begleitbriefe bestellt werden. Seit 1983 haben sich in Kirchengemeinden, Schulen und Vereinen Tausende von Fastengruppen gebildet, die sich mit lokalen Angeboten an der Aktion beteiligen. Zugleich muss festgehalten werden, dass

---

[31] Zit. nach: KARIN ULLRICH, Von einer Stammtischidee ..., in: RAHLWES/HAMMERSCHMIDT (Red.), Das Fastenlesebuch, 247.

[32] www.7wochenohne.evangelisch.de/sites/default/files/presse/24_02_12_PM_7_WO_EMNID.pdf (angesehen am 17.1.2015).

die überwiegende Mehrzahl der Menschen sich in individualisierter Form, also ohne Bezug zu einer Gruppe, beteiligt.

Die Kampagne *7 Wochen Ohne* funktioniert auf zwei Ebenen. Zum einen geht es um den individuellen Verzicht auf Konsumgüter wie Zigaretten, Kaffee, Alkohol, Fleisch sowie um die Veränderung bestimmter Gewohnheiten wie z.B. übermäßiges Surfen im Netz oder Fernsehen. Die zweite Dimension umfasst die jährlichen Aktionen, die unter ein Motto gestellt werden, das weniger auf eine bestimmte klassische asketische Körpertechnik abzielt, sondern eher die Ebene des Bewusstseins und der Handlungsorientierung anspricht; diese kann dann mittelbar mit dem Thema der Leiblichkeit verbunden sein. Folgende Leitsätze sollten für die jeweilige Kampagne profilschärfend wirken:
2008: Verschwendung! – 7 Wochen ohne Geiz
2009: Sich entscheiden! – 7 Wochen ohne Zaudern
2010: Näher! – 7 Wochen ohne Scheu
2011: Ich war's! – 7 Wochen ohne Ausreden
2012: Gut genug! – 7 Wochen ohne falschen Ehrgeiz
2013: Riskier was, Mensch! – 7 Wochen ohne Vorsicht
2014: Selber denken! – 7 Wochen ohne falsche Gewissheiten
2015: Ich bin schön! – 7 Wochen ohne Runtermachen.[33]

Die Leitsätze beginnen jeweils mit einem positiv formulierten Imperativ oder einer Aussage, erst dann folgt der *7-Wochen-Ohne*-Slogan. Die Projekte der Selbst-Formung, die hier angestoßen werden sollen, beziehen sich auf das individuelle Leben und den näheren Sozialraum intimer Beziehungspflege. Dies ist an sich nicht problematisch – jedoch bleiben diese Leitthemen hinter dem selbst formulierten Anspruch zurück. Würde in weitergreifenden sozialen Räumen politisch oder ökologisch gedacht, müssten die Imperative sofort wieder in ihrer Ambivalenz gedacht werden: Beispielsweise müsste im Hinblick auf das Motto aus dem Jahr 2013 *Riskier was!* die Frage nach der Risiko-Folge-Abschätzung beim Einsatz bestimmter Technologien gestellt werden. Kapitalistische Wachstumsideologien basieren auf dem bewussten oder unbewussten Eingehen und Inkaufnehmen von Risiken für Mensch und Natur. Klassische postmoderne Individualisierungstheorien betonen darüber hinaus die permanente Inszenierung des eigenen Risikos im Rahmen der Multioptionsgesellschaft im Hinblick auf die Gestaltung der eigenen Biographie. Dies ist ein gesellschaftlicher Trend, der ebenfalls in seiner Ambivalenz zwischen Freiheitsgewinn und Überforderung reflektiert werden sollte.

Auch die individuellen Lebenshaltungen, wie sich anderen Menschen anzunähern oder die Scheu zu verlieren, sind in der vorgetragenen Ambivalenzfreiheit m.E. problematisch.

---

33 Vgl. zu den Kampagnen der vergangenen Jahre www.7-wochen-ohne.de/content/vergangene-fastenaktionen (angesehen am 17.1. 2015).

### *4.2.1 Normative Begründungen*

Im Hinblick auf die Beschreibung des Begründungszusammenhangs fällt eine gewisse Abgrenzungsbemühung gegenüber der katholischen Tradition auf. Die Organisatorinnen und Organisatoren unterstreichen den Einladungscharakter der Aktion, der eben keine normative Praxis etablieren will. Martin Luthers Haltung wird für die Eigenmotivation zum Vorbild stilisiert. So wird im Internetauftritt unter der Rubrik »Fasten« festgehalten: In der katholischen Tradition »ging es mehr und mehr darum, beim Fasten nur nichts falsch zu machen. Und andersherum betrachtet: mit regelmäßiger Askese Gott zu gefallen – oder dem Papst, dem Pfarrer oder auch dem Nachbarn. Enthaltsamkeit schien ein probates Mittel, den Himmel milde zu stimmen.«[34] Dies ist für die Organisatoren von *7 Wochen Ohne* keine evangelische Motivation. Vielmehr geht es ihnen im Anschluss an Luther um das Fasten als eine »feine äußerliche Zucht«, also um freiwillige Rationalisierung des körpereigenen Selbst. Erhofft wird die Inszenierung eines kleinen innovativen Selbstentwurfes:

»Was wäre wenn? Was wäre, wenn ich nicht jeden Abend auf dem Sofa zu bewegten Bildern einschlafen würde? Wenn ich jeden Tag eine neue Begegnung wagen würde, wenn ich vorwärts schauen würde, statt zurück? [...] Auch heute verlassen wir in der Fastenzeit die bekannten Pfade, wir machen vielleicht einen Bogen um den Kühlschrank, meiden den Zigarettenautomaten oder gehen überhaupt mal wieder zu Fuß. Wir entziehen uns Kalorien, Konsum oder Komfort. Wir brechen mit Gewohnheiten, selbstverständlichen Gesten des Alltags, machen etwas anders als sonst und bringen damit, leise und ohne ruckartige Bewegungen, gewohnte Ordnungen durcheinander.«[35]

Hier wird die Gewinnung neuer Perspektiven im Hinblick auf den Alltag beschworen. Es geht darum, bekannte Wege des Alltags zu verlassen. Die Fastenerfahrung wird als schwellenartiger Raum charakterisiert, der Veränderungen ermöglicht.

Die Einladung zum Fasten wird mit dem Versprechen verknüpft, dass der Verzicht Lebensfülle hervorbringe: »Wir laden Sie ein, sieben Wochen auf etwas zu verzichten und damit in dieser Zeit etwas freizulegen und in Bewegung zu bringen. Dafür soll Raum sein. Gestalten Sie Ihr Leben ›7 Wochen Ohne‹ und entdecken Sie die Fülle. Der Verzicht macht Appetit – auf das Leben.«[36]

Es geht also nicht um Fasten als Bußhandlung, in der das beschädigte Gottesverhältnis geheilt werden könnte, sondern um eine Praxis der Selbstformung und -findung, die ein bewussteres und erfüllteres Leben ermöglichen soll. Darin taucht der Horizont *coram Deo* etwas schemenhaft als Kommunikationsmöglichkeit auf: »In diesem Sinne bedeutet Fasten, Gott gegenüber eine fragende Haltung einzunehmen und zu hören, was er zu sagen hat.« Die einzige explizit religiöse Deutung ist ein inhaltlich unbestimmter Rezeptionshorizont:

---

[34] www.7wochenohne.evangelisch.de/content/fasten (angesehen am 17.1.2015).

[35] Ebd.

[36] Ebd.

»hören, was Gott zu sagen hat«. Die Inszenierung einer nicht-normativen Haltung gegenüber der Praxis des Fastens bleibt so inhaltlich unterbestimmt und lädt zugleich zur Auflösung bestimmter Ambivalenzen im Hinblick auf Lebenshaltungen und politische Kontexte ein.

Diese Auflösung wird programmatisch als ein Zugewinn an Authentizität und Intensivität beschrieben: weniger Scheu, mehr Risikobereitschaft, weniger Ehrgeiz etc. Hier wird die Bearbeitung der Ambivalenzkonflikte, die traditionell mit dem religiös motivierten Fasten verknüpft ist, zugunsten einer Auflösung aufgegeben. Entsprechend wird die Chance verspielt, mit der Fastenpraxis die Kultivierung von Ambiguitätstoleranz zu verknüpfen, was m.E. einen genuin religiösen Zugang zu dieser Praxis gerade in unserer gegenwärtigen Situation bedeuten könnte.[37]

#### *4.2.2 Subjektive Deutungen der Teilnehmenden*

Die subjektive Deutung der Motivation zum Fasten und die Erfahrungen im Prozess müssten eigentlich durch qualitative Interviews kombiniert mit quantitativen Erhebungen analysiert werden. Dies kann hier nur als ein Forschungsdesiderat angezeigt werden. Einen ersten Einblick in die Perspektive der Teilnehmenden ermöglichen allerdings die zahlreichen Briefe, die an das Fastenbüro geschrieben wurden und in denen Menschen zum Ausdruck bringen, was sie beim Fasten erleben.

Julia Koll arbeitet in diesen Briefen fünf Erfahrungsmomente heraus:

a) das Moment des inneren Widerstands und des inneren Ringens: ›Es graut mir meist ein bisschen davor‹,
b) die Stärkung des Selbstwertgefühls, das in der Fähigkeit zur Disziplin liegen kann: ›Ich schaffe es‹,
c) der Zugewinn von Freiheit, der im zumindest temporären Abschied von bestimmten Zwängen liegt, bis hin zum Ausstieg aus krankmachender Sucht: ›Mir wurde bewusst, wie viel Zeit ich täglich mit Fernsehen verbringe‹,
d) die Erfahrung einer neuen Lebensqualität: ›Ich bin beim Wesentlichen angekommen‹, ›Ich entdecke vieles neu‹,
e) und zuletzt lässt sich auch eine explizit religiöse Deutung von Verzicht als Bereicherung finden: ›Ich genieße die Fastenzeit sehr, um einen Lebensstil auszuprobieren, der mich Gott und den Nächsten näher bringt.‹[38]

Interessanterweise lässt sich in den dargestellten Deutungsmustern durchaus eine Konvergenz mit dem reformatorischen Fastenverständnis ausmachen,

---

[37] Vgl. zur Kultivierung von Ambiguitätstoleranz: ANDREA BIELER, Ambiguitätstoleranz und empathische Imagination. Praktisch-theologische Erkundungen, in: DIES./ HENNING WROGEMANN (Hrsg.), Was heißt hier Toleranz? Interdisziplinäre Zugänge, Neukirchen-Vluyn 2014, 131–145.

[38] Vgl. JULIA KOLL, ›Ich tue mir nichts an, ich gönne mir etwas‹. Fastenzeit als spätmoderne geistliche Übung, in: PrTh 49 (2014), 17–20.

das in der funktionalen Zweckbestimmung des moderaten Lebensstils und der Inszenierung eines inneren Ringens, das zu größerer Klarheit führen soll, liegt. Dies wird allerdings in vielen Briefen nicht in einem explizit religiösen Horizont verortet, sondern wird vielmehr als Projekt der Selbst-Transzendierung beschrieben. Dabei wird der Wunsch sichtbar, zumindest temporär aus den von Binswanger beschriebenen Tretmühlen des Glücks auszusteigen und Lebenssinn auf andere Weise zu erfahren. Diese alternative Sinnsuche impliziert ein Umkehr-Motiv, das meines Erachtens anschlussfähig ist, um in einen expliziten Deutungshorizont christlichen Lebens zurückgeholt zu werden. Hieran können die Kirchen anknüpfen.

Die vorgestellten Wahrnehmungen hinsichtlich der Kampagne *7 Wochen Ohne* zeigen sowohl auf der Ebene der inhaltlichen Profilierung als auch aus der Perspektive der subjektiven Deutungen der Teilnehmenden eine Vielzahl von Begründungsmustern, die zum Teil in Spannung zueinander stehen. Die Aktion artikulierte in den Anfangsjahren einen stärkeren politischen Begründungszusammenhang; in den Kampagnen der vergangenen Jahre treten verstärkt Projekte individueller Selbstoptimierung in den Vordergrund. Diese Fokussierung auf das Individuum lässt den Bezug auf die Gottesbeziehung und die ethische Ausrichtung einer Fastenpraxis verblassen. Auch wird das Ambiguitätspotenzial, das den verschiedenen Kampagnenthemen sowie der Praxis des Verzichts innewohnt, nicht genügend ausgelotet. Es bedarf weiterer empirischer Forschungen, in denen die Motivationen und die Erfahrungen der Teilnehmenden untersucht werden.

## LITERATUR

BIELER, ANDREA, A Susceptible Place: Performing Baptismal Identity, in: TAT-SIONG BENNY LIEW (Ed.), Reading Ideologies. Essays on the Bible & Interpretation in Honor of Mary Ann Tolbert, Sheffield 2011, 332–347.

– Ambiguitätstoleranz und empathische Imagination. Praktisch-theologische Erkundungen, in: DIES./HENNING WROGEMANN (Hrsg.), Was heißt hier Toleranz? Interdisziplinäre Zugänge, Neukirchen-Vluyn 2014, 131–145.

BINSWANGER, MATHIAS, Die Tretmühlen des Glücks. Wir haben immer mehr und werden nicht glücklicher. Was können wir tun?, Freiburg/Basel/Wien 2006.

BUCHINGER, OTTO, Das Heilfasten und seine Methoden als biologischer Weg, Stuttgart [24]2005.

Der Koran, Übersetzung von RUDI PARET, Stuttgart [12]2014.

EKARDT, FELIX, Das Prinzip Nachhaltigkeit. Generationengerechtigkeit und globale Gerechtigkeit, München [2]2010.

FREIBERGER, OLIVER, Der Askesediskurs in der Religionsgeschichte. Eine vergleichende Untersuchung brahmanischer und frühchristlicher Texte, Wiesbaden 2009.

HARMS, SILKE, Glauben üben: Grundlinien einer evangelischen Theologie der geistlichen Übung und ihre praktische Entfaltung am Beispiel der ›Exerzitien im Alltag‹, Liturgik und Hymnologie, Bd. 67, Göttingen 2011.

JOSUTTIS, MANFRED, Religion als Handwerk. Zur Handlungslogik spiritueller Methoden, Gütersloh 2002.

KAELBER, WALTER O., Asceticism, in: MIRCEA ELIADE (Ed.), Encyclopedia of Religion, Bd. 1, New York 1987, 441–445.

- Understanding Asceticsm – Testing a Typology: Response to the Three Preceding Papers, in: VINCENT L. WIMBUSH/RICHARD VALANTASIS (Eds.), Asceticism, New York 1995, 320–328.

KOLL, JULIA, ›Ich tue mir nichts an, ich gönne mir etwas.‹ Fastenzeit als spätmoderne geistliche Übung, in: PrTh 49 (2014), 17–20.

LAU, FRANZ, Art. Askese: V. In katholischer und protestantischer Ethik, in: $RGG^3$, Bd. 1 (1957), 644–648.

LUCKMANN, THOMAS, Die unsichtbare Religion, Frankfurt a.M. $^3$1996.

LUTHER, MARTIN, Der kleine Katechismus, in: Die Bekenntnisschriften der evangelisch-lutherischen Kirche, Göttingen $^3$1956.

- Wochenpredigten über Matth. 5–7. Das sechste Kapitel, in: D. Martin Luthers Werke. Kritische Gesamtausgabe. 32. Band, Weimar 1906, 407–472.

MAUSS, MARCEL, Die Techniken des Körpers, in: DERS., Soziologie und Anthropologie, Bd. 2, Gabentausch, Soziologie und Psychologie, Körpertechniken, Begriff der Person, Frankfurt a.M. 1997, 197–217.

MELANCHTHON, PHILIPP, Apologie der Konfession XV, in: Die Bekenntnisschriften der evangelisch-lutherischen Kirche, Göttingen $^3$1956.

RAHLWES, BJÖRN UWE/HAMMERSCHMIDT, THOMAS (Red.), Das Fastenlesebuch. Weniger kann mehr sein – Vom Reichtum des Verzichts im Angesicht des Überflusses, Frankfurt a.M. 2003.

RASCHZOK, KLAUS, Evangelische Aszetik. Zur Wiederentdeckung einer Disziplin der akademischen Praktischen Theologie und ihrer Forschungs- und Lehrgestalt, in: RALPH KUNZ/CLAUDIA KOHLI REICHENBACH (Hrsg.), Spiritualität im Diskurs. Spiritualitätsforschung in theologischer Perspektive, Zürich 2012, 13–36.

RUST, HANS, SCHEEL, OTTO, Art. Askese: IV. Askese und Sittlichkeit, in: $RGG^2$, Bd. 1 (1927), 577–583.

SCHMITZ, HERMANN, System der Philosophie, Bd. 2, Der Leib, Teil 1, Bonn 1998.

SEITZ, MANFRED, Art. Askese: IX. Praktisch-theologisch, in: TRE 4, 1/2, 250–259.

THOMAS, GÜNTER, Implizite Religion. Theoriegeschichtliche und theoretische Untersuchungen zum Problem ihrer Identifikation, Würzburg 2000.

ULLRICH, KARIN, Von einer Stammtischidee ..., in: BJÖRN UWE RAHLWES/THOMAS HAMMERSCHMIDT (Red.), Das Fastenlesebuch. Weniger kann mehr sein – Vom Reichtum des Verzichts im Angesicht des Überflusses, Frankfurt a.M. 2003, 247–254.

VALANTASIS, RICHARD, A Theory of the Social Function of Asceticism, in: VINCENT L. WIMBUSH/RICHARD VALANTASIS (Eds.), Asceticism, New York 1995, 544–552.

WEBER, MAX, Die protestantische Ethik und der Geist des Kapitalismus, in: DERS., Die protestantische Ethik I. Eine Aufsatzsammlung, Gütersloh 1981, 27–317.

# Weniger ist mehr?

## Systematisch-theologische Überlegungen zur gegenwärtigen Attraktivität der Askesethematik im Protestantismus[1]

*Elisabeth Hartlieb*

## 1. Dem zerstörerischen Überfluss entkommen

»Weniger ist mehr«, das einprägsame Oxymoron des Tagungstitels, ist formuliert aus der Perspektive der gegenwärtigen mitteleuropäischen Überflussgesellschaft. Die damit verbundene und vorherrschende Wachstumsideologie wird kritisch gesehen, gerade im Wissen darum, dass auch mitten in diesen global gesehen reichen Gesellschaften Armut vorhanden ist und Wohlstand sowie gesellschaftliche Güter keineswegs gleichmäßig verteilt sind. Die Frage nach Askese als biblischem und religiösem Lebensstil wird in dieser Perspektive gestellt vor dem Erfahrungshintergrund des Zuviel an bestimmten materiellen Gütern und dem Wissen um die destruktiven Folgen des ungebremsten Konsums für das Ökosystem der Erde wie auch für die menschliche Gesellschaft und die Einzelnen. Welche theologische und religiöse Bedeutung kommt der Erfahrung von Überfluss zu, der nicht zufrieden macht? Wie gehen wir um mit dem Wissen, dass der Überfluss der einen der Mangel und der Tod der anderen ist? Die Rückfrage nach asketischen Traditionen der Bibel und in der Christentumsgeschichte wie auch in der Gegenwart stellt sich vor diesem Hintergrund nicht als rein akademisch-theologische Forschungsfrage, sondern trägt einen Aktualitätsbezug.

Man kann der protestantischen Theologie nicht vorwerfen, dass sie diesem Aktualitätsbezug vorschnell nachgegeben habe. Vielmehr hat sich die protestantische Theologie Zeit gelassen, das Thema »Askese« aufzugreifen.[2] Der Phi-

---

[1] Der folgende Text ist die stark erweiterte Ausarbeitung eines mündlichen Beitrags, den ich als Tagungsbeobachterin am 24.8.2014 in Ratzeburg vorgetragen habe.

[2] Ein neu erwachtes Interesse an Aszetik in der evangelischen Kirche und Theologie lässt sich schon länger feststellen. Im Bereich der Praktischen Theologie nenne ich exemplarisch Sabine Bobert und Brigitte Enzner-Probst und weise auf die von den Kirchen aufgegriffene und geförderte Entwicklung der »Geistlichen Begleitung« hin, die inzwischen auch theologisch reflektiert und erforscht wird, vgl. Silke Harms, Glauben üben. Grundlinien einer evangelischen Theologie der geistlichen Übung und ihre praktische Entfaltung am Beispiel der »Exerzitien im Alltag«, Göttingen 2011 (zur Wiederentdeckung der Aszetik in der Evangelischen Theologie s. ebd., 10f.). Dieses Konzept der geistlichen Übung wird meist nicht unter dem Terminus »Askese« diskutiert, obgleich die griechische Wortbedeutung auch dieses Bedeutungsfeld umfasst.

losoph Thomas Macho ist schon 1994 in seinem kulturwissenschaftlichen Essay der »Frage nach der Aktualität des Verzichts« nachgegangen und hat die breite Attraktivität des Fastens in unserer Gesellschaft als Funktion des Konsums gedeutet.[3] Unter evangelischen Christen und Christinnen ist die Aktion »7 Wochen Ohne« zu einer Bewegung geworden, die den Verzicht in der Passionszeit in neuer Weise entdeckt hat.[4] Auch die Feuilletons nehmen sich inzwischen des Themas an. Die diskutierten Phänomene machen an Konfessionsgrenzen nicht Halt – und so stellt sich die Frage nach den Gründen der Attraktivität des Askese-Themas, nach der theologischen Deutung und Einschätzung gerade auch seitens protestantischer Theologen und Theologinnen. Dabei darf angesichts des neu erwachten positiven Interesses die distanziert-skeptische, ja negativ-kritische Haltung der evangelischen Theologie – nicht im Sinne einer überholten konfessionellen Engführung, wohl aber als Wahrnehmung prägender Traditionslinien – nicht übersehen werden.

Ich vermute, dass evangelische Theologinnen, die am Projekt einer gendersensiblen kontextuellen Theologie arbeiten, die sich gesellschaftlichen Herausforderungen stellt, eine ambivalente Einstellung zum Thema Askese mitbringen. Für moderne Protestantinnen ist Askese in der Regel ein Fremdwort in ihrem religiösen Erfahrungsschatz und gilt als religiös überwundene Praxis. Sie stehen hier geistesgeschichtlich in der neuzeitlichen philosophischen Tradition der Askesekritik, wie sie beispielsweise Immanuel Kant mit dem Begriff »Mönchsascetik« in der Metaphysik der Sitten zum Ausdruck bringt, indem er sie kritisch gegen die »Kultur der Tugend« abhebt, die einen »angenehmen Lebensgenuß« im Sinne Epikurs anstrebe.[5] Jahrzehntelang bildeten Dekonstruktion und Befreiung von einengenden, frauenfeindlichen und verzerrenden, ja idolatrischen Theologumena, von kirchlicher Liturgie und Sprache, kurz eine vehemente Kritik christlicher Traditionen und Bestände bis in die Kerngehalte hinein den Grundtenor und Leitimpuls des theologischen Arbeitens. Die Rezeption und Auseinandersetzung mit kultur- und sozialwissenschaftlichen Theorien und Diskursen der Gendertheorie stellen gewissermaßen eine starke Zugewandtheit zur »Welt« auf theoretischer Ebene dar. Themen wie geistliche Übungen oder Meditation erschienen dagegen besetzt durch eine konservative Theologie.

Dies hat sich indessen bei den Protagonistinnen selbst gewandelt. Asketische Übungen sind en vogue: Als Praxis säkularisierter Zeitgenossen, die für ihre Gesundheit fasten und um ihrer Fitness willen laufen, die einen Weg zur Erleuchtung oder zur Ekstase in esoterischen Meditationspraktiken suchen und mit ihrer Sehnsucht nach Gotteserfahrung längst außerhalb der etablierten Kirchen religiös unterwegs sind. Die Rückkehr der Askese zeigt sich darin, wie

---

3 THOMAS MACHO, Neue Askese? Zur der Frage nach der Aktualität des Verzichts, in: Merkur. Deutsche Zeitschrift für europäisches Denken 48 (1994), 583–593.

4 Vgl. den Beitrag von Andrea Bieler in diesem Band.

5 Vgl. IMMANUEL KANT, Werke in sechs Bänden, hrsg. von WILHELM WEISCHEDEL, Bd. IV, 625f., Darmstadt 1998.

häufig auch in evangelisch-christlichen Kreisen Gebet, Stille und geistliche Körperübungen gesucht und gelebt werden und wie breit inzwischen das Angebot an Kursen, Anleitungen und Literatur zu diesen Themen geworden ist. Die Sehnsucht nach Leere im Überfluss der Reize, nach Stille und Entschleunigung in der Hektik des Berufs- und Privatlebens verspüren viele Menschen. Meditieren, Beten, Fasten, Achtsamkeitsübungen und Yoga werden, so vermute ich, nicht allein von Pfarrerinnen und kirchlich hochgebundenen Gemeindegliedern geübt, sondern auch von wissenschaftlich arbeitenden Theologinnen.[6]

## 2. Askese und Armut

Im Unterschied dazu steht der Kontext der antiken Texte wie auch der heutigen indischen Gesellschaft: Hier bestimmen enorme Gegensätze von Armut und Hunger einerseits sowie von Luxus und kulturellem Raffinement einer gesellschaftlichen Elite andererseits das Umfeld der religiösen Askesepraxis und -theologie. Es ist nicht genug für alle da, nicht einmal genug Nahrung. Die alltägliche Erfahrung von Mangel, von Hunger und Not bestimmt das Leben der Bevölkerungsmehrheit – wie übrigens auch noch in Europa bis weit hinein in die frühe Neuzeit.[7] Vor diesem Hintergrund der Sehnsucht nach Fülle oder erst einmal nach leiblicher Sättigung erscheinen religiöse asketische Praktiken in einem anderen Licht. Die *basileia* Gottes als Vision von Gerechtigkeit, Frieden und Fülle für alle ist der Leitgedanke, dem asketische Praktiken der Jesusleute eingeordnet werden im Sinne eines radikalen Zeichens für oder als Aufbruch hin zur *basileia*, nicht aber als Selbstzweck, um Gottesbegegnungen oder Heiligkeit zu erlangen. Die indische Perspektive, die Pearly Walter in ihrem Beitrag eröffnet, ist der antiken darin vergleichbar, dass hier Armut bei der Bevölkerungsmehrheit und Reichtum bei einer Elite sich kontrastierend gegenüberstehen und Religion in großer Pluralität tief mit dem Alltagsleben verwoben ist.

## 3. Verzicht oder Übung?

Askese als Übung oder als Verzicht war eine Grundunterscheidung, die in der Diskussion immer wieder aufgegriffen wurde. Während das griechische Wort *askein* den positiven Aspekt des Tätigseins und der Übung wie auch den negativen Aspekt des Verzichts enthält und Bedeutungsschwerpunkte wie -wandlun-

---

6 Harms, Glauben üben, 9, erwähnt unter Verweis auf Sabine Bobert-Stützel, Frömmigkeit und Symbolspiel. Ein pastoralpsychologischer Beitrag zu einer evangelischen Frömmigkeitstheorie, Göttingen 2000, den Einfluss der feministischen Theologie auf das wiederbelebte Interesse an Aszetik in der evangelischen Theologie. Ich erinnere daran, dass es seit den Anfängen der feministischen Theologie auch die Linie der feministischen Spiritualität gibt, die sich eigenständig entwickelte und nicht entlang der Theoriebildung zu Gender (vgl. Annette Esser, Interkontexte feministischer Spiritualität. Eine enzyklopädische Studie in ökumenischer Perspektive, Münster 2007).

7 Vgl. Macho, Neue Askese?, 584.

gen je nach Zeitraum und Kontext zu konstatieren sind, gibt es im Lateinischen kein direktes Äquivalent, so dass je nach Übersetzung der negative Aspekt des Sich-Enthaltens (z.B. in *continentia* oder *abstinentia*) oder der positive Aspekt der Übung (*exercitatio*) dominiert.[8] Zur Erfassung der Phänomene kann allerdings nicht auf die Breite des griechischen Terminus verzichtet werden. Gerade indem beide Aspekte in der Deskription differenziert, aber nicht getrennt werden, präzisiert sich das Bild. Die Einheit liegt nicht auf der Ebene der einheitlich positiv als Übung oder negativ als Verzicht zu beschreibenden Phänomene sondern in einer Zielbestimmung, auf die hin die asketische Praxis ausgerichtet ist bzw. in der Motivation, aus der heraus sie betrieben wird. Dem entspricht die Beobachtung, dass im Kontext der Antike das Christentum keineswegs eine eigene asketische Praxis erfunden hat.[9] In diesem Sinn kann auch für die gegenwärtige Wiederkehr der Askese in den spätmodernen Überflussgesellschaften beobachtet werden, dass sich nicht unbedingt die asketischen Praxen streng unterscheiden oder voneinander abgrenzen lassen, dass sie aber durchaus in unterschiedliche Begründungszusammenhänge eingebettet sind. So kann eine verbreitete Askesepraxis wie der Verzicht auf Fleisch religiös, tierethisch, ökologisch oder diätetisch begründet sein, und im Einzelfall sind auch Mehrfach-Motivationen erkennbar.

## 4. Kriterien für »richtige« oder »falsche« Askese? Die Frage einer normativen Bestimmung

Aus meiner Sicht erbringt der differenzierte Blick über zeitliche und geographische Räume die Einsicht, dass anregende heuristische Konzepte nicht gänzlich auf ein inhaltliches, materiales Kriterium oder Bestimmungselement im Begriff der Askese verzichten sollten und gerade damit die Diskussion beflügeln. Richard Valantasis fragt nach der sozialen und politischen Funktion von asketischen Praktiken und stellt die Leitfrage nach dem Verhältnis von Askese zur Mehrheitsgesellschaft. Mittels des Performanz-Konzepts versteht Valantasis Askese als alternative gesellschaftliche Praxis: »Ascetism may be defined as performances designed to inaugurate an alternative culture, to enable different social relations, and to create a new identity. [...] By the systematic training and retraining, the ascetic becomes a different person molded to live in a different culture, trained to relate to people in a different manner, psychologically motivated to live a different live.«[10] Mit Bezug auf diese soziopolitische Funktionsbestimmung von Askese wurde im Verlauf der Tagung im-

---

[8] Vgl. Henriette Harich-Schwarzbauer, Art. Askese I. Religionsgeschichtlich, in: RGG$^4$ 1 (1998), 830f.

[9] »Die christliche Askese hat keine eigene Praxis erfunden, sie kann nur eine eigene Begründung und Zielsetzung beanspruchen.« Karl Suso Frank, Art. Askese IV. Frömmigkeitsgeschichte, in: LThK 1 (1993), 1079.

[10] Richard Valantasis, A Theory of the Social Function of Ascetism, in: Vincent L. Wimbush/Richard Valantasis (Eds.), Ascetism, Oxford/New York 1995, 544–552; hier: 548.

mer wieder diskutiert, ob und gegebenenfalls in welcher Weise die Position und das Selbstverständnis asketischer Bewegungen und Gruppen sich affirmierend oder kritisch zur Mehrheitsgesellschaft bestimmen lässt. Diese Fragestellung konvergiert mit der Frageperspektive des Tagungsthemas, das im o.g. Sinn nach dem gesellschaftskritischen und widerständigen Potential von gegenwärtigen wie historischen Askesekonzepten bzw. asketischen Praktiken angesichts des Konsumismus und der kapitalistischen Wachstumsidee fragt.

Während bei einigen antiken Gruppierungen vermutet werden kann, dass eine asketische Praxis und die theologische Vision verbunden sind mit einer distanzierten Haltung zur Mehrheitsgesellschaft und diese Gruppen eventuell sogar als widerständig interpretiert werden können,[11] sieht Pearly Walter die asketische Praxis in Indien sehr kritisch, da sie von einer starken Körperfeindlichkeit und Frauenverachtung geprägt sei und einen großen Beitrag zur Diskriminierung von Frauen leiste. Walter betont aus dieser Sicht auch das befreiende Potential einer gesellschaftlichen Säkularisierung. Sie hebt das Befreiungsmoment hervor, das insbesondere für Frauen gegeben ist, die in einer Kultur leben, in der asketische religiöse Traditionen tief verwoben sind mit sexistischen und Frauen abwertenden Konzepten. Dagegen ist im säkularen Mitteleuropa eine gegenläufige Bewegung zu konstatieren: Parallel und auch direkt verbunden mit der Wiederentdeckung asketischer Praxis gibt es auch ein vertieftes Interesse an Religion bzw. Spiritualität.

Auch der Bezug auf Michel Foucaults Konzept der »Technologien des Selbst« mit dem Ziel der Selbstermächtigung, Selbstregulierung und Selbstkontrolle ermöglicht die Frage nach der »Macht der Askese« zu stellen und gibt damit ein kritisches Analysekonzept an die Hand, enthebt jedoch noch nicht von der normativen Frage. In der aktuellen Frage, ob weniger mehr sein könne und ob biblisch und religiös Askese als Lebensstil gerade für die protestantische Theologie neues Gewicht erhalten könne, führt die simple Alternative von Verzicht versus Genuss, säkularer Weltzugewandtheit versus weltverneinender Gottesschau nicht weiter.

Umso wichtiger erscheint mir die Reflexion auf die Begründungszusammenhänge, in die asketische Praxen eingebettet werden einerseits wie auch die kritische Rückfrage auf die Einbettung in Machtdispositive andererseits: Spiegelt sich in der asketischen Praxis affirmierend die Mehrheitsposition oder eröffnet Askese individuell wie kollektiv kreative Freiräume und Widerstandspotentiale? Welches Befreiungspotential kann Askese entbinden und welche destruktiven Omnipotenzphantasien begrenzen? Wo verbinden sich allerdings auch Askesepraktiken selbst wieder mit einem destruktiven Umgang und unbegrenzten Machtphantasien?

---

11 Vgl. die Beiträge von Silke Petersen und Angela Standhartinger in diesem Band.

## 5. Aspekte zeitgenössischer Askese

Andrea Bielers Vorschlag, zeitgenössische asketische Phänomene und Bewegungen mit dem Modell von Marcel Mauss genauer zu erfassen, erscheint mir hilfreich, um weitere Aspekte der Tagungsdebatte zu benennen und einzuordnen. Ich habe jedoch nicht den Anspruch, ein ausgearbeitetes Konzept auf der Basis des Mauss'schen Modells vorzustellen, vielmehr verwende ich seine Kategorien zur schlaglichtartigen Sortierung.

### 5.1 Dichte Beschreibung der Praxis I: Die neue (innerweltliche) Askese

Ausgangspunkt für die Aspekte, die ich hervorheben möchte und für die Verbindungslinien, die ich ziehe, ist die Situation der mitteleuropäischen, säkularen Überflussgesellschaft und die damit verbundene Kritik des Konsumismus und der Idee eines grenzenlosen Wachstums. Damit nehme ich eine zeitliche und räumliche Konzentration vor, die mir als Systematikerin fruchtbar erscheint.

»Wer mit permanenter Fülle konfrontiert wird, sehnt sich nach Leere: nach einer Erlösung vom Zwang, alle Genussangebote akzeptieren zu müssen.«[12] konstatiert Thomas Macho 1994 und stellt die These auf, dass der gegenwärtigen Gesellschaft das Bewusstsein für die elementare Differenz von »Leere« und »Fülle« verloren gegangen sei. Ob diese These angesichts der wachsenden Armut und zunehmenden Polarisierung von Arm und Reich innerhalb unserer Gesellschaft eingeschränkt werden müsste, will ich dahingestellt sein lassen. Unbestreitbar weist Macho auf einen weit verbreiteten gesellschaftlichen Trend zum »innerweltlichen« Verzicht hin. Menschen unterwerfen sich einem Verzicht auf Nahrung, begrenzen ihren materiellen Konsum oder geben sich körperlichen Übungen hin – nicht um ihres Seelenheiles willen oder um das Gottesreich aufzubauen, sondern aus unterschiedlichsten Motiven heraus.

Einen Teil der aktuellen Trends zum Verzicht betrachte ich mit Macho als Funktion der Überflussgesellschaft. Hier wird der Verzicht unter dem Motto »Weniger ist mehr« mit dem Ziel der Genussintensivierung und -optimierung geübt.[13] Macho zeigt in seinem Essay überzeugend auf, wie der Imperativ der Konsumgesellschaft zum unablässigen Genießen angesichts materieller Überfülle den zeitweiligen Verzicht bestimmter Genüsse generiert mit dem Ziel, die Genussfähigkeit wieder herzustellen oder zu optimieren.[14]

---

[12] Macho, Neue Askese?, 583.

[13] Dazu scheint mir passend, dass dieses inzwischen weit verbreitete Motto, das in dieser Formulierung zuerst im 19. Jahrhundert bei Robert Browning (1812–1889) nachgewiesen ist, dort im künstlerischen Kontext erscheint: Wahre Kunst vollendet sich nicht in der Quantität der Werkproduktion sondern in ihrer Qualität – so die Erkenntnis des Malers Andrea del Sarto in Brownings gleichnamigem Epos. In eine ähnliche Richtung tendiert der künstlerische Minimalismus mit dem Leitgedanken, Vollendung zeige sich auch darin, dass nichts mehr weggelassen werden könne. Vgl. Robert Browing, Andrea del Sarto, Representative Poets Online (https://tspace.library.utoronto.ca/html/1807/4350/poem264.html, hier Zeile 78, letzter Zugriff am 8.6.2015).

[14] Auf diesem Hintergrund funktioniert auch das mit dem Red-Dot-Award ausgezeichnete Werbeplakat von »Brot für die Welt«, das eine Schale mit wenigen Reiskörnern

Auch die zahlreichen Phänomene, die der Gesundheits- und Fitnesswelle zuzurechnen sind, tragen einen gewissen asketischen Charakter. Dabei ist jedoch in der Regel nicht die Genussfähigkeit angestrebt. Intendiert wird vielmehr körperliche Gesundheit und geistige Leistungsfähigkeit, seelische Ausgeglichenheit und Stressabbau durch regelmäßige Leibesübungen, Einhaltung bestimmter Regeln der Nahrungsaufnahme oder Meditationspraktiken. Beruflichen und letztlich auch persönlichen Erfolg haben nur diejenigen, die den Herausforderungen und Anstrengungen der Leistungsgesellschaft körperlich, seelisch und geistig gewachsen sind, indem sie sich einem entsprechenden Training unterziehen, so lautet das innerweltliche Credo. Körperliche Übungen wie Laufen, Yoga, Gymnastik, Fitness-Training, oft genug verbunden mit der Motivation der Gesundheitspflege, scheinen mir nicht generell unter asketischen Vorzeichen im engeren Sinn zu stehen. Hier könnte Machos Leitgedanke eines kulturellen Erfahrungsverlustes angemessener zur Beschreibung sein. Eine genauere Betrachtung würde m.E. erweisen, dass diese körperlichen Übungen die vielen Menschen im Alltag nicht mehr zugängliche Dimension körperlicher Anstrengung und das danach ausgelöste Gefühl wohliger Entspannung wieder zugänglich machen.

Als dritten Aspekt der »neuen Askese« zähle ich den Bereich von Zeitmanagement und Lebensplanung. Der Verzicht auf Langsamkeit und Muße zugunsten eines durchgeplanten Tagesablaufs, die Ausmerzung »unproduktiver« Zeiten und die Zielorientierung, die oft genug noch mit dem deuteropaulinischen Zitat »Kaufet die Zeit aus« affirmiert wird,[15] dient nun jedoch nicht der Einstellung auf die baldige Parusie, sondern ist mit einem individuell optimierten Lebensplan verbunden, der zur Erfüllung der persönlichen Wünsche und Lebensziele führen soll. Zu Fleiß, Ausdauer und Disziplin beim Arbeiten ist in dieser Form der immanenten Askese ein physiologisch, psychologisch und kybernetisch hoch entwickeltes System des Selbstmanagements hinzugekommen. Angestrebt wird damit nicht mehr, wie noch in Max Webers These der »innerweltlichen Askese«, die Vergewisserung des göttlichen Segens und der Erwählung im weltlichen Beruf. Vielmehr kann dieses asketische Selbstmanagement, unter dem Wegfall jeglichen Transzendenzhorizontes, als maximale Nutzung der zur Verfügung stehenden individuellen Lebensmöglichkeiten und Lebenszeit gesehen werden.

## 5.2 Dichte Beschreibung der Praxis II: Die Wiederentdeckung der geistlichen Übung

Einen eigenen Strang der Askese-Thematik bildet das zunehmende Interesse an geistlichen Übungen, das inzwischen auch im lutherischen Protestantismus zu beobachten ist.[16] Hier spielen m.E. mehrere Motive zusammen: Zum einen

---

zeigt und darüber den Satz: »Weniger ist leer«. (www.weniger-ist-leer.de, letzter Zugriff am 8.6.2015).

15 Vgl. Kol 4,5 und Eph 5,16.

16 Die frömmigkeitsgeschichtliche Tradition führt theologisch über die Betonung der Heiligung als Lebensgestaltung im Pietismus sowie im Methodismus zu den Heiligungs-

führt die Suche nach zeitgemäßen Formen gelebter Frömmigkeit vor dem Hintergrund der religiösen Individualisierung und des Traditionsverlustes zu einer großen Offenheit, althergebrachte Formen geistlicher Übungen wie die ignatianischen Exerzitien, die ostkirchliche Tradition des Herzensgebets oder die Spiritualität der Wüstenväter wieder zu entdecken und für die Moderne zu adaptieren.[17] Zum anderen zeigt sich in den vielgestaltigen Kontemplationsgruppen, Fastenangeboten, Schweige- und Meditationsretraiten, Pilgerwegen u.a.m. ein Hunger nach spiritueller Erfahrung oder auch bewusst nach Gotteserfahrung seitens vieler Kirchenmitglieder wie auch nicht kirchlich gebundener Menschen. Die evangelischen Landeskirchen reagieren mit der Einrichtung entsprechender Zentren und der Förderung des Angebots an »geistlicher Begleitung« auf allen Ebenen.[18] Ganz offensichtlich hat sich hier ungeachtet der Askese-Skepsis der liberalen protestantischen Theologie des 19. und 20. Jahrhunderts und neben der säkularen Kultur eine eigene Nische christlicher Spiritualität ausgebildet, die seit einigen Jahren bewusst von den Kirchen rezipiert und gefördert wird.

Beachtenswert scheint mir, dass auf der Ratzeburger Tagung Fasten als asketische Praxis intensiver diskutiert wurde als Sexualaskese, obgleich auch bei letzterer Gegenwartsphänomene analysiert werden könnten, nicht nur zahlreiche historische Beispiele. Dies führe ich nicht allein auf die Schwerpunktsetzung einiger Beiträge zurück. Möglicherweise zeigt sich hier eine intuitiv hergestellte Verbindung zwischen dem Verzicht auf konsumistische Verhaltensweisen und der Kritik an der Überflussgesellschaft, die sexuelle Enthaltsamkeit (noch) nicht als positive Möglichkeit im Sinne eines »weniger ist mehr« versteht, weil die Geschichte der christlichen Körperabwertung und Sexualfeindlichkeit in der Gegenwart noch wirkmächtig ist.

## 6. Begründungszusammenhänge

### 6.1 Askese zur Selbstoptimierung

Die asketische Praxis mit dem Ziel der Selbstoptimierung und auch zur Lustintensivierung habe ich bereits unter dem Punkt »Dichte Beschreibung« entfaltet und auf die kulturwissenschaftliche Analyse und Deutung von Thomas Macho verwiesen. Im Blick auf die Leitfrage, ob hier Askese eher der Affirmierung der Mehrheitsgesellschaft oder der Distanzierung dient, wurde diese

bewegungen des 19. Jahrhunderts, die in Europa im Unterschied zu den USA weniger politisch und sozial sondern rein religiös ausgerichtet waren.

[17] Vgl. z.B. Sabine Bobert, Seelsorge in der Postmoderne. Mentales Coaching, Heilung und Mystagogie, in: WzM 63 (2011), 258–272.

[18] Vgl. z.B. Dorothea Greiner u.a. (Hrsg.), Wenn die Seele zu atmen beginnt... Geistliche Begleitung in evangelischer Perspektive, Leipzig $^{2}$2007; Claudia Kohli Reichenbach, Gleichgestaltet dem Bild Christi. Kritische Untersuchungen zur Geistlichen Begleitung als Beitrag zum Spiritualitätsdiskurs, Berlin/New York 2011; Harms, Glauben üben, 2011.

Motivation auf der Tagung durchgängig kritisch gesehen. Die zahlreichen Beispiele dafür, wie stark asketische Praktiken der Selbstoptimierung und Genusssteigerung im Trend der Mehrheitsgesellschaft liegen und vorherrschende Einstellungen affirmieren, waren in der Diskussion präsent. Die Kritik an dieser Motivation knüpft m.E. an die askesekritische Linie der protestantischen Theologie an.

### 6.2 Askese als ökologische Weltkultur?

Carl Friedrich von Weizsäcker hat bereits 1978 die Frage aufgeworfen, ob wir als Konsequenz der Erkenntnis von den Grenzen des Wachstums auf unserem Planeten einer asketischen Weltkultur entgegen gehen.[19] Von Weizsäckers Vision einer demokratischen Askese formuliert den Gedanken eines ökologisch verträglichen Lebensstils, der Elemente des Verzichts als notwendig und positiv bewertet, mit dem Ziel, den Güterverbrauch zu reduzieren und die Wachstumsgesellschaft zu transformieren. Weizsäckers positive Erneuerung des Askese-Gedankens wurde u.a. von der theologischen Ethik aufgegriffen: »[D]ie Einsicht in die Notwendigkeit des Verzichts als Bedingung des Überlebens, eines sorgsamen und sparsamen Umgangs mit der Natur, das Gebot der ›Frugalität‹ führe zu einer Neubewertung der Askese«, schreibt Martin Honecker und verweist auf die Forderung nach einem »alternativen Lebensstil«, die seit der Weltkirchenkonferenz von Nairobi 1975 erhoben werde.[20] Mehr als drei Jahrzehnte nach von Weizsäckers Aufsatz scheinen diejenigen gesellschaftlichen Minderheiten, die diese ökologisch motivierte Askese als alternativen Lebensstil zu entwickeln suchten und praktizierten, nicht sonderlich von dem kulturwissenschaftlichen Diskurs über die neue Askese beachtet zu werden. Die ökologische Herausforderung indes hat sich nicht erledigt und damit ebenso wenig die Frage einer asketischen Weltkultur.[21] In der gegenwärtigen gesellschaftlichen Wahrnehmung erscheint indes eine rein ökologisch motivierte Lebensstilpraxis eher selten. Öfter verbindet sich die ethisch ausgerichtete ökologische Begründung mit anderen Motivationen, beispielsweise mit einer im weiteren Sinn religiösen oder spirituellen Einordnung.

### 6.3 Askese als »Körperpraxis coram Deo«

Ich greife Andrea Bielers Formulierung der »Körperpraxis *coram Deo*«[22] auf. In diesem Sinne stehen asketische Praktiken im Vordergrund, die explizit in einen, wenn auch durchaus weiten, religiösen Rahmen eingeordnet werden, weil ein Bezug zu Spiritualität oder Glauben erkennbar ist. Beispielhaft wurde auf der Tagung das Fasten als exemplarische Körperpraxis *coram Deo* (im

---

[19] CARL FRIEDRICH VON WEIZSÄCKER, Gehen wir einer asketischen Weltkultur entgegen?, in: DERS., Deutlichkeit. Beiträge zu politischen und religiösen Gegenwartsfragen, München 1978, 56–86.

[20] MARTIN HONECKER, Einführung in die Theologische Ethik, Berlin/New York 1990, 92.

[21] Vgl. auch VOLKER STÜMKE, Sind wir einer asketischen Weltkultur näher gekommen?, in: BThZ 17 (2000), 85–107.

[22] Vgl. dazu Andrea Bieler in diesem Band.

Unterschied zur Praxis der Selbstoptimierung und Lustintensivierung) diskutiert. Dabei ist es m.E. heuristisch fruchtbar, auf die Verbindung des Fastens mit weiteren spezifisch religiösen Praktiken zu achten, vor allem auf die Verbindung von Fasten und Beten. In diesem Zusammenhang betrachte ich Kallistos Wares Verständnis von Askese als anregend: Askese sei kein elitäres Unternehmen, sondern eine Berufung für alle Christinnen und Christen, und gehöre zu wahrer Menschlichkeit.[23] Ware bezieht sich mit seiner These auf die frühchristlichen griechischen Väter und auch auf ostkirchliche Traditionen. Zentral ist die Bedeutung des Gebets und das Konzept, dass das Gebet wie auch der asketische Rückzug in die Einsamkeit der Wüste als Ort der Gottesbegegnung und der Konfrontation mit den Dämonen jeweils spirituelle Wächteraufgaben erfüllen, um die Welt zu bewahren und Verbindungen zwischen Gott und der Welt zu etablieren, um sie bewohnbarer zu machen.[24]

Ebenso scheint es mir lohnenswert, hier die Unterscheidung des Paulus zu reflektieren, die er in 1Kor 7 trifft, wenn er die Frage von Ehelosigkeit bzw. Enthaltsamkeit diskutiert und keine allgemeine Sorglosigkeit propagiert, sondern vielmehr zwischen der Sorge um »die Dinge des Herrn« und derjenigen um »das Gehabe der Welt« unterscheidet.[25] Paulus benennt mit dieser Unterscheidung ein inhaltliches Kriterium, dem eine asketische (Körper-)Praxis seiner Meinung nach unterliegt.

### 6.4 Askese als Weg zur Gottesbegegnung (subjektive Dimension)

Eher knapp wurde auf der Tagung die Frage diskutiert, in welcher Weise asketische Praktiken dem Ziel der Gottesbegegnung dienen. M.E. könnte hier möglicherweise die Befürchtung hinderlich gewirkt haben, asketische Praxis könne als »Werkgerechtigkeit« verstanden werden, dergestalt dass der Wille zur Selbstoptimierung in diesem Falle nicht immanent die Steigerung der innerweltlichen Selbstwirksamkeit zum Ziel habe, sondern sich auf ein transzendentes Ziel richte. Systematisch-theologisch gilt es jedoch, nicht bei der bekannten Kritik zu verharren, sondern diese Thematik weiter zu entwickeln, indem der Glaubensbegriff reicher und differenzierter entfaltet wird. Während die protestantische Theologie in hoher Reflexivität den Glaubensbegriff kognitiv bearbeitet hat, ist die Verbindung zur affektiven Dimension des Glaubens deutlich schwächer entfaltet – sowohl theoretisch wie in der kirchlichen Praxis.

---

[23] KALLISTOS WARE, The Way of the Ascetics: Negative or Affirmative?, in: VINCENT L. WIMBUSH/RICHARD VALANTASIS (Eds.), Ascetism, Oxford/New York 1995, 3–15; hier: 12. Ware zeigt anhand der zentralen Begriffe *Anachoresis* und *Enkrateia* auf: »askēsis signifies not simply a selfish quest for individual salvation but a service rendered to the total human family; not simply the cutting off or destroying of the lower, but much more profoundly, the refinement and illumination of the lower and its transfiguration into something higher.«.

[24] Vgl. WARE, Way, 7f.

[25] Vgl. den Beitrag von Christine Gerber in diesem Band. Zu berücksichtigen ist m.E. selbstverständlich der paulinische Kontext und sein Verständnis des sexuellen Begehrens wie der *Enkrateia* als Charismen, um kurzschlüssige Engführungen zu vermeiden.

Eine eigene systematisch-theologische Arbeit zum Thema Askese halte ich daher für geboten. Im Blick auf die subjektive und individuelle Dimension kann die katholische Theologie für sich beanspruchen, bereits Vermittlungsarbeit geleistet zu haben.[26]

### 6.5 Askese im Dienste der basileia (soziale Dimension)

Was die soziale Dimension betrifft, so erscheint mir hier sehr anregend, worauf Angelika Strotmann mit ihrem Beitrag aufmerksam gemacht hat. In der jesuanischen Tradition wird die asketische Praxis eng an die *basileia* geknüpft und steht in ihrem Dienst. Die Vision der göttlichen Fülle für alle, insbesondere jedoch für die Armen, Inklusion statt Marginalisierung charakterisieren die Gottesherrschaft. Kommunikation und soziale Kontakte und nicht Rückzug ins Selbst profilieren den Weg der Jesusnachfolgenden. Aus der Ethik der Bergpredigt wurden in der Theologiegeschichte die Gebote der Nächsten- und der Feindesliebe rezipiert; insbesondere der Gedanke der Reinigung, der Selbstverleugnung und des Leidens fand große Resonanz im sich herausbildenden Mönchtum des vierten Jahrhunderts. Weit weniger jedoch wurde der Aufruf zum Verzicht auf gesellschaftlichen Status und auf Aggression in der Christentumsgeschichte wirksam. Im Hinblick auf das Konzept, dass die asketische Praxis im Dienste der *basileia* zu stehen habe, lässt sich fragen, wie eine Askese des Status- und Aggressionsverzichts im Alltagsleben oder auch als ritualisierte Körperpraxis *coram Deo* gestaltet sein könnte.

## 7. THEOLOGISCHE PERSPEKTIVE: »EVANGELISCHE ASKESE – ALS ZEITGEMÄSS GELEBTER CHRISTLICHER GLAUBE«

### 7.1 Die »Askese-Skepsis« der protestantischen Theologie

Protestantische Theologie trägt in ihrer Entstehungsgeschichte eine gewisse Distanz und Kritik gegenüber asketischen Traditionen mit sich, die aus der Herkunft aus dem und der Abwendung Luthers vom Mönchtum rührt. In der mittelalterlichen monastischen Tradition hat die christliche Askese ihre prägende institutionalisierte Form ausgebildet, die wiederum von der Reformation bekämpft wurde. Martin Luther hat im Kloster selbst diese Mönchsaskese eifrig betrieben. Im Zusammenhang mit seinem Ringen um einen gnädigen Gott und der Entdeckung der Rechtfertigung aus Glauben hat er sie jedoch als religiösen Weg der Selbsterlösung heftig kritisiert, und diese Kritik wird in den reformatorischen Bekenntnisschriften aufgenommen: Durch Fasten u.ä. werden »die Gnad Christi und die Lehr vom Glauben verdunkelt« bzw. die Gewissen beschwert.[27] In der Folge bedeutet dies, dass jede asketische Praxis im

---

[26] Ich denke hier z.B. an ANSELM GRÜN, Art. Askese V. Systematisch-theologisch, in: LThK 1 (1993), 1080–1082. Grün versteht Askese als Weg der Wandlung, der explizit die Affekte mit einbezieht.

[27] »... obscurata est doctrina de gratia et iustitia fidei« CA 26, BSLK, 102.

Protestantismus dogmatisch gegen den Verdacht der Werkgerechtigkeit ankämpfen muss.

Im Bereich der Ethik wurde die monastische Lebensweise als Ethos der Weltentsagung oder gar der Weltverneinung im Gegensatz zum Ethos der christlichen Weltverantwortung von den Reformatoren abgelehnt. Dennoch wird der Gedanke der Einübung eines christlichen Lebenswandels durch Beten und Fasten aufrechterhalten.[28] Allerdings wird mit der Ablehnung des Mönchtums und des Klosterlebens die Hauptlinie der christlichen Askesetradition, ihre Praxis und Weitergabe aus dem Protestantismus weitgehend ausgeschieden bzw. an den Rand gedrängt. Theologisch entfällt damit auch weitgehend die Reflexion der Thematik im Sinn ihrer Rezeption und systematischen Weiterentwicklung.[29]

Das gesellschaftliche Phänomen der »neuen Askese« wird theologisch gerne kritisch wahrgenommen. Als vollkommen individualisierte, immanente Praxis der personalen Selbstoptimierung und Genussoptimierung im Rahmen einer leistungsorientierten Konsumgesellschaft werden asketische Verhaltensweisen wie Fasten und Diäten, Fitness und Körperübungen auf der vertrauten Linie als Streben nach immanenter Selbsterlösung gedeutet und kritisiert. Dennoch scheint mir diese kritische Distanzierung zu einseitig, weil die Motivationen und Phänomene nicht unbedingt eindeutig sind. Dies zeigt sich insbesondere bei einer genaueren Betrachtung des genuin evangelischen Projekts »7 Wochen Ohne«, das im Zeitraum von dreißig Jahren zu einer Fasten-Bewegung angewachsen ist, an der inzwischen in der Zeit von Aschermittwoch bis Ostern ca. drei Millionen Menschen teilnehmen.

### 7.2 Protestantische Wiederentdeckung der Askese: Suche nach der affektiven Dimension des Glaubens

Bei den Teilnehmenden des Projektes »7 Wochen Ohne« überschneiden und vermischen sich empirisch gesehen viele Motivationen und Konzepte. So haben die Initiatorinnen und Initiatoren durchaus ein religiös-politisches Ver-

---

[28] Zur Ablehnung des Zölibats vgl. CA 23, sowie der monastischen Fasten- und Gebetspraxis zugunsten des »weltlichen« Tuns vgl. CA 27. Das Leitargument lautet, ganz im Sinne der Rechtfertigungslehre, dass das Einhalten menschlicher Traditionen keine Gnade bewirke. Verwiesen wird auf Mt 15,9 (Jesu Kritik an den Pharisäern) sowie Röm 14,17; Kol 2,16; Apg 15,10f. CA 27 widmet sich ausführlich der Verzerrung und dem Missbrauch der monastischen Gelübde, der sie letztendlich ungültig mache (BSLK, 110–119). Dagegen wird »leibliche(r) Übung als Fasten und ander Arbeit« (CA 26) als eine stetige Praxis gebilligt, die Ursachen der Sünde bekämpfe, d.h. im Sinn einer ständigen ethischen Disziplinierung (BSLK, 105f). Dies entspricht der anderen Bewegung der Reformation, elitäre asketische Ideale wie die Bußgesinnung und damit verbundene Verhaltensweisen zu demokratisieren als Lebensweise für alle Christen und Christinnen.

[29] Bezeichnend dafür ist der Aufbau des TRE-Artikels »Askese«, der nach der Behandlung des Gegenstandes im Mittelalter und bei Luther lediglich auf die neuere katholische Diskussion eingeht und die praktisch-theologische Perspektive darstellt. Eine eigene systematisch-theologische Reflexion fehlt, vgl. JAN BERGMAN u.a., Art. Askese, in: TRE 4 (1979), 195–259; hier: 241f.

ständnis ihres Projektes, weil es ihnen um die persönliche wie gesellschaftliche Auseinandersetzung mit der kapitalistischen Wachstumsideologie geht, um die Suche nach einem guten Leben, das einen ökologisch verträglichen Lebensstil beinhaltet – und dies auf der Basis des christlichen Glauben, der dadurch zugleich lebensweltliche Einbettung und Bedeutsamkeit zurückgewönne. Glauben und evangelische Glaubensgewissheit werden dabei nicht rein kognitiv aufgefasst, sondern als kognitive und affektive Phänomene, die sich körperlich und sozial ausdrücken.[30]

Während die kognitive Dimension des Glaubens in der evangelischen Theologie wie in der kirchlichen Praxis über die starke Bindung an das (biblische) Wort gut verankert ist, scheint die affektive Seite weniger klar eingebunden. Nonverbale, die Affekte ansprechende Frömmigkeitspraxen wurden nicht selbstverständlich gepflegt und die Arbeit an und mit den Affekten als Dimension des Glaubens in der theologischen Reflexion vernachlässigt. Das kritische Moment im Selbstverständnis der evangelischen Freiheit wurde gesellschaftlich verstärkt durch die Individualisierung der Moderne und den damit verbundenen Traditionsabbruch. Der Verlust alltagspraktischer Frömmigkeit ist deshalb im Bereich des Protestantismus größer, damit aber auch der Verlust der affektiven Glaubensdimension. In den letzten Jahrzehnten tritt dies als Leerstelle in der protestantischen Theologie und im Leben der einzelnen Christinnen und Christen zunehmend hervor. Projekte wie »7 Wochen Ohne« reagieren darauf m.E. mit einem Angebot, das überraschend viele Menschen anspricht.

Offensichtlich tangieren Körperpraxen wie Fasten die affektive Dimension stark und ermöglichen eine »mehr als kognitive« Glaubenserfahrung. Die traditionelle religiöse Praxis des Fastens wird dabei erweitert und bezogen auf andere Aktivitäten und Verhaltensweisen, die Suchtpotenzial enthalten. Dabei wird – verstanden als evangelische Freiheit – den Einzelnen anheimgestellt, in welcher Weise sie ihre Fastenpraxis konkret bestimmen bzw. wählen. In eine ähnliche Richtung weist das starke Interesse an weiteren körperbezogenen religiösen Angeboten wie Exerzitien, Kontemplation oder Pilgern. Unübersehbar machen hier evangelische Angebote Anleihen bei der katholischen Tradition und zahlreiche evangelische Christinnen und Christen nehmen katholische Angebote wahr.

## 7.3 Askese als »unterbrechende Körperpraxis coram Deo«

Andrea Bielers Deutung, dass Fasten als Körperpraxis einen Ambivalenzraum eröffnen könne, erscheint mir in diesem Zusammenhang weiterführend. Theologisch ermöglicht der Gedanke, dass durch Eröffnen von Ambivalenz fest gefügte und als problematisch betrachtete Verhaltens-, Gefühls- und Denkmuster in Bewegung geraten, eine Vermittlung zum Verständnis von Glauben als gnadenhaftem Geschenk. Nicht das Fasten als körperliche Übung ruft

---

[30] Dennoch sind die einzelnen Kampagnen des Projekts individualistisch ausgerichtet und sprechen einzelne Menschen an. Bei weitem nicht alle machen Gebrauch von der Vernetzung in Fastengruppen, die vorgeschlagen und unterstützt wird.

Glauben und religiöse Erfahrung hervor, sondern es unterbricht festgefahrene Alltagsroutinen. Die Unterbrechung, z.B. in Gestalt einer Fastenzeit, schafft einen Ambivalenzraum, in dem Neues entstehen kann.

Die asketische Körpertechnik hätte in diesem Sinn ihre Ausrichtung darin, Alltagsroutinen immer wieder zu unterbrechen und dadurch der letztlich unverfügbaren Gnade Öffnungen zu schaffen, die nicht nur kognitiv, sondern auch affektiv und somatisch bestimmt sind.[31] Die Beziehungsdimension des Glaubensbegriffs ermöglicht dabei eine Einbindung der asketischen Praxis in den Sinnhorizont des Glaubens, mit dem mögliche verabsolutierende und damit destruktive Omnipotenzneigungen, die aus der Geschichte der Askese zur Genüge bekannt sind, von innen heraus kritisiert und begrenzt werden können, da die drei Beziehungsdimensionen des Glaubens *coram Deo, coram meipso, coram mundo* (vor Gott, vor mir selbst und vor der Welt) sich gegenseitig nicht nur befruchten, sondern auch korrigieren.

So kann m.E. evangelische Askese als »unterbrechende Körperpraxis *coram Deo*« (vor Gott) zu einer zeitgemäßen Ausdrucksgestalt evangelischen Glaubens gehören. Zugleich werden damit positive Bezüge und Konvergenzen zu anderen, nicht religiösen Begründungszusammenhängen asketischer Praxis unserer gegenwärtigen Gesellschaft möglich. Jene Imperative der modernen Konsumgesellschaft, die Leistungsorientierung, Effektivität, Konkurrenz und Kontrolle fordern und mit dem Versprechens von Lustgewinn durch Konsum verstärkt werden, können durch asketische Praktiken wie sie sich im Projekt »7 Wochen Ohne« herausgebildet haben, (punktuell und zeitlich) begrenzt außer Kraft gesetzt werden. Diese Gestalt des Glaubens setzt der real erfahrenen Ambiguität der Risikogesellschaft – wie der Erfahrung von Erfolglosigkeit trotz Leistungserbringung – nicht nur kognitiv sondern auch affektiv und somatisch den Weg der Nachfolge Jesu und die Vision der *basileia* entgegen. Theologisch geht es nicht um die Frage der Bejahung oder Ablehnung der »neuen Askese«, sondern darum, in welchem Begründungszusammenhang und in welcher Weise asketische Praktiken eine angemessene Ausdrucksgestalt des Glaubens sind – zwischen affektiv-somatischer Leerstelle einerseits und operativer Verfügbarmachung andererseits.

Evangelische Askese kann und soll sich den Satz »Weniger ist mehr« kontextbezogen zu eigen machen als Leitmotiv der Unterbrechung des konsumistischen Imperativs. Sie muss dieses Leitmotiv allerdings verbinden mit der Verheißung des Lebens in Fülle für alle bzw. mit der Ethik des guten Lebens. Die Mangelerfahrung und die damit verbundene Sehnsucht nach Fülle ist

[31] M.E. gibt es für diese Thematik durchaus Anknüpfungsmöglichkeiten in der reformatorischen Theologie. Dies betrifft nicht nur die Tatsache, dass es neben der Kritik der monastischen Askese auch die Demokratisierung ihrer Traditionen als reformatorischen Impuls gibt. Auch die theologische Bedeutung der Affekte wird beispielsweise von Philipp Melanchthon reflektiert. Vgl. Melanchthons Erörterung der Affekte unter der Leitfrage nach dem freien Willen (Philipp Melanchthon, Loci Communes 1521. Lateinisch – Deutsch übersetzt und mit kommentierenden Anmerkungen versehen von Horst Georg Pöhlmann, Gütersloh [2]1997, 24–47).

geschichtlich konstitutiv für die Jesustradition; sie trifft auch gegenwärtig die Lebenswirklichkeit von vielen Menschen, die gesellschaftlich marginalisiert werden, obgleich sie eigentlich die Mehrheit der Weltgesellschaft darstellen, auch in den Überflussgesellschaften Mitteleuropas und Nordamerikas.[32] Wo in der Askese des »Weniger ist mehr« die Fülle der göttlichen Gnade und die Verheißung der Gottesherrschaft erfahrbar und für alle transparent wird, kommt sie zum Ziel.

## LITERATUR

Die Bekenntnisschriften der evangelisch-lutherischen Kirche, herausgegeben im Gedenkjahr der Augsburgischen Konfession 1930, Göttingen [8]1979.

BERGMAN, JAN u.a., Art. Askese, in: TRE 4 (1979), 195–259.

BOBERT, SABINE, Seelsorge in der Postmoderne. Mentales Coaching, Heilung und Mystagogie, in: WzM 63 (2011), 258–272.

BOBERT-STÜTZEL, SABINE, Frömmigkeit und Symbolspiel. Ein pastoralpsychologischer Beitrag zu einer evangelischen Frömmigkeitstheorie, Göttingen 2000.

BROWING, ROBERT, Andrea del Sarto, Representative Poets Online (https://tspace.library.utoronto.ca/html/1807/4350/poem264.html [Erstveröffentlichung 1855]).

ESSER, ANNETTE, Interkontexte feministischer Spiritualität. Eine enzyklopädische Studie in ökumenischer Perspektive, Münster 2007.

FLASSPÖHLER, SVENJA, Genuss und Askese in der Leistungsgesellschaft, Deutschlandfunk, 25.12.2008 (www.deutschlandfunk.de/genuss-und-askese-in-der-leistungsgesellschaft.1184.de.html?dram:article_id=185298) und 26.12.2008 (www.deutschlandfunk.de/genuss-und-askese-in-der-leistungsgesellschaft.1184.de.html?dram:article_id=185299) (1.6.2015).

FRANK, KARL SUSO, Art. Askese IV. Frömmigkeitsgeschichte, in: LThK 1 (1993), 1079f.

GREINER, DOROTHEA U.A. (Hrsg.), Wenn die Seele zu atmen beginnt ... Geistliche Begleitung in evangelischer Perspektive, Leipzig [2]2007.

GRÜN, ANSELM, Art. Askese V. Systematisch-theologisch, in: LThK 1 (1993), 1080–1082.

HARICH-SCHWARZBAUER, HENRIETTE, Art. Askese I. Religionsgeschichtlich, in: $RGG^4$ 1 (1998), 830f.

HARMS, SILKE, Glauben üben. Grundlinien einer evangelischen Theologie der geistlichen Übung und ihre praktische Entfaltung am Beispiel der »Exerzitien im Alltag«, Göttingen 2011.

HONECKER, MARTIN, Einführung in die Theologische Ethik, Berlin/New York 1990.

KANT, IMMANUEL, Werke in sechs Bänden, hrsg. von WILHELM WEISCHEDEL, Darmstadt 1998.

KOHLI REICHENBACH, CLAUDIA, Gleichgestaltet dem Bild Christi. Kritische Untersuchungen zur Geistlichen Begleitung als Beitrag zum Spiritualitätsdiskurs, Berlin/New York 2011.

MACHO, THOMAS, Neue Askese? Zur der Frage nach der Aktualität des Verzichts, in: Merkur. Deutsche Zeitschrift für europäisches Denken 48 (1994), 583–593.

---

[32] So ließe sich m.E. auch die Verbindung zum sozio-politischen Konzept von Valantasis ziehen, der Askese als gegenkulturelle bzw. gegengesellschaftliche Praxis, als Form von Widerstand, deutet.

MELANCHTHON, PHILIPP, Loci Communes 1521. Lateinisch – Deutsch übersetzt und mit kommentierenden Anmerkungen versehen von HORST GEORG PÖHLMANN, Gütersloh [2]1997.

SCHREIBER, DANIEL, Warum Fasten? Von der Ekstase des Verzichts, in: Philosophie Magazin Heft 03/2005, 34–39.

STÜMKE, VOLKER, Sind wir einer asketischen Weltkultur näher gekommen?, in: BThZ 17 (2000), 85–107.

VALANTASIS, RICHARD, A Theory of the Social Function of Ascetism, in: VINCENT L. WIMBUSH/ RICHARD VALANTASIS (Eds.), Ascetism, Oxford/New York 1995, 544–552.

WARE, KALLISTOS, The Way of the Ascetics: Negative or Affirmative?, in: VINCENT L. WIMBUSH/ RICHARD VALANTASIS (Eds.), Ascetism, Oxford/New York 1995, 3–15.

WEIZSÄCKER, CARL FRIEDRICH VON, Gehen wir einer asketischen Weltkultur entgegen?, in: DERS., Deutlichkeit. Beiträge zu politischen und religiösen Gegenwartsfragen, München 1978, 56–86.

# Abkürzungen[1]

| | |
|---|---|
| 2 Cel | Zweite Lebensbeschreibung Franz von Assisis des Thomas von Celan |
| ActJoh | Johannesakten |
| ActPetr | Petrusakten |
| ActPlTh | Akten des Paulus und der Thekla |
| ActThom | Thomasakten |
| AF III | Analecta Franciscana sive Chronica aliaque varia documenta ad Historiam Fratrum Minorum spectantia, ed a PP. Collegi S. Bonaventura |
| Apophtheg. Patr. | Apophthegmata Patrum |
| Ath., V. Anton. | Athanasius von Alexandrien, Vita Antonii |
| BAA | Bauer, Walter/Aland, Kurt und Barbara, Griechischdeutsches Wörterbuch zu den Schriften des Neuen Testaments und der frühchristlichen Literatur, Berlin u.a. [6]1988 |
| BDR | Blass, Friedrich/Debrunner, Albert/Rehkopf, Friedrich, Grammatik des neutestamentlichen Griechisch, Göttingen [16]1984 |
| BSLK | Bekenntnisschriften der evangelisch-lutherischen Kirche |
| CA | Confessio Augustana |
| Clemens, ExTheod | Clemens von Alexandrien, Excerpta ex Theodoto |
| Clemens, Strom | Clemens von Alexandrien, Stromata/Teppiche |
| CSEL | Corpus Scriptorum Ecclesiasticorum Latinorum |
| Ep. Hdt. | Epikur, Brief an Herodot |
| Ep. KD | Epikur, Kyriai Doxai/Entscheidende Lehrsätze |
| Ep. Men. | Epikur, Brief an Menoikeus |
| Ep. VS | Epikur, Vaticanae Sententiae/Epikurs Weisungen |
| Epiktet, Arr. Diss. | Epiktet, Dissertationis ab Arriano digestae/Diatriben, aufgezeichnet v. Arrian |
| Epiphanius, Pan | Epiphanius von Salamis, Panarion/Hausapotheke gegen die Häresien |
| Euseb, h.e. | Eusebius, Historia Ecclesiastica/Kirchengeschichte |
| EvÄg | Ägypterevangelium, zitiert bei Clemens von Alexandrien |

[1] Abkürzungen, die nicht in Siegfried M. Schwertner, Abkürzungsverzeichnis Theologie und ihre Grenzgebiete Berlin/New York 1994 aufgeführt sind.

| | |
|---|---|
| EvPhil | Philippusevangelium (NHC II,3) |
| EvThom | Thomasevangelium (NHC II,2) |
| Gef | Dreigefährtenlegende |
| Irenäus, Haer | Irenäus von Lyon, Adversos Haereses/Gegen die Häresien |
| Josephus, Ant | Josephus, Antiquitates Iudaicae/Jüdische Altertümer |
| Josephus, Bell | Josephus, Bellum Judaicum/Jüdischer Krieg |
| KlTest | Klara von Assisi, Testament der heiligen Klara |
| LebKl | Das Leben Klaras |
| LibThom | Thomasbuch (NHC II,7) |
| LSJM | Liddell, George Henry/Scott, Robert/Jones, Henry Stuart, A Greek-English Lexicon, Oxford [9]1996 |
| NHC | Nag Hammadi Codex |
| Philo, Apol | Philo v. Alexandrien, Apologia pro Judaeis/Die Anklage der Juden |
| Philo, Cher | Philo v. Alexandrien, De Cherubim/Über die Cherubim |
| Philo, Fug | Philo v. Alexandrien, De fuga et inventione/Über die Flucht und das Finden |
| Philo, Migr | Philo v. Alexandrien, De migratione Abrahami/Über Abrahams Wanderung |
| Philo, Op | Philo v. Alexandrien, De opificio mundi/Über die Weltschöpfung |
| Philo, Prob | Philo v. Alexandrien, Quod omnis probus liber sit/Über die Freiheit des Tüchtigen |
| Philo, QG | Philo v. Alexandrien, Quaestiones et solutiones in Genesim/Fragen und Antworten zur Genesis |
| Philo, Somn | Philo v. Alexandrien, De somniis/Über die Träume |
| Philo, SpecLeg | Philo v. Alexandrien, De specialibus legibus/Über die Einzelgesetze |
| Philo, VitCont | Philo v. Alexandrien, De vita contemplativa/Über das kontemplative Leben |
| Philo, VitMos | Philo v. Alexandrien, De vita Mosis/Über das Leben Moses |
| Plinius, nat. hist. | Plinius, naturalis historia/Naturgeschichte |
| ProKl | Heiligsprechungsprozess Klaras |
| RB | Regula Benedicti |
| Reg non bullata | Franz von Assisi, Regula non bullata |
| SJC | Sophia Jesu Christi (NHC III,4/BG 3) |
| ThKNT | Theologischer Kommentar zum Neuen Testament, Stuttgart |

# Autorinnen

Gerlinde Baumann, Dr. theol., geb. 1962 in Hannover, Studium der Evangelischen Theologie, Ägyptologie und Altorientalistik; seit 2009 außerplanmäßige Professorin für Altes Testament an der Philipps-Universität Marburg sowie freiberufliche Übersetzerin, Lektorin und Autorin. Veröffentlichungen u.a.: Gottesbilder der Gewalt im Alten Testament verstehen, Darmstadt 2006; gemeinsam mit Maria Häusl, Dirk Human und Susanne Gillmayr-Bucher (Hrsg.), Zugänge zum Fremden. Methodisch-hermeneutische Perspektiven zu einem biblischen Thema, Frankfurt a.M. 2012.

Andrea Bieler, Dr. phil., geb. 1963 in Alfeld, Studium der Evangelischen Theologie, seit 2012 Professorin für Praktische Theologie an der Kirchlichen Hochschule Wuppertal/Bethel. Veröffentlichungen u.a.: Gemeinsam mit Henning Wrogemann (Hrsg.), Was heißt hier Toleranz? Interdisziplinäre Zugänge, Neukirchen-Vluyn 2014; Gottesdienst interkulturell. Predigen und Gottesdienst feiern im Zwischenraum, Christentum heute, Bd. 9, Stuttgart 2008.

Ulrike Eichler, geb. 1960 in Dortmund, Studium der Evangelischen Theologie, seit Dezember 2014 Pfarrerin der Evangelisch-Lutherischen Gemeinde in Triest. Veröffentlichungen u.a.: Ulrike Eichler/Ilse Müllner (Hrsg.), Sexuelle Gewalt gegen Mädchen und Frauen als Thema der feministischen Theologie, Gütersloh, 1999. Darin: Weil der geopferte Mensch nichts ergibt. Zur christlichen Idealisierung weiblicher Opferexistenz, 124–141; Ferne Nähe – Nahe Ferne. Zur Erfahrung der Gegenwärtigkeit und der Abwesenheit Gottes in der mittelalterlichen Mystik, in: Christoph Streckhardt (Hrsg.), Die Neugier des Glücklichen. Eine Festschrift für den Gründer des Kollegs Friedrich Nietzsche, Weimar 2012, 104–122.

Christine Gerber, Dr. theol., geb. 1963 in Hamburg, Studium der Evangelischen Theologie, Promotion an der LMU München, Habilitation an der HU Berlin; seit 2007 Professorin für Neues Testament an der Universität Hamburg. Veröffentlichungen u.a.: Paulus und seine ›Kinder‹. Studien zur Beziehungsmetaphorik der paulinischen Briefe, BZNW 136, Berlin u.a. 2005; zusammen mit Ute Eisen und Angela Standhartinger (Hrsg.), Doing Gender – Doing Religion. Fallstudien zur Intersektionalität im frühen Judentum, Christentum und Islam, WUNT 302, Tübingen 2013.

Judith Hartenstein, Dr. theol., geb. 1964 in Bonn, Studium der Evangelischen Theologie, seit 2013 Professorin für Evangelische Theologie mit dem Schwerpunkt Neues Testament und Religionspädagogik an der Universität Koblenz-Landau, Campus Landau. Veröffentlichungen u.a.: Charakterisierung im Dialog. Maria Magdalena, Petrus, Thomas und die Mutter Jesu im Johannesevangelium im Kontext anderer frühchristlicher Darstellungen, NTOA/StUNT 64, Göttingen 2007; Die zweite Lehre. Erscheinungen des Auferstandenen als Rahmenerzählungen frühchristlicher Dialoge, TU 146, Berlin 2000.

Elisabeth Hartlieb, Dr. theol., Pfarrerin, geb. 1959 in Sinsheim, Studium der Evangelischen Theologie, seit 2011 apl. Professorin für Systematische Theologie an der Universität Marburg und Krankenhausseelsorgerin in Mannheim. Veröffentlichungen u.a.: gemeinsam mit Stefanie Schäfer-Bossert (Hrsg.), Feministische Theologie – Politische Theologie. Entwicklungen und Perspektiven, Königstein 2012; Geschlechterdifferenz im Denken Friedrich Schleiermachers, Berlin/New York 2006.

Nina Heinsohn, geb. 1979 in Stade, Doppelstudium der Evangelischen Theologie, Erziehungswissenschaft, Mathematik und Theaterpädagogik, von 2010–2014 Wissenschaftliche Mitarbeiterin am Institut für Systematische Theologie der Universität Hamburg, seit 2014 Vikarin der Ev.-Luth. Kirche in Norddeutschland, Veröffentlichungen u.a.: Zwischen Verheißung und Verborgenheit. Studien zur Theologie und Anthropologie der Hagar-Erzählungen in Genesis 16 und 21, Neukirchen-Vluyn 2010; gemeinsam mit Michael Moxter (Hrsg.), Enttäuschung. Interdisziplinäre Erkundungen zu einem ambivalenten Phänomen, erscheint: München 2015.

Christiane Krause, Dr. phil., geb. 1968 in Saarbrücken, Studium der Klassischen Philologie und Alten Geschichte, seit 2007 Sprachdozentin für Griechisch und Latein am Fachbereich Evangelische Theologie der Universität Hamburg. Veröffentlichungen u.a.: Herrschaft und Geschlechterhierarchie. Zur Funktionalisierung der Zenobiagestalt und anderer Usurpatoren in den Viten der Historia Augusta, Philologus 151, 2007, 311-334; Patria Potestas - Honour-Shame? Tote Töchter im Kapitel »De pudicitia« des Valerius Maximus, in: Ute E. Eisen/Christine Gerber/Angela Standhartinger (Hrsg.), Doing Gender – Doing Religion. Fallstudien zur Intersektionialität im frühen Judentum, Christentum und Islam, WUNT 302, Tübingen 2013, 251–272.

Susanne Luther, Dr. theol., geb. 1979 in Nürnberg, Studium der Evangelischen Theologie und Anglistik, seit 2009 Wissenschaftliche Mitarbeiterin im Neuen Testament an der Johannes Gutenberg-Universität Mainz. Veröffentlichungen u.a.: Sprachethik im Neuen Testament. Eine Analyse des frühchristlichen Diskurses im Matthäusevangelium, im Jakobusbrief und im 1. Petrusbrief, WUNT 2, 394, Tübingen 2015; gemeinsam mit Ruben Zimmermann (Hrsg.), Studienbuch Hermeneutik. Bibelauslegung durch die Jahrhunderte als Lernfeld der Textinterpretation. Portraits – Modelle – Quellentexte, Gütersloh 2014.

BARBARA MÜLLER, Dr. theol., geb. 1966 in Thun/Schweiz, Studium der Evangelischen Theologie und Psychologie, seit 2008 Professorin für Kirchengeschichte am Fachbereich Evangelische Theologie der Universität Hamburg. Veröffentlichungen u.a.: Führung im Denken und Handeln Gregors des Großen, Tübingen 2009; Medienaskese, in: Communicatio socialis 3 (2014), 328–337.

MIREILLE KAMENI führte die statistischen Auswertungen im Projekt »Benediktinisches Klosterleben und digitale Medien« durch.

SILKE PETERSEN, Dr. theol., geb. 1965 in Hamburg, Studium der Evangelischen Theologie, seit 2011 außerplanmäßige Professorin für Neues Testament an der Universität Hamburg. Veröffentlichungen u.a.: Maria aus Magdala. Die Jüngerin, die Jesus liebte, Biblische Gestalten 23, Leipzig 2011; Brot, Licht und Weinstock. Intertextuelle Analysen johanneischer Ich-bin-Worte, NT.S 127, Leiden/Boston 2008.

ANGELA STANDHARTINGER, Dr. theol., geb. 1964 in Tübingen, Studium der Evangelischen Theologie, seit 2000 Professorin für Neues Testament an der Philipps-Universität Marburg. Veröffentlichungen u.a.: Gemeinsam mit UTE EISEN und CHRISTINE GERBER (Hrsg.), Doing Gender – Doing Religion. Fallstudien zur Intersektionalität im frühen Judentum, Christentum und Islam, WUNT 302, Tübingen 2013; »Und alle aßen und wurden satt« (Mk 6,42 par.). Die Speisungserzählungen im Kontext römisch-hellenistischer Festkulturen, in: Biblische Zeitschrift 57.1 (2013), 60–81.

ANGELIKA STROTMANN, Dr. theol., geb. 1956 in Osnabrück, Studium der Katholischen Theologie und der Philosophie, seit 2008 Professorin für Neues Testament an der Universität Paderborn. Veröffentlichungen u.a.: Judit, Holofernes und vielleicht noch Gott. Zur deutschsprachigen literarischen Juditrezeption des 20. Jahrhunderts, in: ThGl 104 (2014), 161–186; Der historische Jesus: eine Einführung, UTB Grundwissen Theologie, Paderborn 2., aktualisierte Auflage 2014.

PEARLY USHA WALTER, M.Th. (Neues Testament), geb. 1978 in Vellore, Tamil Nadu, Indien. Pastorin der Südindischen Kirche. Arbeit in mehreren Gemeinden von 2008 bis 2011. Seit 2012 Doktorandin an der Universität Hamburg im Fach Neues Testament (Missionsakademie).